भारतेन्दु और भारतीय नवजागरण

भारतेन्दु और भारतीय नवजागरण

संपादक

शंभुनाथ

प्रकाशन संस्थान

नयी दिल्ली-110002

प्रकाशक
प्रकाशन संस्थान
4715/21, दयानन्द मार्ग, दरियागंज
नयी दिल्ली-110 002

मूल्य : 300.00 रुपये
प्रथम संस्करण : सन् 2009
ISBN : 81-7714-355-7
आवरण : जगमोहन सिंह रावत

शब्द-संयोजन : कम्प्यूटेक सिस्टम, दिल्ली-110032
मुद्रक : बी. के. ऑफसेट, दिल्ली-110032

स्व. अशोक जोशीजी को समर्पित

भूमिका

भारतेन्दु हरिश्चन्द्र और उनके समय पर चर्चा की जरूरत इसलिए है कि उस समय का नवजागरण आज पुनर्सुषुप्ति है। उस समय के कई आदर्शों को आज की आधुनिकता का अंग होना चाहिए था, जबकि वे रौंदे जा रहे हैं। भारतेन्दु का समय हमारे लिए इसलिए भी महत्त्वपूर्ण है कि वह अंग्रेजी राज को लेकर दुविधा का समय था, जिस तरह आज वैश्वीकरण को लेकर दुविधा है। दरअसल वह जमाना आधुनिकता और राष्ट्रीय आत्मपहचान के बीच अन्तर्क्रीड़ा का था। इनके बीच कभी तनाव झलकता था, कभी अन्तर्मिश्रण। वह एक बड़ा पेचीदा समय था, जो आज भी कम उद्वेलित नहीं करता।

पश्चिम और भारत के नवजागरण का एक बड़ा फर्क यह है कि पश्चिम में नवजागरण एक स्वतन्त्र वातावरण में आया था, जबकि भारत में औपनिवेशिक वातावरण में। इसलिए बहुत स्वाभाविक है कि नवजागरण का भारतीय अनुभव 'औपनिवेशिक' और 'राष्ट्रीय' के तनावों से भरा हो। आज जब भारतीय जनमानस अतीत और उपनिवेशवाद दोनों का कचरा एक साथ ढो रहा है, यह देखना रोचक होगा कि भारतेन्दु हरिश्चन्द्र अपनी ऐतिहासिक सीमाओं में दोनों को कुछ ढोते हुए भी उन्हें कैसी टक्कर दे रहे थे।

21वीं सदी के तीव्र विकास की ऐन नाक के नीचे धार्मिक रूढ़ियाँ फिर पनप रही हैं, सामाजिक भेदभाव बढ़ रहा है और मनुष्य का मनुष्य में विश्वास घटता जा रहा है। ऐसी स्थितियों में भारतेन्दु युग के साहस, उत्साह और साम्राज्यवाद-सामन्तवाद के विनोदपूर्ण मखौल की प्रवृत्ति की ओर ध्यान जाना स्वाभाविक है। उस समय लोग किस तरह तर्क कर रहे थे, वे सामाजिक उत्थान और बदलाव चाहते थे, यूरोप का प्रतिरोध करने के साथ उससे कुछ सीखना भी चाहते थे, ये सारी बातें हमारे लिए महत्त्वपूर्ण हैं। हमारे देश का इतिहास क्या है, इसकी उच्च परम्पराएँ क्या हैं, यह इस पर निर्भर करता है कि हम देश और विश्व के कैसे भविष्य की कल्पना करते

हैं। इसमें कोई सन्देह नहीं कि इतिहास से वर्तमान के लिए जीवनशक्ति मिलती है, यह दरअसल आदमी को आत्मसंकुचन और आत्मविसर्जन से बचाता है।

भारतेन्दु हरिश्चन्द्र ही नहीं, आज परम्परा और आधुनिकता की सारी श्रेष्ठ उपलब्धियों को उपहास का विषय बनाया जा रहा है। भारतेन्दु भी अराजक तत्त्वों के कम निशाने पर नहीं हैं। वास्तविकता यह है कि भारतेन्दु राममोहन राय और दयानन्द सरस्वती की तरह सुधारवाद के बड़े संगठित प्रयत्न नहीं कर पाए हों, पर एक साहित्यकार के रूप में भारतीय नवजागरण की विविध अन्तर्धाराओं से 'इंटरैक्ट' करते हुए उन्होंने वस्तुतः उसमें जो हस्तक्षेप किया, वह काफी विशिष्ट है। वह सामाजिक असर में सीमित जरूर है, पर तत्त्व में काफी व्यापक है। हिन्दी क्षेत्र की समस्याओं और सवालों से जूझते हुए भी उनकी दृष्टि सम्पूर्ण भारतीय नवजागरण पर है। उनका बांग्ला नवजागरण से गहरा सम्पर्क था ही, महाराष्ट्र के नवजागरण पर भी उनकी नजर थी। इससे पता चलता है कि हिन्दी नवजागरण में कितनी ज्यादा समावेशिकता थी और यह कितना बहुआयामी था।

भारतेन्दु पर इसलिए भी खुलकर चर्चा होनी चाहिए कि उनसे हिन्दी भाषा, साहित्य और संस्कृति का कुछ खास प्रवृत्तियों और लक्ष्यों के साथ एक नया युग शुरू हुआ। वह युग बौद्धिक कशमकश का ही नहीं था, एक नयी राष्ट्रीय दिशा की तरफ धीरे-धीरे संक्रमण का भी था। इस परिप्रेक्ष्य में भारतेन्दु पर चर्चा दरअसल अपनी जड़ों को टटोलना है कि ये साबुत हैं या नहीं।

'भारतेन्दु और भारतीय नवजागरण' का कुछ और लेखों के साथ पहली बार प्रकाशन 1986 में हुआ था। उस संकलन के प्रकाशन के समय हिन्दी के कई महत्त्वपूर्ण लेखकों ने काफी तत्परतापूर्वक रचनात्मक सहयोग दिया था। यह संकलन तब अशोक जोशी के अर्थ सहयोग से छपा था। वह भारतेन्दु का पुण्यशती वर्ष था। अब इसके लगभग पच्चीस साल बाद आवश्यकता देखकर नये रूप में यह संकलन पाठकों के सामने पुनः आ रहा है। इस संकलन में अब दो खंड हैं। दूसरे खंड के अन्तिम तीन लेख इस संकलन के लिए नये हैं। इस तरह भारतेन्दु को समझने के लिए अब एक नये रूप में उपस्थित यह संकलन अधिक उपयोगी साबित हो सकता है।

भारतेन्दु के समय और उससे अपने रिश्तों को जानने के लिए यह संकलन सहायक हो सकेगा, यह विश्वास है।

—शंभुनाथ

अनुक्रम

खंड-1

भारतेन्दु : अन्तर्विरोधों के बीच से

❑ शिवकुमार मिश्र

भारतेन्दु हरिश्चन्द्र, जिन्हें श्रद्धा और कृतज्ञता के भाव से हिन्दी-भाषी जन अपने आधुनिक काल के साहित्य का प्रवर्त्तक और पिता मानते हैं, सन् 1850 ई॰ के सितम्बर की 9 तारीख को इतिहास प्रसिद्ध सेठ अमीचन्द के वंश की पाँचवीं पीढ़ी में पैदा हुए थे। उनके पिता का नाम बाबू गोपाल चन्द था। सम्पन्न महाजनों के वंश में जन्म लेने के नाते गहरे संस्कार के रूप में जो चीजें भारतेन्दु को विरासत में मिलीं, उनमें पहली थी परम्परा से उनके पूर्वजों के रक्त में घुली-मिली ब्रिटिश सरकार की भक्ति और दूसरी थी वह ह्रासशील दरबारी संस्कृति, जिसके लिए हिन्दी साहित्य का रीतिकाल प्रसिद्ध है।

हरिश्चन्द्र के जन्म के सात साल बाद भारतीय राजनीति के क्षितिज में एक महत्त्वपूर्ण घटना घटी जिसने समूचे भारतीय जन-जीवन को गहराई से प्रभावित किया। अंग्रेजों ने तथा उनके समर्थक इतिहासकारों ने इस घटना को 'सिपाही-विद्रोह' का नाम दिया है या इसे चन्द निराश तथा विक्षुब्ध सामन्तों की अपनी गद्दी तथा अपने हक पाने की एक कमजोर कोशिश कहा है, परन्तु अपनी राष्ट्रीय तथा जातीय परम्परा पर गर्व करनेवाले भारतीयों तथा उनके इतिहासकारों के लिए यह अंग्रेजों की राजनीतिक सत्ता के खिलाफ भारतीयों द्वारा छेड़ा जानेवाला पहला मुक्ति संग्राम था, जिसका मूलवर्ती लक्ष्य समूचे देश से अंग्रेजों की राजनीतिक सत्ता का आत्मा था। सामन्त वर्ग इस मुक्ति संग्राम में अगुवा जरूर था परन्तु संग्राम की मुख्य बागडोर उन सेनाध्यक्षों के हाथ में थी जिन पर जनता का विश्वास था। ब्रिटिश फौज के जिन भारतीय सिपाहियों ने बगावत का झंडा उठाया वे अधिकांशतः अवध तथा दूसरे हिन्दीभाषी प्रदेशों के उन किसानों के बेटे थे जिनके सिर पर जमींदारों को बिठाकर और स्वयं सारी जमीन का मालिक बनकर अंग्रेजों ने एक ऐसी दमनकारी और शोषणमूलक सामन्ती व्यवस्था की शुरुआत की थी, भारतीय इतिहास में जिसकी मिसाल नहीं है। भारतीय जनता, उसके सिपाही तथा देशी सामन्त इस मुक्ति संग्राम में हारे जरूर परन्तु अंग्रेज शासकों

के मन में इस बात का गहरा अहसास जगाकर कि भारतवासियों पर राज करने के उनके दिन अब गिने-चुने रह गये हैं। यही कारण है कि अपनी विजय के उपरान्त प्रशासनिक स्तर पर उन्होंने महत्त्वपूर्ण परिवर्तन किए। सबसे महत्त्वपूर्ण यह बात रही कि भारत का शासन अपनी लूट के लिए विख्यात बदनाम ईस्ट इंडिया कम्पनी के हाथों से हटकर सीधे ब्रिटेन की महारानी विक्टोरिया के हाथ में आ गया। भारतीयों के हृदय तथा मन से गहरे असन्तोष तथा उबाल पर पानी डालने जैसा काम करते हुए भारत का शासन अपने हाथ में लेते ही विक्टोरिया का, भारतवासियों को सम्बोधित करते हुए, एक घोषणापत्र जारी हुआ जिसमें भारतवासियों के हित में अनेक महत्त्वपूर्ण कार्य करने के वायदे ब्रिटिश सरकार ने किए। भारतेन्दु बाबू ने इस घोषणापत्र का अविकल रूप अपने लेखन में दिया है। भारतेन्दु बाबू ने इस घोषणापत्र का अविकल रूप अपने लेखन में दिया है। गोकि घोषणापत्र में किए गये वायदों की असलियत, जैसा ब्रिटिश कूटनीति को देखते हुए स्वाभाविक था, कुछ समय बाद खुल गयी। परन्तु तात्कालिक तौर पर उसका असर सामान्य भारतीय जनता, यहाँ तक कि पढ़े-लिखे भारतीयों पर अनुकूल ही हुआ। भारतीय नवजागरण के नेता हों या आधुनिक भारतीय भाषाओं के इस नवजागरण के सन्दर्भ में उपजे लेखक, 19वीं सदी के परवर्ती दौर में जो राजभक्ति उनके विचारों तथा लेखन में दिखाई पड़ती है उसके बारे में कोई निर्णायक राय बनाने के पहले विक्टोरिया के घोषणापत्र के तत्काल पड़ने वाले इस अनुकूल असर और उसके पहले के कम्पनी के भयानक कुशासन के उनके तीखे अनुभवों को जरूर ध्यान में रखना चाहिए। भारतेन्दु बाबू की राजभक्ति पर विचार करते समय भी इस सन्दर्भ को याद रखना जरूरी है, अन्यथा हम उनके प्रति न्याय नहीं कर पाएँगे।

भारतेन्दु हरिश्चन्द्र का निधन 1885 ई. के जनवरी महीने की 25 तारीख को हुआ। यह वर्ष भारतीय राष्ट्रीय कांग्रेस की स्थापना का वर्ष भी था। 34 वर्ष और चार महीने के अपने आयुष्य में भारतेन्दु बाबू ने अनूदित और मौलिक सैकड़ों रचनाएँ कीं। गद्य को एक मानक भाषा देने के अलावा वे गद्य की प्रायः सारी विधाओं के प्रवर्त्तक बने। कविता के क्षेत्र में परम्परित शैलियों के अलावा ठेठ लोक जीवन में प्रचलित शैलियाँ तथा छन्दों को उन्होंने अपनाया। शिष्ट कहे जाने वाले काव्य के अलावा ग्रामगीतों तक की रचना की। न जाने कितने काव्य-रूपों तथा लयों से उन्होंने हिन्दी कविता को समृद्ध किया। कविता तथा गद्य दोनों में उन्होंने समान अधिकार के साथ लिखा। नाटक, मौलिक तथा अनूदित, दोनों प्रकार के उन्होंने सुलभ किए तथा उनके मंचन में ही दिलचस्पी नहीं ली, स्वयं उनमें अभिनय भी किया। उन्होंने अपने समय में अपने द्वारा चालू किए गये तीन महत्त्वपूर्ण पत्रों का सम्पादन भी किया जो मात्र साहित्यिक पत्र बनकर ही नहीं रह गये, अपने समय के राजनीतिक तथा सामाजिक जीवन में भी जिनकी महत्त्वपूर्ण शिरकत रही। एक पत्र तो विशुद्ध

नारी जाति की समस्याओं के सन्दर्भ में निकाला। इस प्रकार भारतेन्दु बाबू ने हिन्दी में राष्ट्रीय तथा साहित्यिक पत्रकारिता की नींव भी रखी। हिन्दी भाषा तथा साहित्य की उनकी इस विपुल सेवा को लक्ष्य करके ही हिन्दीभाषी जन समाज ने उन्हें भारतेन्दु के रूप में देखा और पहचाना। आचार्य शुक्ल ने तो एक स्थल पर उन्हें महात्मा कहकर भी याद किया है। भारतेन्दु की सबसे बड़ी साहित्यिक देन उन्होंने यह मानी है कि उन्होंने साहित्य को नये-नये विषयों की ओर उन्मुख किया और उसे नये और आधुनिक विचारों से लैस किया।

भारतेन्दु बाबू एक ऐसे समय की उपज थे जो भारत के राजनीतिक, सामाजिक तथा सांस्कृतिक जीवन में संक्रान्ति का समय था। यह वह समय था जबकि भारतीय मानस मध्यकाल से आधुनिक काल में संक्रमण कर रहा था। संस्कार और विवेक की एक गहरी कशमकश भारतीय मानस को, प्रबुद्ध भारतीय मानस को आक्रान्त किए थी। यह पराधीनता के कठोर अहसास का समय था, एक नयी सभ्यता और संस्कृति के दबावों तथा चुनौतियों को बुद्धि तथा विवेक के साथ झेलने और स्वीकार करने का समय था। यह लम्बे समय की नींद के बाद एक जागे हुए भारत को अपने अतीत, वर्तमान तथा भविष्य को आँकने, पहचानने तथा उनके सन्दर्भ में सही परिप्रेक्ष्य के साथ क्रियाशील होने का समय था। नवजागरण के विचारकों ने इस समय में जो दिशा-ज्ञान हमें दिया उसमें उनकी उपर्युक्त समझ तथा चिन्ताओं को लक्ष्य किया जा सकता है।

कहना न होगा कि पराधीनता के गहरे अहसास के सन्दर्भ में अपनी राष्ट्रीय तथा जातीय अस्मिता की खोज तथा अभिव्यक्ति, इस समय का सबसे बड़ा मुद्दा बनी और इसी क्रम में पुनरुत्थानवाद तथा एक ऐसे सुधारवाद का रूप सामने आया जो आगे की ओर देखने का भी हिमायती था। जैसा कि हम कह चुके हैं बहुतों के लिए यह समय उनके अपने मध्यकालीन संस्कारों तथा नवजागृत विवेक के बीच गहरे संघर्ष का समय बनकर भी आया। नवजागरण के विचारक हों या भारतीय भाषाओं के उस समय के लेखक, अतिवादी छोरों को छोड़ दें तो हमें उनके लेखन तथा विचारों में पुनरुत्थानवाद तथा नयी चेतना के बीच का अन्तर्विरोध साफ तौर पर नजर आता है। कुछ नये विवेक रू-ब-रू होते हुए भी अन्ततः पुनरुत्थानवाद में पनाह लेते दिखाई देते हैं। जबकि कुछ दूसरे लेखक भारतीय अस्मिता की अपनी खोज में भारतीय रूढ़िवाद तथा अन्धराष्ट्रवाद के मोह से उबरकर ज्ञान-विज्ञान के नये आलोक में देश की प्रगति की नयी दिशाएँ तलाशने की हिमायत करते हैं। उनका विवेकवाद उन्हें व्यापक स्तर पर सुधारवाद के दायरे में रखता हुआ भी उन्हें पूर्व और पश्चिम में इस प्रकार भेद करने की प्रेरणा नहीं देता कि पूर्व का सब कुछ स्वीकार्य माना जाय और पश्चिम का सब कुछ अस्वीकार्य। वे इस विवेकवाद के तहत उपजी अपनी चयनधर्मी चेतना से अनुशासित होते हुए भारतीय जीवन के ज्वलन्त पक्षों

से भी जुड़ने का उपक्रम करते हैं और पश्चिम से भी वह सब लेने की सिफारिश करते हैं जो विकास और प्रगति की चल रही स्पर्धा में उनके अपने देश और देशवासियों को पिछड़ने न दे। अन्धराष्ट्रवाद तथा मध्यकालीन संस्कारों का मोह एक तरफ और नवजागरण के आलोक में सामने आये विवेकवाद की प्रेरणाएँ दूसरी तरफ—उपर्युक्त विचारकों तथा लेखकों में एकबारगी अलग-अलग पहचाने नहीं जा सकते और वे शायद इतनी स्पष्ट उनमें हैं भी नहीं। उनके लेखन और विचारों की निहायत वस्तुनिष्ठ पड़ताल के क्रम में ही हमें उनकी जमीन पता चलती है और अधिकतर तो पुरानों तथा नये की, मध्यकालीनता तथा आधुनिक बोध की ऐसी गड्डमड्ड इबारत ही हमें उनमें मिलती है कि बहुत सावधानी से पढ़-गुनकर और सोच-विचार कर ही हम इस निष्कर्ष पर पहुँच पाते हैं कि उसके बारे में अन्तिम रायजनी क्या और कैसी की जाय?

जहाँ तक भारतेन्दु की राष्ट्रभक्ति का सवाल है वह भी काफी अर्से तक ऐसी राष्ट्रभक्ति है, जिसमें देश-दशा के प्रति पीड़ा, देशवासियों की दुर्गति पर क्षोभ और अवसाद, देशोद्धार की वास्तविक चिन्ता, देश के रूढ़ि-जर्जर स्वरूप पर खेद और आक्रोश, अपनी परम्परा पर गर्व, अपनी राष्ट्रीय अस्मिता को पाने की ललक तथा प्रगति के नये रास्तों पर देश को ले जाने की चिन्ता, पराधीनता तथा आर्थिक शोषण से उसकी मुक्ति की प्रबल आकांक्षा और उसके लिए किये गये प्रयास आदि तो हैं, परन्तु यह सब राजराजेश्वरी के संरक्षण में हो सकेगा इस बात का भोला विश्वास भी है। ब्रिटिश सत्ता के उन्मूलन की बात उसमें नहीं है। ब्रिटिश राज के आर्थिक शोषण के प्रति उसमें जितनी तीखी प्रतिक्रिया है, ब्रिटेन की राजनीतिक सत्ता के खात्मे तथा पराभव का भाव उसमें लगभग नहीं है और तत्कालीन युग सन्दर्भों में यह स्वाभाविक भी कहा जाएगा। राष्ट्रीयता की जो चेतना हममें आज है, वैसी उस युग में सम्भव नहीं थी और अपने युग के अनुरूप राष्ट्रीयता की माँग हम भारतेन्दु बाबू से ही क्या करें जबकि उस युग के नवजागरण के विचारकों तक में वह उस रूप में नहीं मिलती। राष्ट्रीय कांग्रेस के जन्म के उपरान्त काफी लम्बे अर्से तक इस बीसवीं शताब्दी के प्रारम्भिक दौर तक इसके अधिवेशन ब्रिटिश शासकों की अभ्यर्थना से ही शुरू और समाप्त होते थे।

भारतेन्दु की राष्ट्रीय चेतना का एक महत्त्वपूर्ण पक्ष भारतवासियों के मध्यकालीन विचारों तथा परम्परागत रूढ़िवाद की भर्त्सना का है, उनकी अनेकता, भाईचारे के अभाव, आलस्य, कामचोरी तथा दकियानूसी मानसिकता पर प्रहार का है और यहाँ भी प्रायः इस प्रकार की बात है कि अंग्रेजों के राज में भी यदि भारतवासियों ने उन्नति न की, तो फिर कब करेंगे? मुकम्मल आजादी की बात भारतेन्दु में नहीं है।

तब क्या भारतेन्दु की राष्ट्रभक्ति की दुहाई देना उनके लिखे में अपनी ओर से कुछ मिलाना, उनकी मानसिकता पर अपनी मानसिकता को आरोपित करना, नहीं

है। देखने की बात यह नहीं है कि भारतेन्दु का लेखन अस्सी प्रतिशत राजभक्ति का लेखन है। जो बात वस्तुतः रेखांकित किए जाने लायक है, वह भारतेन्दु का वह आत्मसंघर्ष है जिसके चलते उनके लेखन के बीच से उभरने वाली बीस प्रतिशत राष्ट्रभक्ति अन्ततः उनके मूल्यांकन में निर्णायक साबित होती है। जैसे-जैसे भारतेन्दु देशदशा से निकट परिचय प्राप्त करते जाते हैं, देशवासियों के नजदीक आते जाते हैं, उनके भीतर का राष्ट्रभक्ति का स्वर भी प्रखर होता जाता है। एक जबर्दस्त मोहभंग से गुजरते हुए अन्ततः वे एक ऐसी जमीन पर आ जाते हैं जहाँ राजराजेश्वरी के प्रति उनके मन का भोला विश्वास खंड-खंड हो जाता है और वे इस निष्कर्ष पर पहुँचते हैं कि भारत देश और भारतवासियों का उद्धार अब किसी से नहीं होगा, वह उनके अपने प्रयासों से ही होगा। उनका बलिया में दिया गया प्रसिद्ध भाषण हमारे इस कथन का प्रमाण है, जिनमें उन्होंने भारतवासियों से ही अपने उद्धार के लिए कमर कसकर आगे आने की जोरदार अपील की है। राजराजेश्वरी से उनके मोहभंग का प्रमाण 'भारत-दुर्दशा' नाटक में भारत भाग्य द्वारा आत्महत्या किए जाने पर 'भारत-दुर्दैव की यह टिप्पणी है—"कहाँ गया भारत मूर्ख! जिसको अब भी परमेश्वर और राजराजेश्वरी का भरोसा है। देखो तो अभी इसकी और क्या दुर्दशा होती है।"

यह भारतेन्दु के आत्मसंघर्ष का ही प्रमाण है कि उनके लेखन में उत्तरोत्तर ब्रिटिश राज की आलोचना बढ़ती ही नहीं जाती, तीव्रतर होती जाती है और वे खुलेआम ब्रिटिश शासन की मखौल उड़ाने लगती हैं, उसके तथाकथित सुशासन का पर्दाफाश करने लगते हैं। अकाल, महामारी, टैक्सों का बोझ, बीमारी, बदहाली, अज्ञान, अशिक्षा, सबका दोषी ब्रिटिश राज को ठहराते हैं। उनकी मुकरियों, उनके नाटकों, उनके लेखों तथा उनके अन्य लेखन में इस प्रकार के ढेरों उदाहरण हमें मिलते हैं। चूरन वाले का उनका लटका तो बहुत अधिक लोकप्रिय है। उसमें साफ कहा गया है कि "चूरन साहब लोग जो खाता, सारा हिन्द हजम कर जाता।" ये सारी बातें भारतेन्दु बाबू की और उनके युग की राजभक्ति आहत करती हैं और हमें कभी-कभी इस निष्कर्ष पर भी पहुँचाती हैं कि जैसे भारतेन्दु और उनके युग की यह राजभक्ति महज एक खोल हो जिसे इन लेखकों ने ब्रिटिश-शासकों को उनका असली चेहरा दिखाने के लिए ओढ़ा है। भारतेन्दु और उनके युग का मूल स्वर वस्तुतः राष्ट्रभक्ति का ही स्वर है, उस राष्ट्रभक्ति का, जैसी वह उस युग में हो सकती थी।

एक और बात जो हमें इस अध्ययन में विचारणीय लगती है और वह यह कि हम भारतेन्दु और उनके युग के लेखकों के इस मूलवर्ती स्वर को पहचानते हुए इस बात को देखें कि आखिर क्योंकर जनता ने, हिन्दीभाषी जनता ने भारतेन्दु को, एक राष्ट्रभक्त के रूप में ही पहचाना, राजभक्त के रूप में नहीं। राजभक्त के रूप में राजा शिवप्रसाद 'सितारे हिन्द' जैसे लेखक ही पहचाने गये। राष्ट्रभक्ति के स्वर भारतेन्दु और उनके युग में राजभक्ति के स्वरों की तुलना में मद्धिम जरूर हैं, स्वल्प

भी हैं, तमाम दूसरे स्वरों में घुले-मिले हैं, जबकि राजभक्ति के स्वर प्रबल, स्थूल और ऊपर से ही सुन पड़ने वाले हैं। परन्तु क्या बात है कि स्वल्प सही, परन्तु एक अन्तर्धारा के रूप में बहने वाली भारतेन्दु की राष्ट्रभक्ति ही अन्ततः निर्णायक बनकर सामने आती है, और अपने जीवनकाल की समाप्ति पर वे राजभक्ति के क्षयी संस्कारों से मुक्त एक सच्चे देशाभिमानी के रूप में ही सबको ग्राह्य होते हैं। भारतेन्दु का जो खिताब उन्हें जनता से मिलता है वह सदा-सदा के लिए अमर हो जाता है, और सरकारी खिताब और खिलअतें, जिनकी स्वतः भारतेन्दु बाबू बीसों जगह हँसी उड़ाते हैं, सचमुच हँसी की पात्र बनकर समय की धूल में सदा के लिए मिट जाती हैं।

राजभक्ति और राष्ट्रभक्ति के बीच के अन्तर्विरोध की भाँति भारतेन्दु युग में तो नहीं, परन्तु भारतेन्दु बाबू में एक तीखा अन्तर्विरोध शृंगार की रीतिकालीन परम्परा के प्रति उनकी आसक्ति और उनके वैष्णवी संस्कारों के टकराव को लेकर लक्षित होता है। हम कह चुके हैं कि सामन्ती अभिजात परिवेश भारतेन्दु को विरासत में अपने पूर्वजों से मिला था। रईसत उनके खून में थी और दरबारों का वातावरण अपने सारे मध्यकालीन चरित्र के साथ उनके अपने घर पर लगने वाले दरबार तथा सजने वाली महफिलों में बाकायदा मौजूद था। ब्रजभाषा की जिस शृंगारी कविता को रीतिकालीन कवियों ने अनेक आयामों पर माँजा था उसके प्रति भारतेन्दु की ललक थी और भाषा पर उनका वैसा ही अधिकार भी था। यही कारण है कि भारतेन्दु की कविता का एक अच्छा-खासा हिस्सा उसी रीतिकालीन शैली की शृंगारी कविताओं का है। इस रीतिकालीन दरबारी संस्कृति के माहौल से और उस माहौल में रस लेने वाली मानसिकता से उबरते हुए कैसे भारतेन्दु भक्ति के अपने वैष्णवी संस्कारों में डूबते-उतराते हैं, और अन्ततः कैसे समस्त प्रकार की सामन्ती संस्कृति की विकृतियों से मुक्त हो जन संस्कृति के पक्षधर बनते हैं, इस बात का अध्ययन भी उनके सन्दर्भ में कम दिलचस्प नहीं है। आचार्य शुक्ल ने उनके भक्ति भाव तथा उनकी जनवादी रुझान दोनों की नोटिस ली है और यह कम सही है।

बहरहाल भारतेन्दु के वैष्णवी संस्कार यदि उन्हें भक्त कवियों की ओर मोड़ते हैं तो उसके मूल में कहीं-न-कहीं मध्यकालीन भक्ति-कविता की वह गहरी अपील है जो अभिजात जनों से अलग साधारण जन को सम्बोधित है। सूर जैसे कवियों का प्रेमतत्त्व भारतेन्दु को कहीं गहरे जाकर छूता है और वह इसलिए छूता है कि उस प्रेम में रमा लेनेवाली, तन्मय कर देने वाली एक ऐसी क्षमता है जो शृंगार के उन उथले वर्णनों या विवरणों में नहीं हो सकती, जो मात्र गुदगुदाकर, एक सिहरन भर उत्पन्न करते हैं, डुबाते नहीं। भारतेन्दु इस डुबाने वाले प्रेम के मुरीद थे और वह उन्हें भक्तों में ही मिलता है।

अपने परिवेश से और पूर्वजों की उस विरासत से जो उन्हें मिली थी भारतेन्दु बड़े गहरे और बड़े महीन संघर्ष के क्रम में उबरते हैं। दिल्ली दरबार का उनका वर्णन

हो या 'लेवी प्राणलेवी' में काशिराज के यहाँ सरकार बहादुर के स्वागत में पधारे राजाओं-नवाबों का, वे जमकर इस तमाम प्रकार की सामन्ती चकाचौंध, दिखावे, मुसाहिबी, चापलूसी तथा खुशामद की मखौल उड़ाते हैं, सरकार-भक्त देशी राजे-रजवाड़ों पर जी भरकर हँसते हैं। सरकारी इनाम-इकराम, खिताब तथा खिलअत सब उनकी मजाक का विषय बनते हैं और कभी अपनी मुकरियों में, कभी दूसरी रचनाओं में, वे उनकी और उन्हें पाने की लालसा में व्याकुल और पा चुकने पर अभिभूत उनके मुरीदों पर पूरी मुक्तता से टिप्पणियाँ देते हैं। 'कुछ आपबीती कुछ जगबीती' में वे अपनी महफिल के चाटुकारों की खबर लेते हैं। गरज यह है कि भारतेन्दु समस्त प्रकार के सामन्ती तामझाम तथा शिष्टाचार की कलई खोलते हैं और जैसे संकल्प-सा करते हैं कि दरबारों संस्कृति की असलियत को पूरी तरह उघार कर रख देंगे। उनके बारे में प्रसिद्ध है कि उन्होंने कहा था कि 'जिस धन ने पूर्वजों को खाया है मैं उसे खा जाऊँगा'। सचमुच वे नाना प्रकार से उस पैतृक धन को खाते और लुटाते हैं और अन्ततः कर्जदार होते हैं, गोकि अपने ऊपर चढ़ा कर्ज राई-रत्ती उतारकर जाते हैं। यही नहीं, अपने जीवन के परवर्ती दौर में वे जनता के और भी निकट आते हैं। अपनी देश-यात्रा के दौरान साधारण जन की जिन्दगी को नजदीक से देखते हैं, बैलगाड़ी में चढ़कर दूर-दराज के देहातों में जाते हैं और इस प्रकार जनता से अपने लगाव को गाढ़ा करते हैं। लावनी की तर्ज पर, चूरन वाले के लटके की तर्ज पर, मुकरियों के रूप में, लोकगीतों के रूप में, कजली, विरहा आदि सब कुछ लिखते हैं। ब्रजभाषा के अलावा भोजपुरी में, बैसवाड़ी में, साधारण जन की बोली-बानी में उनके समझने लायक लिखते हैं, और उसी के हो जाते हैं। जिसके बाप की शादी में कुओं में शक्कर के बोरे डालकर शर्बत बनाया गया हो, सेठ अमीचन्द का यह वंशज अभिजात जनों का नहीं, साधारण जन का प्यार तथा सम्मान पाता है, उसके लिए लिखता और लिखवाता है, देश की दशा से द्रवित होकर उसके उद्धार के लिए जगह-जगह अलख जगाते फिरता है, एक नयी जन संस्कृति की नींव रखता है, और तमाम दरबारी तामझाम को उतारकर फेंक देता है। क्या इस आत्मसंघर्ष को जाने बिना और उसे चाहे बिना हम भारतेन्दु का सही मूल्यांकन कर सकते हैं? जरूरत इसी बात की है कि हम भारतेन्दु के इस अन्तर्विरोध को भी परखें और उसके बीच से उभरते हुए एक नये भारतेन्दु को करीब से पहचानें।

हमने भारतेन्दु को नवजागरण की चेतना से जोड़कर देखने की सिफारिश की है। इस पहलू पर भी कुछ बात करें। नवजागरण के माहौल में अपनी राष्ट्रीय अस्मिता को पहचानने और देश-हित में उसे व्याख्यायित करने के जो प्रयास हुए, वे सब समान निष्कर्षों वाले नहीं ५। बात सीधे-सीधे पश्चिमी संस्कृति बनाम भारतीय संस्कृति की, अथवा पश्चिम के ज्ञान-विज्ञान बनाम भारत की अपनी ज्ञान-गरिमा की भी नहीं थी। नवजागरण का वास्तविक मुद्दा दूसरा था, किन्तु बहुतों ने उसे सीधे-सीधे, सपाट ढंग

से लेते हुए पश्चिम बनाम पूर्व, पश्चिमी संस्कृति बनाम पौर्वात्य संस्कृति का मुद्दा बना दिया और अपनी अस्मिता की पहचान और अपनी भारतीयता की अभिव्यक्ति इस बात में मानी कि नये युग की प्रगति से आँखें मूँदकर अतीत में ही रमा जाय, अपने अतीत को वापस लाया जाय, क्योंकि वही सारवान है, बाकी सब छल और धोखा है। यह कोरमकोर पुनरुत्थानवाद था जिससे नवजागरण की वास्तविक चेतना का कोई मेल नहीं था। दूसरी ओर ऐसे विचारक भी थे जो अपने अतीत पर गर्व करते हुए, उसे प्रेरणा का स्रोत मानते हुए भी, नये ज्ञान-विज्ञान को भी स्वीकार करने के पक्ष में थे, नयी चुनौतियों को झेल सकने के लिए हर कहीं से शक्ति बटोरने के हामी थे। पश्चिम उनके लिए कोई 'टेबू' नहीं था--एक प्रकार की यह जो सांस्कृतिक संक्रान्ति उस समय उभरी, निश्चय ही भारतेन्दु दूसरे प्रकार के विचारकों के साथ थे। वे न केवल नये ज्ञान-विज्ञान को भारत वर्ष की प्रगति के लिए जरूरी समझते थे, ब्रिटिश शासकों पर उनका आरोप था कि वे अंग्रेजी शिक्षा के माध्यम से अपने प्रशासनिक हितों की पूर्ति भर करना चाहते हैं न कि विज्ञान की जरूरी शिक्षा देकर, नयी टेकनालॉजी का आवश्यक ज्ञान मुहैया कर वे सचमुच भारत को प्रगति के रास्ते पर ले जाना चाहते हैं। अपना अतीत भारतेन्दु को बहुत प्रिय था, परन्तु उनकी आँखें खुली हुई थीं और वे भारत के वर्तमान और भावी हितों के नाते संसार के उन्नतिशील देशों के साथ भारत को भी कदम मिलाते चलते देखना चाहते थे। भारतेन्दु में प्रारम्भ में भले ही पुनरुत्थानवाद के संस्कार हों, वे इस मानसिकता से उबरते हैं और इस मुद्दे पर अपने समय के पुनरुत्थानवादी विचारकों से टक्कर लेते हैं। स्वामी दयानन्द से उनका टकराव दीगर बातों के अलावा इस मुद्दे को लेकर भी होता है।

नवजागरण का वास्तविक मुद्दा था पश्चिमी सभ्यता तथा संस्कृति की विकृतियों और भारतीय रूढ़िवाद, अन्धराष्ट्रवाद तथा समस्त प्रकार की मध्ययुगीन दकियानूसी से एक साथ जूझना और दोनों को समान स्तर का शत्रु मानना। इसके साथ भारत की और पश्चिम की उन सारी बातों को अपनाना जो नयी चुनौतियों को झेल सकने में हमारी मददगार हो, हमारे अपने देश के हित में हों। भारतेन्दु इसी विचार के थे और इसके तहत ही दयानन्द से टकराये, जिनके प्रति उनके मन में पर्याप्त सम्मान था।

दयानन्द नवजागरण के आलोक में ही सनातनी रूढ़िवाद से टहराते हुए आर्य समाज के प्रवर्तक बने। सनातन हिन्दू धर्म में उन्होंने क्रान्तिकारी सुधार करते हुए ही आर्य समाज की स्थापना की। हिन्दू समाज की सड़ी-गली रूढ़ियाँ तथा पंडा-पुरोहितवाद के खिलाफ वे वेद और वैदिक धर्म की पताका को लेकर उठे और अनेक दूसरे धर्मों तथा मजहबों के प्रतिनिधियों से शास्त्रार्थ करते हुए उन्होंने वैदिक हिन्दू धर्म की श्रेष्ठता प्रतिपादित की। उनका राष्ट्रवाद आर्य राष्ट्रवाद था और वेदों में उन्हें अतीत, वर्तमान, भावी सबका समाधान दिखाई पड़ा। ब्रिटिश साम्राज्यवाद की उन्होंने कटु आलोचना की तथा गुजराती होते हुए भी हिन्दी भाषा के प्रचार-प्रसार में महत् योग दिया।

भारतीय सामाजिक तथा सांस्कृतिक जीवन में दयानन्द का प्रदेश मूल्यवान होते हुए भी उनके विचार और आयामों पर विवाद का विषय भी बने और उनके तथा भारतेन्दु के बीच के जिस टकराव का जिक्र हमने किया है, वह इन विचारों के तहत होनेवाला टकराव ही है। हिन्दू समाज को रूढ़िमुक्त देखने के उनके प्रयासों का जहाँ भारतेन्दु ने दृढ़ समर्थन किया, वहीं उनके वैदिक पुनरुत्थानवाद का उतना ही दृढ़ विरोध। इस मुद्दे पर उन्होंने दयानन्द के विचारों की मखौल तक उड़ाई कि भूत, भविष्य और वर्तमान की सारी प्रगति के बीज वेदों में विद्यमान हैं। नयी दुनिया के ज्ञान-विज्ञान की ओर से आँख मूँद लेनेवाली दयानन्द की बात उनके नवजागृत विवेक को रास न आई और इस पुनरुत्थानवादी मानसिकता के खिलाफ उन्होंने लिखा। दयानन्द के समाज संस्कार की हिमायत करते हुए भी पीछे की ओर लौटने और अतीत में ही वर्तमान की प्रगति का सब कुछ पाने की उनकी सीख की उन्होंने आलोचना की। दयानन्द से उनका मतभेद एक अन्य महत्त्वपूर्ण मुद्दे पर भी हुआ, जिसका सम्बन्ध भारतेन्दु के अपने वैष्णवी संस्कारों से है, उन संस्कारों से जो भारतीय जीवन के रग-रेशे से जुड़े संस्कार हैं। दयानन्द ने वेदों का महत्त्व ज्ञापित करते हुए सबसे प्रखर प्रहार भारतीय पौराणिक वाङ्मय पर किया था। पुराण उनके अनुसार कपोल-कल्पना से अधिक कुछ नहीं है, और उनके आधार पर देवी-देवताओं की पूजा-आराधना मूर्खता है। उन्होंने देव-पूजा का निषेध किया तथा पौराणिक आख्यानों पर आधारित ग्रन्थों को अहेतुक कहा। उनके द्वारा बताए गये निषिद्ध ग्रन्थों में गोस्वामी तुलसीदास का रामचरितमानस भी है जो सही-गलत करोड़ों-करोड़ हिन्दुओं द्वारा धर्मग्रन्थ के रूप में पूज्य है। स्वामीजी ने नाटक का भी विरोध किया और नाटक को भँड़ैती का पर्याय कहा। स्वामीजी के विचार जाहिरा तौर पर न केवल विवादास्पद हुए, उनका विरोध भी हुआ। जहाँ रूढ़िवादी सनातनियों ने उनके द्वारा धार्मिक रूढ़िवाद तथा ढकोसलेबाजी पर किए गये सही प्रहारों की खिलाफत की, वहाँ सनातनी मत माननेवालों में जो उदार और प्रमुख थे उन्हें भी स्वामीजी का वैदिक अतिवाद ग्राह्य न हुआ, विशेषकर पौराणिक संस्कृति का स्वामीजी का सम्पूर्ण नकार विशेष अग्राह्य हुआ। भारतेन्दु इन मुद्दों पर भी मुखर हुए और इस बिन्दु पर स्वामीजी का प्रतिवाद उन्होंने पौराणिक वाङ्मय और पौराणिक अवतारों से जुड़ी अपनी रचनाशीलता के स्तर पर किया। उनकी 'चन्द्रावली' नाटिका कृष्णभक्ति से सराबोर है। यही नहीं, नाटक लिखकर और खेलकर उन्होंने नाटक सम्बन्धी स्वामीजी के मत का भी प्रतिवाद किया। भारतेन्दु सनातनी होते हुए भी किस प्रकार धार्मिक ढकोसलों के विरोध में थे यह उनके लेखन में जगह-जगह स्पष्ट है। 'देखी तुमरी क़ासी' शीर्षक उनकी रचना धार्मिक आडम्बरों और रूढ़ियों पर ही प्रहार है, परन्तु वे जानते थे कि पुराणों और पुराणों पर आधारित देवी-देवतावाद की तमाम विकृतियों के बावजूद जिनका सशक्त विरोध उनके यहाँ है, पुराण भारतीय जीवन और संस्कृति में इतना घुल-मिल गये हैं कि उनके अभाव

में यहाँ सांस्कृतिक अस्मिता की कल्पना भी नहीं की जा सकती। राम-कृष्ण जैसे अवतार भारतीय लोकमानस में इतना रचे-बसे हैं कि उन्हें कतई छोड़ देना भारतीय जाति के लिए सम्भव नहीं। उन्हें छोड़ देने का अर्थ भारतीय साहित्य के श्रेष्ठांश को अपनी विरासत से अलग कर देना है। वाल्मीकि, व्यास, कालिदास, भवभूति, तुलसी, सूर सबकी ओर से मुँह मोड़ लेना है और उन्हें हटाकर भारतीय साहित्य में फिर शेष क्या रह जाता है? सवाल पौराणिक पोंगापन्थ तथा उसके लेखे फैली विकृतियों से लड़ने का है न कि पौराणिक वाङ्मय को ही सम्पूर्णतः अस्वीकार करने का। भारतेन्दु ने सही निर्णय लेते हुए अपने को मध्यकालीन भक्त कवियों की परम्परा से जोड़ा और इस प्रकार एक ऐसी दिशा दी, जिस पर आगे चलते हुए आधुनिक काल में भी प्रसाद, निराला और मैथिलीशरण तथा दूसरे तमाम जीवन्त रचनाकार हमें मिले। भारतीय भाषाओं का उदाहरण लें तो पौराणिक वाङ्मय को अस्वीकार करने का अर्थ रवीन्द्रनाथ, बंकिम जैसे लेखकों को अस्वीकार करना है। स्वामीजी का वैदिक वाङ्मय की गरिमा का प्रतिपादन अपनी जगह सही है, परन्तु वे कदाचित् भारतीय मानस को उसके तल पर जाकर नहीं पहचान सके, फलतः उनका आर्य समाज देश के एक सीमित भाग तक ही अपना प्रभाव डालकर रह गया।

हमारे कहने का आशय यह है कि भारतेन्दु ने एक अहम मसले पर भारतीय लोकमानस को पहचानते हुए सही रुख लिया, गोकि सनातनी होते हुए भी सनातनी रूढ़िवाद के खिलाफ वे बराबर रहे। भारतेन्दु का कोई भी मूल्यांकन करते हुए हमें उनके विचार तथा रचनाशीलता के इस पक्ष पर भी ध्यान रखना चाहिए।

आधुनिक हिन्दी साहित्य में जनवाद ही नहीं, एक सशक्त प्रकार के सामाजिक यथार्थवाद के प्रतिष्पाठक के रूप में भी भारतेन्दु हमारे सामने आते हैं। उनके गद्य और पद्य दोनों में हमें इस नये यथार्थ के दर्शन होते हैं जो सीधे देशदशा देशवासियों की दशा से उनके साक्षात्कार का परिणाम है। ब्रिटिश शासन के खिलाफ पहले भी लिखा गया है और आज भी लिखा जा रहा है। साधारण जन की दयनीय दशाओं पर भी लिखने वालों की कमी नहीं है। परन्तु ब्रिटिश राज की लूट, उसके अमानवीय अर्थतन्त्र, उसके कुशासन और उसके परिणामों, अकाल-महामारी आदि का जितना यथार्थ, हृदयद्रावक और रोमांचक वर्णन अपने समय के सन्दर्भों में भारतेन्दु ने किया है उतना अन्यत्र नहीं देख पड़ता। कभी यह प्रहार सीधे विचार के स्तर पर है, कभी व्यंग्य और मखौल के स्तर पर, और कभी जीवन्त चित्रों के रूप में। कहीं कोई आरोपण नहीं, यह ब्रिटिश राज का कच्चा चिट्ठा है जिसे वस्तुनिष्ठ यथार्थ के धरातल पर भारतेन्दु ने खोला है और हिन्दी में सामाजिक यथार्थ की रचनाशीलता के लिए रास्ता साफ किया है। देश और उसके वासियों के प्रति गहरे लगाव के अभाव में, उनकी पीड़ा की तीव्रतम अनुभूति के अभाव में तथा देशहित के सच्चे बोध के अभाव में इस प्रकार का यथार्थ जन्म नहीं ले सकता। भारतेन्दु का बलिया वाला भाषण महज

भाषण नहीं है, वह एक सच्चे देशभक्त की पीड़ा है जो यथार्थ अनुभूतियों की कोख से उपजी है। राजभक्ति का कोई भी लेबिल इस पीड़ा को ढक नहीं सकता, क्योंकि यह पीड़ा सच्ची और सार्थक है।

अन्तिम बात हम भारतेन्दु की पत्रकारिता के सन्दर्भ में कहेंगे। वे हिन्दी में राष्ट्रीय पत्रकारिता के भी पुरस्कर्त्ता हैं। हिन्दी का पहला अखबार भले ही उनसे पहले निकला हो परन्तु पत्रकारिता को एक मुहिम के रूप में सामने लानेवाले वे ही हैं। उन्होंने स्वयं तीन पत्रिकाएँ निकालीं जिनमें एक साहित्यिक पत्रिका थी, एक साहित्य के अलावा राजनीति, समाज-नीति तथा अर्थ-नीति से जुड़ी पत्रिका थी तथा तीसरी नारी-जागरण से सम्बन्धित पत्रिका थी। इन पत्रिकाओं के माध्यम से उन्होंने अपने समय के साहित्य तथा सामाजिक, राजनीतिक मुद्दों को उभारा। वे इन पत्रिकाओं से कितने गहरे आत्मीय स्तर पर जुड़े थे यह हम जानते हैं। अंग्रेज सरकार द्वारा उनकी पत्रिका का बहिष्कार करने के निर्णय से वे घबराए नहीं, सीधे अपने पाठकों से दान की अपील की। उनकी पत्रिकाओं में छपने वाले लेखों से सरकार बहादुर अप्रसन्न थे और इसके लिए उन्हें संदिग्ध भी माना गया था। परन्तु भारतेन्दु ने अपनी शक्ति भर इन पत्रिकाओं को जीवित रखा। आगे राष्ट्रीय पत्रकारिता तथा साहित्यिक पत्रकारिता की जो शानदार परम्परा हमें दिखाई पड़ती है, कहीं न कहीं भारतेन्दु की साधना उसके मूल में है। बालकृष्ण भट्ट का 'हिन्दी प्रदीप', महावीर प्रसाद द्विवेदी की 'सरस्वती', माखनलाल चतुर्वेदी की 'कर्मवीर', प्रेमचन्द का 'हंस' और इनके आगे-पीछे इस प्रकार की पत्रिकाओं का एक शानदार इतिहास है, जिन्हें उनके प्रवर्तकों और स्वाभिमानी सम्पादकों ने अपने शरीर के रक्त की अन्तिम बूँद देकर भी जीवित रखना चाहा है। आज, गोकि इस प्रकार की परम्परा समाप्त सी हो गयी है, पूँजी प्रतिष्ठान और उनके पाले हुए वेतन भोगी सम्पादक हमारे सामने हैं, परन्तु आज भी नगर-नगर और गाँव-गाँव इस प्रकार के जितने भी मध्यम और लघु प्रयास सीमित साधनों के बावजूद हो रहे हैं, सबके पीछे कहीं न कहीं भारतेन्दु द्वारा प्रज्वलित की गयी ज्योति ही है।

अन्तर्विरोध भारतेन्दु के विचारों तथा रचनाशीलता में हैं, अन्तर्विरोध उनके युग में भी हैं, परन्तु भारतेन्दु इन अन्तर्विरोधों के बीच से उबरते हैं, हमारी विरासत बनते हैं।

भारतेन्दु की सार्थकता

❑ परमानन्द श्रीवास्तव

भारतेन्दु उन थोड़े-से महान् लेखकों में हैं जो जिस समय इतिहास में होते हैं, उसी समय इतिहास बदल रहे होते हैं। ऐसे महान् लेखकों का स्मरण हर दौर में होता रहता है। उसके लिए किसी 'जन्मशती' या 'निधनशती' की प्रतीक्षा नहीं करनी पड़ती। वे अपने पीछे एक ऐसी गतिशील परम्परा भी छोड़ जाते हैं जिससे उनका सम्बन्ध बदले हुए समय में भी नयी सार्थकता पा लेता है। अब भारतेन्दु की परम्परा को आज यदि एक विशेष अर्थ में प्रगतिशील या जनवादी कहा जाता है तो इसमें कुछ आश्चर्य नहीं। भारतेन्दु जैसे लेखकों की सार्थकता पर विचार करने का एक सरल रास्ता यह है कि हम उनके साहित्य में निहित प्रगतिशील तत्त्वों को अपनी जरूरत के अनुसार खोज निकालें और असमंजस पैदा करने वाले मरणशील पतनोन्मुखी संस्कारों के प्रति चुप्पी का रुख अख्तियार कर लें। दूसरा कठिन रास्ता यह है कि हम उनके प्रगतिशील तत्त्वों की पहचान के साथ उनके समय को, समय की ऐतिहासिक सीमाओं को, समय के अन्तर्विरोधों को, उनके व्यक्तित्व, रुझान और सोच के अन्तर्विरोधों अथवा असंगतियों को तटस्थ वस्तुपरक ढंग से देखें और उनकी सार्थकता की पहचान के लिए निरे उपयोगितावादी तर्क से ऊपर उठें। भारतेन्दु की सार्थकता की दूसरी दृष्टि से की जानेवाली जाँच मुझे अधिक प्रयोजनीय जान पड़ती है। सीधे इस सार्थकता वाले मुद्दे पर आने से पहले आवश्यक है कि हम 'प्रगतिशील' और 'आधुनिक' 'आधुनिक और भारतीय' के बीच के सम्बन्धों को पिछले कुछ दशकों के साहित्यिक-सांस्कृतिक' परिप्रेक्ष्य में समझने की कोशिश करें।

जिस प्रकार 'प्रगतिशील' और 'आधुनिक' के बीच पिछले कुछ दशकों के साहित्यिक परिदृश्य में द्वन्द्वपूर्ण सम्बन्ध की स्थिति दिखाई देती है, उसी प्रकार 'आधुनिकता' और 'भारतीयता' के बीच भी द्वन्द्वपूर्ण सम्बन्ध जैसी स्थिति लक्ष्य की जा सकती है। यह एक वास्तविकता है कि जब हिन्दी में महत्त्वपूर्ण प्रगतिशील साहित्य लिखा ही जा रहा था, यथार्थ दर्शन की हिमायत की जा रही थी, सामाजिक परिवर्तन

में रचना की भूमिका निश्चित करने के लिए जरूरी तर्क दिए जा रहे थे, रचना में स्थानीय रंग या जनपदीय जीवन-चित्रण पर बल दिया जा रहा था, देशकाल की मूर्त्त वास्तविकता से सम्पर्क या साक्षात् की सार्थकता बताई जा रही थी,—बहुत सुनयोजित ढंग से पश्चिमी ढर्रे का आधुनिकतावाद गूढ़ मनोविज्ञान और सूक्ष्म कलात्मकता या रीतिमूलक चमत्कारयुक्त मुहावरे के बल पर अपनी जगह बनाने लगा। कुछ साहित्येतिहासकार यह बताने में सुकून महसूस करते हैं कि हिन्दी प्रगतिवाद 1936 में आया और लगभग दशक पूरा करने के पहले ही साहित्यिक परिदृश्य से गायब हो गया। प्रगतिवाद की इस तथाकथित असमय समाप्ति कर शोकगीत लिखने वालों की भी कमी नहीं। अब उन लोगों को खासी उलझन हो रही होगी कि प्रगतिशील साहित्य पुनः रचनात्मक परिदृश्य के केन्द्र में है, उसके नये विश्लेषण और मूल्यांकन की जरूरत महसूस की जा रही है और प्रगतिशील साहित्य की परम्परा से एक नया जीवन्त सम्बन्ध बनाने की उत्सुकता और समझ भी आज के लेखकों में मौजूद है। प्रगतिशील साहित्य की इस पुनःप्रतिष्ठा वाले दौर में यह भी साभिप्राय पूछा जाने लगा है कि जिसे हम विगत दशकों में आधुनिक साहित्य के रूप में मान्यता देते आए हैं वह कितना आधुनिक है और कितना भारतीय सीधा जान पड़ने वाला यह सवाल बहुतों के कृतित्व के आगे इतना भारी पड़ता है कि पहली ही नजर में उसका कृत्रिम या छद्म अनुकरण अपने परजीवीपन के सारे भेद खोल जाता है।

यह भ्रम नहीं होना चाहिए कि 'प्रगतिशील' और 'आधुनिक', 'आधुनिक' और 'भारतीय' के बीच कोई अनिवार्य विरोध है। सहज प्रगतिशीलता और सच्ची आधुनिकता, सच्ची आधुनिकता और सहज भारतीयता के बीच एक स्वाभाविक और कभी-कभी द्वन्द्वात्मक ही सही, रिश्ता होना चाहिए—यह आदर्श रूप में नहीं मान्य है, व्यवहार में भी इसका साक्ष्य प्रेमचन्द और निराला जैसे महत्त्वपूर्ण लेखकों के कृतित्व में मौजूद है। जब हम अपने यहाँ, साहित्यिक या सांस्कृतिक सृजनशीलता के ऐतिहासिक परिप्रेक्ष्य में भारतेन्दु जैसे युग-सन्धि पर स्थित, साथ ही, युग प्रवर्त्तन जैसे श्रेय के अधिकारी लेखक की सार्थकता के बारे में विचार करने चलते हैं, हमें आधुनिकता और भारतीय के बीच के सम्बन्ध या तनाव का साक्ष्य अधिक स्पष्ट रूप से मिलने लगता है। इसलिए भारतेन्दु की सार्थकता के सन्दर्भ में आधुनिकता और भारतीयता के बीच का यह सम्बन्ध-शील तनाव एक जरूरी, विचारणीय मुद्दा है।

भारतेन्दु की देन का समुचित मूल्यांकन करने के लिए उनके प्रमुख जीवन-तथ्यों को रेखांकित करना जरूरी है। 1850 में भारतेन्दु का जन्म हुआ। 1868 में भारतेन्दु ने 'कविवचनसुधा' का प्रकाशन आरम्भ किया—फिर नाम और रूप बदल कर कई-कई पत्रिकाएँ उन्होंने प्रकाशित कीं—हरिश्चन्द्र मैगजीन हरिश्चन्द्र चन्द्रिका और नवोदिता हरिश्चन्द्र चन्द्रिका। यह सिलसिला जीवन भर बना रहा। 1873 में भारतेन्दु ने यह घोषणा की—'हिन्दी नयी चाल में ढली।' 23 मार्च, 1874 की 'कविवचनसुधा' में

भारतेन्दु का प्रतिज्ञापत्र प्रकाशित हुआ—"हम लोग आज के दिन से कोई विलायती कपड़ा न पहिनेंगे।" भारतेन्दु ने इस बीच निबन्ध नाटक उपन्यास लिखे, कविताएँ लिखीं, समसामयिक विषयों पर टिप्पणियाँ लिखीं, अनुवाद किए, अपना लगभग स्वतन्त्र रंगमंडल ही बनाया, यात्राएँ कीं, नाटक खेले, जनता के कष्ट की गाथा शासकों तक पहुँचाने की कोशिश की, साम्राज्यवादी शोषण की रीति-नीति समझी, अंग्रेजी भाषा की अधीनता के विरुद्ध सजग करते हुए स्पष्ट रूप से कहा—"निज भाषा उन्नति अहै सब उन्नति को मूल।" 1885 में भारतेन्दु की मृत्यु हुई। अर्थात् कुल पैंतीस वर्ष का जीवन भारतेन्दु को मिला—जिसमें वे राजभक्ति और देशभक्ति के द्वन्द्व से, वैष्वणता और क्रान्तिधर्मिता के द्वन्द्व से, दरबारी संस्कृति और जनसंस्कृति के द्वन्द्व से, आधुनिकता और भारतीयता के द्वन्द्व से गुजर रहे थे। कहीं यह द्वन्द्व स्पष्ट दिखाई देता है और कहीं एकदम नहीं दिखाई देता जैसे इन स्थितियों में सर्वथा अविरोध हो, कोई आन्तरिक सन्तुलन या गहरा सामंजस्य हो। हमारे लिए आसान है कि हम अपनी जरूरत के मुताबिक उनकी देशभक्ति, क्रान्तिकारिता और आधुनिकता को अपने लिए प्रासंगिक या उपयोगी घोषित कर दें और असमंजस पैदा करने वाली राजभक्ति या श्रृंगारिकता या वैष्णवता को अप्रासंगिक मान लें। भारतेन्दु के लिए स्वीकार या अस्वीकार इतना न रहा होगा। इसलिए उस युग या समय को जाँचना जरूरी है जिसमें भारतेन्दु हुए और जिसमें रहकर भारतेन्दु ने संस्कृति और साहित्य को नये मार्ग पर लाने की कोशिश की।

भारतेन्दु के मूल्यांकन के प्रसंग में इस बात पर बल देना जरूरी है कि वे सिर्फ हिन्दी गद्य को नया संस्कार देने के लिए सचेष्ट नहीं थे (यद्यपि यह भी एक महत्त्वपूर्ण ऐतिहासिक कार्य था जो वे कर रहे थे), वे वस्तुतः साहित्य को ही नया जीवन संस्कार देने के आकांक्षी थे। मुख्य बात यह कि वे अपने समाज को निश्चित अर्थ में बदलने के लिए संघर्ष कर रहे थे। शोषण प्रक्रिया को समझते हुए शासन सत्ता से संवाद बनाए रखने के लिए वे समर्थन और विरोध, आश्वस्ति और असन्तोष की एक मिली-जुली रणनीति पर चल रहे थे। "अंग्रेज राजसुख साज सजे सब भारी। पै धन बिदेस चलि जात इहै अति ख्वारी।" पहली पंक्ति में आशंसा का भाव है पर दूसरी में विरोध का स्वर फूट ही पड़ता है। 'भारतेन्दु युग' के बारे में प्रसिद्ध आलोचक रामविलास शर्मा ने ठीक ही लिखा है—"वास्तव में ऐसा सजीव और चेतन युग हिन्दी में एक ही बार आया है।" जनता ने किसी लेखक को सीधे 'भारतेन्दु' जैसी संज्ञा से अलंकृत किया हो, यह भी हमारे इतिहास की अकेली ही घटना है। राजभक्ति और देशभक्ति के अन्तर्विरोध की जाँच करते हुए हम कुछ तथ्यों या सन्दर्भों की उपेक्षा नहीं कर सकते। भारतेन्दु के परिवार में राजभक्ति की परम्परा जड़ जमाए हुए थी। इस समृद्धिजीवी परिवार के अपने संस्कार राजभक्ति के सर्वथा अनुकूल थे। फिर परिस्थिति ऐसी थी कि महारानी विक्टोरिया का राज्य पहले की तुलना में

काफी राहत देने वाला जान पड़ा था। हालाँकि फिर भारतेन्दु ने लक्ष्य किया कि साम्राज्यवादी शोषण का सिलसिला अटूट है। 1866 में मन्दी का जमाना, 1868-69 में अकाल की घटना—ये संकेत थे कि जनता को बहुत दिनों तक कुछ सहूलियतों के प्रलोभन से घेर कर नहीं रखा जा सकता था। ''सखा प्यारे कृष्ण के गुलाम राधारानी के'' कहने वाले भारतेन्दु के साहित्य में ही क्रान्तिकारी परिवर्तन के अभिप्राय भी दिए हैं। भारतेन्दु की भक्ति में सिर्फ प्रणति का भाव नहीं है, साहस का तत्त्व भी है। हिन्दी की जिस साहित्यिक परम्परा में एक पूरा भक्ति युग सामाजिक आन्दोलन की हैसियत रखता हो, उसके परिप्रेक्ष्य में वैष्णवता और क्रान्तिकारिता के बीच के अविरोध या द्वन्द्वात्मक सामंजस्य को पहचानने में कठिनाई नहीं होनी चाहिए। भारतेन्दु एक साथ सहज भारतीय और सचेत आधुनिक रचनात्मकता से सम्पन्न दिखाई देते हैं। इस बात को ठीक-ठीक समझने की जरूरत है कि भारतेन्दु सांस्कृतिक सुधारवादी पुनरुत्थान आन्दोलन के अनुयायी भर नहीं थे, वे एक नये प्रकार के ठेठ देसी लोक जागरण की नींव भी रख रहे थे।

भारतेन्दु का महत्त्व इस अर्थ में है कि वे गहरी वैष्णवता में रचे-बसे हैं पर धर्म की सीमाएँ, धार्मिक आडम्बर के अवरोध स्पष्ट पहचानते हैं। वे मानते हैं कि वैष्णवता भारत का प्रकृत धर्म है पर उसके सम्यक् बोध के लिए उन्हें एक साथ कबीर, दादू, सिक्ख, बाउल सभी पन्थों से जुड़ना जरूरी लगता है। धर्म को वे सामाजिक उन्नति का मूल ठहराते हैं पर हिन्दू मत के आडम्बर प्रधान आचरण की धज्जी उड़ाते हैं—''धर्म हमारा ऐसा निर्बल और पतला हो गया है कि केवल स्पर्श से वा एक चुल्लू पानी से मर जाता है। कच्चे गले, या सड़े सूत या चिउँटी की दशा हमारे धर्म की हो गयी है।'' भारतेन्दु का यह व्यंग्य सीधे चुभने वाला है—स्थूल मतावलम्बियों के लिए मारक है। भारतेन्दु सीधे चेतावनी के स्वर में कहते हैं—''जिस भाव से हिन्दू मत अब चलता है, उस भाव से आगे नहीं चलेगा।'' यहीं हमें भूलना नहीं चाहिए कि भारतेन्दु ने जहाँ-तहाँ मुसलमानों के बारे में ऐसी टिप्पणियाँ की हैं जो आधुनिक प्रगतिशील दृष्टि के मेल में नहीं हैं। मसलन एक जगह वे कहते हैं—''चारों ओर आग लगी हुई है। दरिद्रता के मारे देश जला जाता है। अंग्रेजों से जो नौकरी बच जाती है उस पर मुसलमान आदि विधर्मी भरती होते जाते हैं।'' अन्यत्र भारतेन्दु का स्वर थोड़ा बदला हुआ दिखाई देता है—वे कहते हैं—''मुसलमान भाइयों को भी उचित है कि इस हिन्दुस्तान में बसकर वे लोग हिन्दुओं को नीचा समझना छोड़ दें।'' जैसे पहले का आक्रोश यहाँ अमर्ष में बदल गया है। अन्यत्र भारतेन्दु की ही अपनत्वभरी चिन्ता मुसलिम समाज के प्रति इस रूप में प्रकट है—''जो बात हिन्दुओं को नहीं मयस्सर है वह धर्म के प्रभाव से मुसलमानों को सहज प्राप्त है। उनमें जाति नहीं, खाने-पीने में चौका-चूल्हा नहीं, विलायत जाने में रोक-टोक नहीं फिर भी बड़े सोच की बात है कि मुसलमानों ने अभी तक अपनी दशा कुछ नहीं सुधारी।'' आज 1985

में अनेक घटनाएँ भारतीय समाज में ऐसी हो रही हैं कि हम भारतेन्दु के स्थिति विश्लेषण को कई बार आज के यथार्थ के निकट पाते हैं। यह एक उदाहरण है कि भारतेन्दु अपने समय से बहुत आगे देखने वाले लेखक हैं।

भारतेन्दु जब अपनी भाषा को 'सब उन्नति' या सर्वतोमुखी प्रगति का मूल ठहराते हैं, उनके कथन की अर्थध्वनि दूर तक सुनी जा सकती है। स्वदेशी की उनकी पूरी अवधारणा, नये उद्योगों के बारे में उनका दृष्टिकोण, नयी शिक्षा के प्रति उनका समर्थन, पराधीनता या परनिर्भरता के विरुद्ध उनकी चेतावनी, श्रम के प्रति उनका आग्रह, राष्ट्रीय एकता सम्बन्धी उनकी अन्तर्दृष्टि सब कुछ उनकी कृतियों तथा उनके वक्तव्यों में दर्ज है।

"अच्छी से अच्छी उनको तालीम दो। पिनशिन और वजीफा या नौकरी का भरोसा छोड़ो। लड़कों को रोज़गार सिखाओ। विलायत भेजो। छोटेपन से मिहनत करने की आदत दिलाओ। बंगाली, मराठी पंजाबी, मदरासी, वैदिक, जैन, ब्राह्मण, मुसलमान सब एक का हाथ पकड़ो। कारीगरी जिसमें तुम्हारे यहाँ बढ़े। तुम्हारा रुपया तुम्हारे देश में रहे, वह करो। × × अफसोस तुम ऐसे हो गये हो कि अपने निज काम की वस्तु भी नहीं बना सकते। ...परदेसी वस्तु और परदेसी भाषा का भरोसा मत रखो–अपने देश में अपनी भाषा में उन्नति करो।"

अन्यत्र भारतेन्दु लिखते हैं–"परन्तु अब अंग्रेजी माया छल और घात दृष्टि में आने लगा क्योंकि हम लोगों को केवल अंग्रेजी भाषा प्राप्त हुई परन्तु कला-कौशल के विषय में हम लोग भली-भाँति अज्ञान सागर में निमग्न हुए हैं इसमें सन्देह नहीं।" आर्थिक स्वाधीनता, राजनीतिक स्वाधीनता और भाषा की मुक्ति के प्रश्नों को एक-दूसरे से सम्बद्ध करके देखना भारतेन्दु को जरूरी जान पड़ता है।

भारतेन्दु के योगदान का सही प्ररिपेक्ष्य में मूल्यांकन करते हुए आचार्य रामचन्द्र शुक्ल ने लिखा है–"भारतेन्दु हरिश्चन्द्र का प्रभाव भाषा और साहित्य दोनों पर बड़ा गहरा पड़ा। उन्होंने जिस प्रकार गद्य की भाषा को परिमार्जित करके उसे बहुत ही चलता मधुर रूप दिया, उसी प्रकार हिन्दी साहित्य को भी नये मार्ग पर लाकर खड़ा कर दिया।" भारतेन्दु का महत्त्वपूर्ण कार्य शुक्लजी यह मानते हैं कि साहित्य को नया मार्ग दिखाते हुए उसे वे शिक्षित जनता के साहचर्य में ले आए। "नयी शिक्षा के प्रभाव से लोगों की विचारधारा बदल चली थी। उनके मन में देशहित, समाजहित आदि की नयी उमंगें उत्पन्न हो रही थीं। काल की गति के साथ-साथ उनके भाव और विचार तो बहुत आगे बढ़ गये थे, पर साहित्य पीछे ही पड़ा था। भक्ति शृंगार आदि की पुराने ढंग की कविताएँ ही होती चली आ रही थीं। बीच-बीच में कुछ शिक्षा सम्बन्धी पुस्तकें अवश्य निकल जाती थीं पर देशकाल के अनुकूल साहित्य निर्माण का कोई विस्तृत प्रयत्न तब तक नहीं हुआ था। बंगदेश में नये ढंग के नाटकों और उपन्यासों का सूत्रपात्र हो चुका था। जिनमें देश और समाज की नयी रुचि और भावना का प्रतिबिम्ब आने लगा था। पर

हिन्दी साहित्य अपने पुराने रास्ते पर ही पड़ा था। भारतेन्दु ने उस साहित्य को दूसरी ओर मोड़कर हमारे जीवन के साथ फिर से लगा दिया। इस प्रकार हमारे जीवन और साहित्य के बीच जो विच्छेद पड़ रहा था, उसे उन्होंने दूर कर दिया। हमारे साहित्य को नये-नये विषयों की ओर प्रवृत्त करने वाले हरिश्चन्द्र ही हुए।'' शुक्लजी की इस टिप्पणी के प्रकाश में भारतेन्दु का सम्बन्ध पिछले युग से और आगे के नये दौर से ठीक-ठीक पहचाना जा सकता है। एक ओर भारतेन्दु रीतिवाद की साहित्यिक मानसिकता से पूरी तरह मुक्त नहीं हो पा रहे थे, दूसरी ओर नये विचारों से, नये जीवन-प्रवाह से जुड़ने के लिए वे बेचैन थे। कहीं उनसे चूक हो रही थी, कहीं वे असफल हो रहे थे, पर बड़ी बात यह कि उनकी सर्जनात्मक ऊर्जा मुक्ति के नये रास्ते खोज रही थी।

एक विडम्बनापूर्ण तथ्य यह है कि ''वही भारतेन्दु जो 'अन्धेर नगरी' जैसा व्यंग्यार्थ सम्पन्न कसा हुआ नाटक खड़ी बोली में (निश्चय ही बोलचाल की समूची मुक्ति के साथ) लिख सके, जिसे प्रस्तुत करने में आज के निर्देशकों को नयी चुनौती और स्फूर्ति मिलती है, खड़ी बोली में कविकर्म कठिन मानते हैं, बल्कि उसे एक तरह की असम्भावना मानते हैं। वे प्रयत्न करते हैं पर विफल होते हैं। वे बड़ी ईमानदारी से स्वीकार कर लेते हैं कि ब्रजभाषा में ही कविता करना उत्तम होता है।'' देखने की चीज यह है कि भारतेन्दु टैक्स, अकाल, महामारी, बेरोजगारी पर कविता लिखने में नहीं हिचकते—काव्य विषयों की कोई रूढ़ि वे नहीं स्वीकार करते—पर खड़ी बोली के ढाँचे में कविता उन्हें असम्भव जान पड़ती है। विशिष्टतावाद का आतंक भारतेन्दु पर नहीं है। उच्चकोटि के साहित्य को जनपदीय साहित्य से जोड़कर देखना उन्हें सहज स्वाभाविक लगता है। फिर खड़ी बोली में कविता को सम्भव बनाने की दिशा में अवरोध कहाँ है! उर्दू में खड़ी बोली कविता की एक पहले से चली आती हुई विकसित परम्परा थी। मीर, गालिब जैसे बड़े कवि पहले ही हो चुके थे। यह वह समय था जब बहादुरशाह जफर और हाली के बीच उर्दू खड़ी बोली कविता मँजे हुए खड़ी बोली के ढाँचे में नये रूप-रंग ग्रहण कर रही थी—बोलचाल की नयी सरलता में अपने को ढालने की कोशिश कर रही थी—फिर भी दाग की शैली का हल्का-फुल्का काव्य चमत्कार ही एक पूरे युग की काव्याभिरुचि पर बहुत कुछ छाया हुआ जान पड़ता था। भारतेन्दु को यह दृश्य कैसा लग रहा था, कहना कठिन है। इतना सब जानते हैं कि उन्होंने गजलें कहने की कोशिश की। पर खड़ी बोली हिन्दी मूल की कविता का एक स्वतन्त्र ढाँचा भारतेन्दु के लिए सुलभ नहीं था। उनके प्रयत्न की बानगी कुछ दोहों के रूप में देखें—

बरसा सिर पर आ गयी हरी हुई सब झूमि
बागों में झूले पड़े रहे भ्रमरगण भूमि

खोल-खोल छाता चले लोग सड़क के बीच
कीचड़ में जूते फँसे जैसे अघ में नीच

इनके बारे में केदारनाथ सिंह की टिप्पणी है—"यह यथार्थ का एक बिलकुल सीधा-सादा चित्र है। वस्तुओं को भावना के रंग में देखने का प्रयास नहीं किया गया है। जो जिस रूप में है उसको उसी रूप में कविता में रख दिया गया है।" एक तरह से देखा जाय तो इस रूप में भी यह प्रयोग हिन्दी खड़ी बोली कविता में नया प्रस्थान माना जा सकता था, यदि भारतेन्दु अपनी रचनात्मक ऊर्जा के साथ इस प्रयोग-भूमि पर टिके रहते। भारतेन्दु यहाँ विफलता की घोषणा करके ही रह जाते हैं। इस अन्तर्विरोध को समझने की जरूरत है कि भारतेन्दु के यहाँ सब कुछ नया और क्रान्तिकारी ही नहीं है, बहुत कुछ पुराने संस्कारों की जकड़ भी है और साहित्यिक अभिरुचि में व्याप्त अनिश्चय या दुविधाग्रस्त मानसिकता भी। भारतेन्दु को अगर कुछ और लम्बा जीवन मिला होता तो असम्भव नहीं था कि वे स्वयं अपने अवरोधों के विरुद्ध खड़े होते। साहस उनमें कुछ ऐसा ही दिखाई देता है—अपने विरुद्ध खड़े होने का साहस।

एक साहित्यिक विधा से भारतेन्दु कितना बड़ा काम ले सकते हैं और उसे कितनी जीवनी शक्ति दे सकते हैं, इसके लिए उनके निबन्ध बहुत उपयुक्त उदाहरण हैं। स्वच्छन्दता या जिन्दादिली उनके यहाँ चीजों को देखने का रवैया भर नहीं है—वह सामाजिक परिवर्तन की प्रक्रिया में गहरी संलग्नता का साक्ष्य भी है। 'अद्‌भुत अपूर्व स्वप्न' निबन्ध में शिक्षा जगत का जो व्यंग्यात्मक खाका भारतेन्दु ने उपस्थित किया है, उसकी सार्थकता 1985 के भारतीय शिक्षा जगत में प्रचलित जड़हीन संकल्पनाओं के सन्दर्भ में कहीं अधिक प्रकट है। शिक्षा और संस्कृति पर लिखते हुए भारतेन्दु प्रमाणित करते हैं कि वे एक पूरी सामाजिक प्रक्रिया के बारे में जागरूक हैं।

इस प्रकार भारतेन्दु की सार्थकता के अनेक पहलू हैं। शिक्षा, साहित्य, संस्कृति, कला, धर्म, उद्योग, रंगमंच, स्वदेशी के उपयोग—आदि अनेक सन्दर्भों के बारे में अपना दृष्टिकोण स्पष्ट करते हुए भारतेन्दु जिस परम्परा की नींव रखते हैं, उसमें आधुनिक दृष्टि और गहरे अर्थ में भारतीय दृष्टि का सम्बन्ध या सन्तुलन मौजूद है। कभी यह सम्बन्ध सहज है, कभी तनावमूलक। दोनों रूपों में वह विचारणीय है और उनके लिए हमेशा उपयोगी है जो अपनी मुक्ति के रास्ते अकेले में नहीं, अपनी समूची जातीय परम्परा या चेतना के भीतर खोजते हैं। भारतेन्दु अपनी सीमाओं में एक साहित्यिक नवजागरण के प्रतिनिधि हैं जो बृहत्तर सांस्कृतिक लोक जागरण का सहयोगी अथवा सहजीवी है। भारतेन्दु का 'नाटक' निबन्ध इसका संकेत है कि भारतेन्दु साहित्य में परिवर्तन चाहते हैं, ठीक उसी तरह जैसे वे समाज में परिवर्तन चाहते हैं। जिसे वे सामाजिक रुचि की विलक्षणता कहते हैं, क्रमशः वही दृष्टि की नवीनता में रूपान्तरित होती चलती है। भारतेन्दु का दिलचस्पी विशिष्ट साहित्यरसिकों में ही नहीं, किसानों में भी है—साहित्य को जिन तक पहुँचाने के लिए वे चिन्तित दिखाई देते हैं। उनकी चिन्ता का एक रूप यह भी है—"यह बात सब लोग जानते हैं कि जो बात साधारण

लोगों में फैलेगी, उसी का प्रचार सार्वदेशिक होगा। और यह भी विदित है कि जितना ग्राम-गीत शीघ्र फैलते हैं और जितना काव्य को संगीत द्वारा सुनकर चित्त पर प्रभाव होता है उतना साधारण शिक्षा से नहीं होता। इससे साधारण लोगों के चित्त पर भी इन बातों का अंकुर जमाने को इस प्रकार से जो संगीत फैलाया जाय तो बहुत कुछ संस्कार बदल जाने की आशा है।'' सामाजिक निर्माण की एकदम आरम्भिक चिन्ताओं के साथ भारतेन्दु आगे बढ़ते हैं। यह संकेत है कि अपने युग की वास्तविकता में सम्यक् सम्पृक्ति ही किसी लेखक को आने वाले युगों के लिए प्रासंगिक या सार्थक बनाती है। 'अन्धेर नगरी' भारतेन्दु के समय का ही नाटक नहीं है, हमारे आज के समाज की अनेक असंगतियों की व्याख्या भी उसमें मिल जाएगी।

निराला ने किसी प्रसंग में कहा है कि आश्चर्यजनक रूप से हिन्दी साहित्य में हास्य विनोद का अकाल सा दिखाई देता है जबकि हमारे यहाँ के किसानों में या ग्रामीण सामाजिकों में सहज रूप से हास्य-विनोद की प्रवृत्ति पाई जाती है। विषम परिस्थितियों में भी हास्य-विनोद से वे अपनी जिजीविषा का प्रमाण देते हैं। इस दृष्टि से आज हम भारतेन्दु के साहित्य में निहित व्यंग्य विनोद की प्रवृत्ति पर विचार करेंगे तो उसकी ताकत पर जरूर ध्यान जाएगा। भारतेन्दु के समूचे साहित्य में जगह-जगह प्रच्छन्न या प्रकट व्यंग्य है जो अनोखी धार का प्रमाण देता है। व्यंग्य से सामाजिक आलोचना की यह परम्परा हिन्दी में अपनी अलग पहचान बनाती है जिसमें कबीर आते हैं, भारतेन्दु आते हैं, निराला और प्रेमचन्द आते हैं। 'लेवी प्राण लेवी', 'अथ अँगरेज स्तोत्रं लिख्यते'–भारतेन्दु की व्यंग्यक्षमता के अद्‌भुत उदाहरण हैं। स्तोत्र की भाषा भंगिमा यह है–''चुंगी और पुलिस तुम्हारी भुजा हैं, अमले तुम्हारे नख हैं, अँधेरा तुम्हारी पीठ है, आमदनी तुम्हारा हृदय है, अतः हे अँगरेज! हम तुम्हें प्रणाम करते हैं। खजाना तुम्हारा पेट है, लालच तुम्हारी क्षुधा है, सेना तुम्हारे चरण, खिताब तुम्हारा प्रसाद है, अतः हे विराट रूप अँगरेज! हम तुम्हें प्रणाम करते हैं।'' कहने की जरूरत नहीं कि व्यंग्य की इस भाषा की मार दुहरी है।

भारतेन्दु की स्मृति का अर्थ है–एक पूरी परम्परा से नये सम्बन्ध की चेतना, नयी सम्पृक्ति का बोध। भारतेन्दु के साहित्य को प्रगतिशील बताने के लिए उसे मार्क्सवादी बताना जरूरी नहीं है, न उसका कोई औचित्य है। भारतेन्दु प्रगतिशील कहे जाएँ या जनवादी–अपने अनेक अन्तर्विरोधों और अवरोधों के बीच ही वे इस संज्ञा के अधिकारी होंगे–और वह भी मार्क्सवाद के आधार पर नहीं, अपने देशकाल की वास्तविकता के मूर्त्तज्ञान के आधार पर, अपने समय की चुनौतियों और समस्याओं से सम्पर्क, उलझाव या टकराव के आधार पर। भारतेन्दु का साहित्य प्रमाण है कि उसमें ऐसे जीवन्त सम्पर्क, संघर्ष और टकराव की अनुगूँजें मौजूद हैं।

भारतेन्दु का भक्तिपरक साहित्य

□ राममूर्ति त्रिपाठी

भारतेन्दु मूलतः कवि हैं और 'राग' के कवि हैं। उनका विश्वास है "बिना शुद्ध प्रेम न लोक है न परलोक।"[1] यद्यपि उनके राग के अनेक प्रकार के आलम्बन हैं, तथापि उन्होंने स्वयं विचार करते हुए कहा है–"जीवन का परमफल तुम्हारा अमृतमय प्रेम है–यदि वही नहीं, तो फिर यह क्यों? क्या संसार में ऐसा कोई है जिससे प्रेम करें? जो फूल आज सुन्दर कोमल हैं और जो फल आज सुस्वादु हैं–पर कल न इनमें रंग है, न रूप और न स्वाद, सूखे गले मारे-मारे फिरते हैं भला उनसे अनुराग ही क्या? प्रेम को तो हम चिरस्थायी किया चाहें–यहाँ प्रेम पात्र ही स्थायी नहीं।...कृत्रिम प्रेमपरायण और स्वार्थ पर संसार से जी अब बहुत घबड़ाता है। सब तुम्हारे स्नेह के बाधक हैं, साधक कोई नहीं...क्या करें। हार करके स्नेह करके जैसे हो वैसे तुम्हारे ही शरण जाते हैं।"[2] भारतेन्दुजी तदीय नामांकित अनन्यवीर वैष्णव[3] थे और इनके यहाँ युगलमूर्ति की सेवा होती रही है। यह तो सुप्रसिद्ध है कि यह वल्लभ सम्प्रदाय में दीक्षित थे और दीक्षा मिली थी काशी के विख्यात वैष्णव गोस्वामी श्री गिरिधर महाराज की सुयोग्य कन्या तथा गोपालमन्दिर की अधिष्ठात्री श्री श्यामा बेटी[4] जी से। उन्होंने स्वयं कहा है–

हम तौ श्री वल्लभ को जानौ।
सेवत वल्लभ-पद-पंकज कौ वल्लभ ही कौ ध्यानौ।[5]

साथ ही–

पूजिहौं देवी न देव कोऊ, किन वेद पुरातन ऊँचो पुकारो।
काहू सों काम नहीं कछु मोंहि सबै अब तो अपनौ को सम्हारो।
कै बनि हौं कै नसाइ हौं यासों, यहै पन है हरिचन्द हमारो।
मानिहों एक गुपालहिं को, नहिं और के बाप को यामों हजारो।[6]

यदि इससे अनन्यता ध्वनित है तो निम्नलिखित पंक्ति से दृढ़ता–

मेरे तो राधिका नायक ही, गति लोक दोऊ रहे कै नसि जावै।[7]

और भी–

माँगौं तो गुलाप सों न माँगौं तो गुपाल ही सौं,
रीझौं तो गुपाल ही पै खीझौं तो गुपाल ही सौं[8]

निम्नलिखित पंक्तियों के साक्ष्य पर कुछ मनीषियों की धारणा है कि वह वृन्दावन बिहारी युगल जोड़ी के उपासक थे और सख्य भाव की उनकी उपासना थी–

राधास्याम सेवों सदा वृन्दावन वास करों,
रहों निःचिन्त एक आस गुरुवर के।[9]

और

सरवस रसिक के सुदाक्षदास प्रेमिन के।
सखा प्यारे कृष्ण के गुलाम राधा रानी के॥[10]

कुछ[11] लोग यह भी सोचते हैं 'चन्द्रावली' नाटिका के साक्ष्य पर कि उन पर गौड़ी, राधावल्लभीय और हरिदासी का प्रभाव है–उनकी मुख्य भावधारा परकीयामान की है–फलतः उस नाटिका में इतनी तन्मयता है। वस्तुतः भारतेन्दुजी वल्लभी ही हैं और गोपी भाव प्रेम की पराकाष्ठा है। 'चन्द्रावली' के 'विषकंभक' में नारद वृन्दावन से ही आते हैं, जो परम प्रेमानन्दमयी ब्रजवल्लभी जनों की विरहावस्था देख नरसों भूले[12] रहे। महाप्रभु विरहानलावतार कहे भी जाते हैं। वास्तव में शुकदेव के माध्यम से भारतेन्दु का विचार है–''जिसने जो सिद्धान्त कर लिया है वही उसके जी में गड़ रहा है और उसी के खण्डन-मण्डन में जन्म बिताता है, पर वह जो परम प्रेम अमृतमय एकान्त भक्ति है जिसके उदय होते ही अनेक प्रकार के आग्रह स्वरूप ज्ञानविज्ञानादिक अन्धकार नाश हो जाते हैं और जिसके चित्त में आते ही संसार का निगड़ आपसे आप खुल जाता है–वह किसी को नहीं मिली।''[13] फिर आगे चलकर वल्लभी भक्ति का स्वरूप भी कहते हैं–''जहाँ माहात्म्यज्ञान होता है वहाँ प्रेम नहीं होता और जहाँ पूर्ण प्रीति होती है–वहाँ माहात्म्यज्ञान नहीं होता। ये (गोपियाँ) धन्य हैं कि इनमें दोनों बातें एक संग मिलती हैं''–यह विलक्षण प्रेम है।[14] 'भक्त-सर्वस्व', 'प्रेममालिका', 'प्रेमसरोवर', 'प्रेमाश्रुवर्षण', 'प्रेममाधुरी', 'प्रेमतरंग', 'प्रेमप्रसारण', 'होली', 'मधुमुकुल', 'रागसंग्रह', 'वर्षाविनोद', 'विनयप्रेमपचासा', 'फूलों का गुच्छा', 'प्रेमफुलवारी', 'कृष्णचरित्र' तथा अन्य स्फुट घनाक्षरी और सवैया आदि भी इसके प्रमाण हैं।

वस्तुतः 'ज्ञान' रुक्ष अन्तःकरणवालों का वस्तुनिष्ठ मार्ग है और 'भक्ति' द्रवशील अन्तःकरणवालों का आत्मनिष्ठ-इच्छानुसारी स्वरसिकी इच्छा का अनुकरण करने वाला।

वहाँ रसमय पुरुषोत्तम तत्त्व भक्त की इच्छा के अनुसार निरन्तर नावीन्य-सम्पन्न रूपान्तरित होता रहता है और भक्त लीलारस का आस्वाद करता है। अतः वहाँ सिद्धान्त का आग्रह ही नहीं है—कुछ दूर तक यह सब पता चलता है। डॉ॰ चन्द्रभानु सीताराम सोनवणे[15] का विचार है कि "भारतेन्दु पर मध्यकालीन भक्ति परम्परा की निवृत्तिवादी विचारधारा का पर्याप्त प्रभाव परिलक्षित होता है। उन्होंने उनमें मायावादी विचारधारा का प्रभाव देखा है।" दूसरी ओर 'भारतेन्दु कला' के सम्पादकों[16] की धारणा है—"'आप मायावाद के विरोधी थे।' आपका कहना है—'जब कारण सत्य है तब कार्य भी अवश्य सत्य होगा।'

जो पै ईश्वर साचों जान।
तौ क्यों जग को सगरे मूरख झूठों करन बखान[17]

वे स्पष्ट कहते हैं—

तुमने बनाया कि वने खुद, तो यह माया कैसी,
एक जो हौ तुम तो फिर यह कौन दूसरी आ के घुसी।[18]

वस्तुतः वल्लभ मत से 'संसार' मिथ्या है और 'जगत्' सत्य—इस सिद्धान्त को न जानने से यह विवाद खड़ा हुआ है। 'संसार' केवल अनादिकालीन जीवगत 'गलतफहमी' का नाम है। 'जगत्' का अविद्यावश अन्यथा ज्ञान ही 'संसार' है।[19] अस्तु।

भारतेन्दु अपनी राग-केन्द्रित भक्तिपरक रचनाओं में कई भूमियों पर संचरण करते हैं—भक्ति की ओर मुड़ने वाले द्रवशील अन्तःकरण के व्यक्ति का अन्तस् भक्ति विरोधी वासना की प्रबलता देखकर खिन्न होता है और स्वयं 'ग्लानि' का अनुभव करता है। यह सत्व सम्पन्न हृदय में ही उत्पन्न होता है—

प्रभु हौं कब लौं नचैहौं?
अपनै जन के निलज तमासे कब लौं जगहिं दिखैहौं?[20]
छिन-छिन बूड़न जात पंकलारने मोहिं कब चित्त द्रवैहौं?
जनम-जनम के निजहारि चन्दहि कन फिर कै अपनैहौं?

पुष्टिमार्गी भारतेन्दु आराध्य का 'अनुग्रह' चाहते हैं। 'विनय प्रेम पचासा' में 'विनय' की भावभूमि के दर्शन होते हैं। एक तरफ उन्हें वासना, विवशता और तज्जन्य स्थिति का बोध है और दूसरी ओर सर्वात्मना समर्पणपूर्वक उनके द्वारा अपना लिए जाने का अनुरोध—

मेरी रति मेरी मति मेरे पति मेरे प्रान
मेरे जग माँहि सबै केवल गुपाल हैं?[21]

उनके हृदय में यह प्रबल आकांक्षा है कि वे दिन कब आयेंगे जब और संग तज ब्रजवास होगा—

सुनत श्रवण हरिकथा सुधारस महामत्त हुवै जैहैं।
कब इन दोउ नैनन सों निसदिन नीर निरन्तर बहिहैं।
हरीचन्द श्री राधे-राधे कृष्ण-कृष्ण कब कहिहैं?[22]

दैन्य, विवशता, विनय और प्रार्थना की इन विभिन्न भूमियों पर संचरण करता हुआ कवि राधा-कृष्णपरक भाव की विभिन्न भूमियों पर भी उतरता है। इनमें राधा-कृष्ण की युवावस्था की लीलाओं का समावेश अधिक है और वात्सल्य भूमि का कम। राधाकृष्ण के दो-चार पद ही वात्सल्यपरक उपलब्ध होते हैं—अधिकांश भूमि माधुर्यभाव की है—'प्रेममालिका' और 'रागसंग्रह' में ऐसी वात्सल्यपरक रचनाएँ उपलब्ध हैं—

सखी री देखहु बाल विनोद।
खेलत राम कृष्ण दोउ आँगन किलकत हँसत प्रमोद।
मनिमय आँगन प्यारी खेलें।

इन रचनाओं में 'वात्सल्य' तो ध्वनित है, पर 'स्वभावोक्ति' ज्यादा है—हृदय की अनुभूतिप्रेरित सूर की 'वक्रोक्ति' कम। वास्तव में भारतेन्दु का मन 'माधुर्य' में ही रमता है। अतः यौवन लीला के संयोग वियोगमय पक्ष की मधुमयी अभिव्यक्तियाँ अधिक हैं। आरम्भ से ही कृष्ण की रूपमाधुरी ब्रज को भिगोने लगती है—

एक बेर नैन भरि देखी जाहि मोहै तौन,
माच्यौ ब्रज गाँव ठाँव ठाँव में कहर है।
संग लगो डोलैं कोऊ घर की करा हैं परी,
छूट्यौ सान पान रैन चैन बन घर है।
हरिचन्द जहाँ सुनो तहाँ चर्चा है यही,
इक प्रेमडोर नाथ्यो सगरो शहर है।
यामैं न सन्देह कछू मैया हो पुकारें कहौं,
मैया की सौं मैया री कन्हैया जादूगर है।[23]

कृष्ण की इस रूपमाधुरी से सिक्त गोपियों की बेसुध दशा का कितना मार्मिक चित्रण है—

पहिले ही जाय मिले गुन में भवन फेरि,
रूप सुधा माधे कीनो नैन हू पयान है।
हँसनि, नटनि, चितवनि, मुसकानि, सुघराई,
रसिकाई मिलि मति पयपान है।

मोहि मोहि मोहन मई री मन मेरो भयो,
हरिचन्द भेद ना परत कछु जान है।
कान्ह भए प्रानमय प्रान भये कान्हमय,
हिय में न जानि परे कान्हा है कि प्रान है।[24]

भारतेन्दु 'प्रेममालिका' की भूमिका में कहते हैं—"इनमें कीर्तन तीन भाँति के हैं—एक तो लीला सम्बन्धी, दूसरे दैन्य सम्बन्धी और तीसरे प्रेममय अनुभव के।" भक्ति में आराध्य के प्रति लघुभाव या दीनभाव का बोध अनिवार्य है—जिसकी चर्चा पहले की जा चुकी है। लीलागान वस्तुतः वही कर सकता है जो स्वरूप-बोध दासरूपोऽहम् के पश्चात् गोपी-भाव की आन्तर आँख प्राप्त कर लेता है। इसी मानस-चक्षु से प्रेम की भूमि पर पुरुषोत्तममय लीला-रस की अपरोधानुभूति माधुर्य-भावोपासक भक्त करता है। निरुत्थान दशा की यही अनुभूति उत्थान की भूमि पर उतरने के बाद अनुभवी भक्त करता है और फिर उसका गान करता है। नटराज कृष्ण की लीला, भावुक भक्त की इच्छा के अनुरूप प्रकट होती रहती है—जिसका कोई अन्त नहीं है। यों दानलीला, मानलीला, पनघटलीला, चीरहरण, ग्रीष्मलीला, होली प्रसंग, बसन्तलीला आदि अनेकविध लीलाओं का गान भारतेन्दु में प्राप्त है। लीला का विचार कुछ लोगों ने अन्यथा भी किया है और कहा है, लीला दो प्रकार की है। सुगम और अगम। सुगम लीला ऐश्वर्यलीला है और अगमलीला रसलीला है। वल्लभ के अष्टछापी भक्त विशेषकर सूर में ऐश्वर्यलीला के अनेक प्रसंग हैं—जिनकी झलक हरिश्चन्द्र में नगण्यप्राय है—माटी-भक्षण, गोवर्धन-धारण, कंसवध, नागनाथन—आदि ऐसे ही ऐश्वर्य भाव के प्रसंग हैं। भारतेन्दु का मन रसलीला में अधिक रमा है। कारण वह स्वभाव से भावुक और रसिक हैं। अतः जहाँ एक ओर रूप के शृंगार-सिक्त मधुर चित्र देते हैं—वहीं संभोग के विभिन्न रूपों के अत्यन्त मधुमय प्रसंगों का भी उल्लेख करते हैं। रससिक्त मनोभूति में वृद्धि की दखलअंदाजी कम ही लक्षित होती है। इसीलिए बुद्धि या कलाबाजी वाग्भंगिमा उतनी लक्षित नहीं होती। ऐसा नहीं कि भारतेन्दु में कलारस बुद्धिपक्ष शिथिल है—उनकी भी बूँदें जहाँ-तहाँ मौजूद हैं। एक तरफ रतिश्रान्ता के भावगमन चित्र देखें—"जहाँ बुद्धि भई बावली—"

आजु नवकुंज विहरत दोऊ रस भरे,
प्रिया ब्रजचन्द संग चतुर चन्द्रावली।
सुरति भ्रम स्वेद मुख परस्पर बढ्यौ सुख,
टूटि रही उरसि मुकुतानि हारावली।
गिरत तनबसन रहिं थिरत बेसरि तनिक,
खसति सुम सीस तै कलित कुसुमावली।
सखी 'हरिचन्द' लखि मूँद दृग दोउ रही,
पाई आनन्द परम बुद्धि भई बावली॥[25]

और दूसरी ओर रूप-छबि को देख कल्पना मुखर हो गयी है—

प्यारी रूप-नदी छबि देत।
सुखमा जल भरि नेह-तरंगनि वाढ़ी पिय के हेत॥
नैन-मीन कर-पद पंकज से सोभित केस सिवार।
चक्रवाक जुग उरज सुहाए लहर होत गलहार॥
रहत एक रस भरी सदा यह जदपि तऊ पिय भोरि।
हरीचन्द बरसै साँवल धन बढ़त कूलकुल मोरि॥[26]

इसमें रूप पर नदी का सादृश्यमूलक आरोप है—फलतः रूपक का सुन्दर निर्वाह हुआ है। रूपक भी निरंग नहीं, साँग है। परम्परित रूपक भी निरंग नहीं होता है—पर वहाँ एक आरोप दूसरे का अंग या साधक होता है, वह स्वतन्त्र या परम्परा प्रसिद्ध धर्म पर आधारित सादृश्यवश सम्पन्न नहीं होता। यहाँ की रूप-नदी में सुषमा जल है, स्नेह की तरंग है, नैन मीन हैं, कर तथा पद पंकज हैं, केश शैवाल राशि हैं, उरोज चक्रवाक जुगल हैं, गल-हार लहर हैं। श्यामघन की निरन्तर रस-वृष्टि होती रहती है—फलतः कुल की सीमा का अतिक्रमण करती हुई यह नदी सदा एकरस प्रवाहित रहती है।[27] नदी का रूपक भारतेन्दु को अधिक प्रिय है। कहीं आनन्द की सरिता हैं जहाँ प्रीति की तरंगें छलक रही हैं—जहाँ लोक और वेद के कूलों पर जमे मर्यादा के वृक्ष अपने को सम्हाल नहीं पा रहे हैं, एक-एक कर गिरते जा रहे हैं। हाव-भाव के सरोवर ऐसे भर गये हैं, जहाँ प्रणालिकाएँ बनाकर वे बह रहे हैं। इन सबमें परमविरह का दावानल बुझ गया है, प्रेम का भारी पर्व आ गया है। 'मीन-वान' के प्रेमीजन जल पाकर सुखी हो गये हैं।[28] इस अपार जलराशि में नीतिनाव कहाँ चल सकती है। इसका अवगाहन वही कर सकता है जिसे महाप्रभु वल्लभ के पद का बल प्राप्त हो। इससे ऊपर वाले पद में जहाँ चन्द्रावली-विहार वर्णन है—वहाँ सखियों का दर्शनजन्य आनन्द तत्सुखी भावापन्न सखी-भाव की भी झलक है। कुछ लोगों की धारणा है कि इन पर स्वामी हरिदास के सखी-भाव का भी सूर की भाँति प्रभावलक्षित होता है, पर वहाँ स्वामिनी केवल राधा हैं।

शृंगार का दूसरा पक्ष वल्लभ मत में अत्यन्त महत्त्व रखता है। यह दूसरा पक्ष है—विप्रयोग का।

विप्रयोग के अतिरिक्त-शृंगार के ही अन्तर्गत 'अयोग' या 'पूर्वराग' का भी परम्परा में समावेश किया जाता है। 'चन्द्रावली' नाटिका में 'अयोग' शृंगार का पक्ष उपकाव्य होता है। कृष्ण के प्रति चन्द्रावलीनिष्ठ रति, जिसको अभी भी राधा की अनुमति से सामाजिक प्रतिष्ठा नहीं मिली है—पूर्वराग के ही अन्तर्गत आएगी। अतृप्तरति का रंग जब चन्द्रावली पर उभरता है, तब सखियों की जिज्ञासा समाहित करती हुई चन्द्रावली कहती हैं—

दुःख के दिन कों कोउ भाँति चितै,
विरहागम रैन संजोवती हैं।
हम ही अपुनी दशा जानै सरनी,
निसि सोवति हैं किधौं रोवति हैं॥[27]

भक्तिशास्त्रीय दृष्टि से यह राग 'नीलीराग' है, जो आगे चलकर 'मांजिष्ठराग' में परिणत हो गया है। इस पूर्वराग में परम्परा प्रचलित विरह की विभिन्न दस दशाओं का भी वर्णन मिलता है—अभिलाषा, चिन्ता, स्मृति, गुणकथा, उद्वेग, प्रलाप, उन्माद, संज्वर, जड़ता व मरण। चन्द्रावली में विरह की दस दशाएँ इस प्रकार हैं—

अभिलाष— चातक सी मरै फाँसी परीं
इन्हें पानिपरूप सुधा कब प्याइए।

चिन्ता— जो पै ऐसे हि किरन रही।
तो फिर क्यों अपने मुख सों तुम रस की बात कही।

स्मृति— पहिले मुसुकाइ लजाइ कछु,
क्यों चितै मुरि मो तन, छार कियौ

गुणकथा— गुणकथा में तो सखियों से सारा वार्तालाप ही लिया जा सकता है।

उद्वेग— मन माँहि जो तोरन ही की हुती,
अपनाइ के क्यों बदनाम कियो?

प्रलाप और उन्माद — अहो जमुन अहो खगमृग ही अहो गोवरधन गिरि,
दतुम देखे कहुँ प्रान पियारे मनमोहन हरि।

संज्वर— छाँड़ियौ सबै हरिचन्द तऊ न गयो जिस सौं यह हाय महादुःख।

जड़ता— तौं लौं सुख पावैं जौ लौं मुरछि परी रहै।

मरण— यह एक मृत्युपूर्व मनोवृत्ति है—जिसे अमांगलिक होने के कारण दिखाया नहीं जा सकता।

मान, प्रवास और करुण में करुण विप्रलम्भ का यहाँ कोई अवकाश नहीं है। हाँ, मान के दोनों रूप ईर्ष्यामान और प्रणयमान दिखाई देते हैं। प्रवास के तीन रूप हैं—कार्यवश, शापवश और संभ्रमवश। कार्यवश होनेवाला विप्रलम्भ भी भूत, भावी तथा भवन—तीन प्रकार का है। सम्प्रदाय में 'वनान्तर विप्रलम्भ' और 'पलकान्तर विप्रलम्भ' का भी प्रसंग आता है, 'देशान्तर' और 'प्रत्यक्ष' तो होता ही है। कृष्णलीलाओं में ऊधो का सन्दर्भ भी नहीं छूटता। वस्तुतः वल्लभ मत में दीक्षा या ब्रह्म सम्बन्ध के अनन्तर जो राग, भोग और शृंगारात्मक 'वित्तजा' तथा 'तनुजा' सेवा आरम्भ होती है, उसका पर्यवसान 'मानसी सेवा' में होता है। मानसी सेवा या सर्वात्मभाव पर्याय हैं। मानसी सेवा साधनरूपा नहीं, फलरूपा है। इसी की प्रतिष्ठा होने पर अहन्ता-ममता

रूप अविद्या-जनित संसार की निवृत्ति होती है। तभी भगवान को प्राप्त करने की स्वरूप योग्यता उत्पन्न होती है–यह ब्रह्मविद् भक्त अक्षर ब्रह्मरूपधाम में स्थित होता है। यहाँ अविद्याजनित अहंकार की निवृत्ति से कर्तृत्वभाव निवृत्त हो जाता है और उनकी निवृत्ति से अब 'भावभक्ति' का शुभारम्भ होता है। यहाँ पर स्थित ज्ञानी भक्त स्वरूप योग्यता तो पा लेता है पर अभी भी भगवतवरण रूप सहकारी योग्यता की अपेक्षा बनी रहती है। दोनों प्रकार की योग्यता पाने पर 'परमप्रेम' में 'भाव' परिणत होता है। इसके उदय होने पर भगवान के पूर्ण आविर्भाव तक भक्त एक अत्यन्त तीव्र विरह का अनुभव करता है–एतदर्थ प्राकृत नहीं, एक शुद्ध भावमय अप्राकृत देह की उपलब्धि होती है, अन्यथा विरह की इस तीव्रता को प्राकृत शरीर सह नहीं सकता, वह तड़तड़ाकर टूट जाएगा। यह विरह दुःखमय नहीं, आनन्दमय है। भावदेह के आविर्भाव होने पर परम प्रेममय भक्ति के प्रमाण से अन्ततः लीलामय आनन्दरूप पुरुषोत्तम तत्त्व का साक्षात्कार होता है। इससे विरह शान्त होता है। इसका चरमतम शृंगार ही है–जहाँ काममूलक गोपी-गोपेश में दृश्यमान शृंगारिक चेष्टाओं में एक निष्कामभाव विद्यमान रहता है–वास्तव में यह सब आनन्दमय स्वरूप का समुच्छलन है। अन्ततः भारतेन्दु की 'प्रेममाधुरी' के निम्नलिखित पद से इस प्रसंग को सम्पन्न करता हूँ–

मारग प्रेम को को समुझै 'हरिचन्द' यथारथ होत यथा है।
जामे कछू न पुकारन में बदनाम ही होन की सारी कथा है॥
जानत है जिय मेरी भली विधि और उपाय सबै विरथा है।
वावरे हैं बृज के सगरे मोहिं नाहक पूछत कौन विथा है?[28]

इस प्रकार भारतेन्दु का भक्ति साहित्य वल्लभी रंग में आद्यन्त आपूरित है।

सन्दर्भ

1. भा. ग्रं. भाग 3, पृ. 584
2. समर्पण–"तदीय सर्वस्व", भारतेन्दु ग्रन्थावली, तृतीय खंड, पृ. 586
3. भारतेन्दु हरिश्चन्द्र, श्री ब्रजरत्नदास, हिन्दुस्तानी एकेडेमी, 1948, पृ. 347
4. भारतेन्दु कला, वंशीय हिन्दी परिषद् कलकत्ता, सं. 2007, पृ. 6, श्री ब्र. नं. सहाय।
5. प्रेममालिका–भा. ग्रं. भाग 2, पृ. 55
6. विनय प्रेम पचासा–23, भारतेन्दु ग्रन्थावली, द्वितीय खंड।
7. भा. ग्रं., वही
8. वही
9. वही
10. वही
11. भारतेन्दु साहित्य–रामचन्द्र मिश्र, नागपुर, 1976, पृ. 33
12. चन्द्रावली, विषकम्भक।

13. वही
14. वही
15. भारतेन्दु के विचार–एक पुनर्विचार, पंचशील प्रकाशन, 1977, पृ. 31
16. बंगीय हिन्दी परिषद्, पृ. 7 श्री ब्रजनन्द सहाय ब्रजवल्लभी।
17. भा. ग्रं., द्वि. खंड।
18. वही
19. भारतीय दर्शन–पं. बलदेव उपाध्याय।
20. भा. ग्रं. द्वि. खंड।
21. विनय प्रेम पचासा-23
22. प्रेममालिका-37
23. प्रेममाधुरी, भा. ग्रं., द्वि. खंड।
24. वही
25. भा. ग्रं., भाग प्रथम।
26. वही
27 वही
28. वही

भारतेन्दु की खड़ी बोली की कविताएँ

❑ विष्णुकान्त शास्त्री

भारतेन्दु की खड़ी बोली की कविताओं पर आलोचकों ने विशेष ध्यान देने की आवश्यकता नहीं समझी है। उन्हें लगता रहा है कि भारतेन्दु की बहुमुखी प्रतिभा का यह एक ऐसा उपक्रम था, जो प्रयास की कोटि से आगे नहीं बढ़ पाया अतः इस पर गहराई से विचार करने का प्रयोजन नहीं है। इसका एक कारण यह भी है कि स्वयं भारतेन्दु ने अपनी खड़ी बोली की कविताओं के बारे में अवज्ञापूर्ण मत व्यक्त किया है। अधिकांश आलोचकों ने भारतेन्दु के मत के बाह्यतः दृष्टिगोचर होने वाले पक्ष को स्वीकार कर उनकी खड़ी बोली की कविताओं के कृतित्व को ख़ारिज कर दिया, उसके अन्तर में छिपी कशमकश, प्रचेष्टा और उपलब्धि (?) को पहचान कर उसका प्राप्य उसे देने की तलस्पर्शी सहृदयता नहीं दिखाई।

2 अक्टूबर, 1872 की 'कविवचन सुधा' में भारतेन्दु का 'हिन्दी भाषा' शीर्षक निबन्ध छपा हुआ था[1] जो बाद में बाँकीपुर, पटना से पुस्तिका के रूप में भी प्रकाशित हुआ। अपने इस निबन्ध में भारतेन्दु ने खड़ी बोली की कविता के बारे में जो मन्तव्य प्रकट किया, बहुतेरे आलोचकों ने उसे ही उनका अन्तिम मान लिया। भारतेन्दु जी ने इसमें लिखा था, "जो हो मैंने आप कई बेर परिश्रम किया कि खड़ी बोली में कुछ कविता बनाऊँ पर वह मेरे चित्तानुसार नहीं बनी, इससे यह निश्चय होता है कि ब्रजभाषा ही में कविता करना उत्तम होता है और इसी से सब कविता ब्रजभाषा में ही उत्तम होती है।"[2] इसी पुस्तिका में आगे चलकर 'नयी भाषा की कविता' शीर्षक के नीचे उन्होंने लिखा था–

"भजन करो श्रीकृष्ण का मिल करके सब लोग।
सिद्ध होयगा काम औ छूटेगा सब रोग॥

अब देखिए यह कैसी भौंड़ी कविता है। मैंने इसका कारण सोचा कि खड़ी बोली में कविता मीठी क्यों नहीं बनती तो मुझको सबसे बड़ा कारण यह जान पड़ा कि क्रिया इत्यादि में प्रायः दीर्घ मात्रा होती है, इससे कविता अच्छी नहीं बनती।"[3]

भारतेन्दु के इस कथन की प्रतिध्वनि कई आलोचकों ने की है। बाबू शिवनन्दन सहाय ने लिखा है—"बाबू हरिश्चन्द्र खड़ी बोली की भी कविता करते थे किन्तु इनका कथन था कि ब्रजभाषा में जैसी कविता मधुर होती है, दूसरी भाषा में नहीं।"[4] आगे उन्होंने लिखा, "यह हम भी कहेंगे कि ब्रजभाषा के समान खड़ी बोली में कविता मधुर नहीं होती। खड़ी बोली का ढंग प्रायः उर्दू-फारसी ऐसा हो जाता है।"[5] डा॰ लक्ष्मीसागर वार्ष्णेय का कथन है, "भारतेन्दु हरिश्चन्द्र ने काव्य में भी खड़ी बोली का प्रयोग करना चाहा था और स्वयं कुछ कविताओं की रचना भी की...(भारतेन्दु की खड़ी बोली की कविताओं के कुछ उद्धरण)—साथ ही उनकी व्रज रचनाओं में भी खड़ी बोली के रूप यहाँ तक कि वाक्यांश भी बराबर मिलते हैं। किन्तु उन्हें खड़ी बोली की कविता भौंड़ी प्रतीत हुई और प्रायः दीर्घ मात्रा के आ जाने के फलस्वरूप वह मधुर भी न लगी। इसलिए कविता की भाषा उन्होंने ब्रजभाषा ही स्वीकार की।"[6]

'हिन्दी भाषा' निबन्ध लिखने के 9 वर्ष बाद भारतेन्दुजी ने 1 सितम्बर, 1881 को 'भारत मित्र' में प्रकाशनार्थ खड़ी बोली की अपनी कुछ कविताएँ भेजते हुए सम्पादक के नाम लिखे पत्र में यह मत प्रकट किया था—"प्रचलित साधु भाषा में कुछ कविता भेजी है। देखिएगा कि इसमें क्या कसर है और किस उपाय के अवलम्बन करने से इस भाषा में काव्य सुन्दर बन सकता है। इस विषय में सर्वसाधारण की अनुमति ज्ञात होने पर आगे से वैसा परिश्रम किया जाएगा। तीन भिन्न-भिन्न छन्दों में यह अनुभव करने ही के लिए कि किस छन्द में इस भाषा का काव्य अच्छा होगा, कविता लिखी है। मेरा चित्त सन्तुष्ट न हुआ और न जाने क्यों ब्रजभाषा से मुझे इसके लिखने में दूना परिश्रम हुआ। इस भाषा की क्रियाओं में दीर्घ मात्रा विशेष होने के कारण बहुत असुविधा होती है। मैंने कहीं-कहीं सौकर्य के हेतु दीर्घ मात्राओं को भी लघु करके पढ़ने की चाल रक्खी है। लोग विशेष इच्छा करेंगे और स्पष्ट अनुमति प्रकाश करेंगे तो मैं और भी लिखने का यत्न करूँगा।"[7] भारतेन्दुजी के इस पत्र का हवाला देते हुए श्री किशोरीलाल गुप्त ने लिखा है—"1881 ई॰ से भारतेन्दु बाबू ने खड़ी बोली हिन्दी में कविता लिखने का प्रयास आरम्भ किया। इसके बाद वह प्रायः चार वर्ष तक जीवित रहे। इस अल्पकाल में वे खड़ी बोली हिन्दी में बहुत कम रचनाएँ दे पाए। इन रचनाओं की भाषा मँजी नहीं है।"[8] इसके अनन्तर 1881 के पहले की और बाद की खड़ी बोली की भारतेन्दु की कुछ रचनाओं की क्रम संख्या का संकेत देने के बाद उनकी एक रचना का उदाहरण देकर उसकी भाषा की कुछ गलतियाँ गुप्तजी ने दिखाई हैं। उनका निष्कर्ष है—"ये सभी दूषित प्रयोग भारतेन्दु बाबू की ढीली-ढाली लचर बोली का रूप प्रस्तुत करते हैं और सिद्ध करते हैं कि वे अपने प्रयोग में असफल रहे।"[9]

गुप्तजी ने हिन्दी भाषा शीर्षक निबन्ध का प्रकाशन-काल यदि ध्यान में रखा होता तो वे यह लिखने की गलती नहीं करते कि 1881 ई॰ से ही भारतेन्दु बाबू

ने खड़ी बोली में कविता लिखने का प्रयास आरम्भ किया। निश्चय ही 1872 या उसके कुछ पहले से खड़ी बोली में कविता लिखने का सचेत प्रयास भारतेन्दु करने लगे थे। अतः 1881 के पहले और बाद की भारतेन्दु की खड़ी बोली की रचनाओं के विभाजन का कोई तुक नहीं है। संभवतः गुप्तजी की धारणा है कि 1881 के पहले जो कविताएँ भारतेन्दु ने खड़ी बोली में लिखीं वे उनकी खड़ी बोली की सचेत लिखी कविताओं से भिन्न कोटि की हैं क्योंकि भारतेन्दु की लावनियों पर विचार करते हुए उन्होंने यह टिप्पणी जड़ी है—"वस्तुतः उस समय लावनियों की जो प्रचलित भाषा थी उसी में ये लावनियाँ लिखी गयी हैं। भारतेन्दु बाबू ने इस बात का विचार नहीं किया कि वे खड़ी बोली में रचना कर रहे हैं।"[10] गुप्तजी की यह स्थापना कम से कम 1872 और उसके बाद की भारतेन्दु की खड़ी बोली की कविताओं (जिनमें लावनियाँ शामिल हैं) के लिए भित्तिहीन है। इसी तरह गुप्तजी ने भारतेन्दु की खड़ी बोली की कविताओं में भाषा सम्बन्धी जैसी त्रुटियाँ बताई हैं वैसी त्रुटियाँ उसके गद्य में भी काफी मात्रा में मिलती हैं। उनके बावजूद यदि गद्य में हरिश्चन्द्री हिन्दी "प्रशंसनीय है तो कविता में वे त्रुटियाँ इतनी विगर्हणीय कैसे मान ली जाएँ कि उनके कारण ही उनकी कविताओं को 'असफल प्रयोग' घोषित कर दिया जाए?"

आचार्य पं. रामचन्द्र शुक्ल ने भी भारतेन्दु की खड़ी बोली की कविताओं का हल्का सा उल्लेख किया है किन्तु यह श्रेय उन्हें दिया है कि हिन्दी साहित्य के गद्य और पद्य के माध्यम अलग-अलग हों, यह बात उन्हें खटकने लगी थी। शुक्लजी के अनुसार "गद्य एक भाषा में लिखा जाय और पद्य दूसरी भाषा में, यह बात खटक चली। इसकी कुछ चर्चा भारतेन्दु के समय में ही उठी थी, जिसके प्रभाव से उन्होंने 'दशरथ-विलाप' नाम की एक कविता खड़ी बोली में (फारसी छन्द में) लिखी थी।"[11] इसके पहले भी उन्होंने लक्षित किया था कि "गाने की चीजों में भारतेन्दु ने कुछ लावनियाँ और ख्याल भी लिखे जिनकी भाषा खड़ी बोली होती थी।"[12] शुक्लजी के इन चलते-चलाते किए गये कथनों से यही झलकता है कि वे भी भारतेन्दु के इस पक्ष को बहुत महत्त्व नहीं देते थे क्योंकि खड़ी बोली की भारतेन्दु की कविताएँ एक तो उनकी दृष्टि में संख्या में बहुत कम थीं, फिर वे गम्भीर कविताएँ न होकर 'गाने की चीजें' भर थीं और खड़ी बोली की कविता के लिए फारसी छन्द का सहारा लेने को वे विवश हुए थे। मैं यही कह सकता हूँ कि सम्पूर्ण हिन्दी साहित्य के इतिहास लेखन के सन्दर्भ में इस विषय को अधिक विस्तार में पाना शायद उनके लिए सम्भव न था किन्तु इन मन्तव्यों की ध्वनियों से मैं सहमत नहीं हूँ क्योंकि भारतेन्दु की खड़ी बोली की कविताएँ पर्याप्त मात्रा में सुलभ हैं; वे केवल 'गाने की चीजें' ही नहीं हैं तथा फारसी छन्दों के अलावा बहुतेरे हिन्दी छन्दों में भी रचित हैं।

मेरे मतानुसार इन सामान्य आलोचकों के इन मतों से कहीं अधिक सारवान् और सत्य के निकट डॉ॰ रामविलास शर्मा की यह स्थापना है—"भारतेन्दु की समूची

खड़ी बोली की कविता परिमाण में कम नहीं है। उन्होंने खड़ी बोली की सरल लोकप्रिय कविता में सफलता पाई थी।"[13]

भारतेन्दु की खड़ी बोली की कविताओं का मूल्यांकन करने के पूर्व खड़ी बोली की कविता रचने की प्रेरणा उन्हें क्योंकर मिली और उसके प्रति उनकी प्रतिबद्धता कितनी गहरी थी, इस पर विचार कर लेना समुचित होगा।

आचार्य शुक्ल का यह अनुमान संगत प्रतीत होता है कि एक ही साहित्य के गद्य की भाषा खड़ी बोली और पद्य की भाषा ब्रजी हो, यह द्वैध भारतेन्दु को खटकने लगा था। इसीलिए उन्होंने 'प्रचलित साधु भाषा' में अर्थात् शिष्टों की बोलचाल की एवं गद्य की भाषा के रूप में स्वीकृत खड़ी बोली में कविता लिखने का उपक्रम किया था। किन्तु इसी के साथ-साथ यह भी समझ रखना चाहिए कि भारतेन्दु को यह मुगालता नहीं था कि वे खड़ी बोली में कविता रचने का सूत्रपात कर रहे हैं। खड़ी बोली की उर्दू शैली और लावनी शैली की कविता परम्परा उनके पहले ही पर्याप्त पुष्ट थी। खड़ी बोली में प्राचीन कीर्तन भी मिलते हैं, इस तथ्य का उल्लेख भी भारतेन्दु ने 'हिन्दी भाषा' शीर्षक निबन्ध में किया था।[14] इस कीर्त्तन परम्परा में स्वयं उनके पिता बाबू गिरधर दासजी की रचनाएँ भी मिलती हैं। उद्धृत हैं ऐसे दो कीर्त्तनों की कुछ पंक्तियाँ--

जाग गया तव सोना क्या रे।
जो नरतन देवन को दुर्लभ सो पाया अब रोना क्या रे॥
ठाकुर से कर नेह आप न इन्द्रिन के सुख होना क्या रे।
जब बैराग ज्ञान डर आया तव चाँदी औ सोना क्या करे॥[15]

तथा--

चोरी दही मही की करना, घर-घर घूमना हो लाल।
पर नारिन सो नेह लगाना, सुन्दर गीत मनोहर गाना,
यमुना तट ग्वालन को लेके, घूमना हो लाल।[16]

बाबू ब्रजरत्न दास ने गिरिधर दासजी की रचनाओं का विवरण देते हुए उनके 'कीर्तन के पद' के परिचय में स्पष्ट लिखा है कि 'कीर्तन के 62 पदों में ब्रजभाषा तथा खड़ी बोली दोनों ही में पद रचे गये हैं।'[17] भारतेन्दु को अपने पिता के कवि रूप का पूर्ण परिचय और प्रचुर गौरव-बोध था। उन्होंने प्रेमघनजी को लिखे एक पत्र में सम्भवतः अपने पिता के ही खड़ी बोली के एक कीर्तन की पंक्तियाँ उद्धृत करते हुए लिखा था, बाबूजी का यह तुक बहुत ही ठीक है--

है संसार का यह मजा।
घन सरिस दुख, तड़ित सम सुख, मोह छाजन छजा।[18]

अतः यह निर्विवाद कहा जा सकता है कि सामयिक साहित्यिक प्रयोजन के साथ-साथ परिवार से मिली कीर्त्तन रचना की ओर अपने नगर बनारस में सरगर्मी के साथ होने वाले लावनीबाजों के दंगलों से प्राप्त लावनी-रचना की जीवन्त प्रेरणा ने भी उन्हें खड़ी बोली की कविताओं की ओर उन्मुख किया था।

बहुत से विद्वानों की यह धारणा है कि खड़ी बोली में कविता करना भारतेन्दु की एक अल्पकालिक प्रचेष्टा भर थी। तथ्य इसके विपरीत हैं। 1872 के लेख में उन्होंने खड़ी बोली में कविता लिखने का 'कई बेर परिश्रम' करने का उल्लेख किया है। इससे यह निष्कर्ष निकालना संगत ही है कि यदि 1872 के पहले से वे खड़ी बोली में कविता न भी लिखते रहे हों तो भी 1872 में उन्होंने उसमें कई कविताएँ लिखने की कोशिश की थी। यह ठीक है कि वे कविताएँ उनके काव्य मर्मज्ञ मन के अनुकूल नहीं बन पाईं। इस पर खीझकर भारतेन्दु ने न केवल अपनी रचना को भौंड़ी कहा बल्कि यह फैसला भी कर लिया कि ब्रजभाषा ही में कविता करना उत्तम होता है। किन्तु इसके बाद भी वे न केवल खड़ी बोली में कविताएँ लिखते रहे बल्कि इसकी छानबीन भी करते रहे कि कौन-कौन सी कसर निकालकर किस उपाय का अवलम्बन किया जाए कि 'इस भाषा में काव्य सुन्दर' बन सके। 1881 में 'भारत मित्र' के सम्पादक को खड़ी बोली की अपनी कविताएँ भेजते समय इसके लिए उन्होंने तीन भिन्न-भिन्न छन्दों में रचना की, सौकर्य के लिए 'दीर्घ मात्राओं को भी लघु करके पढ़ने की चाल' चलानी चाही और यह आश्वासन भी दिया कि यदि सम्पादक और पाठक 'स्पष्ट अनुमति प्रकाश करेंगे तो मैं और भी लिखने का यत्न करूँगा'। यह हार मानकर खड़ी बोली में कविता करना छोड़ देने का स्वर है कि उसके लिए अधिक सजग, कलात्मक प्रयास करने की घोषणा? यह भी ध्यान देने योग्य बात है कि अपने इस पत्र में खड़ी बोली में कविता लिखने में ब्रजभाषा की तुलना में दूना समय लगने की शिकायत तो वे करते हैं किन्तु अपनी रचनाओं को भौंड़ी नहीं कहते। भारतेन्दु मृत्युपर्यन्त खड़ी बोली में कविता लिखते रहे, यह श्री राधाकृष्ण दास की साखी से साबित होता है। उन्होंने भारतेन्दु की अन्तिम कविता के सम्बन्ध में अपना अनुमान व्यक्त करते हुए लिखा है–"जहाँ तक मुझे स्मरण आता है, निम्नलिखित पद के पीछे कोई कविता नहीं की"–

डंका कूच का बज रहा मुसाफिर जागो रे भाई।
देखो लाद चले पन्थी सब तुम क्यौं रहे भुलाई ॥[18क]

यह ठीक है कि इस पद में ब्रजभाषा का मिश्रण भी है लेकिन यह भी भारतेन्दु की खड़ी बोली कविता की एक शैली थी। यह भी स्मरण रखना चाहिए कि खड़ी बोली के पद्यों, गीतों की योजना उन्होंने अपने नाटकों में भी बराबर की है। सत्य हरिश्चन्द्र, भारत-दुर्दशा, भारत-जननी, अन्धेर नगरी, नील देवी आदि में ही नहीं 'श्रीचन्द्रावली' जैसी प्रेम भक्ति प्रधान नाटिका में भी खड़ी बोली के गीत की योजना

निश्चय ही तात्पर्यपूर्ण है। अपने कई निबन्धों में भी भारतेन्दु ने खड़ी बोली के पद्यों का उपयोग किया। मदालसा का जीवन-चरित्र लिखते समय मदालसा की लोरी उन्होंने शुद्ध खड़ी बोली में रखी है, समग्र भारतेन्दु साहित्य को दृष्टिपथ में रखने पर खड़ी बोली की कविता रचना के प्रति उनका लगाव कितना गहरा और दीर्घकालिक था, यह सहज ही स्पष्ट हो जाता है।

अच्छी और बड़ी कविता की रचना तभी सम्भव होती है जब कवि अपने चेतन और अचेतन मन के संश्लेषण द्वारा किसी बड़े सांस्कृतिक मूल्य को अभ्याससिद्ध माध्यम में कुशलतापूर्वक अभिव्यक्त कर पाता है। कवि भारतेन्दु के लिए ऐसा कर पाना ब्रजभाषा के पदों और कवित्त-सवैयों में प्रेम और भक्ति की रचनाओं में ही सम्भव हुआ है। स्वभावतः उनकी सर्वोत्कृष्ट कविताएँ इन्हीं क्षेत्रों में उभरी हैं। ब्रजभाषा में भी चेतन स्तर पर केवल बुद्धि के अनुरोध से समाज सुधार या राजभक्ति आदि विषयों पर रचित उनकी कविताएँ दुर्बल और रूखी प्रतीत होती हैं। अवश्य ही देशभक्ति की उनकी ब्रजभाषा की भी कुछ कविताएँ मार्मिक हैं क्योंकि उनमें उसी अनुपात में हृदय का भी योग है। ऐसी स्थिति में खड़ी बोली की उनकी कविताएँ बहुत अच्छी कैसे हो सकती थीं। वे मूलतः एक बड़े साहित्यिक उत्तरदायित्व के निर्वाह के लिए नये और अनमँजे माध्यम में बुद्धि के अनुरोध से रची गयी हैं अतः उनमें मर्मस्पर्शिता और परिष्कार दोनों की कमी एक सीमा तक है ही। किन्तु विचार करने पर यह भी स्पष्ट हो जायेगा कि खड़ी बोली की कविताएँ भी निरन्तर विकासोन्मुखी रही हैं और अन्तिम काल की उनकी खड़ी बोली कविताओं में भी विदग्धता झलकने लगी थी।

भारतेन्दु की खड़ी बोली की कविताओं की भाषा में ब्रजभाषा का मिश्रण होता था, यह आरोप कई आलोचकों ने लगाया है। इस सम्बन्ध में यह स्मरण रखना चाहिए कि भारतेन्दु की ब्रजभाषा की कविता में भी अन्य बोलियों का मिश्रण मिलता है। सच तो यह है कि रीतिकालीन ब्रजभाषा काव्य में ऐसे मिश्रण को स्वाभाविक मानकर स्वीकार कर लिया गया था और उसके प्रति दोष दृष्टि नहीं रखी गयी थी। इसीलिए मिश्रित भाषा का समर्थन करते हुए तुलसी और गंग का उदाहरण देकर आचार्य भिखारीदास ने कहा था–

तुलसी गंग दुवौ भए सुकविन के सरदार।
इनके काव्यन में मिली भाषा विविध प्रकार ॥[19]

भारतेन्दु को इसी मिश्रित ब्रजभाषा का संस्कार काव्य की विरासत से मिला था। काशी-वासी होने के कारण खड़ी बोली का भी मिश्रित व्यावहारिक रूप ही उन्हें सुलभ था। अतः खड़ी बोली की हिन्दी कविता में ही नहीं उनकी उर्दू की कविता में भी ब्रज, अवधी का मिश्रण यत्र-तत्र दृष्टिगोचर होता है। उनकी उर्दू कविता के

संशोधक मौलवी फायज का मत था—"बाबू हरिश्चन्द्र के शेरों में ख्यालात जरूर बहुत ऊँचे होते थे लेकिन चूँकि उन्होंने उर्दू जुबान बाकायदा नहीं सीखी थी इसलिए उनकी जुबान चुस्त नहीं थी।"[20] साम्प्रतिक हिन्दी कविता में विशेषतः नवगीतों में जिस प्रकार क्षेत्रीय बोलियों का मिश्रण दृष्टिगोचर होता है, उससे यही प्रतीत होता है कि काव्य-भाषा में अति शुद्धीकरण की नीति नहीं चल सकती।

भारतेन्दु की खड़ी बोली की कविताओं को हम मोटे तौर पर दो भागों में बाँट सकते हैं—(1) पारम्परिक शैलियों में रचित, (2) नवीन उद्‌भावनाओं के अनुरूप रचित। परम्परा से भारतेन्दु को खड़ी बोली कविता के दो प्रवाह प्राप्त हुए थे—(क) लावनी और पदावली जैसे गेय रचनाओं का प्रवाह और (ख) फारसी छन्दों में मुख्यतः फारसी साहित्यिक आदर्शों के अनुरूप रचित उर्दू काव्य-प्रवाह। इन दोनों प्रवाहों में रचित भारतेन्दु की कविताएँ अपेक्षाकृत रूप से प्रौढ़ हैं क्योंकि उन्हें परम्परा का बल प्राप्त है। नवीन उद्‌भावनाएँ उन्होंने परम्परा के आधार पर ही की थीं किन्तु इन क्षेत्रों में वे करीब-करीब पहल कर रहे थे, नयी जमीन तोड़ रहे थे अतः इनमें सरसता कम है। इनमें देशभक्ति, समाज-सुधार आदि की नयी भावनाएँ भी झलकी हैं और खड़ी बोली की हिन्दी शैली को नये छन्दों में भी ढाला गया है। ऐसी कविताओं को भी दो भागों में बाँटा जा सकता है—(क) फारसी छन्दों में रचित, (ख) हिन्दी छन्दों में रचित। अतः भारतेन्दु की खड़ी बोली की कविताओं को इस प्रकार वर्गीकृत किया जा सकता है—

भारतेन्दु की खड़ी बोली की कविताएँ

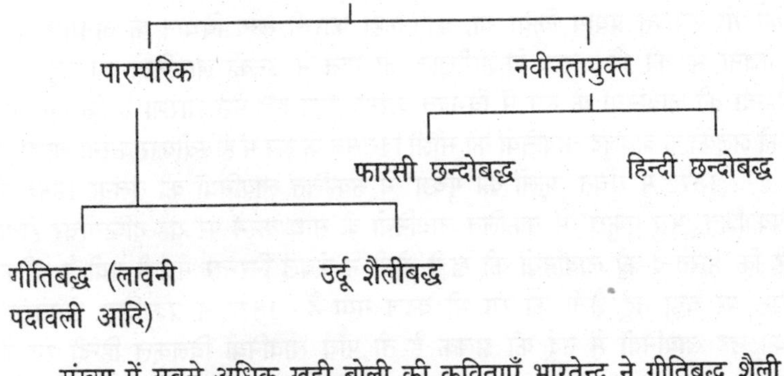

संख्या में सबसे अधिक खड़ी बोली की कविताएँ भारतेन्दु ने गीतिबद्ध शैली में ही रची हैं। इनमें लावनी और पदावली की अपेक्षाकृत मँजी हुई परम्परा के साथ ही लोकगीतों की अनुगूँज वाली तथा विवाह आदि में महिलाओं द्वारा गाई जानेवाली रचनाएँ भी शामिल हैं। लावनी का विकास भी लोकगीत परम्परा से ही हुआ था किन्तु डॉ॰ रामखेलावन पाण्डेय के अनुसार तानसेन ने इसको शास्त्रीयता प्रदान कर

दी थी।[21] आचार्य शुक्ल ने बताया है कि (संगीत से) लावनी की लय लेकर तुकन गिरि गोसांई ने सधुक्कड़ी भाषा में ज्ञानोपदेश के लिए उसका उपयोग किया। उनके रिसाल गिरि और देवीसिंह नामक शिष्यों ने क्रमशः ब्रह्मज्ञान तथा भक्ति और प्रेम की रचनाएँ खड़ी बोली की लावनियों में की। लावनीबाजों में काशी गिरि उपनाम 'बनारसी' का बड़ा नाम हुआ।[22] श्री शिवनन्दन सहाय के अनुसार लोगों की मान्यता थी कि "लावनी रचना में भारतेन्दु की तुलना बनारसी दास से की जा सकती है।"[23] उन्होंने यह भी बताया कि "1872 ई॰ में काशी में बनारसी लावनीबाजों की लावनियों की बड़ी चर्चा थी। उस समय इन्होंने (भारतेन्दु ने) 'फूलों का गुच्छा' नामक लावनियों का एक ग्रन्थ बनाया था प्रतीत होता है कि 1882 ई॰ में उस पुस्तक की कोई नूतन आवृत्ति हुई थी क्योंकि खड्गविलास में जो संस्करण हुआ है, उसमें हमारे चरित्रनायक की 1939 संवत् की लिखी हुई भूमिका देखी जाती है।"[24] इससे यह स्पष्ट होता है कि भारतेन्दु की लावनियाँ अपने समय में पर्याप्त समादृत थीं (इसीलिए उस विधा के उस्ताद बनारसी दास से उनकी तुलना की जाती थी) और लोकप्रिय भी थीं, तभी 'फूलों का गुच्छा' का दूसरा संस्करण प्रकाशित करना पड़ा था। भारतेन्दु की लावनियों में विषय की दृष्टि से सगुण भक्ति परम्परा की प्रधानता है, साथ ही निर्गुणिया और सूफियाना रंग भी आए हैं। कुछ आलोचकों का यह समझना ठीक नहीं है कि लावनियों में निर्गुण भक्ति और सूफी परम्परा की ही प्रधानता रहती थी। उसमें सगुण भक्तिपरक रचनाएँ भी मिलती हैं और भारतेन्दुजी ने तो वल्लभ सम्प्रदाय के अनुरूप भी बहुत सी लावनियाँ लिखी थीं। भाषा की दृष्टि से संस्कृत के सरल तत्सम एवं तद्भव शब्दों के साथ-साथ भारतेन्दु ने अरबी-फारसी के प्रचलित शब्दों का भी उन्मुक्त प्रयोग किया था, कहीं-कहीं फारसी छन्द विधान के अनुसार तुक योजना भी की थी। अतः किशोरीलाल जी गुप्त ने उनकी लावनियों को उर्दू और हिन्दी की लावनियों के रूप में विभक्त करना चाहा है[25] मेरी धारणा है कि इन रंगों की झलकों के बावजूद लावनियों को साँझी विरासत के रूप में ही स्वीकार करना चाहिए।

1872 में रचित 'फूलों का गुच्छा' में संकलित लावनियों की तुलना 1881 में प्रकाशित 'मधु मुकुल' में संकलित लावनियों के साथ करने पर यह दृष्टिगोचर होता है कि भारतेन्दु की लावनियों की खड़ी बोली न केवल निरन्तर मँजती गयी है बल्कि उस पर चढ़ा उर्दू शैली का रंग भी बदल गया है। 1877 में प्रकाशित 'प्रेमतरंग' की छह लावनियों में उर्दू की झलक है तो पाँच लावनियाँ बिलकुल हिन्दी रंग में हैं जो 'प्रेम प्रलाप', 'मधु मुकुल' और 'वर्षा विनोद' में पाई जाने वाली लावनियों में भी सुलभ हैं। यह ठीक है कि इन लावनियों में ब्रजभाषा की झलक बल्कि कहीं-कहीं पंक्तियाँ भी मिलती हैं किन्तु इसे भारतेन्दु का वैशिष्ट्य मान लेना चाहिए। आखिर वे इनकी रचना उन साधारण जनों के लिए कर रहे थे जो ऐसे मिश्रण के अभ्यस्त थे।

'फूलों का गुच्छा' की लावनियों की भाषा और तुक-विधान की त्रुटियों का

विवेचन श्री किशोरीलाल गुप्त ने बड़े युक्तियुक्त ढंग से किया है किन्तु उनका यह कहना ठीक नहीं है कि "ये सभी की सभी निर्गुण परम्परा का पालन करती हुई रहस्यवादी हैं।"[26] उन पर सूफी रंग है यह निर्विवाद है। उसके समर्थन में–

कोई मजाज़ी कहता हक़ीक़ी नाम किसी ने है रक्खा।
कोई मसजिद कोई बुतख़ाने में नित है जाता॥
पै हम ने तो सीधा ताका उस साक़ी का मैख़ाना।
मजा न पाया बयाँ जिसका गूँगे का गुड़ खाना॥[27]

जैसी बहुत-सी पंक्तियाँ उद्धृत की जा सकती हैं। किन्तु इसी पुस्तक में ऐसी भी कई लावनियाँ हैं जिनमें इस रंग का समावेश सगुण भक्ति परम्परा में कर दिया गया है। उदाहरण के लिए प्रस्तुत हैं ये प्रसिद्ध पंक्तियाँ–

श्री राधा-माधव जुगल-चरन-रस का अपने को मस्त बना।
पी प्रेम-पियाला भर-भरकर कुछ इस मै का भी देख मज़ा॥[28]

इस लावनी में सूफी साधना को वल्लभ सम्प्रदाय की साधना से ओतप्रोत कर दिया गया है। इसी के साथ-साथ इस दूसरी लावनी पर भी ध्यान दिया जाना चाहिए–

तुम गर सच्चे हो तो जहाँ को कहते हैं सब क्यों झूठा,
तुम निर्गुन हो तो फिर यह गुन जग में सब है किसका॥[29]

इन पंक्तियों में नन्ददास के 'भ्रमर गीत' की विख्यात पंक्तियों की अनुगूँज मिलती है–

जो उनके गुन नाहिं और गुन भये कहाँ ते।
बीज बिना तरु जमें मोहि तुम कहाँ कहाँ ते॥[30]

इतना ही नहीं, इस लावनी में आगे चलकर मायावाद का खण्डन भी किया गया है–

तुमने बनाया था कि बने खुद तो यह माया है कैसी।
एक जो हो तुम तो फिर यह कौन दूसरी आके घुसी॥

इसी लावनी में और आगे चलकर विवर्तवादी रज्जु-सर्प न्याय को नकारा गया है–

सभी शोर करते हैं साँप का रस्सी में यह धोखा है।
भूले हैं वह, जहाँ गर दो हो तो यह बात बनै॥

यह तो तब हो जब कि साँप रस्सी यह कायम हो दोशै।
यहाँ तुम्हारे सिवा है कोई दूसरा कौन कहै॥[31]

वल्लभ सम्प्रदाय के अविकृत परिणामवाद के द्वारा शुद्धाद्वैत का यह समर्थन निर्गुण परम्परा का पालन करता हुआ रहस्यवाद नहीं कहा जा सकता।

गुप्तजी ने 'प्रेमतरंग' की जिन लावनियों को उर्दू का घोषित किया है, उनमें से एक की कुछ पंक्तियाँ देखिए—

जहाँ देखो वहीं दगा और फरेब औ मक्कारी है।
दुख ही दुख से, बनाई यह सब दुनिया सारी है॥
आदि, मध्य औ अन्त एक रस दुख ही इसमें जारी है।
कृष्ण भजन बिनु, और जो कुछ है वह ख्वारी है॥
'हरिचन्द' भव-पंक छुटै नहिं बिना भजन रस के धोए।
मुँह काला कर बखेड़े का हम भी सुख से सोए॥[32]

इन पंक्तियों की भाषा को उर्दू कहना कैसा उचित माना जा सकता है? यह ठीक है कि इस पुस्तक की भी कुछ लावनियों में उर्दू शैली की झलक है किन्तु उसका रंग उतना गाढ़ा नहीं है जितना 'फूलों का गुच्छा' में था। हिन्दी की शैली में जो निखार आया है, उसका भी एक नमूना पेश है—

क्या करें कोई तदवीर न और दिखाती।
दिन रोते कटता रात जागते जाती॥
बिरहा से सब छिन हाय दहकती छाती।
कोई उनसे जा मेरी बिथा सुनाती॥
'हरिचन्द' उपाय न चलै रही पछताई।
उस निरमोही की प्रीत काम नाहिं आई॥[33]

ब्रजभाषा का हलका-सा पुट इसकी पाँचवीं पंक्ति में अवश्य मौजूद है किन्तु अन्य पंक्तियों की भाषा की चुस्ती प्रशंसनीय है। नहीं को 'नहिं' लिखना गलती नहीं, भारतेन्दु की अपनी मान्यता है, जिसका समर्थन होना चाहिए। भारतेन्दु ने क्रियाओं की दीर्घता को खड़ी बोली कविता का एक प्रधान दोष बताया था किन्तु अनभ्यास के कारण ही भारतेन्दु को आरम्भिक खड़ी बोली की रचनाएँ नीरस ज्ञात होती थीं। इन पंक्तियों में विरहिणी गोपिका की व्यथा का जो मार्मिक चित्रण है, उसे कोई 'मत्सरी' आलोचक भी नीरस नहीं कह सकता।

'वर्षा-विनोद' की लावनियों की भाषा में और सफाई झलकती है। विरहिणी का एक मार्मिक चित्र इसमें भी भारतेन्दु ने अंकित किया है—

बीत चली सब रात न आए अब तक दिल जानी।
खड़ी अकेली राह देखती बरस रहा पानी॥
अँधेरी छाय रही भारी।
सूझत कहूँ न पन्थ सोच करै मन मन में नारी॥
न कोई समझा बनवारी।
चौंकिय चौंकि के उझकि झरोखा झाँक रही प्यारी॥[34]

किस सहृदयता से बरसते पानी में अकेली खड़ी पिया की राह देखती, चौंक-चौंककर झरोखे से उझक झाँकती प्यारी की छवि भारतेन्दु ने इन पंक्तियों में उरेही है। क्या यह कविता भी भौंड़ी है? इसी लावनी में घने अन्धकार की व्यंजना भारतेन्दु ने इन चुटीली पंक्तियों में की है–

सूझै पन्थ ने कहीं से हाथ न दिखलाता।
एक रंग धरती अकास का कहा नहीं जाता॥

जब अपना ही हाथ अपने को न दिखे तो भला पन्थ कैसे दिख सकता है, खासकर जब धरती और आकाश का रंग एकदम एक हो गया हो, तब अन्धकार का बखान कैसे हो, कुछ कहा नहीं जाता। ये अर्थगर्भ पंक्तियाँ आज भी किसी कवि को सम्मान्य बना सकती हैं।

भारतेन्दु ने लोकगीतों के संकलन और प्रकाशन का उपयोग ही नहीं किया था, स्वयं भी लोकगीतों की शैली में कई गीतों की रचना की थी, जिनमें से कुछ खड़ी बोली में भी हैं। 'नजरहा छैला रे नजर लगाए चला जाय' और 'नशीली आँखों वाले सोए रहो, अभी है बड़ी रात'[35] की जीवन्तता भारतेन्दु के चुलबुले प्रेमी हृदय को उजागर कर देती है। जिस तरह तुलसीदास ने भक्त महाकवि की गरिमा को अपने लिए बन्धन न बनाते हुए महिलाओं के लिए 'रामललानहछू' की रचना में संकोच नहीं किया था, उसी तरह भारतेन्दु ने भी महिलाओं के लिए विवाह-गीत रचे। बना (दूलह) की नेह भरी प्रशंसा में महिलाओं के कण्ठ मुखरित हैं–

बना मेरा ब्याहन आया बे। बना मेरा सब मन-भाया बे।
बना मेरा छैल छबीला बे। बना मेरा रंग रंगीला बे।[36]

लोकगीतों की परम्परा में 'बारहमासा' अत्यन्त लोकप्रिय है। भारतेन्दु ने भी अपने बारहमासे में विरहिणी ग्रामवधू की पीड़ा को मर्मस्पर्शी वाणी दी है। ब्रजी और खड़ी बोली का मिश्रण इसमें भी है किन्तु खड़ी बोली जहाँ आई है, वहाँ वह निखरी हुई है। अगहन के वर्णन में भारतेन्दु की विरहिणी कहती है–

अगहन आया सब मन भाया, पड़ा जोर पाला।
लपट लपट पीतम से सोई घर-घर में बाला॥
ओढ़कर शाल औ दुशाला।
मैं घर बीच अकेली तड़पूँ बिना नन्दलाल॥
भई सौ जुग की इक राती।
कैसे रैन कटे बिनु पिय के नींद नहीं आती॥[37]

लावनीबाजों और लोकगीतकारों को कवि का प्रतिष्ठित पद साहित्य के इतिहास में नहीं मिल सका। पदकर्त्ताओं के लिए किन्तु यह बात नहीं कही जा सकती। बहुत से महान् भक्त कवियों ने पद ही रचे हैं। भारतेन्दु को 'अष्ट छाप की नवीं वीणा' कहा गया है। स्वभावतः उनके अधिकांश पद ब्रजभाषा में ही हैं। फिर भी भक्ति और शान्त रस के उफान में कई बार खड़ी बोली में भी उनका मन उमड़ कर बहा है। श्रीकृष्ण उनके नैनों के तारे और प्राण प्यारे थे, उनके दर्शन का अविच्छिन्न सुख लूटते समय प्राणों को न्यौछावर करते भारतेन्दु कह उठे थे–

दरस सुख रैन-दिन लूटै, नछिन करतार यह छूटै,
लगी अब तौ नहीं छूटै है, प्रान हरिचन्द वारा है।
मेरे नैनों का तारा है, मेरा गोविन्द प्यारा है।।[38]

इसी पद में 'घूँघरवालियाँ अलकैं' और 'झोकेवालियाँ पलकैं' जैसी शब्दावलियाँ भी आई हैं जिन पर कुछ लोगों को आपत्ति हो सकती है। इंशा अल्ला खाँ की 'रानी केतकी की कहानी' में भी पंजाबी का यह प्रभाव मौजूद है।

भक्ति तो कर्म और योग में अटकती नहीं, उनका अतिक्रमण करती है। उसकी चरम परिणति तो दीन बनकर भगवान की शरण ग्रहण करने में ही है। किस सहजता से भारतेन्दु ने इस पद में धर्म का सच्चा मर्म समझाया है–

यारो यह नहिं सच्चा धरम,
छू छू कर या नाक मूँद कर जो कि बढ़ाया भरम॥
बन्धन ही मैं डालैंगे यह बुरे भले सब करम।
प्रान नहीं सुधरा तौ कोरा बैठे धो औ धरम॥
झूठे साधन छोड़ो, जी से दीन बनो तुम परम।
'हरीचन्द' हरि-सरन गहौ इक यही धरम का मरम॥[39]

बाबू राधाकृष्ण दास के अनुसार "मरने से महीना-डेढ़ महीना पहिले इनका हृदय कुछ शान्ति रस की ओर अधिक फिर गया था, 'हरिचन्द्र चन्द्रिका' की अन्तिम संख्याओं में प्रकाशित शान्तरस की कविता सब इसी समय की बनी हुई है।"[40]

राधाकृष्ण दास के अनुसार इनकी अन्तिम कविता है 'डंका कूच का बज रहा मुसाफिर जागो रे भाई'। उसे तथा शान्त रस की और बहुत-सी कविताओं को बाबू ब्रजरत्न दस ने 'विनय प्रेम पचासा' में संकलित किया है और उसका रचनाकाल सं॰ 1938 (सन् 1881 ई॰) बताया है जो ठीक नहीं जान पड़ता। ऐसा ही सन्देह श्री किशोरीलाल गुप्त ने भी प्रकट किया है।[41] मेरी मान्यता है कि श्री राधाकृष्ण दास द्वारा संकेतित शान्त रस की कविताएँ 'विनय प्रेम पचासा' में ही संकलित हैं, इस दृष्टि से उसका रचना-काल 1884 होना चाहिए।

श्री किशोरीलाल गुप्त ने इन पदों को सन्त काव्य परम्परा का बताया है। यह भी ठीक नहीं लगता। श्रीमद्भागवत में शरणागत में भक्ति, भगवान के अनुभव और संसार के प्रति विरक्ति के त्रिक् को उसी प्रकार एक ही काल में उत्पन्न बताया है जिस प्रकार भोजन करने पर तुष्टि, पुष्टि और क्षुधा निवृत्ति एक ही साथ होती है।[42] अतः भारतेन्दु के वैराग्य के इन पदों को कृष्णभक्ति से काटकर देखने की कोई आवश्यकता नहीं है। भारतेन्दु की ये रचनाएँ भी यही कहती हैं। मृत्यु के बजते नगाड़े को सुनकर गफलत छोड़कर इस सत्य का अनुभव करने की प्रेरणा भारतेन्दु देते हैं कि शब्द से उत्पन्न सृष्टि जब शब्द में समा जायेगी तब भी सच्चिदानन्दघन कृष्ण एकमात्र सत्य के रूप में विराजते रहेंगे। काव्य और दर्शन का समाहार है इन पंक्तियों में—

यह जग के सामान बीच ही भए बीच मिट जावैंगे।
परस रूप रस गन्ध अन्त में शब्दहिं माहि समावैंगे॥
काल रूप सच्चिदानन्दघन साँचो कृष्ण अकेला है।
'हरीचन्द' जो और है कुछ वह चार दिनों का मेला है॥[43]

मौत की आँखों से आँखें मिलाकर भारतेन्दु ने चढ़ती जवानी में किए भोगविलास को वितृष्णा की दृष्टि से देखते हुए भुक्तभोगी की व्यथा इन शब्दों में प्रकट की हैं—

यारो इक दिन मौत जरूर।
फिर क्यों इतने गाफिल होकर बने नशे में चूर॥
यही चुड़ैलें तुम्हें खायेंगी जिन्हें समझते हूर।
मायामोह जाल की फाँसी इससे भागो दूर॥

जान-बूझकर धोखा खाने और बबूल लगाकर आम खाने की दुराशा की भर्त्सना करते हुए भारतेन्दु ने इस पद का भी समाहार 'हरि प्रेम' में ही किया है—

झूठा झगड़ा, झूठा टंटा, झूठा सभी गरूर।
'हरीचन्द' हरि प्रेम बिना सब अन्त धूर का धूर॥[44]

'हरिमाया भठियारी' की बनाई हुई संसार-सराय में बसने वाले की बौरायी मति पर तरस खाते हुए भारतेन्दु उससे रिहाई पाने का एक ही तरीका बताते हैं–

अजब भँवर है जिसमें पड़कर सब दुनिया चकराई है।
'हरीचन्द' भगवंत भजन बिनु इससे नहीं रिहाई है ॥[45]

भारतेन्दु हरिश्चन्द्र के ये पद ब्रजभाषा के उनके पदों के समान ही प्रौढ़ और कवित्व-युक्त हैं। मृत्यु की छाया में खड़ी बोली के प्रति भारतेन्दु के मन में उमड़े प्रेम को मैं परवर्ती हिन्दी कवियों के लिए उनकी वसीयत मानता हूँ।

पद रचना की ही तरह उर्दू शैली में कविता लिखने की प्रेरणा भी भारतेन्दु को अपने समय के साहित्यिक परिवेश के साथ-साथ अपने पिता गिरधर दास से भी मिली होगी। भारतेन्दु 1867 ई॰ से विधिवत् साहित्य रचना शुरू की थी। उस समय तक उर्दू कविता सुप्रतिष्ठित हो चुकी थी, और मीर, सौदा, अनीस, दबीर, गालिब, जौंक जैसे बड़े उस्तादों के कलाम उर्दू कविता के प्रतिमान बन चुके थे। 'रसा' उपमान से भारतेन्दु ने उर्दू परम्परा के अनुसार 34 गजलें और कुछ छँटे तरजीहबन्द, सबाइयाँ आदि लिखी थीं। मेरी दृष्टि में भारतेन्दु की उर्दू को सबसे बड़ी देन यह है कि उन्होंने उसमें भी भारतीय भावना और रीति-नीति की कविताएँ लिखीं। उनकी स्वच्छन्द प्रेमी प्रकृति और उनकी कृष्णभक्ति भी इन गजलों में उसी प्रकार झलकी है जिस प्रकार उन्होंने उर्दू कविता की नजाकत और तर्जेअदा को अपनाया है। भारतेन्दु द्वारा आयोजित मुशायरों में वे तथा उर्दू के कविगण अपनी रचनाएँ सुनाया करते थे। उर्दू की अच्छी गजलों का एक संग्रह 'गुलजारे पुरबहार' के नाम से भारतेन्दु ने प्रकाशित किया था।

भारतेन्दु ने 'झूठी है सब शायरी अगर नहीं दिल कहीं फिदा'[46] लिखकर केवल चमत्कार के प्रति अपनी अरुचि घोषित कर दी थी। प्रेम उनके अनुसार जगत् को पवित्र करता है तो कविता को प्राणवन्त बनाता है। प्रेम का उज्ज्वल रूप उन्हें भक्ति की ओर ले जाता है। उर्दू कविता में भी वे बेझिझक लिखते हैं–

जहाँ देखो वहाँ मौजूद मेरा कृष्ण प्यारा है,
उसी का सब है जलवा जो जहाँ में आशकारा है।[47]

श्रीकृष्ण ही जगत् के अभिन्न निमित्तोपादान कारण हैं, वे ही सारी सृष्टि के रूप में अभिव्यक्त हुए हैं, यही भाव इस गजल के केन्द्र में है। इसी भाव से प्रेरित होकर वे निस्संकोच कह उठते हैं, कि शंख बजाकर हिन्दू तेरा ही दम भरते हैं, अजान देकर शेख तुझे ही पुकारते हैं और गिरजे में भी तुम्हारे जलवागर हैं, इस गजल का समापन करते हुए उन्होंने सम्बन्ध भूला भक्ति के बल के आधार पर कहा है कि मैं भला या बुरा जैसा भी हूँ, तुम्हारा हूँ। प्यारे, मेरे अपराधों को क्षमा करो और अपने चरणों में मुझे स्थान दो–

गुनह वख्शो रसाई दो 'रसा' को अपने कदमों तक
बुरा है या भला है, जैसा है प्यारे तुम्हारा है।

अपने को पतित या गुनहगार मानकर ही प्रभु की दया की याचना की जा सकती है। हिन्दू हो या मुसलमान, शव तो कन्धों पर ही जाते हैं चाहे अर्थी पर, चाहे ताबूत में और उन्हें कफन में ढाँककर ले जाया जाता है। भारतेन्दु की एक बहुत ही मार्मिक रूबाई है इस स्थिति पर–

रहमत का तेरी उम्मीदवार आया हूँ।
मुँह ढाँपे कफन में शर्मसार आया हूँ॥
आने न दिया बारे गुनह के पैदल।
ताबूत में काँधों पे सवार आया हूँ॥[48]

अर्थात् प्रभु मैं तुम्हारी दया पाने की आशा लेकर आया हूँ, अपना यह कलंकित मुँह तुम्हें दिखाने का साहस ही नहीं जुटा पाया, इसीलिए लज्जित हो उसे कफन में ढाँककर आया हूँ। जीवन भर पाप ही तो कमाया है, उसका बोझ मेरे उठाए उठता नहीं इसीलिए ताबूत में लोगों के कन्धों पर सवार होकर आया हूँ। प्रभु अब तुम दया करो, मुझे माफ कर दो, अपना लो। एक भक्त हृदय से ही ऐसी पछतावाभरी प्रार्थना निकल सकती है। होली पर उनकी गजलें भी उर्दू भारतीय परिवेश की स्निग्धता प्रदान करती हैं।

उर्दू की अपनी शोखी को भी भारतेन्दु ने सफलतापूर्वक शब्दबद्ध किया है। किस अन्दाज से वे लिखते हैं कि वह जालिम शोख माशूक अपनी प्यारी चमकीली घुँघराली जुल्फों को हाथ में लेकर बोला कि किसी के भी दिल को यदि बन्दी बनाना हो तो उसे काकुल से बाँधना चाहिए, जिसका बाँधा कभी छूट ही नहीं सकता–

जुल्फों को लेके हाथ में कहने लगा वह शोख।
गर दिल को बाँधना हो तो काकुल से बाँधिए॥[49]

उर्दू-फारसी–परम्परा के अनुरूप प्रेम-निवेदन करने वाली कई गजलें भारतेन्दु ने लिखी हैं। उनके एक शे'र में आशिक प्रेम की अपनी पीड़ा व्यक्त करते हुए कहता है कि मेरा दिल उस सितमगर माशूक की नजरों के तीरों से छिद गया है और उससे दिल लगाना मेरे लिए तो जान की आफत हो गयी है–

दिल मेरा तीरे सितमगर का निशाना हो गया।
आफते जाँ हक में मेरे दिल का लगाना हो गया॥[50]

किन्तु उर्दू की अपनी जमीन पर भारतेन्दु का कृतित्व प्रशंसनीय होकर भी अनछुई ऊँचाइयों तक नहीं पहुँचा है।

'प्रचलित साधु भाषा' या खड़ी बोली की हिन्दी शैली में अर्थात् अपेक्षाकृत अनमँजे माध्यम में काव्य रचना का पथ प्रशस्त करते समय भारतेन्दु के समक्ष विषय के साथ ही साथ छन्दोविधान के चयन का भी प्रश्न था। इसको हल करने के लिए उन्होंने दो दिशाओं में प्रयास किया। एक ओर तो उन्होंने फारसी छन्दों का उपयोग किया क्योंकि उर्दू शैली में खड़ी बोली उनकी रचनाओं में मँज चुकी थी, दूसरी ओर उन्होंने हिन्दी के ही कुछ छन्दों को इस कार्य के लिए चुना।

राजा शिवप्रसाद सितारे हिन्द जैसे उर्दू प्रभावग्रस्त सज्जनों को पहली दिशा में किया गया उनका प्रयास अधिक रुचा। भारतेन्दु ने 56 पंक्तियों में 'दशरथ-विलाप' नामक एक लम्बी कविता लिखकर इस दिशा में पहल की। करुण रस की यह कविता वर्णनात्मकता के कारण भावसघन तो नहीं हो सकी किन्तु फिर भी प्रभावित करती है। 'मेरी आँखों की पुतली कहाँ है। बुढ़ापे की मेरी लकड़ी कहाँ है' जैसी पंक्तियों में यदि मुहावरों का समर्थ प्रयोग हुआ है तो नीचे लिखी पंक्तियों में भावना का प्रबल उद्गार है–

कहाँ हो राम मेरे राम ऐ राम।
मेरे प्यारे मेरे बच्चे मेरे श्याम॥
मेरे जीवन मेरे सरबस मेरे प्रान।
हुए क्या हाय मेरे राम भगवान॥
कहाँ हो राम हा प्रानों से प्यारे।
यह कह दशरथ जी सुरपुर को सिधारे॥[51]

आजकल हिन्दी गजलों का काफी जोर है। भारतेन्दु ने यद्यपि ऐसा नामकरण तो नहीं किया था किन्तु उनकी कई गजलों में हिन्दी शब्दों का काफी प्रयोग हुआ है। खासकर नीचे लिखी गजल को तो बेखटके हिन्दी गजल कहा जा सकता है। इसमें कृष्णभक्ति की मधुरता और मार्मिकता पूर्ण मात्रा में विद्यमान है–

वह अपनी नाथ दयालुता तुम्हें याद हो कि न याद हो।
वह जो कौल भक्तों से था किया तुम्हें याद हो कि न याद हो॥
सुन गज की जैसे ही आपदा न बिलंब छिन का सहा गया।
वहीं दौड़े उठ के पियादे-पा तुम्हें याद हो कि न याद हो॥[52]

भारतेन्दु ने मदालसा की लोरी का एक अंश भी बैत में लिखा था। इसकी भाषा का परिष्कार लक्षितव्य है–

अरे जीव तू आतमा शुद्ध है। निरंजन है तू और तू बुद्ध है॥
फँसा है तू आकर के भौजाल में। निराला है तू इनसे पर चाल में॥

न माया में इनके अरे कुछ भी भूल। न सपने की संपत पै इतना तू फूल॥
तेरा कोई दुनिया में साथी नहीं। तेरा राज घोड़ा व हाथी नहीं॥[53]

किन्तु मेरा विश्वास है कि भारतेन्दु को हिन्दी के स्वाभिमान के अनुरूप यह नहीं लगा होगा कि वह उधार के छन्दों से काम चलाये। उन्होंने हिन्दी के अपने छन्दों में खड़ी बोली को ढालना शुरू किया। उनकी प्रतिभा का ही एक निदर्शन है यह कि कवित्त-सवैये लिखने में सिद्धहस्त होने पर भी इन वर्णवृत्तों को उन्होंने खड़ी बोली के लिए नहीं चुना। इन्हें सम्भवतः लग गया था कि खड़ी बोली के लिए मात्रिक छन्द ही उपयुक्त हैं। दोहा, चौपाई, विष्णुपद, ताटंक जैसे छन्दों के साथ-साथ लोकगीतों का भी उपयोग भारतेन्दु ने खड़ी बोली की नयी कविताओं के लिए किया है। यह उल्लेखनीय है कि भारतेन्दु की खड़ी बोली रचनाओं के रूप में इन्हीं में से कुछ छन्दों की चर्चा बार-बार की गयी है और उन्हीं के आधार पर खड़ी बोली सम्बन्धी उनके काव्य को असफल घोषित किया गया है।

इस सन्दर्भ में यह याद रहना चाहिए कि बोली और छन्द के स्तरों पर इस क्षेत्र में नयी जमीन तोड़ने के कारण इनकी रचना करते समय भारतेन्दु स्वयं बहुत आश्वस्त नहीं थे। फिर इनमें कई बार उन्होंने नये विचारों का भी समावेश किया है। विचार, भाषा, छन्द तीनों नये होंगे तो सृजन का कार्य बुद्धि के स्तर पर ही होगा। हृदय का, अवचेतन मन का, परम्परा का सहयोग कम होने के कारण ऐसी रचनाओं में रूखापन एक सीमा तक रहेगा ही। कहना सिर्फ यह है कि 'भजन करो श्रीकृष्ण का' जो दोहा उन्हें स्वयं भौंड़ा लगा था उससे कितना विलास उनकी इस कोटि की रचनाओं में हुआ, यही विचारणीय होना चाहिए।

1881 ई॰ में भारतेन्दु ने 'भारत-मित्र' में जो दोहे प्रकाशनार्थ भेजे थे उनमें–

बीर बूहटी मखमली, बूटी सी अति लाल।
हरे बगीचे पै फिरैं, सोंभा बड़ी रसाल॥[54]

करीब-करीब मध्यकालीन काव्य चेतना की अनुकृति-सा है तो–

खोल-खोल छाता चलैं, लोग सड़क के बीच।
कीचड़ में जूते फँसें, जैसे अघ में नीच॥[55]

जैसे दोहे में आधुनिकता का स्पष्ट पुट है। वर्षा का जल सड़क के किनारों पर जमा हो गया है फिर भी बरस ही रहा है अतः लोग छाता खोलकर सड़क के बीचो-बीच चल रहे हैं किन्तु सड़क या तो कच्ची है, या टूटी है अतः जूते उसके कीचड़ में उसी तरह फँस रहे हैं जैसे पाप कर्मों में नीच लोग फँसे रहते हैं। इस यथार्थवादी चित्रण का विकास ही निराला की 'बहुत दिनों बाद खुला आसमान' जैसी कविताओं में हुआ है।

वसन्त ऋतु के वर्णन के लिए भारतेन्दु ने 16, 10 मात्राओं पर विरामकाल विष्णु छन्द चुना था। वसन्त की सहज विशेषताओं को इंगित करते हुए भारतेन्दु ने लिखा–

गरमी के आगम दिखलाये, रात लगी घटने।
कुहू कुहू कोयल पेड़ों पर, बैठ लगी रटने॥
ठंडा पानी लगा सुहाने, आलस फिर आई।
सरस सुगन्धी सिरिस फूल की, कोसों तक छाई॥
उपवन में कचनार, बनों में टेसू हैं फूले।
मदमाते भौंरे फूलों पर फिरते हैं भूले॥[56]

इसकी भाषा का सहज प्रवाह प्रमाणित करता है कि भारतेन्दु खड़ी बोली के माध्यम को अपने अनुकूल बनाने लगे थे।

मदालसा की लोरी का उत्तरार्द्ध चौपाई छन्द में है। उसकी भाषा भी उपर्युक्त निष्कर्ष का समर्थन करती है–

पुत्र भूल तू जग में आया। माया ने तुझ को भरमाया॥
तू है अलख निरंजन बेटा। जग माया ने तुझे लपेटा॥
है तू इस शरीर से न्यारा। परमातमा शुद्ध अविकारा॥
वही जतन तू कर सुत मेरे। जिस्से छूटें बन्धन तेरे॥

'परमात्मा को परमातमा,' यत्न को 'जतन' बनाकर भारतेन्दु ने भाषा के क्षेत्र में लचीलेपन का प्रतिपादन किया है। जिससे को 'जिस्से' लिखना उस समय की चलन थी।

भारतेन्दु ने इस परिपाटी की कुछ ऐसी रचनाएँ भी की हैं जो खड़ी बोली की अगीत कविताओं में उनकी उपलब्धियाँ कही जा सकती हैं। अवश्य ही इनके भाव भक्ति और वैराग्य के हैं किन्तु लावनी पदावली से भिन्न होने के कारण उनका अपना स्वतन्त्र महत्त्व है। इनमें 16, 14 मात्राओं के विराम वाले ताटंक छन्द में लिखित 'राम बिना बेकाम सभी' की समस्या पूर्तियाँ सर्वोत्कृष्ट हैं।

इस कविता में भारतेन्दु ने निरूपित किया है कि भले ही राजपाट, हाथी-घोड़े, हीरे-मोती किसी के पास न हों, भले ही वह खाने-पीने, ऐश-आराम में डूबा हो, उसे इस सत्य का बोध होना ही चाहिए कि 'जैसे बिंजन नमक बिना त्यों राम बिना बेकाम सभी।' सिद्धान्त उनका यही है कि यह संसार मोहजाल की फाँसी है, इसके नाते-रिश्ते, धनधाम झूठे हैं, और उन सबके प्रति आसक्त रहने वालों की जिन्दगी हराम हो जाती है क्योंकि वे आखिरी साँस तक झगड़ों-टंटों में फँसे रहते हैं, आँखें मुँदते समय ही यह सूझता है कि राम के बिना ये सब बेकाम–निस्सार, निरर्थक थे–

यह जग मोहजाल की फाँसी झूठे सुत धन धाम सभी।
नाटक इसमें मर पचके करते हैं जीस्त हराम सभी॥
जब तक दम में दम था झगड़े टंटे रहे तमाम सभी।
आँख मुँदी तब यह सूझा है राम बिना बेकाम सभी॥[57]

इसे अपने समय से जोड़ने के लिए इक्कीस तोपों की सलामी, क्रास बाथ स्टार के तमगे, महाराज, बहादुर की उपाधि आदि को भी गिनाकर भारतेन्दु ने निष्कर्ष यही निकाला है, 'राम बिना बेकाम सभी।' इन छन्दों में सवैयों जैसी सफाई और गहराई मिलती है। गणों में आबद्ध वर्णवृत्त सवैया खड़ी बोली में मुश्किल से निभेगा यह अनुभव करके ही भारतेन्दु ने उसके स्थानापन्न के रूप में 'ताटंक' का प्रयोग किया और सचमुच सफलतापूर्वक किया।

भारतेन्दु की खड़ी बोली की कविताओं का एक अच्छा खासा अंश उनके नाटकों में बिखरा हुआ है। उन्होंने समकालीन पारसी नाटकों में उर्दू की गजलों और पद्यात्मक संवादों का प्रचुर प्रयोग देखा था। उनके समानान्तर अपने नाटकों में उन्होंने महत्त्वपूर्ण चरित्रों द्वारा गाये जाने वाले गीत (और पद्यात्मक संवाद भी) ब्रजभाषा में ही रखे थे क्योंकि वे मानते थे, अच्छी कविता ब्रजभाषा में ही सम्भव है। इधर उन्हें यह प्रतीत होता था कि सीधे दर्शकों से साक्षात्कार करने वाली इस विधा में खड़ी बोली में गीतों, गजलों, पद्यात्मक संवादों का न होना अटपटा लगेगा क्योंकि जनसाधारण में खड़ी बोली के गीतों आदि की माँग बढ़ती जा रही थी। उसकी पूर्ति के लिए उन्होंने एक मध्यमार्ग निकाला। उनके नाटकों के मुस्लिम पात्र तो उर्दू गजलों या पद्यात्मक संवादों का प्रयोग करते हैं तथा साधारण जनता के प्रतिनिधि खड़ी बोली के पद्यों का उपयोग करते हैं। स्वभावतः ऐसे स्थलों की रचनाएँ काव्य की दृष्टि से बहुत उत्कृष्ट नहीं हो सकतीं।

केवल दो स्थलों पर उनके महत्त्वपूर्ण चरित्र भी खड़ी बोली के गीत या गीतांश गाते हैं। 'श्रीचन्द्रावली' नाटिका में श्रीकृष्ण स्वयं 'जोगिन' बनकर आते हैं और संसार में प्रचलित जोग से अलग 'प्रेम जोग' का उपदेश देते हुए जो गीत गाते हैं उसका पूर्वार्ध तो ब्रजभाषा में है किन्तु उत्तरार्ध खड़ी बोली में है। उसकी कुछ पंक्तियाँ द्रष्टव्य हैं–

यह है सुहाग का अंचल हमारे बाना।
असगुन की मूरति खाक न कभी चढ़ाना॥
सिर सेंदुर देकर चोटी गूँथ बनाना।
कर चूरी मुख में रंग तमोल जमाना॥
पीना प्याला भर रखना वही खुमारी।
साँची जोगिन पिय बिना वियोगिन नारी॥[58]

ब्रजभाषा से आरम्भ कर खड़ी बोली में गीत को समाप्त करना सम्भवतः साभिप्राय है। हो सकता है कि प्रेम के उपदेश की प्रधानता के कारण ब्रज का प्रयोग और जोगिन-वेश के कारण खड़ी बोली का उपयोग किया गया हो। यह गीत मार्मिक है, इसमें कोई सन्देह नहीं। प्रियतम के वियोग से प्रिया परम व्यथित तो हो सकती है किन्तु सौभाग्य-चिह्नों का त्याग नहीं कर सकती क्योंकि उससे प्रियतम के लिए असगुन होगा। प्रचलित योग में तो नेत्र बन्द किए जाते हैं, निराकार का ध्यान किया जाता है किन्तु प्रेम जोग में तो 'नैनों के मन' की–उनके विषय साकार रूप की ही प्रधानता है। लोक-परलोक की उपेक्षा कर एकनिष्ठ विरह की प्रेमिका शिवजी के सदृश्य योगी को भी (प्रेम) योग की दीक्षा दे सकती है क्योंकि 'ऐसे वियोग पर लाख जोग बलि-हारी।'

'सती प्रताप' के सातवें दृश्य में सत्यवान के प्राणों को लेकर यमराज के जाने के बाद नेपथ्य में गान होता है–

तुझ पर काल अचानक टूटैगा।
गाफिल मत हो, लवा वाज ज्यों हँसी खेल में लूटैगा ॥
कब आवैगा, कौन राह से प्रान कौन विधि छूटैगा।
यह नहिं जानि परैंगी बीचहि यह तन दरपन फूटैगा ॥
तब न बचावैगा कोई जब कालदंड सिर कूटैगा।
'हरीचन्द' एक वही बचैगा जो हरिपद रस घूटैगा ॥[59]

निश्चय ही काल के आकस्मिक आक्रमण के समक्ष प्राणी असहायता को चित्रित करने की दृष्टि से यह प्रभावशाली पद है। प्राणी को लवा के सदृश और काल को बाज के समान बताकर काल की दुर्धर्षता को और तन को दर्पण के समान फूटने वाला बताकर तन की नश्वरता को मूर्त कर दिया गया है। भक्त हरिश्चन्द्र के अनुसार 'वही बचेगा जो हरिपद रस घूटैगा।' यह ठीक है कि आज की भाषा में टूटैगा, लूटैगा आदि के स्थान पर टूटेगा, लूटेगा जैसे प्रयोग होते हैं किन्तु तत्कालीन व्यवहार के अनुरूप भाषा का प्रयोग करने का अधिकार भारतेन्दु को था, इसे मानने में किसी को आपत्ति नहीं होनी चाहिए।

इस सन्दर्भ में यह उल्लेख है कि भारतेन्दु 'सती प्रताप' की रचना चौथे दृश्य तक ही कर पाए थे, शेष दृश्यों की सर्जना बाबू राधाकृष्ण दास ने की थी। अतः सातवें दृश्य में इस गीत की योजना राधाकृष्ण दासजी ने की होगी। यह गीत भारतेन्दु कृत 'विनय प्रेम पचासा' का है। हो सकता है भारतेन्दु ने 'सतीप्रताप' को दृष्टि में रखकर इसकी रचना की हो और उनके संकेतानुसार ही राधा कृष्णदास जी ने इसका उपयोग किया हो या यह भी सम्भव है कि राधा कृष्णदास जी ने अपने ही

विवेक से उस उपयुक्त अवसर पर इस गीत को संयोजित किया हो। जो हो, यह गीत उक्त प्रसंग में बहुत सार्थक है।

भारतेन्दु ने नाटकों में खड़ी बोली के पद्यों का उपयोग सशक्त व्यंग्य के लिए भी किया है। 'अन्धेर नगरी' का चना वाला घासीराम यदि कहता है कि 'चना हाकिम सब खा जाते। सब पर दूना टिकस लगाते'[60] तो उसके पाचक वाले के अनुसार–

चूरन सभी महाजन खाते। जिससे जमा हजम कर जाते॥
चूरन खावें एडिटर जात। जिनके पेट पचे नहिं बात॥
चूरन साहेब लोग जो खाता। सारा हिन्द हजम कर जाता॥
चूरन पुलिस वाले खाते। सब कानून हजम कर जाते॥[61]

लोकगीत शैली का ऐसा प्रभावशाली आधुनिक प्रयोग करना भारतेन्दु की प्रतिभा का ही काम था। व्यंग्य के लिए उन्होंने गजलों का भी उपयोग किया है। 'भारत-दुर्दशा' नाटक में आलस्य की गजल के कुछ शे'र हैं–

दुनिया में हाथ-पैर हिलाना नहीं अच्छा।
मर जाना पै उठ के कहीं जाना नहीं अच्छा॥
बिस्तर पर मिस्ले लोथ पड़े रहना हमेशा।
बन्दर की तरह धूम मचाना नहीं अच्छा॥[62]

भारतेन्दु के इन व्यंग्यों का प्रमुख उद्देश्य जनता को जगाकर देश सेवा में प्रवृत्त करना था। इसीलिए इस गजल के अन्त में आता है–

मिल जाय हिन्द खाक में हम काहिलों को क्या,
ऐ मीरे-फर्श रंज उठाना नहीं अच्छा।

इसी दृष्टि से 'भारत-दुर्दशा' नाटक के 'भारत-दुर्दैव' और 'सत्यानाश फौजदार' के पद्यों को भी देखना चाहिए। भारत-दुर्दैव हिन्द को छारखार करने के इरादे से आया है। अपनी दुरभिसन्धि को पूर्ण करने के लिए वह यह सब करने की घोषणा करता है–

फूट बैर औ कलह बुलाऊँ, ल्याऊँ सुस्ती जोर।
घर-घर में आलस फैलाऊँ, छाऊँ दुख घनघोर॥

× × ×

मरी बुलाऊँ देश उजाड़ूँ महँगा करके अन्न।
सबके ऊपर टिकस लगाऊँ, धन है मुझको छन्न॥
मुझे तुम सहज न जानो जी, मुझे इक राक्षस मानो जी॥[63]

अब यह दर्शकों, पाठकों पर निर्भर करता है कि वे समझें कि चूँकि फूट, बैर, कलह, सुस्ती और आलस्य उनमें व्याप्त है इसीलिए अंग्रेज शासक अन्न महँगा करके देश उजाड़ पा रहे हैं, सबके ऊपर टैक्स लगाकर तथा दूसरे प्रकारों से भी शोषण कर सबको कौड़ी-कौड़ी का मुहताज बना रहे हैं। राक्षस कौन है और उससे मुक्ति कैसे मिल सकती है, यह सोचना और तदनुरूप आचरण करना समझदारों का कर्त्तव्य हो जाता है।

भारतेन्दु ने एक जबर्दस्त व्यंग्य 'इन्दर सभा' की सस्ती विलासी मनोवृत्ति पर 'बन्दर सभा' लिखकर किया था। इसी तरह 'मुशायरा' नामक हास्य रचना में भी उन्होंने कई बोलियों की छौंक देकर कुछ चटपटी गजलें लिखी हैं। माशूक के न आने के पुराने बहाने तो सभी को मालूम हैं, भारतेन्दु के दिल जले आशिक ने दो ऐसे कारण भी बताए हैं जो असाधारण हैं–

फिर उन्हें हैजा हुआ, फिर सब बदन नीला हुआ।
फिर न आने को मेरे घर में नया हीला हुआ॥

× × ×

फिर उन्हें आया पसीना सब बदन ठण्डा हुआ,
मुफलिसी में फिल मसल आटा अजी गीला हुआ॥[64]

भारतेन्दु ने कई नाटकों में पद्यात्मक संवाद बोली खड़ी बोली में रखे हैं जिनका प्रमुख उद्देश्य चरित्रों की विशेषताओं को उजागर करना या घटनाओं की सूचना देकर कथा को आगे बढ़ाना है। अतः उनके संयोजन की सार्थकता यही प्रतीत होती है कि भारतेन्दु इस बात के कायल हो गये थे कि जनसाधारण में खड़ी बोली के पद्यों के प्रति आकर्षण बढ़ता जा रहा है और लोक संग्रही नाटककार को उनकी उपेक्षा नहीं करनी चाहिए।

निष्कर्षतः यह अनायास कहा जाता है कि भारतेन्दु की खड़ी बोली की कविताएँ यदि प्रथम श्रेणी की नहीं भी हैं तो भौंड़ी और उपेक्षणीय भी नहीं हैं। खड़ी बोली की उनकी कविता में निरन्तर परिष्कार तथा उसके क्षेत्र में सतत विस्तार होता जा रहा था। ऐसा उसके प्रति उनके अध्यवसायपूर्ण गहरे लगाव के कारण ही सम्भव था। इस क्षेत्र में जब उनका कृतित्व पर्याप्त सम्भावनाशील हो चला था तभी वे काल-कवलित हो गये। फिर भी यह निर्विवाद कहा जा सकता है कि खड़ी बोली कविता के क्षेत्र में उनके द्वारा आरम्भ किए गये कार्य को आगे बढ़ाकर ही परवर्ती कवियों ने खड़ी बोली को हिन्दी कविता का प्रधान माध्यम बनाने में सफलता प्राप्त की। मेरा विश्वास है कि खड़ी बोली की कविता के उस संकोचशील, द्विधाग्रस्त भगीरथ की आत्मभर्त्सना को दुहराकर नहीं इस क्षेत्र के उनके समग्र कृतित्व को देखकर ही अब सहृदय उनकी खड़ी बोली की कविता का यथार्थ मूल्यांकन करेंगे।

सन्दर्भ

1. भारतेन्दु हरिश्चन्द्र—डा. रामविलास शर्मा, पृ. 81
2. हिन्दी भाषा—लेखक भारतेन्दु हरिश्चन्द्र, पृ. 2
3. वही, पृ. 10
4. हरिश्चन्द्र—लेखक बाबू शिवनन्दन सहाय, पृ. 157
5. वही, पृ. 158
6. डा. लक्ष्मीसागर वार्ष्णेय कृत 'भारतेन्दु हरिश्चन्द्र' (चौथा संस्करण), पृ. 146
7. भारतेन्दु हरिश्चन्द्र—लेखक श्रीब्रजरत्न दास, हिन्दुस्तानी एकेडेमी, पृ. 302-3
8. किशोरीलाल गुप्त कृत 'भारतेन्दु और अन्य सहयोगी कवि', पृ. 336
9. वही, पृ. 337
10. वही, पृ. 271
11. हिन्दी साहित्य का इतिहास—लेखक आचार्य रामचन्द्र शुक्ल, पृ. 596 (सं. 2003 का संस्करण)
12. वही, पृ. 581
13. भारतेन्दु हरिश्चन्द्र—लेखक रामविलास शर्मा, पृ. 92
14. हिन्दी भाषा, पृ. 3
15. भारतेन्दु बाबू हरिश्चन्द्र का जीवन-चरित्र लेखक—श्री राधाकृष्ण दास, प्र. हिन्दी समिति उत्तर प्रदेश, पृ. 42
16. भारतेन्दु हरिश्चन्द्र—लेखक श्री ब्रजरत्नदास, पृ. 59
17. वही, पृ. 58
18. भारतेन्दु बाबू हरिश्चन्द्र का जीवन-चरित्र, पृ. 93

18क. वही, पृ. 93

19. आ. शुक्ल कृत हिन्दी साहित्य का इतिहास, पृ. 239 पर उद्धृत।
20. श्री ब्रजरत्नदास कृत भारतेन्दु हरिश्चन्द्र, पृ. 305
21. हिन्दी साहित्य कोश (पहला भाग), पृ. 683
22. हिन्दी साहित्य का इतिहास, पृ. 598
23. हरिश्चन्द्र, पृ. 356
24. वही, पृ. 143
25. भारतेन्दु और अन्य सहयोगी कवि, पृ. 270
26. वही, पृ. 270
27. भारतेन्दु ग्रन्थावली (दूसरा खंड), पृ. 563
28. वही, पृ. 563
29. वही, पृ. 570
30. नन्ददास ग्रन्थावली—सं. ब्रजरत्नदास, पृ. 177
31. भारतेन्दु ग्रन्थावली (दूसरा खंड), 570-71
32. वही, पृ. 206
33. वही, पृ. 196
34. वही, पृ. 196
35. वही, पृ. 488-89
36. वही, पृ. 188

37. वही, पृ. 527
38. वही, पृ. 491
39. वही, पृ. 553
40. भारतेन्दु बाबू हरिचन्द्र का जीवन-चरित्र, पृ. 93
41. भारतेन्दु और अन्य सहयोगी कवि, पृ. 43
42. भक्तिः परेशानुभवो विरक्तिः अन्यत्र चैषत्रिक एक कालः।
प्रपद्य मानस्य यथाश्नतो स्युः तुष्टिः पुष्टिः क्षुद्रयायोऽनुघासम्—श्रीमद्भागवत, 11।2।4
43. भारतेन्दु ग्रन्थावली (दूसरा खंड), पृ. 552
44. वही, पृ. 552-53
45. वही, पृ. 551
46. भारतेन्दु ग्रन्थावली (दूसरा खंड), पृ. 569
47. वही, पृ. 851
48. वही, पृ. 858
49. वही, पृ. 859
50. वही, पृ. 850
51. भारतेन्दु सुधा—सं. ब्रजरत्नदास, पृ. 160-62
52. भारतेन्दु ग्रन्थावली (दूसरा खंड), पृ. 549-50
53. वही, (तीसरा भाग), पृ. 811
54-55. हरिश्चन्द्र—लेखक : बाबू शिवनन्दन सहाय, पृ. 158
56. वही, पृ. 158
57. भारतेन्दु ग्रन्थावली (दूसरा खंड), पृ. 865
58. भारतेन्दु नाटकावली (प्रथम भाग), पृ. 212
59. भारतेन्दु नाटकावली, पृ. 510 तथा भारतेन्दु ग्रन्थावली (दूसरा खंड), पृ. 551
60. भारतीय नाटकावली (प्रथम भाग), पृ. 461
61. वही, पृ. 463
62. वही, पृ. 396
63. भारतीय नाटकावली (प्रथम भाग), पृ. 388-89
64. वही, ग्रन्थावली (तीसरा भाग), पृ. 867

भारतेन्दु के हास्य और व्यंग्य

❑ चन्द्रबली सिंह

भारतेन्दु की असाधारण और उर्वर प्रतिभा ने जहाँ 'नयी चाल' की हिन्दी को ढालकर उसे कविता, नाटक, निबन्ध आदि विधाओं में प्रवेश कर सकने की अभूतपूर्व लचीली क्षमता दी और जहाँ उसने हमारे साहित्य की धारा को एक सर्वथा नया यथार्थवादी, राष्ट्रीय और जनवादी मोड़ देने का कार्य किया, वहाँ उसने तत्कालीन जीवन को भावभूमियों की अनेकता में चित्रित कर उस युग के तथा परवर्ती लेखकों के लिए वस्तु और रूप के नये क्षितिज भी उद्घाटित किए। इस सम्बन्ध में यह कहना शायद अतिशयोक्ति न हो कि हिन्दी में भारतेन्दु ने ही पहली बार हास्य और व्यंग्य को सामाजिक जीवन के चित्रण के सशक्त माध्यम के रूप में स्थापित किया।

भारतेन्दु-युग के जीवन में बहुत कुछ ऐसा था जिसे हास्य और व्यंग्य के माध्यम से देखा जा सकता था। स्वयं भारतेन्दु एक ऐसे वर्ग में पैदा हुए थे जो श्रम के बिना ही अपार सम्पत्ति का स्वामी था, जिसकी हरामखोरी स्वभावतः उसे आलस्य, विलासिता, ऐश्वर्य-प्रदर्शन, पाषंड, चाटुप्रियता आदि जैसे दुर्गुणों की ओर ले जाती थी। अपने वर्ग की इन कमजोरियों के बीच जीते और अंशतः उनसे प्रभावित होते हुए भी भारतेन्दु ने अपने युग के नवजागरण से वह प्रबुद्धता, नैतिक प्रेरणा और अपने समाज को निस्संग, वस्तुपरक दृष्टि से देखने की क्षमता प्राप्त की जिससे वह स्वयं अपने वर्ग पर हँस सके, उसे व्यंग्य और कटाक्ष का निशाना बना सके।

सामन्ती संस्कारों से घिरे हुए व्यवसायी वर्ग के ऊपर देश में राजे-रजवाड़ों का पूर्ण सामन्ती वर्ग था जो स्वाभिमान और शौर्य के पुराने सामन्ती आदर्शों से सर्वथा रिक्त होकर विदेशी शासकों के हाथों में कठपुतली की तरह नाच रहा था। व्यक्तिगत रूप से तत्कालीन काशीनरेश के साथ अच्छे सम्बन्ध के बावजूद आम तौर पर इस पतनशील मरणोन्मुख वर्ग के साथ भारतेन्दु की सहानुभूति नहीं थी और उनका जीवन भी भारतेन्दु के हास्य और व्यंग्य का लक्ष्य था।

धनी व्यापारी वर्ग, रईसों, जमींदारों, राजे-रजवाड़ों से जुड़ा हुआ और उन पर

आश्रित परजीवी वर्ग के जीवन को भी भारतेन्दु ने बड़े ही यथार्थवादी तरीके से हास्य और व्यंग्य का विषय बनाया। महंतों, पंडे-पुजारियों, संन्यासियों, दलालों, तीर्थस्थानों में स्नान, पूजा-पाठ, दान आदि के अवसर पर यात्रियों को नोचने वाले गिद्धों तथा धर्मभीरु समाज के अंग में लगी हुई छोटी-बड़ी जोंकों पर भी भारतेन्दु की पैनी दृष्टि पड़ी और उन्हें बेनकाब करने के लिए उन्होंने हास्य और व्यंग्य का माध्यम ही चुना।

हास्य और व्यंग्य के सहारे ही भारतेन्दु ने देश के उस नवशिक्षित, महत्त्वाकांक्षी नौकरशाह वर्ग की अच्छी खबर ली, जो विदेशी शासन के प्रति भक्तिप्रदर्शन कर पद, यश, सम्मान तथा उपाधियों की प्राप्ति के लिए लालायित था। उन्होंने उन तथाकथित समाज-सुधारकों और बुद्धिजीवियों की खिल्ली उड़ाई जो इस भय से कि कहीं उन पर राजद्रोह या 'डिसलायल्टी' का आरोप न लग जाए, देश की उन्नति के लिए आवश्यक सामाजिक और प्रशासनिक सुधारों की माँग करने का साहस नहीं रखते थे।

ज्यादातर हास्य और व्यंग्य के माध्यम से ही भारतेन्दु ने विदेशी शासन द्वारा भारतीय जनता पर भारी टैक्स लादने और देश के आर्थिक शोषण की नीतियों तथा उसकी अन्याय और भेदभावपूर्ण प्रशासनिक और न्यायिक व्यवस्था का विरोध किया।

भारतेन्दु के निकट धार्मिक या सम्प्रदायगत दम्भ, अन्धविश्वास और असहिष्णुता से ग्रस्त कट्टरपन्थी और पुनरुत्थानवादी, जो किसी भी नयी चीज को स्वीकार करने के पूर्व उसे वेदों के भीतर से निकाल लेना चाहते थे, हास्य और व्यंग्य के ही पात्र थे।

भारतेन्दु के हास्य और व्यंग्य के विषयों की इस संक्षिप्त सूची से भी बात स्पष्ट हो जाती है कि भारतेन्दु का हास्य और व्यंग्य उनकी गहरी और व्यापक राष्ट्रीय चेतना, उदार धार्मिक दृष्टिकोण और प्रगतिकामी सामाजिक विचारों के सिक्के का ही दूसरा पहलू है। आसानी से हिन्दी के किसी दूसरे लेखक का नाम नहीं लिया जा सकता जिसके हास्य और व्यंग्य का क्षेत्र इतना व्यापक हो, जिसका हास्य और व्यंग्य इतनी प्रखर और स्वस्थ सामाजिक चेतना से संपृक्त हो।

परिमाण और गुण की दृष्टियों से भारतेन्दु का सबसे महत्त्वपूर्ण हास्य और व्यंग्य-साहित्य उनके प्रहसनों में है 'पाखंड-विडम्बन' उनके द्वारा अनूदित एकांकी प्रहसन है, किन्तु इस अनुवाद में भी भारतेन्दु के हास्य और व्यंग्य की कुछ विशेषताएँ स्पष्ट हैं। हास्य और व्यंग्य को हमेशा यथार्थ की भूमि पर रखते हुए भारतेन्दु अपने पात्रों की भाषा में, उन्हें वैशिष्ट्य प्रदान करने के उद्देश्य से, विविधता का ध्यान रखते थे। इसमें दिगम्बर सिद्धान्त और भिक्षुक बुद्धागम को अतिरिक्त हास्यास्पद बनाने के लिए उन्होंने दिगम्बर को राजस्थानी के निकट खिचड़ी भाषा दी है। भिक्षुक 'श' और 'स' के स्थान पर 'छ', 'र' के स्थान पर 'ल', 'ट' के स्थान पर 'त', 'ठ' के स्थान पर 'थ' का प्रयोग करता है। उसके चरित्र और क्षणवाद का हल्कापन और उनकी हास्यास्पद प्रकृति उसकी विद्रूपमय भाषा में प्रतिबिम्बित होती है। दूसरों को

तर्कजाल, पाषंड और तामसी श्रद्धा से अपने चक्कर में फँसाने वाले ये दोनों स्वयं अपने से बड़े पाषंडी कापालिक सोम सिद्धान्त और उसकी कापालिनी वेशी तामसी श्रद्धा के शिकार होते हैं। कापालिनी से लिपटने के बाद बौद्ध भिक्षु इसके सुख से अनभिज्ञ दिगम्बर से कहता है—

"अले दिगम्बल! तू अबी कपालिनी का छुख का जानै।"

कपालिनी से लिपटने के बाद स्वयं दिगम्बर कहता है—"अहाहा! वाह रे! कपालिनीगल लगवारो सुख, अरी सुन्दरी एक बार तो फेर गरे सूँ लपटि जा। (स्वगत) अरे ऐसी समय नाँगो उचित नहीं, तासूँ लँगोटी लगाय लेऊँ तो ठीक परै।" अन्त में दिगम्बर के मुँह यह कहलाकर कि सतोगुणी श्रद्धा साधुजन के चित्त में कृष्ण भक्ति के संग रहती है, भारतेन्दु भक्ति की श्रेष्ठता स्थापित करते हैं।

'वैदिकी हिंसा हिंसा न भवित' भारतेन्दु का प्रसिद्ध प्रहसन है, ऊपर से देखने से यह प्रहसन वेद, शास्त्र, पुराण, तन्त्र आदि का सहारा लेकर बलि और मांस सेवन की निन्दा करने के लिए लिखा गया जान पड़ता है, किन्तु वास्तव में बलि उस सारे अनाचार का प्रतीक है जो धर्म के नाम पर समाज व्याप्त है। "कोटिन लवा बटेर के नाशक, वेद-धर्म प्रकाशक, मन्त्र से शुद्ध करके बकरा खाने वाले, दूसरे के मांस से अपना मांस बढ़ाने वाले, सहित सकल समाज श्री गृद्धराज महाराजाधिराज" के रक्त-रंजित राजभवन की सभा में पुरोहित और मन्त्री मांस-भक्षण को शास्त्र-सम्मत कहते हैं। मांस के साथ ही वे मैथुन और मदिरा को भी जोड़ देते हैं। प्रहसन का चतुर्थ तथा अन्तिम अंक जिसका स्थान यमपुरी है एवं जहाँ राजा, पुरोहित, मन्त्री, गंडकीदास और एक वैष्णव तथा एक शैव पकड़ लाए गये हैं, भारतेन्दु के सामाजिक उद्देश्य को स्पष्ट कर देता है। यहाँ राजा, पुरोहित, मन्त्री और गंडकीदास, जिन्होंने मांस, मदिरा और मैथुन का पूरा सुख संसार में लूटा था, दंडित होते हैं। धर्म की आड़ में चलने वाले कुकर्म की ओर संकेत करते हुए चित्रगुप्त यमराज को बताता है—"महाराज, सुनिए, यह राजा जन्म से पाप में रत रहा, इसने धर्म को अधर्म माना और अधर्म को धर्म माना, जो जी चाहा किया और उसकी व्यवस्था पंडितों से ले ली।" इस अंक की विशेषता वह यथार्थवादी पुट है जो जगह-जगह सीधे-तिरछे ढंग से अंग्रेजी शासन की आलोचना में स्पष्ट दीखता है। चित्रगुप्त यमराज से राजा के विषय में कहता है—"परमेश्वर प्रीत्यर्थ इसने एक कौड़ी भी नहीं व्यय की, जो कुछ व्यय किया सब नाम और प्रतिष्ठा पाने के हेतु।" यम पूछते हैं—"प्रतिष्ठा कैसी, धर्म और प्रतिष्ठा से क्या सम्बन्ध?" चित्रगुप्त का उत्तर है—"महाराज, सरकार अंग्रेज के राज्य में जो उन लोगों के चित्तानुसार उदारता करता है उसको 'स्टार आफ इंडिया' की पदवी मिलती है।" यह व्यंग्य उन भारतीयों की ओर लक्षित था जो राजा शिवप्रसाद सितारे हिन्द की तरह अंग्रेजों की चापलूसी में लगे रहते थे। मन्त्री के विषय में चित्रगुप्त

यमराज से कहता है कि उसने "प्रजा पर कर लगाने में तो पहले सम्मति दी पर प्रजा के सुख का उपाय एक भी न किया।" यह अंग्रेजों द्वारा भारतीय जनता पर कर लादकर शोषण करने की नीति की आलोचना थी। पुरोहित अपनी सफाई में यमराज से एशियाटिक सोसाइटी का जर्नल मँगाकर देख लेने को कहता है जिनमें बाबू राजेन्द्रलाल ने दो लेखों में यह स्थापना की थी कि प्राचीन काल में गोमांस आर मदिरा का सेवन करते थे। अंग्रेजों के राज्य में लूट और घूसखोरी का संकेत मन्त्री की उस प्रार्थना में है जिसमें वह यमराज से कहता है—"आप मुझे एक बेर राज्य पर भेज दीजिए, मैंने जितना धन बड़ी-बड़ी कठिनाई और बड़े-बड़े अधर्म से एकत्र किया है सब आप को भेंट करूँगा।" क्रुद्ध होकर यमराज कहते हैं—"अरे दुष्ट, यह भी क्या मृत्युलोक की कचहरी है कि तू हमें घूस देता है।"

'वैदिकी हिंसा हिंसा न भवति' नश्तर की काट की जगह हथौड़े की चोट करता है। उसमें कही-कहीं स्तंभित कर देने वाला बनारसी खुलापन है, जो ग्राम्यदोष से भी परहेज नहीं करता। विदूषक पुरोहित को बलि कराते रहने की सलाह देता है और कहता है—"हे पुरोहित, नित्य देवी के सामने मराया करो और प्रसाद खाया करो।" इस तरह का स्थूल हास्य और विनोद भारतेन्दु में अन्य स्थलों पर भी पाया जाता है, जिससे स्पष्ट है कि भारतेन्दु अपने नाटकों के सामाजिकों की कल्पना में निम्न वर्ग के लोगों को भी सम्मिलित करते थे। अवश्य ही भारतेन्दु के हास्य और व्यंग्य का तीखापन सामन्ती अभिजात-वर्ग और उनके लग्गुओं-भग्गुओं को, जिनकी ओर वह लक्षित होता था, तेज़ाब-सा लगता रहा होगा। इस प्रहसन में भारतेन्दु में शब्द-क्रीड़ा पर आधारित विनोद की प्रवृत्ति भी दीख पड़ती है। विदूषक वेदान्ती की खिल्ली उड़ाता हुआ कहता है—"आप वेदान्ती अर्थात् बिना दाँत के हैं सो आप भक्षण कैसे करते होंगे।" इसके अतिरिक्त भारतेन्दु ने इस प्रहसन में अनेक बार पैरोडी का प्रयोग किया है जो आधुनिक काल में हास्य-कवियों को बहुत ही प्रिय है। तृतीय अंक में पुरोहित गिरता-पड़ता नाचता है और ऐसे पद तथा दोहे गाता है जिनके शब्दों में कबीर, तुलसी इत्यादि की स्पष्ट ध्वनि है किन्तु मांसभक्षण और सुरापान के समर्थन में हैं। कुछ पंक्तियाँ उद्धृत हैं—

'रामरस पीओ रे भाई, जो पीए सो अमर होय जाई।'

× × ×

'यह माया हरि की कलवारिन मद पियाय राखा बौराई।'

× × ×

'मीन काट जल धोइए खाए अधिक पियास।
अरे तुलसी प्रीत सराहिए मुए मीत की आस।'
'भगत जी गदहा क्यों न भयो।'
जब से छोड़्यो मांस-मछरिया सत्यनाश गयो।'

मांस-भक्षण, मैथुन तथा मदिरा के अपने दर्शन की पुष्टि में पुरोहित मनुस्मृति, गीता तथा शास्त्रों की पंक्तियों की धज्जियाँ, उन्हें विकलांग कर या श्लेष या सन्धि-विच्छेद की हास्यास्पद मौलिकता से, उड़ा देता है। उदाहरणार्थ यह मनु की उक्ति–

'न मांस भक्षणे दोषो न मद्ये न च मैथुने।
प्रवृत्तिसेषा भूतानां निवृत्तिस्तु महाफला।'

में से दूसरी पंक्ति को उड़ाकर अपने मत की पुष्टि करता है। इसी प्रकार गीता के 'मद्याजी मां नमस्कुरु' में 'मद्याजी' में श्लेष और सन्धि-विच्छेद की सर्वथा मौलिक उद्भावना (मद्य+आजी अर्थात् मद्य-संग्राम) कर वह सामाजिकों में हास्य उत्पन्न करता है। चरित्रों के इकहरेपन को अतिरंजित कर भारतेन्दु ने नाटक में हास्य और व्यंग्य की धार को और भी तेज कर दिया है।

'प्रेमजोगिनी' में, जो भारतेन्दु का अपूर्ण प्रहसन है, तत्कालीन भारतीय जीवन के यथार्थ को प्रस्तुत करने के लिए उपर्युक्त नाटकों की तुलना में अधिक व्यापक फलक के चुनाव का उपक्रम स्पष्ट है। इस नाटिका के प्रारम्भ में पारिपार्श्वक सूत्रधार से कहता है कि इसके "खेलने से लोगों को वर्त्तमान समय का ठीक नमूना मिलेगा।" इसमें काशी के जीवन के माध्यम से (इसके प्रथम संस्करण का नाम 'काशी के छायाचित्र या दो भले-बुरे फोटोग्राफ' था) "तत्कालीन समाज के निठल्लू, कापुरुष और दीन" धनिक-वर्ग और उसके आश्रय में पलते हुए परजीवियों की सेना के पतनशील जीवन का चित्र है।

व्यंग्य में प्रथम गर्भांक का नामकरण 'मन्दिरादर्श' करते हुए भारतेन्दु मन्दिर के चौक का दृश्य प्रस्तुत करते हैं। यहाँ आए हुए लोग पूजा और दर्शन की बात कम और अपने नगर के रईसों के रंगीन जीवन की बात ज्यादा करते हैं। रईस माखनदास अपने मित्र दूसरे रईस बाबू रामचन्द्र के बारे में, जिनसे भारतेन्दु संकेतित हैं, बातचीत करते हुए कहते हैं–"अभई कल्हौ हम ओ रास्ते रात के आवत रहे तो तबला ठनकत रहा। बस रात-दिन हा-हा, ठी-ठी, बहुत भवा दुई-चार कवित्त बनाय लिहिन बस होय चुका।" सुनकर दूसरे रईस छक्कू जी कहते हैं–"अरे कवित्त तो इनके बापौ बनावत रहे। कवित्त बनावै से का होवै और कवित्त बनावना कुछ अपने लोगन का काम थोरै हय, ई भाँटन का काम है।" बाबू रामचन्द्र और उनके भाई मशाल के साथ रात में कार्तिक नहाने जाते हैं। छक्कू जी इस पर कहते हैं–

"मसाल काहे ले जाथैं मेहरारुन का मुँह देखै के?"

नाम के अनुसार गुण वाले धनदास और बनितादास इस गर्भांक के सबसे रोचक चरित्र हैं। वे मन्दिर में 'पंछी' की फिराक में आते हैं। धनदास 'भोजन-सोजन दूनो' देने वाले पंछी की तलाश में रहते हैं, बनितादास का काम केवल 'सोजन' से चल

जाता है। इस पर धनदास की टिप्पणी है–"तबै न सुरमा घुलाय के आँख पर चरणामृत लगाए हौ जे में पलकबाजी खूब चले, हाँ एक पलक एहरो।" बनितादास कहता है–"भाई साहेब, अपने तो वैष्णव आदमी हैं, वैष्णविन से काम रक्खिन है।" महाराज को कभी उसने "कोई चौकाला, ठल्ली, मावड़ी, पामरी ठोमली अपने घरवाली" समर्पित की है या नहीं, इसके उत्तर में बनितादास कहता है–"अरे भाई गोसंइयन पर तो ससुरी सब आयै भहराई पड़थीं पवित्र होवै के वास्ते, हम का पहुँचैबे।" ईर्ष्या में धनदास कहता है–"गुरु, इन सबन का भाग बड़ा तेज है, मालो लूटैं मेहररुवो लूटैं।" बनितादास कहता है–"भाई, मन्दिर में रहै से स्वर्ग में रहै। खाए के अच्छा, पहिरै के परसादी, से महाराज कब्बौं गाढ़ा तो पहिरबै न करियैं, मलमल नागपुरी ढाँके पहिरियैं, अत्तरै फुलेल केसर परसादी बीड़ी चाभो, सबसे सेवकी ल्यौ, ऊपर से ऊ बात का सुख अलगै है।" धनदास को कैसी औरत मिलनी चाहिए इस बारे में वह स्वयं कहता है–"गुरु हियाँ तो चाहे मूड़ मुड़ाए हो चाहे मुँह में एक्को दाँत न होय, पताली खोल होय, पर जो हथफेर दे सो काम की।"

दूसरा गर्भांक 'गैबी-ऐबी" अपने नाम के अनुसार काशी के प्रसिद्ध गैबी कुवाँ पर जुटे हुए दलाल, गंगापुत्र, भडेरिया और गुण्डा झूरीसिंह का चित्र प्रस्तुत करता है, जिनका जीवन धर्म के नाम पर दूसरों से पैसे ऐंठना है। इनके संवाद का बहुत बड़ा अंश काशी की बोली में पद्य में है, जिसमें 'चूतिया', 'पैजामा', 'मामा', 'खीपट', 'बछिया के बाबा', 'पण्डिया के ताऊ', 'गप्पों के' इत्यादि गालियों का प्रयोग भी धड़ल्ले से होता है। उसमें बनारसी हास्य और मुहावरों का अपना खास जायका परदेसी के प्रसिद्ध व्यंग्यपूर्ण गीत 'देखी तुमरी कासी, लोगों, देखी तुमरी कासी' में जैसे काशी के दर्पण में तत्कालीन भारतीय समाज में व्याप्त सारी सामन्ती कुरूपता प्रतिबिम्बित हो गयी हो। चौथे दृश्य में बुभुक्षित दीक्षित, गप्प पण्डित, राय भट्ट, गोपाल शास्त्री, चम्बू भट्ट माधव शास्त्री आदि पान-बीड़ा खाते और भाँग-बूटी तैयार करते और छानते दिखाए गये हैं और उनकी रुचि शास्त्रों में नहीं बल्कि दान-दक्षिणा और भोजन में है।

नाटक के लगभग सारे चरित्र टाइप अर्थात् प्रतिनिधि-चरित्र हैं और आम तौर पर उनके गुण उनके नामों में लक्षित हैं। उनकी चारित्रिक विशेषताओं को अतिरंजित कर भारतेन्दु ने न केवल हास्य बल्कि सामाजिक यथार्थ को भी अतिरिक्त मुखरता प्रदान की है।

भारतेन्दु का सबसे प्रसिद्ध प्रहसन 'अन्धेर नगरी चौपट राजा, टके सेर भाजी टके सेर खाजा' है। इसमें भारतेन्दु ने अपने पहले के नाटकों से बृहत्तर यथार्थ का फलक चुनते हुए एक पुरानी लोककथा के माध्यम से पूरे अंग्रेजी शासन की खिल्ली उड़ाई है। अन्धेर नगरी के बाजार में कबाबवाला, नारंगीवाला, चने जोर गरमवाला, हलवाई, कुँजड़िन, फलमेवे बेचनेवाला मुगल (पठान), पाचकवाला, मछलीवाला, बनिया–ये

सभी हमारे चिर-परिचित चरित्र हैं, किन्तु उन्हें राजनीतिक और सामाजिक बोध से जोड़कर भारतेन्दु ने प्रहसन को यथार्थवादी मोड़ दिया है। चने जोर वाला घासीराम अंग्रेजी-शासन की टैक्स-नीति पर कटाक्ष करता हुआ कहता है—

चना हाकिम सब जो खाते।
सब पर दूना टैक्स लगाते।

पाचकवाला अपने चूरन की तारीफ में कहता है—

चूरन अमले सब जो खावैं।
दूनी रिश्वत तुरत पचावैं॥
× × ×
चूरन साब लोग जो खाता।
सारा हिन्द हजम कर जाता॥
चूरन पूलिस वाले खाते।
सब कानून हजम कर जाते॥

अपनी जनवादी और यथार्थवादी प्रवृत्ति के कारण भारतेन्दु ने काव्य में अनेक अन्य स्थलों की तरह यहाँ भी हास्य और व्यंग्य के लिए काव्य के लोकरूपों का व्यवहार किया।

'विषस्य विषमौषधम' विलासिता और व्यभिचार की अति के कारण अंग्रेजों द्वारा बड़ौदा के मल्हार राव के गद्दी से उतारे जाने की घटना पर आधारित भाण है। इसमें जहाँ एक मल्हार राव के बहाने राजे-रजवाड़े में व्याप्त विलासिता और व्यभिचार का क्षुब्ध स्वरों में वर्णन है, वहाँ दूसरी ओर इसमें भी भारतेन्दु ने सामाजिकों को भंडाचार्य के लम्बे आकाशभाषित की ऊब से बचाने के लिए जगह-जगह हास्य और व्यंग्य भरी कहावतों, चुटकुलों और काम-वासना की तृप्ति के साधन के रूप स्त्रियों के प्रयोग के विषय में पुराने पदों का पुट दे दिया है।

नाटकों के अतिरिक्त स्फुट कविताओं में भी भारतेन्दु ने हास्य और व्यंग्य की रचनाएँ कीं। स्वयं उर्दू में भी गजलें लिखनेवाले भारतेन्दु ने हिन्दी के विरोधियों और उर्दू के पक्षपाती की खिल्ली उड़ाने के लिए 'उर्दू का स्यापा' लिखा—

है है उर्दू हाय हाय। कहां सिधारी हाय हाय॥
मेरी प्यारी हाय हाय। मुंशी मुल्ला हाय हाय॥

भारतेन्दु हिन्दी का विकास जातीय विकास के लिए अनिवार्य समझते थे। इसीलिए हिन्दी के विरोधियों को चिढ़ाने के लिए उन्होंने इस लोक प्रचलित शैली का प्रयोग किया।

'नये जमाने की मुकरी' "काल बदल गया तो उसके साथ मुकरियाँ भी बदल गयीं" कहते हुए भारतेन्दु ने उनके माध्यम से श्रृंगार के स्थान पर सामाजिक यथार्थ की अभिव्यक्ति की। शिक्षितों की संख्या के कम होने के बावजूद बेकारी उस समय थी। भारतेन्दु ने लिखा–

तीन बुलाए तेरह आवैं।
निज निज विपता रोई सुनावैं॥
आँखों फूटे भरा न पेट।
क्यों सखि सज्जन नहिं ग्रैजुएट॥

पुलिस के बारे में उन्होंने लिखा–

रूप दिखावत सरबस लूटै।
फन्दे में जो पड़े न छूटै॥
कपट कटारी जिय में हूलिस।
क्यौं सखि सज्जन नहिं सखि पूलिस॥

भारत के शोषण के साथ-साथ वायदे करते जाने की अंग्रेजी नीति पर भारतेन्दु का निम्नलिखित व्यंग्य अत्यन्त प्रसिद्ध है–

भीतर भीतर सब रस चूसै।
हँसि हँसि कै तन मन धन मूसै॥
जाहिर बातन में अति तेज।
क्यौं सखि सज्जन नहिं अँगरेज॥

अपूर्ण काव्य-रचना 'बन्दर सभा' उर्दू की 'इन्दर सभा' की पैरोडी है जिससे स्पष्ट है कि भारतेन्दु साहित्य में शुद्ध काल्पनिक जगत् की सृष्टि के घोर विरोधी थे। उसकी वस्तु और शैली की नकल करते और खिल्ली उड़ाते हुए भारतेन्दु राजा बन्दर की सभा में शुतुरमुर्ग परी के आने का वर्णन इस प्रकार करते हैं–

(आना शुतुरमुर्ग परी का बीच सभा के)

आज महफिल में शुतुरमुर्ग परी आती है।
गोया महफिल से व लैली उतरी आती है॥
तेल औ पानी से पट्टी है सँवारी सिर पर।
मुँह पै माँझा दिए जल्लादो जरी आती है॥
झूठे पट्ठे की है मूबाफ पड़ी चोटी में।
देखते ही जिसे आँखों में तरी आती है॥

पान भी खाया है मिस्सी भी जमाई हैगी।
हाथ में पायँचा लेकर निखरी आती है॥
मार सकते हैं परिन्दे भी नहीं पर जिस तक।
चिड़िया वाले के यहाँ अब व परी आती है॥
जाते ही लूट लूँ क्या चीज खसोटूँ क्या शै।
बस इसी फिक्र में वह सोच भरी आती है॥

भारतेन्दु के गद्य-साहित्य का एक अच्छा-खासा हिस्सा हास्य और व्यंग्य का है। उन सारे विषयों के अतिरिक्त जिन्हें लेकर उन्होंने अपने नाटकों और कविताओं में हास्य और व्यंग्य की सृष्टि की थी, भारतेन्दु ने अपनी गद्य-रचनाओं, विशेषतः ललित निबन्धों और यात्रा-वर्णनों, के लिए हास्य और व्यंग्य के लिए नये-नये विषय चुने। इन रचनाओं से स्पष्ट है कि उनकी तेज और खुली नजर अपने युग की बड़ी-बड़ी सामाजिक और राजनीतिक समस्याओं पर ही नहीं, ऊँचे वर्गों से लेकर निचले वर्गों तक के लोगों की जिन्दगी के उन पहलुओं पर भी पड़ती थी जो देखने में अत्यन्त सामान्य जान पड़ते थे लेकिन जो उन वर्गों की सामाजिक स्थिति को उजागर कर देते थे।

जिस उच्च और धनी वर्ग में भारतेन्दु पैदा हुए थे, उसकी कमजोरियों का उन्हें अत्यन्त निकट से ज्ञान था और उन्हें भी उनसे फायदा वालों की भीड़ का सामना करना पड़ता रहा होगा। रईसों के खुशामदियों का एक सच्चा विनोदपूर्ण चित्र उन्होंने अपने ललित निबन्ध 'एक कहानी कुछ आप बीती कुछ जग बीती' में प्रस्तुत किया है—"कोई कहता आप से सुन्दर संसार में नहीं, कोई कसमें खाता था, आप-सा पण्डित मैंने नहीं देखा, कोई पैगाम देता था चमेली जान आप पर मरती हैं, आपके देखे बिना तड़प रही हैं, कोई बोला हाय! आपका फलाना कवित्त पढ़कर रात भर रोते रहे···एक मीर साहब चिड़िया वाले ने चोंच खोली, बेपर की उड़ाई, बोले कि आपके कबूतर किससे कम हैं वल्लाह कबूतर नहीं परीजाद हैं, खिलौने हैं, तस्वीर हैं। हुमा पर साया पड़े तो उसे शहबाज बना दें, ऐसे ही खूबसूरत जानवरों में ईसाई लोग खुदा का नूर उतरना मानते हैं, इनको उड़ते देखकर किसके होश नहीं उड़ते। कसम कलामुहल्लाह शरीफ की, मटियाबुर्ज वालों ने ऐसे जानवर ख्वाब में भी नहीं देखे। एक दलाल घोड़े की तारीफ कर उठा, जौहरी ने खच्चरों की तरफ बाग मोड़ी, बजाज बाग की स्तुति में फूलबूटे कतरने लगा, सिद्धान्त यह कि मैं बेचारा अकेला और वाह-वाहें इतनी कि चारों ओर से मुझे दबाए लेती थीं और मेरे ऊपर गिरि क्या फिसली पड़ती थीं।"

यही राजे-रजवाड़ों का वर्ग अंग्रेजों की जी-हुजूरी और खुशामद में अपने को कितना हास्यास्पद बना लेता था इसका बड़ा ही अच्छा चित्र भारतेन्दु ने 'दिल्ली दरबार दर्पण' और 'लेवी प्राण लेवी' में खींचा है। विक्टोरिया द्वारा भारत की राजराजेश्वरी की पदवी लेने के उत्सव में आहूत इस दरबार में उपस्थित राजाओं में से कुछ का

वर्णन करते हुए भारतेन्दु ने लिखा–"बहुत से छोटे-मोटे राजाओं की बोलचाल का ढंग भी, जिस समय वे वाइसराय से मिलने आए थे, संक्षेप के साथ लिखने योग्य है। कोई तो दूर से ही हाथ जोड़े आए, और दो-एक ऐसे थे कि जब एडिकांग के बदन झुकाकर इशारा करने पर भी उन्होंने सलाम न किया तो एडिकांग ने पीठ पकड़कर उन्हें धीरे से झुका दिया, कोई बैठकर उठना जानते ही न थे, यहाँ तक कि एडिकांग को 'उठो' कहना पड़ता था। कोई झण्डा, तमगा, सलामी और खिताब पाने पर भी एक शब्द धन्यवाद नहीं बोल सके और कोई बिचारे इनमें से दो ही एक पदार्थ पाकर ऐसे प्रसन्न हुए कि श्रीयुत वाइसराय पर अपनी जान और माल निछावर करने को तैयार थे। सबसे बढ़कर बुद्धिमान हमें एक महात्मा देख पड़े जिनसे वाइसराय ने कहा कि आपका नगर तो तीर्थ गिना जाता है, पर हम आशा करते हैं कि आप इस समय दिल्ली को भी तीर्थ ही के समान पाते हैं। इसके जवाब में वह बेधड़क बोल उठे कि यह जगह तो सब तीर्थों से बढ़कर है, जहाँ आप हमारे 'खुदा' मौजूद हैं।"

'लेवी प्राण लेवी' गवर्नर जेनरल लार्ड मेयो द्वारा काशी नरेश की कोठी पर की गयी 'लेवी' का वर्णन है। यह एक छोटा-मोटा दरबार था, जिसमें काशी के सभी रईस बुलाए गये थे। सभास्थल पर "नाम लिखने वाले मुंशी बद्रीनाथ फूलेफाले अबा पहिने, पगड़ी सजे पुराने दादुर की भाँति इधर-उधर उछलते और शब्द करते फिरते थे और बाबू भी वैसे ही छोटे तेंदुए बने गरजक रहे थे। पहिले लोगों ने यह प्रगट किया कि जूता पहिनकर जाने की आज्ञा नहीं है। फिर कोलाहल हुआ कि चाहो जैसे आओ तिस पर भी शाहजादों के अतिरिक्त केवल चार रईस जूता पहिरे हुए थे। इतने में बंगाली बाबू सबका नम्बर लगाने लगे और पंडितों को दक्षिणा बाँटने वाली सभा की भाँति एक-एक का नाम लेकर पुकार के बल्लमटेर की पल्टन की चाल से सबको खड़ा कर दिया। बनारस के रईस भी कठपुतली बने हुए उसी गत नाचते रहे।"'वाह वाह दरबार क्या था–'कठपुतली का तमाशा' था या बल्लमटेरों की 'कवायद' थी या बन्दरों का नाच था या किसी पाप का फल भुगतना था या 'फौजदारी की सजा' थी।" खुशामदी और बिना रीढ़ के इन कर्मचारियों और रईसों पर सटीक उपमाओं, रूपकों और उत्प्रेक्षाओं की यह तेजाबी बौछार करने के साथ-साथ भारतेन्दु ने लाट साहब और महाराजाधिराज को भी अछूता न छोड़ने के विचार से एक ऐसी शैली का प्रयोग किया जिसमें प्रशंसा का अतिरेक कटाक्ष की सीमाओं को छू लेता था। उदाहरण के लिए, "श्री मन्महाराजाधिराज काशिराज की कोठी में इस 'लेवी' के हेतु एक डेरा दलबादल खड़ा किया गया था जो सूर्य नारायण और श्रीयुत लार्ड साहब के तेज और प्रताप से परम सुशीतल खसखाने की भाँति हो गया था और गरमी भी मारे गरमी के इसी खसखाने में आ छिपी थी" तथा "जामेवाले गरमी के मारे जामे के बाहर हुए जाते थे, पगड़ीवालों की पगड़ी सिर का बोझ हो रही थी और दुशाले और कमखाब की चपकन वालों को गरमी ने अच्छी भाँति जीत रक्खा

था। सबके अंगों से पसीने की नदी बहती थी मानो श्रीयुत को सब लोग आदर से 'अर्घ्यं पाद्यं' देते थे।" पहले तो 1 नवम्बर को, जब यह लेवी हुई थी, पण्डाल को खसखाने में बदल देने के लिए बहुत 'तेज प्रताप' की जरूरत नहीं थी। दूसरे, उस 'तेज प्रताप' की महिमा क्या थी अगर उसके बावजूद खसखाने में भी गरमी आ छिपी थी? और पसीने का 'अर्घ्यं पाद्यं' एक ऐसी पूजा है जिसे स्वीकार करने के पहले उपास्य देवता को बहुत सोचना पड़ सकता है।

प्रशंसा और निन्दा की धूपछाँही सज्जा में हास्य और व्यंग्य का प्रस्तुतीकरण भारतेन्दु की शैली का एक अंग था। विशेषतः तत्कालीन परिस्थितियों में अंग्रेजों और भारत में उनके शासन की आलोचना के लिए इस शैली की उपयुक्तता असंदिग्ध है। 'अंग्रेज स्तोत्रं' में एक स्थान पर भारतेन्दु लिखते हैं–"तुम्हारी हरित कपिश पिंगल लोहित कृष्ण शुभ्रादि नानावर्ण शोभित अतिशयरंजित भल्लुकमेदमार्जित कुन्तलावलि देख करके हमको वासना हुई कि हम तुम्हारा स्तव करैं, अतएव हे 'अंग्रेज! हम तुम को प्रणाम करते हैं।" अंग्रेजों की कुन्तलावलि पर इतने कोमल-कान्त विशेषणों की फूल-माला चढ़ाकर अन्त में उन्हें 'भल्लुकमेदमार्जित' कहते हुए भारतेन्दु ने जैसे उनके सिर पर जूता जड़ दिया हो। अपने को सभ्य और भारतीयों को असभ्य समझने वाले अंग्रेज शासकों को दिया गया यह उत्तर भारतेन्दु के व्यंग्य-प्रतिभा और साहस दोनों का उदाहरण है। वैसे 'अंग्रेज-शासकों पर कटाक्षों के सीधे हमले करने का साहस भी भारतेन्दु में था। जैसे, 'अंग्रेज स्तोत्रं में भारतेन्दु ने लिखा–"चुंगी और पुलिस तुम्हारी दोनों भुजा हैं, अमले तुम्हारे नख हैं, अन्धेर तुम्हारा पृष्ट है और आदमी तुम्हारा हृदय है, अतएव हे अंग्रेज! हम तुमको प्रणाम करते हैं। खजाना तुम्हारा पेट है, लालच तुम्हारी क्षुधा है, सेना तुम्हारा चरण है, खिताब तुम्हारा प्रसाद है, अतएव हे विराटरूप अंग्रेज! हम तुमको प्रणाम करते हैं।"

भारतीय जीवन को विषाक्त करनेवाली जातपाँत में ऊँच-नीच की भावना को लेकर लिखे गये उनके दो प्रहसनात्मक संवाद 'सबै जात गोपाल की' और 'ज्ञाति विवेकिनी-सभा' उनके कौतुकप्रिय हास्य और व्यंग्य के अन्यतम उदाहरण हैं। 'सबै जात गोपाल की' में पण्डित जी दक्षिणा के लिए किसी भी ऊँची जाति को नीची और नीची जाति को ऊँची, यहाँ तक कि मुसलमानों और कृस्तानों को भी ब्राह्मण सिद्ध कर सकते हैं। पंडित जी कहते हैं–"द्वारका में दो भाँति के ब्राह्मण थे। जिन को बलदेव जी (मुशली) मानते थे उनका नाम मुशलिमान्य हुआ और जिन्हें श्रीकृष्ण मानते उनका नाम कृष्णमान्य हुआ। अब इन दोनों शब्दों का अपभ्रंश मुसलमान और कृस्तान हो गया।" इस विचार से लैस होकर कि "हिन्दुओं का शास्त्र पनसारी की दुकान है और अक्षर कल्पवृक्ष हैं," पंडित जी चमारों को भी ब्राह्मण सिद्ध करते हैं–"हाँ, चमार तो ब्राह्मण हई हैं, इसमें क्या सन्देह है, ईश्वर के चर्म्म से इनकी उत्पत्ति है, इनको यम-दंड नहीं होता। चर्म का अर्थ ढाल है इससे ये दंड रोक लेते

हैं। चमार में तीन अक्षर हैं 'च' चारों वेद, 'म' महाराज, 'र' रामायण जो इन तीनों को पढ़ावै वह चमार।'' इसी तरह ''भरद्वाज से भर, कन्ब से कुनबी, पराशर से पासी'' सिद्ध होते हैं। और ऊँची जातियों को नीची सिद्ध करने के लिए भारतेन्दु अपने कौतुक का सबसे पहला लक्ष्य स्वयं अपनी और खत्रियों की जाति को बनाते हैं। पंडित जी कहते हैं—''दोनों बढ़ई हैं, जो बढ़ियाँ अगर-चन्दन का काम बनाते थे उनकी संज्ञा अगरवाले हुई और जो खाट बीनते थे वे खत्री हुए या खेत अगोरने वाले खत्री कहलाए।'' इसी तरह का कौतुर 'ज्ञाति विवेकिनी सभा' में है, जिसमें पंडितों को सम्बोधित करते हुए विपिन राम शास्त्री गड़ेरियों को क्षत्रीय सिद्ध करते हैं। उनके द्वारा प्रस्तुत की गयी 'गड़ेरिया' शब्द की व्युत्पत्तियों में भारतेन्दु के मस्त ठहाकों की गूँज है। ''अब देखिए इनके नामार्थ ही में क्षत्रियत्व पाया जाता है। गढ़ारि अर्थात् गढ़ जो किला है उसके अरि तोड़ने वाले, यह काम सिवाय क्षत्री के दूसरे का नहीं है। यदि इसे गूढ़ारि का अपभ्रंश समझें तो यह शब्द भी क्षत्रियत्व का सूचक है। गूढ़ मत्स्य का नाम है तिनका अरि अर्थ लें तो यह भी ठीक है क्योंकि जल-स्थल सबका आखेट करना क्षत्रियों का काम है। सब अर्थ अनुमान मात्र है मुख्य इनका नाम गरुडार्थ अर्थात् गरुण के वंशी व गरुण के भाई जो अरुण हैं उनके वंश में उत्पन्न। इसी से जो पंडित लोग इनका नाम गरलारि अनुमान करते हैं सो भी ठीक है क्योंकि गरलारि जो मरकत अथवा गरुण मणि है सो गरुण जी की कृपा से पूर्वकाल में इनके यहाँ बहुत थे और इनको सर्प नहीं काटता था और ये सर्प विष निवारण में बड़े कुशल थे इसी से ये गरुणार्य्य कहलाते थे, अब गड़रिया कहलाने लगे थे।'' उनमें गवेषणात्मक अनुमान की मौलिक प्रतिभा का एक और उदाहरण प्रस्तुत है—''पहिले जब इनके पुरखे लोग समर भूमि में जुड़ते थे और लड़ने के लिए व्यूह रचना करते थे तो अपने योद्धाओं को चेतने और सावधान करने के लिए संस्कृत में यह बोली बोलते—'मत्तोहि मत्तोहि दृढ़ं दृढ़ं'। अर्थात् मतवाले हो गये हो सँभलो, चौकस रहो, सो इस वाक्य के अपभ्रंश का लेश अब भी इन लोगों में पाया जाता है। देखो, जब ये भेड़ों और बकरियों को डाँटने लगते हैं तो 'द्रहि द्रहि मतवाही मतवाही' कहने लगते हैं तो इनके क्षत्री होने में भला कौन सन्देह कर सकता है।'' इस प्रकार कौतुक पर गम्भीरता और गम्भीरता पर कौतुक के असंगत आरोपण भारतेन्दु के हास्य और व्यंग्य का प्रमुख तत्त्व है।

यहाँ यह संकेत कर देना अप्रासंगिक न होगा कि उपर्युक्त उदाहरणों में भारतेन्दु ने केवल दकियानूसी जातिगत ऊँच-नीच की भावना की ही, बल्कि भारतीय नवजागरण के प्रथम चरण वाले अपने युग की एक खतरनाक प्रवृत्ति की भी खिल्ली उड़ा रहे थे। अंग्रेज अपने को सभ्य और सुसंस्कृत समझते थे और भारतीयों को असभ्य और असंस्कृत। उनके इस दम्भ को ध्वस्त करना आवश्यक था और यह कार्य उस युग में बड़े व्यापक पैमाने पर हो रहा था। लेकिन एक खतरनाक प्रवृत्ति भी काम कर

रही थी। वह थी सारे आधुनिक ज्ञान-विज्ञान को भारत के प्राचीन काल पर आरोपित कर देना। स्वयं भारतेन्दु इससे सर्वथा अछूते नहीं थे। फिर भी इसमें सन्देह नहीं कि वे इससे सावधान रहने की जरूरत समझते थे। इसलिए उन्होंने इसका अनेक स्थानों पर उपहास भी किया। अपने प्रसिद्ध निबन्ध 'स्वर्ग में विचार सभा का अधिवेशन' में, जो वास्तव में कथा के अधिक निकट है, भारतेन्दु ने स्वर्ग में स्वामी दयानन्द और केशवचन्द्र सेन के समर्थन के लिए आहूत सभा में लिबरलों से यह कहलवाया है कि दयानन्द ने "वेद में रेल, तार, कमेटी, कचहरी दिखाकर आर्यों की कटती नाक बचा ली।" लेकिन इन दोनों के कार्यों पर रिपोर्ट करने के लिए परमेश्वर जो 'सिलेक्ट कमेटी' नियुक्त की उसने दयानन्द के बारे में रिपोर्ट में यह लिखा कि उन्होंने "भाष्य में भी रेल, तार आदि कई अर्थ जबरदस्ती किए। इसी से संस्कृत विद्या को भलीभाँति न जानने वाले ही प्रायः इनके अनुयायी हुए। जाल को छुरी से न काटकर दूसरे जाल ही से जिसको काटना चाहा, इसी से दोनों आपस में उलझ गये और परिणाम गृह-विच्छेद उत्पन्न हुआ।" निबन्ध से स्पष्ट है कि भारतेन्दु सिलेक्ट कमेटी की राय से सहमत थे। अन्य बातों के अतिरिक्त इस दृष्टिकोण को भी उन्होंने बड़े ही कौतुक और व्यंग्य के साथ 'सबै जात गोपाल की' और 'ज्ञाति विवेकिनी सभा' में प्रस्तुत किया।

भारतेन्दु की कौतुक-प्रियता का सबसे उद्धत रूप हमें उनके व्यंग्यात्मक संवादों और स्तोत्रों में दिखाई पड़ता है, विशेषतः उनकी भाषा में। 'वसन्त पूजा' में यजमान से दक्षिणा पाने के लोभ में उसके आग्रह पर सर्व्वभट्ट और मुद्रंभट्ट जो 'संहिता' पढ़ते हैं, उसकी भाषा सम्भ्रान्तों या बौद्धिकों की नहीं है, वह मामूली लोगों की अपने मनोरंजन के लिए, लोकनृत्यों में विदूषकों की स्थूल क्रियाओं के चाल में ढली भाषा है। वास्तव में भारतेन्दु का वह गद्य जो आज भी जिन्दा है और आगे भी रहेगा उसने अपने लिए साँचों की तलाश मामूली लोगों के मुहावरों में ही की। वह मुहावरा शब्द, अर्थ, नाद, अलंकार आदि के सहज सौन्दर्य से युक्त होता है। उसमें वस्तु के अनुरूप भाषा गढ़ लेने की अद्भुत क्षमता होती है। भारतेन्दु ने अपने गद्य में विनोद, हास्य, व्यंग्य और कटूक्ति के लिए इस तरह के व्यापक प्रयोग किए हैं। 'बसन्त पूजा' से कुछ उदाहरण प्रस्तुत हैं। यजमान के आग्रह पर 'संहिता' पढ़ने के लिए सर्व्वभट्ट अपने साथी मुद्रंभट्ट को कहता है—"तर आरम्भ करा मुद्रंभट्ट"। पूजा और मन्त्र-जाप की शैली का अनुकरण करता हुआ मुद्रंभट्ट एक स्थान पर कहता है—"कोतवालो देवता, थानेदारो देवता, नाजिरो देवता, कांस्टिबलो देवता देव ताकत का हौअः।" अंग्रेजों के भाग्य को सराहते हुए दोनों का सम्वाद इस प्रकार है—

स. भ.—सलामश्चते बंदगीश्चते घूसश्चते चन्दाचते अड्रेसश्चते बालश्चते बलश्चते राज्यंचते पाटंचते कलाकौशल्यंचते स्वच्छ विहारश्चते लक्ष्मीचते विद्याचते।

मु. भ.—रिसेप्शनश्चते—इल्युमिनेशनश्चते—टैक्शचते—चुंगीचते जमाचते जुर्मानाचते।

स. भ.—बैतुलमालश्चते रसूमश्चते स्टाम्पश्चते नजरश्चते डालीचते इनामश्चते।

मु. भ.—रेलतार का किराया चते अंग्रेजी सौदे का दामश्चते रुईचते अन्नंचते।

इसी तरह 'महा संस्कृत' में वेश्यास्तवन है—"द्रव्य हरिण्यै हृदयाय नमः जेरपायी धारिण्यै शिरसे स्वाहा चोटी काटिन्यै शिरवायै वषट् प्रत्ययंगालिंगिन्यै कवचाय हुंकामान्ध कारिण्यै नेत्राभ्यां बौषट् विषयार्थिन्यै अस्त्रभयाय फट्।"

कौतुक की यह शैली भारतेन्दु के हास्य और व्यंग्य की अलंकार-योजना में भी दिखलाई पड़ती है। 'स्त्री-सेवा पद्धति' में भारतेन्दु कहते हैं—"हे स्त्री देवी! संसार रूपी आकाश में गुब्बारा (बेलून) हो, क्योंकि बात-बात में आकाश में चढ़ा देती हो, पर जब धक्का दे देती हो तब समुद्र में डूबना पड़ता है अथवा पर्वतों के शिखरों पर हाड़ चूर्ण हो जाते हैं, जीवन के मार्ग में तुम रेलगाड़ी हो, जिस समय रसना रूपी एञ्जिन तेज करती हो एक घड़ी भर में चौदहो भुवन दिखला देती हो, कार्य क्षेत्र में तुम इलेक्ट्रिक टेलीग्राफ हो, बात पड़ने पर एक निमेष में उसे देशदेशांतर में पहुँचा देती हो, तुम भवसागर में जहाज हो, बस अधम को पार करो।" प्रशस्ति-भाव और विनोदपूर्ण उपमाओं, रूपकों, उत्प्रेक्षाओं तथा अन्य अलंकारों की चित्र-योजना की असंगति से उत्पन्न यह हास्य भारतेन्दु की प्रहसन-शैली में व्यापक रूप से दृष्टिगत होता है।

भारतेन्दु के यात्रा-वर्णन में भी उनके मस्त, विनोदप्रिय स्वभाव की झाँकी मिलती है। बस्ती के वर्णन में श्लेष और यमक की हास्यपूर्ण मुद्रा दर्शनीय है—"अब आठ बजे सुबह रें रें कर के बस्ती पहुँचे। वाह रे बस्ती, झख मारने को बस्ती है। अगर बस्ती इसी को कहते हैं तो उजाड़ किसको कहेंगे। सारी बस्ती में कोई भी पण्डित बस्तीरामजी ऐसा पंडित नहीं। खैर, अब तो एक दिन यहीं बसती होगी।" मेंहदावाल के लोगों के पिछड़ेपन का वर्णन करते हुए भारतेन्दु लिखते हैं—"एक का बाप डूबकर मर गया। उसके बाप का पिंडा इस मन्त्र से कराया गया—'आर गंगा पार गंगा बीच में पड़ गयी रेत। तहाँ मर गये नायका चले बुजबुजा देत, धर दे पिण्डवा'।" आगे चलकर वहाँ के ब्राह्मणों और क्षत्रियों के बारे में लिखते हैं—"सरयू पार के ब्राह्मण बड़े विचित्र हैं। मांस-मछली सब खाते हैं। कुएँ की जगत पर एक आदमी जो पानी भरता हो दूसरा आदमी चला आवै तो अपना घड़ा फोड़ डालैं और उससे घड़े का दाम लें। घड़ा कोई कहै तो घड़ा छू जाय, क्योंकि घड़ा मुसलमानी लफ्ज है, दाल कहै तो छू जाय क्योंकि दाल मुसलमानी है। सूरजवंशी छत्री राजा बाबू को छाता नहीं लगता है क्योंकि वे तो सूरजवंशी हैं, सूरज से क्या छाता लगावें।" जनकपुर की यात्रा के दौरान तिरहुत की रेल का वर्णन इन शब्दों में करते हैं—"रेल की तारीफ करूँ कि तार की, कि स्टेशनों की कि मास्टर की। झंडी मालूम होती थी कि कोई खेत वाला स्त्री की मैली फटी साड़ी का पल्ला फाड़कर लकड़ी में लगाकर कौआ हाँकता है।"

अन्य विधाओं में उनके कृतित्व की भाँति ही भारतेन्दु का हास्य और व्यंग्य हिन्दी साहित्य की बड़ी कीमती विरासत है। हमारी जिम्मेदारी उसे सुरक्षित रखने और उसमें कुछ जोड़ने की है। भारतेन्दु ने हास्य और व्यंग्य को मात्र मनोरंजन के लिए नहीं, बल्कि अपने जमाने के समाज की बुराइयों के विरुद्ध संघर्ष के साधन के रूप में भी किया है। उनमें से अनेक आज भी मौजूद हैं और उनके साथ भारी संख्या में नयी बुराइयाँ जुड़ गयी हैं। उनसे लड़ने का काम हर जागरूक साहित्यकार के सामने हैं। इस लड़ाई में हास्य और व्यंग्य का माध्यम उसी तरह उपयोगी सिद्ध हो सकता है जिस तरह वह भारतेन्दु और उनके समकालीन लेखकों के लिए उपयोगी सिद्ध हुआ। यह सही है कि आज भी हिन्दी में हास्य और व्यंग्य का साहित्य काफी बड़े पैमाने पर लिखा जा रहा है। लेकिन अफसोस है कि उसके अधिकांश में साफ और जिम्मेदार ढंग से देखने की वह नजर नहीं है जो भारतेन्दु और उनके सहयोगियों के हास्य और व्यंग्य साहित्य में थी। दूसरे शब्दो में, सामाजिक दृष्टिकोण के अभाव में, वह दिशाहीनता से ग्रस्त है। भारतेन्दु के हास्य और व्यंग्य के पीछे केवल आलोचना की प्रवृत्ति नहीं काम कर रही है, उसके पीछे सामाजिक विकास की समझदारी भी थी। इसलिए उनका हास्य और व्यंग्य सोते हुए लोगों को हल्के छू लेने, गुदगुदा देने से लेकर चिकोटी काटकर जगाने का काम करता है।

यह भी ध्यान देने की बात है कि हालाँकि भारतेन्दु एक अत्यन्त और उच्च और धनी परिवार में पैदा हुए थे और उनकी अपनी एक मित्र-मण्डली थी, फिर भी उनका हास्य और व्यंग्य साहित्य के उच्च वर्गों के संकुचित दायरे की चीज नहीं। भारतेन्दु की हँसी महलों और कोठियों के विशाल कक्षों की नहीं बल्कि आम राहों की है। इसलिए उसकी विषय-वस्तु वास्तविक जन-जीवन है और उसके रूप के नियामक तत्त्व साधारण लोगों की बोलचाल की भाषा की विशेषताएँ हैं। उसमें खुलापन है, जिन्दादिली है, कौतुक है, मौलिक रचना की प्रतिभा है, चित्रमयता है, सम्भ्रान्त वर्गों की अभिव्यक्तिगत वर्जनाओं को लाँघ जाने का साहस है।

सच्चे अर्थों में भारतेन्दु का हास्य और व्यंग्य हमारे साहित्यकारों के लिए एक सबक है, वह मात्र कहानी बनकर रह जाने की चीज नहीं।

भारतेन्दु की पत्रकारिता

❑ कुँवरपाल सिंह

'गर तोप सामने हो तो अखबार निकालो।' मिर्जा गालिब की यह सलाह और साहित्यकारों ने कितनी मानी, इसके सम्बन्ध में स्पष्ट तौर पर कुछ नहीं कहा जा सकता लेकिन भारतेन्दु हरिश्चन्द्र ने यह बात गाँठ बाँध ली और अपनी पत्रिकाओं के माध्यम से दो दशकों में इतना अधिक काम किया जितना सौ साल में तोप और बन्दूकें नहीं कर सकीं। भारतेन्दु यह अच्छी तरह समझ गये थे कि विदेशी शासन से लड़ना बहुत कठिन, जटिल और अन्तर्विरोधी भी है। कहाँ लड़ना है, कहाँ समर्थन करना है और कहाँ समझौता—उस युग की माँग के अनुसार भारतेन्दु और उनके समकालीनो का यह संघर्ष हमें देखना चाहिए। उस युग को भी देखना चाहिए जहाँ कोई जन-संगठन नहीं थे। 1857 ई॰ में भारतीय जनता की संगठन शक्ति को अंग्रेज बुरी तरह कुचल चुके थे। उस समय इन लेखकों ने जनता में आत्मविश्वास भरा। ब्रिटिश सरकार की सम्पूर्ण नीतियों और उनकी शासन पद्धति से परिचित कराया। समाज सुधार, प्रगति और राष्ट्रीय नवजागरण का सन्देश जन साधारण तक पहुँचाने का भगीरथ प्रयत्न किया। इस नवजागरण में साहित्य, समाज, राजनीति और आर्थिक व्यवस्था सभी कुछ शामिल हैं। यह काम भारतेन्दु ने प्रथम राजनीतिक संगठन (राष्ट्रीय कांग्रेस) के बनने से बीस साल पूर्व ही करा दिया था। वे राष्ट्रीय नवजागरण के अग्रदूत हैं ही लेकिन हमारे राष्ट्रीय सम्मान और भारतीयों को उनके अधिकार मिलें इसके भी वे हिन्दी क्षेत्र में प्रथम प्रवक्ता हैं।

भारतेन्दुकालीन पत्रकारों तथा साहित्यकारों ने यह अनुभव कर लिया था, कि जनता की उन्नति तथा भारतीयों में स्वाधीनता के भावों को उद्दीप्त करने हेतु पत्र-पत्रिकाओं का प्रकाशन एक महत्त्वपूर्ण तथा आवश्यक प्रक्रिया है। देश के एक कोने से लेकर दूसरे कोने तक राष्ट्रीय चेतना के प्रसारण के लिए पत्र-पत्रिकाओं से अच्छा साधन और क्या हो सकता है? यही कारण है कि भारतेन्दु काल में जिन पत्र-पत्रिकाओं ने जन्म लिया उनका एकमात्र उद्देश्य था सामाजिक तथा राष्ट्रीय

उन्नति। 1 नवम्बर सन् 1878 के 'भारत-मित्र' नामक समाचार-पत्र में प्रकाशित एक लेख में 'भारत-मित्र' के उद्देश्यों का स्पष्टीकरण किया गया है जिससे तत्कालीन पत्र-पत्रिकाओं के उद्देश्यों का भी स्पष्ट संकेत मिलता है। एक उद्धरण देखिए—"जिस देश और जिस समाज में उसी देश और उसी समाज की भाषा में जब तक समाचार-पत्रों का प्रचार नहीं होता, तब तक उस देश और समाज की उन्नति नहीं हो सकती। समाचार-पत्र राजा और प्रजा के बीच वकील है। दोनों की खबर दोनों को पहुँचा सकता है। जहाँ सभ्यता है वहीं स्वाधीन समाचार-पत्र हैं। जिन देशों में वाणिज्य की उन्नति है, उन्हीं में स्वाधीन समाचार-पत्रों का आदर है।"

हिन्दी समाचार-पत्रों का इतिहास देश के नवजागरण का इतिहास है। यह वह समय था जबकि हिन्दी गद्य की भाषा का कोई रूप स्थिर नहीं हो सका था। ऐसी परिस्थितियों में हिन्दी पत्र-पत्रिकाओं को अपने आरम्भिक काल में अनेक विघ्नों से जूझना पड़ा। देश की पराधीनता के कारण पत्र-पत्रिकाओं की स्वतन्त्रता पर प्रतिबन्ध लगा दिए गये थे। ब्रिटिश सरकार ने पत्र-पत्रिकाओं को घातक समझा, क्योंकि उन्हें भय था कि पत्र-पत्रिकाएँ भारतीय जनता को कहीं ब्रिटिश शासन का विरोधी न बना दें। वे पत्र-पत्रिकाओं की ओर से सशंकित थे। यदि कोई पत्र राजद्रोह की बातें को प्रकाशित करता था, तो वे उसे दंड देने में चूक नहीं करते थे। इसके विपरीत उनकी खुशामद करनेवाले पत्र उनके द्वारा प्रतिष्ठित तथा सम्मानित होते थे। यह स्थिति आज भी बढ़ रही है।

1857 के राष्ट्रीय विद्रोह के समय भारतीय जनता को पत्र-पत्रिकाओं का वास्तविक महत्त्व ज्ञात हुआ। उन्हें ब्रिटिश अधिकारियों की कथनी और करनी का वास्तविक रूप देखने को मिला। उस समय की अधिकांश पत्र-पत्रिकाओं ने विदेशी सरकार की दमनात्मक प्रवृत्ति तथा उनकी भारत विरोधी कुटिल नीति का उद्घाटन शुरू कर दिया, जिसके परिणामस्वरूप भारतीयों को देश की वास्तविक स्थिति का ज्ञान हुआ। उस समय भारत के गवर्नर जनरल लार्ड केनिंग थे। देश के समस्त गोरे पत्रों ने उनकी कटु आलोचना की तथा विद्रोह को न दबा सकने के कारण उन्हें अक्षम तथा अयोग्य बताया। दूसरी तरफ भारतीय पत्रों ने खुले रूप से जनता पर न होनेवाले अत्याचारों तथा दमन का प्रतिरोध किया। गोरे पत्रों और भारतीय पत्रों की दो विभिन्न पत्रिकाएँ थीं। उन्हीं दिनों जन-पक्ष के प्रबल समर्थक के रूप में दो पत्र प्रकाशित हुए—'हिन्दू पैट्रियट' तथा 'सोमप्रकाश'। इनके सम्पादक श्री हरीशचन्द्र मुखर्जी तथा ईश्वरचन्द्र विद्यासागर थे। इन दोनों पत्रों ने जनता का साथ दिया। भारतीय जनता में अमानवीय दमन और अत्याचारों के विरुद्ध क्रोध की लहर फैल रही थी। इस क्रोध पर नियन्त्रण करने के लिए लार्ड केनिंग ने प्रेस सम्बन्धी नये कानूनों का प्रावधान किया। विद्रोह के शान्त होते ही भारतीय शासन की बागडोर ईस्ट इंडिया कम्पनी के हाथों से निकलकर सीधे ब्रिटिश सरकार के हाथों में आ गयी और केनिंग

का कानून तब से एक वर्ष बाद ही खत्म हो गया। तब से सन् 1867 ई॰ तक 'मेटकाफ मार्ले' कानून लगा रहा और इसी वर्ष में दूसरा कानून बनाया गया जिसके अनुसार प्रेस, समाचार-पत्र तथा ब्रिटिश भारत में प्रकाशित होने वाली पुस्तकों के सम्बन्ध में उनकी रजिस्ट्री कराने की व्यवस्था की गयी।

सन् 1857 ई. से 1867 ई. तक बहुत-सी प्रसिद्ध पत्र-पत्रिकाओं ने जन्म लिया। बम्बई से 'टाइम्स आफ इण्डिया' (सन् 1861 ई.) तथा प्रयाग से 'पायनियर' (सन् 1865 ई.)। ये पत्र आज भी जीवित हैं। इसी अन्तर्काल में हिन्दी पत्र-पत्रिकाएँ भी प्रकाशित हुईं, किन्तु उनमें कहीं भी राष्ट्रीय चेतना अभिव्यंजित नहीं हुई। इस समय तक के पत्र या तो किसी सम्प्रदाय विशेष से सम्बन्धित थे या नवीन शिक्षा विषयों से जुड़े हुए थे और इनका क्षेत्र सीमित था। बहुत से पत्रों में अंग्रेज शासकों के प्रशस्ति-गीत गाकर ही इतिश्री कर ली जाती थी। जहाँ तक भाषा का सम्बन्ध है, इस समय तक के पत्रों की भाषा भी सुस्थिर तथा व्यवस्थित नहीं थी। सन् 1868 ई. से हिन्दी पत्र-पत्रिकाओं के इतिहास में एक युगान्तकारी परिवर्तन आया। इस परिवर्तन का श्रेय 'कविवचन सुधा' को दिया जाता है। सन् 1868 ई. में भारतेन्दु हरिश्चन्द्र द्वारा सम्पादित 'कविवचन सुधा' ने हिन्दी पत्रकारिता को भारतीय जीवन के साथ जोड़ दिया। यहीं से पत्रकारिता के क्षेत्र में नये सन्दर्भ उभरे। ये सन्दर्भ जनता, समाज तथा राष्ट्र से सम्बद्ध थे। 'कविवचन सुधा' में पहले तो प्राचीन कवियों की कविताएँ प्रकाशित होती थीं, और उसकी सामग्री पद्य रूप में छपती थी। बाद में यह पत्र गद्य रूप में प्रकाशित होने लगा। पहले यह पत्र मासिक था, फिर पाक्षिक बना, बाद में साप्ताहिक हो गया। थोड़े दिनों में ही इसका प्रभाव अत्यन्त व्यापक हो गया। सन् 1870 ई. में फ्रांस के विख्यात विद्वान गार्सां द तासी ने अपने प्रसिद्ध पत्र 'ली लैग्यू' में इसके विषय में लिखा है–"बाबू हरिश्चन्द्र हिन्दी साहित्य के लिए सदा उत्साही रहे, हिन्दी कार्यों को पृथक् रूप से अपने 'कविवचन सुधा' में प्रकाशित करते रहे।"

इस पत्र में राजनीति और समाज नीति के सम्बन्ध में कई लेख प्रकाशित हुए। इस पत्र के निम्नलिखित सिद्धान्त-वाक्य से इसके उद्देश्य का पता चल जाता है–

खल गगन सों सज्जन दुखि मति होहिं, हरि पद मति रहै,
अपधर्म छूटें, स्वत्व निज भारत गहे, कर दुख बहै॥
बुध तजहि मत्सर, नाहि नर सम होहि, जग आनन्द लहै,
तज ग्राम कविता सुकवि जन की, अमृत बानी सब कहै॥

उस समय जबकि नारी-समाज की अधोगति चरम सीमा पर थी, "नारि नर सम होंहि, कहकर इस पत्रिका ने नारी प्रगति की दिशा में एक नयी मशाल जलायी। तब कांग्रेस का जन्म नहीं हुआ था तथा 'स्वराज्य' के नाम से भी कोई परिचित

नहीं था। किन्तु इस पत्रिका ने 'स्वत्व निज भारत गहै' की उद्घोषणा करके स्वराज्य के विषय में बहुत पहले ही कह दिया था। इस पत्रिका के राजनीतिक लेखों ने जन-जीवन में राष्ट्रीय चेतना का खूब प्रचार किया। मध्यवर्ग पर इसका गहरा प्रभाव पड़ा कि कई एक नयी जागृति फैलने लगी। ऐसी स्थिति में कुछ देशद्रोही राजभक्त भड़क उठे और उन्होंने इस पत्रिका के विरुद्ध ब्रिटिश सरकार के कान भरने शुरू कर दिए। इस विषय में राधाकृष्णदास का कथन है, ''चुगली का बाजार गर्म हुआ। जो निष्पक्ष लेख इसमें गवर्नमेंट के हित के वास्ते लिखे जाते थे वे राजद्रोही ठहराए जाने लगे। जो कविता वा पंच, हास्य वा श्लेष के छपते थे वे अपमानसूचक ठहराए जाने लगे। इसका फल यह हुआ कि 'मार्सिया' शीर्षक एक पंच ज्यों ही छपा, 'सर विलियम म्योर' लेफ्टीनेंट गवर्नर को समझाया गया कि यह लेख आपके अपमान और उपहास की नीयत से छपा है। बस झटपट सरकार की सहायता बन्द की गयी और केप्सन साहब, डाइरेक्टर, विद्याविभाग ने क्रोध प्रकाशक एक पत्र भेजा। यद्यपि उसके पीछे बहुत कुछ लिखा-पढ़ी हुई, परन्तु वहाँ तो ऐसा रंग जमाया गया था कि वह काहे को उतरना था। उसी समय 'हरिश्चन्द्र चन्द्रिका' और 'बालबोधिनी' की जो सौ-सौ कापी गवर्नमेंट लेती थी बन्द की गयी।'' आगे चलकर यह पत्र रमाशंकर व्यास के सम्पादन में चला गया तथा अपने सिद्धान्तों से भी दूर हो गया। सन् 1883 ई॰ में 'इलबर्ट बिल' आन्दोलन के समय इसने राजा शिवप्रसाद का समर्थन किया, जिसके कारण जनता के हृदय से यह पत्र हट गया। सन् 1885 ई. में भारतेन्दु हरिश्चन्द्र का देहावसान हो जाने पर ''जबकि प्रायः सम्पूर्ण हिन्दी पन्नों ने काला किनारा देकर शोक प्रकाश किया इसने यह कालम भी काला ना किया।'' सन् 1885 ई. में ही यह पत्र बन्द हो गया।

सन् 1873 ई. में भारतेन्दु हरिश्चन्द्र ने 'हरिश्चन्द्र मैगज़ीन' नामक मासिक पत्र निकाला। इस पत्र का कागज तथा छपाई बहुत सुन्दर थी। इस पत्र ने 'कविवचन सुधा' की भाँति एक बार फिर हिन्दी पत्रकारिता-जगत् में धूम मचा दी। यह विविध विषयों को लेकर चलने वाली पत्रिका थी। लेकिन इसमें मुख्यतः राजनीतिक और सामाजिक लेख अधिक संख्या में प्रकाशित होते थे। इसके पहले अंक में ही एक मनोरंजक प्रश्नावली प्रकाशित हुई जिसका शीर्षक है–'यूरोपीय के प्रति भारतवर्षीय प्रश्न'। इस प्रश्नावली के अन्तर्गत विभिन्न तर्क-वितर्क के साथ यूरोपीयों की स्वार्थ-सिद्धि वाली नीतियों पर छींटाकशी की गयी। एक प्रश्न प्रस्तुत है–''आप इंगलैंड के गवर्नमेंट का भला चाहते हैं अथवा इस प्रजा मंडल का? यदि आप इस प्रजा के हितैषी हैं तो क्यों नित्य-नित्य, नये-नये कठोर और कठिन शासन निकाल-निकाल हम लोगों को व्यर्थ क्लेशित किया करते हैं और क्यों आप हाकिमों को हम लोगों के मृत्युकल्प हिंसक बनाकर उनके हात रूप दाँत तले दबवाते हैं?''

इस प्रश्नावली में लेखक ने यूरोपवासियों (अंग्रेजों) की खूब खबर ली है। लेखक ने यहाँ तक कहा कि 'ये यूरोपीय न तो संसार में हैं, न हिन्दू में हैं, न राजा में हैं, न प्रजा में हैं, न घर में हैं, न बाहर हैं। ये तो किसी में भी नहीं हैं, परन्तु अपने प्रयोजन में पूरे हैं, तो आपकी स्तुति करें, वा निन्दा? आपको यश दें वा अपयश? आप को भला कहें वा बुरा? आपको साधु कहें या दुष्ट? आपको सीधा कहें वा टेढ़ा?" यूरोपियों पर इससे अधिक प्रत्यक्ष तथा प्रभावशाली कटाक्ष और क्या हो सकता है!

इसी अंक में कई निबन्ध भी प्रकाशित हुए जैसे 'पश्चिमोत्तर प्रान्तों के मध्यवर्गीय व्यक्तियों की वर्तमान स्थिति' और 'हिन्दी भाषा'। इसमें पहला लेख एम. के. एम. द्वारा लिखा गया है। इन्होंने पश्चिमोत्तर प्रान्तों के मध्यवर्गीय व्यक्तियों की शोचनीय दशा पर प्रकाश डाला है। लेखक के मतानुसार भारत के अन्य प्रान्तों की अपेक्षाकृत पश्चिमोत्तर प्रान्त के मध्यवर्गीय समाज की स्थिति अत्यधिक दयनीय है। इसका मुख्य कारण यह है कि उनमें उत्साह, एकता तथा सहानुभूति नहीं है। जातिभेद उनकी प्रगति का सबसे बड़ा अवरोधक है। इस लेख का उद्धरण देखिए—"पश्चिमोत्तर प्रान्तों के व्यक्ति संकुचित विचारधारा के हैं और वे किसी भी नवीन प्रवर्तन के एकदम विरुद्ध हैं, चाहे वह प्रवर्तन सामाजिक, नैतिक या बौद्धिक सुधार सम्बन्धी क्यों न हो, और इसीलिए वहाँ की प्रगति धीमी है।" लेखक ऐसी संकुचित विचारधारा को तोड़कर सामाजिक तथा नैतिक दृष्टि से नवीन परिवर्तन लाने की आकांक्षा रखता है। 'धार्मिक' शीर्षक एक लेख इलाहाबाद के निवासी वाई. एम. डी. ने लिखा है। उन्होंने हिन्दू धर्म को सब धर्मों में श्रेष्ठ माना है। उनके प्रतिमानों के आधार पर हिन्दुत्व ही ऐसा धर्म है जो 'क्विटेसन्स आफ कम्परेटिव रिलिजन' कहलाने का अधिकारी हो सकता है। इस लेख में लेखक ने हिन्दू समाज की गिरती हुई दशा का वर्णन करते हुए भारतीयों को हिन्दू धर्म के पुनरुत्थान और पुनरुद्धार के लिए प्रेरित किया है। तीसरे लेख में लेखक ने हिन्दी और उर्दू भाषा को अभिन्न बताया है। उनका यह कथन कि जो लोग यह समझते हैं हिन्दी भाषा उर्दू भाषा के विरुद्ध है तो वे भ्रम में हैं। क्योंकि हिन्दी और उर्दू दोनों में अनुरूपता है। लेखक के मतानुसार इन मतभेदों में न पड़कर हमें सच्ची शिक्षा प्राप्त करनी चाहिए—"हमें प्रयत्न करना चाहिए, मैं सच्ची शिक्षा को प्राप्त करने के लिए दोहराता हूँ और हमें अपना समय अक्षरों के बनावट पर नहीं गँवाना चाहिए।"

इस प्रकार 'हरिश्चन्द्र मैगजीन' के पहले अंक में ही ज्ञानवर्धक तथा राष्ट्रीय भावनाओं से परिपूर्ण लेख प्रकाशित हुए।

इसके दूसरे अंक में दो लेख विशेष रूप से अत्यधिक प्रसिद्ध हुए। पहला लेख 'कलिराज की सभा' है जिसके लेखक मुंशी ज्वाला प्रसाद हैं तथा दूसरा लेख अंग्रेजी भाषा में है, 'स्कोप फार दी एजूकेटेड इंडियन्स'। 'कलिराज की सभा' में कलियुग राजा का वर्णन है। इसमें तात्कालिक पुरोहितों, महाजनों, मुसलमानों, वैरागियों तथा

अंग्रेजों की खुशामद करने वालों का यथार्थ चित्रण है। यह लेख व्यंग्यात्मक है। लेखक ने कुछ विशेष लोगों का परिचय बड़े अनोखे तथा रोचक ढंग से दिया है। एक साहब का परिचय उल्लेखनीय है, "जिसके दाहिने बूट पहिने, इंग्रेजी पढ़े, बड़े-कड़े जैसे पुरानी भीत के रोड़े। अहमकी घोड़े (एजूकेटेड) इझुकेटेड हिन्दू अनय के सिन्धु वेद-पुरान की वार्ताओं से शंकाकुल मन में व्याकुल थे। सी. एस. आई. कलियुग के सगे भाई, बड़े अन्यायी, चश्मा लगाए, अंग्रेजों की खुशामद में जनम गँवाए, पाप कमाए बैठा है।" अंग्रेजों की चाटुकारिता करने वाले भारतीयों पर कितना तीखा व्यंग्य किया गया है। दूसरे लेख में लेखक ने इस बात पर बल दिया है कि सरकार शिक्षित भारतीयों की सर्विस के सम्बन्ध में ध्यान दे। उस समय बहुत से शिक्षित भारतीय बुरी अवस्था में जीवन व्यतीत कर रहे थे और सरकार उनकी प्रगति के सम्बन्ध में जानबूझकर अनजान थी। लेखक ने स्पष्ट शब्दों में स्वीकार किया कि भारत की प्रगति में ब्रिटिश राज्य की प्रशासकीय नीति बहुत बड़ी रुकावट सिद्ध हो रही है।

एकता पर भी कई लेख लिखे गये। भारत में एका नहीं था और यही कमी भारत को गुलामी के दिन व्यतीत करने के लिए विवश कर रही थी। एकता में बहुत बड़ी शक्ति होती है लेकिन भारतीय इस बात से अनभिज्ञ थे। स्वाधीनता के लक्ष्य तक पहुँचने के लिए भारतीय जनता में परस्पर ऐक्य स्थापित होना अनिवार्य था। अप्रैल अंक में 'पब्लिक ओपिनियन' नामक लेख में लेखक ने भारतीयों को एकता स्थापित करने का सन्देश दिया। एकता के सम्बन्ध में लेखक का यह मत है कि 'धर्म और व्यवहार को एक में न सानो, तैंतीस करोड़ मनुष्य तैंतीस करोड़ देवताओं को अलग-अलग मानो, पर जहाँ त्यौहार का काम पड़े सब एक-एक हो जाओ और जब अपने हित की बात आवे तब एक सी आवाज दो।" मई अंक में एक बहुत ही सुन्दर अंग्रेजी कविता के माध्यम से नव शिक्षित बाबुओं की दयनीयता और मानसिक गुलामी की खिल्ली उड़ाई गयी है।

जून अंक से मैगजीन 'हरिश्चन्द्र चन्द्रिका' के नाम से निकलने लगी, जिसमें ऊपर का विवरण भी हिन्दी में प्रकाशित होने लगा। इस पत्रिका के अन्तर्गत भाषा सम्बन्धी रचनाएँ प्रमुख रूप से छपती थीं। हिन्दी, अंग्रेजी तथा संस्कृत में भी विविध सामग्री प्रकाशित होती थी। इसमें उपन्यास की अपेक्षा नाटक अधिक छपते थे। विज्ञान तथा इतिहास के सम्बन्ध में भी अनेक लेख निकलते थे। इसके प्रसिद्ध लेखकों में तोताराम, काशीनाथ, श्रीनिवास दास, बिहारी चौबे इत्यादि थे। पत्र साहित्य-जगत् में यह एक प्रथम प्रयास था। इसलिए इसमें उच्च कोटि के राजनीतिक तथा सामाजिक साहित्य का अभाव मिलता है, फिर भी भारत में राजनीतिक और सामाजिक जागृति उत्पन्न करने में इस पत्रिका का विशेष योगदान रहा। ब्रिटिश सरकार के प्रति जितने तीखे व्यंग्य इस पत्रिका में प्रकाशित हुए, वे अपनी एक अलग मिशाल रखते हैं। यही कारण है कि यह पत्रिका सरकार का कोपभाजन हुई। 1884 में इसका प्रकाशन

बन्द हो गया। भारतेन्दु हरिश्चन्द्र ने एक 'बालबोधिनी' पत्रिका 1874 में प्रकाशित की। यह पत्रिका बाल पाठशालाओं में प्रचार के उद्देश्य से गवर्नमेंट की आज्ञानुसार निकाली गयी। गवर्नमेंट इसकी सौ प्रतियाँ पाठशालाओं के लिए लेती रही। इस पत्रिका में बहुत से उपयोगी तथा सुन्दर निबन्ध प्रकाशित हुए। स्वर्गवासी बाबू ऐश्वर्यनारायण सिंह, पण्डित शीतल प्रसाद त्रिपाठी इत्यादि उसमें लेख निकलवाते थे। यह पत्रिका चार वर्ष तक चली। उसके बाद गवर्नमेंट की सहायता बन्द हो जाने से इसका प्रकाशन बन्द हो गया।

भारतेन्दु ने अभिव्यक्ति के तमाम संकट उठाकर मृत्युपर्यन्त राष्ट्रीय चेतना के प्रचार-प्रसार के लिए अपनी पत्रिकाएँ ही नहीं निकालीं, बल्कि अपने तमाम समकालीनों को पत्र-पत्रिकाएँ निकालने के लिए बराबर प्रोत्साहित करते रहे। उन्हें हर प्रकार का सहयोग देते रहे। संकट के समय ये उनकी भरपूर मदद करते थे। भारतेन्दु की इस महत्त्वपूर्ण भूमिका पर आचार्य रामचन्द्र शुक्ल गद्‌गद थे। भारतेन्दु की प्रशंसा करते हुए आचार्य शुक्ल ने उनके पत्रकारिता के क्षेत्र में किए गये योगदान और परिणामस्वरूप निरन्तर फैलती जन-चेतना को बहुत महत्त्व दिया—"भारतेन्दु ने पत्रिकाओं के माध्यम से साहित्य को एकदम सही दिशा की ओर मोड़ा।" इस प्रकार हमारे जीवन और साहित्य के बीच जो अन्तराल था, उसे भारतेन्दु ने दूर किया।

राष्ट्रवाद का उदय और भारतेन्दु के नाटक

❑ चंचल चौहान

भारतेन्दु युग की शुरुआत होने से पहले भारत में आजादी की पहली असफल लड़ाई लड़ी जा चुकी थी। 1857 में अंग्रेजी शासकों से निर्णायक लड़ाई लड़ने के लिए जिन कारकों की जरूरत थी, वे कारक पूरी तरह भारतीय समाज में मौजूद नहीं थे। इन कारकों में से कुछ का उल्लेख युगद्रष्टा मार्क्स ने 1857 के हमारे संग्राम से पहले 22 जुलाई 1853 को प्रकाशित अपने एक लेख, 'भारत में अंग्रेजी राज के भावी परिणाम' में किया था। उन्होंने कहा था कि "भारत की राजनीतिक एकता जोकि और अधिक मजबूत हो और महान मुगलों के जमाने से भी कहीं ज्यादा विस्तृत हो, देश के नवोत्थान के लिए पहली शर्त है।" किसी भी देश में इसी तरह की व्यापक राजनीतिक एकता तब तक कायम नहीं होती जब तक उस एकता के लिए आधारगत जरूरत न पैदा हो। सामन्ती समाज को ध्वस्त करके जहाँ-जहाँ पूँजीवाद वजूद में आया, वहाँ-वहाँ माल की बिक्री के लिए अधिक से अधिक बड़े भूभाग को और वहाँ के निवासियों को उसने अपने कब्जे में किया। पूँजीवाद अपने विकास की अगली मंजिल, साम्राज्यवाद में जब प्रविष्ट हुआ तो उसने अन्य देशों को भी अपना बाजार बना लिया। हमारी पराधीनता का भी यही सार था। जब पराधीन देशों में देशी पूँजीपतियों का उदय होता है तो उन्हें भी अपने माल के लिए बाजार चाहिए होता है। अतः उन्हें बाहर के पूँजीपतियों से लड़ाई लड़नी पड़ती है। वे अकेले यह लड़ाई नहीं लड़ सकते, अतः उनके हित देश के अवाम के हितों से मिल जाते हैं और इस तरह राष्ट्रवाद का उदय होता है। भारत में उन्नीसवीं सदी के उत्तरार्द्ध में जब पूँजीवाद का उदय हुआ तो राष्ट्रवादी विचारधारा को पैदा होना जरूरी था। मार्क्स जिस राजनीतिक एकता की बात कर रहे थे, वह दरअसल राष्ट्रीय एकता की ही बात थी। 1857 में सामन्तों के नेतृत्व में जो थोड़ी-बहुत एकता बनी थी, उस तक ने अंग्रेजी शासकों को हिला दिया था। पहली नवम्बर 1858 को विक्टोरिया ने जो उद्‌घोषणा जारी की थी, वह इसी एकता को कुंद करने की साजिश थी जो कुछ

समय तक सफल रही। वैसे भी सामन्ती ढाँचे के बरकरार रहते राष्ट्रीय एकता एक सपना भर हो सकती थी। पहली स्वाधीनता की लड़ाई की असफलता का भी यही कारण था।

राष्ट्रवाद की शुरुआत बन्धुत्व, समानता और स्वाधीनता के एहसास से होती है। पूँजीवाद ये नारे अपने विकास काल में ईजाद करता है जिससे कि वह अपने विकास के लिए बाजार सुनिश्चित कर सके। सामन्ती समाज उक्त नारों के विरुद्ध होता है। इसी वजह से अपने पतनकाल में वह विघटनकारी भूमिका अदा करता है। हमारा इतिहास इस सचाई का गवाह है। सामराजी ताकतें, जो 'फूट डालो और राज करो' की नीति अख्यितार करती हैं, सामन्तवाद की इस भूमिका को भली प्रकार पहचानती हैं। विक्टोरिया के समय का ब्रिटिश पूँजीपति भी पहचानता था और आज अमेरिका भी पहचानता है। इसीलिए विक्टोरिया ने भी सामन्ती ताकतों को शह दी थी और आज अमेरिका भी सामन्तवाद की विघटनकारी भूमिका का फायदा उठाकर देश के टुकड़े करने के इरादे रखता है, साम्राज्यवाद की साजिशों को नाकाम करने के लिए मार्क्स का वह कथन जितना 1857 के लिए प्रासंगिक था, उतना ही आज भी शोषितों की व्यापक राजनीतिक एकता के बगैर न तो देशी शोषकों से मुक्ति सम्भव है और न ही सामराजी शोषकों द्वारा हमारी आजादी को हड़पने के नित नयी कोशिशें ही नाकाम की जा सकती हैं। मार्क्स के कथन को अनेक उग्रवादी 'कम्युनिस्ट' (जो खुद को 'मार्क्सवादी-लेनिनवादी' कहते हैं और स्वयं छत्तीस गुटों में विघटित रहकर भी सामराजी ताकतों के हाथों में खेलते हैं) आज भी अनदेखा करते हैं। वे देश के टुकड़े कराने पर आमादा सामराजी गुर्गों अलगाववादी खालिस्तानी, असमी, झारखंडी या अन्य पाखंडी आन्दोलनकारियों) को अपना समर्थन देते हैं तथा देश की एकता और अखंडता की आवाज उठाने वाले सिद्धान्तनिष्ठ मार्क्सवादियों को 'गरियाते' हैं वे जनवादी लेखकों पर भी इसीलिए कुपित हैं।

उन्नीसवीं सदी के उत्तरार्द्ध में भारत के उदीयमान पूँजीपति वर्ग ने भी अपनी आर्थिक जरूरतों के कारण भारत की राजनीतिक एकता के महत्त्व को पहचान लिया था। इसी कामना को हम राष्ट्रवाद का उदय कहते हैं। भारतेन्दु के नाटकों में पूँजीपति वर्ग की इस कामना के अक्स भरपूर मिलते हैं। मगर भारत के उदीयमान पूँजीपति वर्ग की राष्ट्रवाद की कल्पना पश्चिम में विकसित हुए पूँजीवाद की राष्ट्रवाद की परिकल्पना से भिन्न थी। पश्चिम में राष्ट्रवाद का उदय पूँजीपति वर्ग द्वारा सामन्तवाद के खात्मे के प्रयासों का परिणाम था जिससे कि पूँजीपति अपने विकास के रास्ते में आड़े आने वाले सामन्तवाद को हटाकर एकछत्र बाजार प्राप्त कर सकें। भारत में पूँजीपति वर्ग अपने उदयकाल से ही विशिष्ट परिस्थितियों का शिकार होने के कारण न तो सामन्तवाद के खात्मे के लिए कटिबद्ध हो सकता था और न अंग्रेजी राज से ही निर्णायक लड़ाई लड़ने की सामर्थ्य रखता था। रूसी इतिहासकारों—को. अ.

अन्तोनोवा, ग्रि. म. वोगर्द-लेविन, ग्रि. ग्रि. कोतोव्स्की ने 'भारत का इतिहास' में 1857 के पूर्व के उपनिवेशवाद विरोध आन्दोलन के चरित्र को आँकते हुए लिखा कि "इन औपनिवेशिक शासन विरोधी आन्दोलनों की सूचीमात्र से ही यह पता चल जाता है कि ब्रिटिश विरोधी भावना कितनी गहरी थी। फिर भी यह आन्दोलन ब्रिटिश प्रभुत्व के स्थान पर केवल स्वतन्त्र सामन्ती भारत का विचार ही प्रस्तुत कर सकता था। यही कारण है कि औपनिवेशिक उत्पीड़न के खिलाफ संघर्ष में उसके नेता विगत के सामन्ती स्वरूपों की तरफ मुड़ने की आवाज उठाते थे।" यह सामन्ती भारत के पुनरुत्थान की आवाज भारत के राष्ट्रवाद के स्वरूप को विकृत कर रही थी।

उदीयमान पूँजीपति वर्ग ने अपने हितों की रक्षा को ध्यान में रखते हुए शुरू में ब्रिटिश राज के खिलाफ भी आवाज बुलन्द नहीं की। यहाँ तक कि उसने 1857-59 के जन विद्रोह में भी शिरकत नहीं की। रूसी इतिहासकारों ने ठीक ही कहा है कि "1857-59 के जन-विद्रोह के दौरान प्रभावशाली पूँजीवादी हलकों ने अपने को अलग रखा और उसमें भाग नहीं लिया।" इसी तरह पूँजीपति वर्ग में सामन्तवाद को लेकर भी एक प्रकार की राय नहीं थी। रूसी इतिहासकारों ने लिखा है कि उन्नीसवीं सदी के "सातवें दशक से लेकर नौवें दशक के प्रारम्भ तक राष्ट्रीय आन्दोलन के संगठन पर नरम दल का प्रभुत्व था क्योंकि उस समय तक निम्न पूँजीवाद अपने संगठन नहीं कायम कर पाए थे। इन नरमपंथियों के चरित्र का विश्लेषण करते हुए उन्होंने लिखा कि 'नरमपंथियों ने जिनके प्रमुख नेता बंगाल में सुरेन्द्रनाथ बनर्जी तथा बम्बई प्रेसीडेंसी में दादाभाई नौरोजी और महादेव गोविन्द रानाडे थे औपनिवेशिक सरकार से माँग की कि वह नये भारतीय उद्योग के प्रति संरक्षणवादी नीति लागू करे, करों को घटाए और औपनिवेशिक खिराज कम करे। कृषक समस्या के सम्बन्ध में वे जमींदारों की भूसम्पत्तियों को बनाए रखने (करों को कम किए जाने के साथ-साथ) और बड़ी जमींदारियों के क्रमिक विकास को बढ़ावा देने के पक्ष में थे।"

यही वे पहलू थे जो भारत के राष्ट्रवाद के विकास में विकृतियाँ पैदा कर रहे थे। एक ओर सामन्तों और भूस्वामियों के साथ गठजोड़ की नीति और दूसरी ओर ब्रिटिश राज के साथ समझौतापरस्ती हमारे देश में राष्ट्रवाद की ऐसी मजबूत चट्टानी नींव कायम नहीं कर पाई जो सदियों पुरानी सड़ी-गली मान्यताओं से भारत की जनता को छुटकारा दिलाती और भू-सम्बन्धों में भी बदलाव लाती। 1857 के जनविद्रोह के बाद अंग्रेजों ने भी सामन्तों को अपने पक्ष में करने के लिए उन्हें खूब रियायतें दीं और शोषण में उनकी हिस्सेदारी को कानूनी रूप दे दिया। इससे उनके वर्चस्व को किसी प्रकार का नुकसान नहीं पहुँचता था, उल्टे राज करने में आसानी ही थी। उदीयमान पूँजीपति वर्ग में नरमपंथियों ने भी भूस्वामियों को अपने पक्ष में रखने की कोशिश की और भू-सम्बन्धों में सामन्तवाद को बरकरार रखने की नीति अपनाई। बंगाल के निम्न पूँजीवादी तबके और उत्तर भारत के अनेक हिस्सों में अवाम के

कई हिस्से जरूर सामन्ती भू-सम्बन्धों के खिलाफ थे, मगर उदीयमान पूँजीवाद का ज्यादातर हिस्सा इस परिवर्तन के पक्ष में नहीं था। तिलक जैसे गरमपन्थी भी भू-सम्बन्धों के बारे में सामन्तवाद विरोधी नहीं थे। रूसी इतिहासकारों ने इस तथ्य की ओर संकेत किया है। उनके अनुसार तिलक ने "कृषिक प्रश्न पर कोई सुस्पष्ट कार्यक्रम नहीं पेश किया।"

भारतीय राष्ट्रवाद में सामन्तवाद जो विकृति पैदा कर रहा था वह कुछ अंशों में आज भी मौजूद है। यह विकृति भारतेन्दु के नाटकों में भी परिलक्षित होती है। इसका यह अर्थ नहीं कि भारतेन्दु हरिश्चन्द्र इस विकृत के लिए जिम्मेदार थे। नहीं, समाज की विकासावस्था से हमारी चेतना का स्तर यही था जिसे एक बुद्धिजीवी के रूप में वे प्रतिबिम्बित कर रहे थे। चेतना के इस स्तर पर एक ओर अंग्रेजी राज के खिलाफ नफरत भी थी और उससे उम्मीदें भी थीं, आजादी की कामना भी थी, देश को एक राष्ट्र के रूप में देखने की कामना भी थी, साथ ही अतीत के गौरव को यानी सामन्ती भारत को पुनर्जीवित करने की ललक भी थी। भारतेन्दु की 'भारत-दुर्दशा' नामक प्रसिद्ध रचना में शुरू में ही एक योगी जिस लावनी को गाता है उसमें भारतीय राष्ट्रवाद की सारी खूबियाँ और विकृतियाँ झलक जाती हैं–

सबके पहले जेहि ईश्वर धन बल दीनो
सबके पहले जेहि सभ्य विधाता कीनो
सबके पहले जो रूप रंग रस भीनो
सबके पहले विद्याफल जिन गहि लीनो
सब सबके पीछे सोई परत लखाई
हा! हा! भारत दुर्दशा न देखी जाई

एक राष्ट्र के रूप में अपनी अस्मिता की खोज करते भारत के उदीयमान पूँजीपति वर्ग की ही यह गुहार थी। योगी इस भारत में आपसी कलह और एकता की कमी का भी जिक्र करता है–

लरि वैदिक जेन डुबाई पुस्तक सारी
करि कलह बुनाई जवन सैन पुनि भारी
तिन नासी बुधि बल विद्या धन बहुबारी
छाई अब आलस-कुमति-कलह अँधियारी
भए अन्ध पंगु सब दीन हीन बिलखाई
हा! हा! भारत-दुर्दशा न देखी जाई

भारतीय राष्ट्रवाद आपसी कलह और अज्ञान के रहते विकसित नहीं हो सकता था। अतः इन दुर्गुणों पर भारतेन्दु ने लगातार चोट की है। मगर 1857 के अनुभव के बाद उससे सीखकर अंग्रेजी राज के खिलाफ जो नफरत जगानी चाहिए थी वह

विक्टोरिया की उद्घोषणा के बाद हमारे समाज में नहीं दिखाई पड़ती। भारतेन्दु उस समय के हमारे बुद्धिजीवीयों की मनोदशा का ही चित्रण कर रहे थे–

अँगरेज राज सुख आज सजे सब भारी
पै धन विदेस चलि जात इहै अति ख्वारी
ताहू पै महँगी काल रोग विस्तारी
दिन दिन दूने दुख ईस देत हा हा री!
सब के ऊपर टिक्कस की आफत आई
हा! हा! भारत दुर्दशा न देखी जाई

'भारत दुर्दशा' नाटक में विक्टोरिया को जगह-जगह 'राज राजेश्वरी' के रूप में याद किया गया है। यह नाटक एक एलीगरी के रूप में लिखा गया है। इसका संवेदनात्मक उद्देश्य भारत की जनता को मजबूत राष्ट्रवाद की स्थापना के लिए जागृत करने का है। राष्ट्रीय एकता को लगे धक्कों का और फूट डालने वाले कारकों का बार-बार जिक्र हुआ है। ये कारक इस नाटक में पात्रों के रूप में आते हैं, भारत-दुर्दैव नामक पात्र ह्रास के आर्थिक कारणों पर प्रकाश डालता है और कहता है, "हमारी पालिसी के विरुद्ध उद्योग करते हैं मूर्ख! यह क्यों? मैं अपनी फौज ही भेज के न सब चौपट करता हूँ।" सत्यनाश फौजदार आपसी फूट को रेखांकित करता है और कहता है, "जाति अनेकन करी नीच अरु ऊँच बनायो/ खान-पान सम्बन्ध सबन सों बरजि छुड़ायो···" छुआछूत आदि से भी आपसी फूट पैदा, उसका भी हवाला दिया गया है–

कपरस सोल्हा छूत रचि, भोजन प्रीति छुड़ाय
किये तीन तेरह सबै, चौका, चौका लाय।

भारतेन्दु के इस नाटक में वेदान्त की भी आलोचना है। यहाँ तक कि भारतीयों का आत्मसन्तोष भी दुर्गुण के रूप में दिखाया गया है। भारतवासियों में व्याप्त "फूट, डाह, लोभ, भय, उपेक्षा, स्वार्थपरता, पक्षपात, हठ, शोक, अश्रुमार्जन और निर्बलता को भी बार-बार इस नाटक में लाया गया है। एक पात्र कहता है, "फिर अन्त में भिन्नता गयी। इसने सबको काई की तरह फाड़ा कि भाषा, धर्म, चाल, व्यवहार, खाना-पीना सब एक-एक योजन पर अलग-अलग कर दिया, अब आवें बचा ऐक्य! देखें आ ही के क्या करते हैं?"

इस तरह हम देखते हैं कि इस नाटक में बार-बार राष्ट्रीय एकता की जरूरत पर बल दिया गया है। एकता की यह चाह ही राष्ट्रवाद के उदय के रूप में यहाँ दिखाई पड़ती है। उभरते पूँजीवाद की ही यह इच्छा समाज के बुद्धिजीवियों में प्रतिबिम्बि हो रही थी। वह सुधारवादी आन्दोलनों में भी झलकी थी और उस समय के साहित्य

में भी। 'भारत-दुर्दशा' नाटक में हर अंक में किसी न किसी रूप में 'फूट', 'कलह', 'अनैक्य' जैसी भारतीय कमजोरियों को सामने लाया गया है। मसलन एक जगह कहा है, "कलह, अविद्या, मोह, मूढ़ता सबै नास के साज की।" एक अन्य जगह लिखा, "इन सों कछू आस नहिं ये तो सब विधि बुद्ध बल हीन/ बिना एकता बुद्धि कला के भए सबहि विधि दीन।" नाटक के पाँचवें अंक में बंगाली, मराठी आदि पढ़े-लिखे 'सभ्य' लोगों की कमेटी में बहस होती है। दुर्दैव से बचने के उपाय सोचे जाते हैं। सबके अलग-अलग विचार हैं। एक पात्र कहता है, "हाय यह कोई नहीं कहता कि सब लोग मिलकर एकचित्त हो विद्या की उन्नति करो, कला सीखो, जिससे वास्तविक कुछ उन्नति हो।" अपने देश के बारे में सोचने वाले ये लोग 'डिसलायल्टी' द्वारा पकड़ लिए जाते हैं।

आखिरी अंक में भारत-भाग्य नामक पात्र प्रवेश करता है और भारत को जगाने की चेष्टा करता है। वह कहता है, "हाय क्या अब भारत के फिर वे दिन न आवेंगे? हाय यह वही भारत है जो किसी समय सारी पृथ्वी का शिरोमणि गिना जाता था?" यहीं पर उभरते राष्ट्रवाद की विकृतियाँ भी सामने आती हैं। सामन्ती भारत को वापस लाने की यह चाह ही आधुनिक राष्ट्रवाद को विकृत कर रही थी। अतीत को आलोचनात्मक तरीके से देखने-परखने की क्षमता उभरते पूँजवाद ने भारतीय समाज को नहीं दी। जिस समय मार्क्स योरोप में राष्ट्रवाद से भी आगे की अवस्था यानी सर्वहारा अन्तर्राष्ट्रीयतावाद के उदय को रेखांकित कर रहे थे, भारत में ठीक से राष्ट्रवाद भी नहीं उग पा रहा था, क्योंकि यहाँ ब्रिटिश उपनिवेशवाद ने जो हालात पैदा कर दिए थे, उनमें सामन्तवाद के खिलाफ उभरते पूँजीवाद का निर्णायक संघर्ष हो भी नहीं सकता था। अतीत के भारत को पुनर्जीवित करने की यह चाह हमें हिन्दी साहित्य में द्विवेदी युग और छायावाद तक में दिखाई पड़ती है। भारतेन्दु युग में तो अंग्रेजों के खिलाफ भी पूरी नफरत नहीं मिलती। विक्टोरिया का जगह-जगह गुणानुवाद मिलता है। अंग्रेजों से बड़ी आशाएँ हैं। भारत भाग्य नामक पात्र कहता है कि "अँगरेज का राज्य पाकर भी न जगे तो कब जागोगे?" फिर विक्टोरिया को सम्बोधित करके कहता है, "हे भगवती राजराजेश्वरी, इसका हाथ पकड़ो।" अन्त में निराश होकर भारत-भाग्य आत्महत्या कर लेता है। इसी तरह 'विषस्य विषमौषधम्' नामक नाटक में भी कहा गया है कि "धन्य अँगरेज! राम और युधिष्ठिर का धर्मराज्य इस काल में प्रत्यक्ष कर दिखाया।" और नाटक के अन्त में भी मनौती की कि "अँगरेजन को राज इस इत थिर कर थापै।"

इस तरह हम देखते हैं कि नरमपन्थी रुझानवाले उदीयमान पूँजीपति वर्ग की आधारशिला से जो राष्ट्रवाद उपज रहा था वह काफी विकृत था। हरिश्चन्द्र के नाटकों में जिस राष्ट्रवाद की झलक मिलती है, उसका आधार मुख्य रूप से महाजनी पूँजीपति ही था, औद्योगिक पूँजीपति नहीं। यही वजह है कि उनके राष्ट्रवाद में हिन्दू पुनरुत्थानवाद

का घालमेल है। वे विक्टोरिया के गुणगान करते हैं, मगर मुसलमानों पर प्रहार करते हैं। 'भारत-जननी' नामक नाटक में भारत माता कहती है–

जहाँ विसेसर सोमनाथ माधव के मन्दिर
तहँ मसजिद बन गयी होत अब अल्ला अकबर

भारत माता अपने पुत्रों से कहती है कि विक्टोरिया के राज में तो भय त्यागकर आँखें खोलो–

तब लौं सोए बहुत वत्स तुम, जागे नहीं कोऊ जतन।
अब तौ रानी विक्टोरिया, जागहु सुत भय छाँड़ि मन।

यह चेतना महाजन व्यापारी की है। व्यापारी की चिन्ता भारतेन्दु के नाटकों में बार-बार सामने आती है। वह नहीं चाहता कि उसे मिलने वाली लक्ष्मी बाहर चली जाए, उसका धन विदेश चला जाता है तो उस पर असर पड़ता है। 'भारत-जननी' नाटक में भारत माता का एक पूरा डायलाग इस लक्ष्मी-चिन्ता को लेकर ही लिखा गया है। नाटक में लक्ष्मी यह कहकर विदेश चली जाती है कि "कहा करैं इत रहिकै अब जिय तासों यही विचारा/ छाँड़ि मूढ़ इन कहँ अचेत हम जात जलधि के पारा।" इस पर भारत माता कहती है कि "फिर हमारी और हमारे संतति की लक्ष्मी बिना क्या गति होगी?" भारत जननी अपने पुत्रों को जगाने की कोशिश करती है। वह कहती है कि "बेटा, हमारा धन, आभूषन, वसन इत्यादि सब लुटेरे बलात्कार हर ले गये, अब हम निराधार हो रही हैं...हाय! जो अंग्रेजों का राज्य न होता तो अब तक तो मेरे प्राण न बचते।" 'भारत जननी' नाटक में अंग्रेजों और विक्टोरिया की बहुत ही ज्यादा प्रशंसा की गयी है। इससे पता चलता है कि भारतीय जनमानस में उस वक्त राष्ट्रीय अस्मिता की धूमिल झलक ही पैठ पाई थी। एक तरह से राष्ट्रवाद का बीज वपन ही हुआ था, इसलिए उसमें काफी विकृतियाँ थीं।

भारतेन्दु के नाटकों में अंग्रेजों से कहीं ज्यादा नफरत मुसलमानों के प्रति दिखाई पड़ती है। 'नीलदेवी' नाटक की तो थीम ही यही है। यह सही है कि उसमें भारतीय नारी की शूरवीरता का बखान है, मगर सामन्ती समाज को ही फिर से उठाने की ललक उसमें अधिक है। यह सब इसीलिए हो रहा था क्योंकि उस समय हमारे यहाँ औद्योगिक पूँजीपति वर्ग एक छोटी सी ताकत था, बिना औद्योगिक विकास के इसी तरह की विकृत समझ ही वजूद में हो सकती थी। व्यापारी वर्ग के आधार पर पनपने वाला राष्ट्रवाद अंग्रेजभक्त और सामन्तभक्त ही हो सकता था। यह अकस्मिक नहीं है कि भारतेन्दु ने शेक्सपियर के नाटकों में से 'मरचेंट आफ वेनिस' को ही रूपान्तर के लिए चुना। 'दुर्लभ बन्धु' के रूप में भारतेन्दु का नाटक रूपान्तर व्यापारी वर्ग की चिन्ता पर ही आधारित है। नाटक के शुरू में ही अनन्त नामक पात्र का परिचय

एक व्यापारी के रूप में मिलता है। शायद भारत के व्यापारी वर्ग की दशा से मेल खाती हुई स्थितियों ने ही भारतेन्दु को शेक्सपियर के इस नाटक की ओर उन्मुख किया हो।

भारतेन्दु के अन्य नाटक जो बंगला से रूपान्तरित हैं या उनके अपने मौलिक नाटक हैं राष्ट्रीय गौरव की परम्परा तलाश करने और भारत को एक जीवन्त अतीत वाले राष्ट्र के रूप में चित्रित करने के संवेदनात्मक उद्देश्य से लिखे जान पड़ते हैं। चूँकि उस समय हमारा राष्ट्रवाद विकसित अवस्था में नहीं था, अतः हिन्दी साहित्य के आधुनिक पितामह के लिए यह सम्भव नहीं था कि वे अपने समय की सीमाओं का अतिक्रमण करके बहुत आगे बढ़ जाते। सच तो यह है कि आज भी भारत में राष्ट्रवाद की भावना काफी कुछ विकृत है और इस विकृति के कारण भी कुछ अंशों में वही हैं जो भारतेन्दु के वक्त में थे। मसलन आज भी भूसम्बन्धों में बुनियादी तब्दीली नहीं हुई और साम्राज्यवाद के खिलाफ आम जनता में वह रोष नहीं जगाया जाता जो राष्ट्रवाद के लिए जरूरी है। उसे कभी-कभार 'विदेशी हाथ' कह कर हमारा देशी सत्ताधारी 'हाथ' निराकार संज्ञा तो देता रहता है किन्तु समझौतापरस्ती के रास्ते चले चलने के कारण साम्राज्यवाद का नाम लेने से शरमाता है। यही वजह है कि पूँजीवाद से पहले के विचारों को, विचारधाराओं और रूढ़ियों को इस्तेमाल करके भारत के लोगों को आपस में लड़वाने, कटवाने और अलगाववाद की सीमा तक अवाम के हिस्से को खींच ले जाने में साम्राज्यवाद सफल हो रहा है। यह हमारे राष्ट्रवाद की विकृति नहीं तो और क्या है?

भारतेन्दु के नाटकों में मिथक-प्रयोग

□ अनिल कुमार तिवारी

प्रत्येक जाति की अपनी एक खास परम्परा है, जिससे उस जाति के इतिहास, दर्शन, संस्कृति, कला आदि का गहरा सम्बन्ध होता है। यही कारण है कि कोई भी रचनाकार केवल वर्तमान की ही बात नहीं करता, अपने अतीत को भी साथ लेकर चलता है। उसकी रचना में जहाँ वर्तमान के साथ एक ओर अतीत मुखरित होता है, वहीं दूसरी ओर, भविष्य की चिन्ता भी सामने होती है। अपने इस लक्ष्य की पूर्ति के लिए रचनाकार बार-बार पीछे मुड़कर मिथकों के सर्वसमृद्ध लोक में झाँकता है, क्योंकि इसमें कोई न कोई सामाजिक आदर्श या आद्यप्ररूप (Archetype) निरन्तर विद्यमान रहता है। इन मिथकों, या कि आद्यरूपों पर अपने हस्ताक्षर अंकित करके रचनाकार अपने अतीत, वर्तमान और आगामी समय को सरलता से व्यक्त कर देता है। इसीलिए साहित्य में मिथकों के प्रयोग की एक सुदीर्घ परम्परा है। साहित्य की विविध विधाओं में कविता मिथक की सर्वाधिक समीपवर्तिनी है। पर कविता की तरह नाटक का भी मिथक के साथ मूल और प्रत्यक्ष सम्बन्ध है। नाटक और मिथक की संरचना में बहुत समानता होती है। नाटकीयता मिथक का एक अनिवार्य गुण है, इसलिए प्राचीन काल से मिथकीय प्रसंग नाटकों का आधार बनते रहे हैं। आधुनिक युग में नाटककारों ने सामाजिक विसंगतियों को प्रीतकात्मक अभिव्यक्ति देने के लिए किसी न किसी उपयुक्त मिथकीय ढाँचे को ज्यों का त्यों अपनाना आरम्भ कर दिया। आधुनिक हिन्दी नाटकों में यह परम्परा भारतेन्दु युग से ही प्रारम्भ हो गयी, स्वयं भारतेन्दु के नाटक इसके प्रस्थान-बिन्दु कहे जा सकते हैं।

भारतेन्दु के नाटकों में मिथक-प्रयोग पर विचार करते समय हमें ध्यान में रखना होगा कि उनके अनूदित नाटक भी उतने ही महत्त्वपूर्ण हैं जितने उनके मौलिक नाटक। अनूदित रचनाओं को हम दूसरे दर्जे का कार्य नहीं मान सकते, फिर भारतेन्दु-युगीन परिस्थितियों में किए गये अनुवाद-कार्य को तो कतई नहीं। भारतेन्दु के प्रायः सभी नाटक मिथकाश्रयी हैं। भारतेन्दु द्वारा मौलिक रूप से विरचित एवं अनूदित प्रायः

सभी नाटकों में विभिन्न रूप में मिथकों का प्रयोग किया गया है। भारतेन्दु ने अपने नाटक में मुख्यतः दो तरह से मिथक का प्रयोग किया। एक ओर, उन्होंने अपनी नाट्य-कृतियों में पौराणिक मिथकों का आधार लिया, दूसरी ओर उनकी कुछ कृतियों में आधुनिक मिथकों की सर्जना भी हुई। उनके सभी नाटकों में सामाजिक पीड़ा, राजनीतिक छटपटाहट, अतीत की ऐतिहासिक चेतना, प्रेम और भक्ति के प्रति गहरी आस्थाशीलता तथा इन सबकी यथार्थपरक मिथकीय अभिव्यक्ति देखी जा सकती है।

भारतेन्दु के नाटकों से ही हिन्दी नाटकों में आधुनिक चेतना का अनुप्रवेश होता है। उन्होंने मिथकाश्रयी नाटक लिखकर पराधीनता से मुक्त होने के लिए भारतीय जनता को बार-बार उद्वेलित किया और उसे संघर्ष-पथ पर चलने की प्रेरणा दी। भारतेन्दु के अतिरिक्त उनके समकालीन दूसरे नाटककारों ने भी मिथक का हथियार अपनाकर तत्कालीन यथार्थ को स्वर दिया। इस युग में समय की माँग के अनुरूप राष्ट्रीय भावना को जन-जन तक सम्प्रेषित करने के लिए विशेष रूप से मिथक-कथाओं का आधार ग्रहण किया गया।

भारतेन्दु के नाटकों का विषय बड़ा गहरा और विस्तृत है। सामाजिक, राजनीतिक, ऐतिहासिक और मानवीय जीवन के अन्य प्रमुख उद्देश्यों को लेकर मिथकों के आधार पर लिखे गये उनके नाटकों में अतीत, वर्तमान और अनागत—तीनों मूर्तिमन्त हो उठे हैं। भारतेन्दु ने अपने समकालीन समाज के जीवन-सन्दर्भों और परिवेश को नाट्यान्तरित करने के लिए मिथकों का नवीन प्रयोग किया। उनके नाटक मनोरंजनार्थ तो रचे ही गये थे, किन्तु अपने युगजीवन को अभिव्यक्ति देने की उनकी आकांक्षा भी कुछ कम प्रबल नहीं थी। इस दिशा में भी भारतेन्दु पूर्णतया सतर्क एवं सचेष्ट थे। अपने प्रायः सभी नाटकों में उन्होंने परतन्त्र भारत की मूलभूत समस्याओं को छूने की कोशिश की। यहाँ विवेचन की सुविधा और स्पष्टता के लिए कालक्रमानुसार उनके एक-एक नाटक का अलग-अलग आधार लेना अधिक युक्तियुक्त होगा।

भारतेन्दु द्वारा अनुवादित प्रथम नाटक 'विद्यासुन्दर' की कथा को बंगदेश में काफी ख्याति प्राप्त थी। संस्कृत की 'चौर पंचाशिका' के आधार पर प्रसिद्ध बंगला कवि भारतचन्द्र राय ने बंगला में विद्यावती के आख्यान को काव्यरूप में और यतीन्द्र मोहन ठाकुर ने नाट्यरूप में प्रस्तुत किया था। यतीन्द्र मोहन ठाकुर कृत 'विद्यासुन्दर' नाटक की छाया लेकर भारतेन्दु ने प्रथम बार उसे हिन्दी में प्रस्तुत किया। यह नाटक मुख्यतः एक प्रेमकहानी पर आधारित है, जिसमें वर्द्धमान नगर के राजा वीरसिंह की विदुषी और सुन्दर पुत्री विद्या तथा कांचीपुर के राजा गुणसिन्धु के गुणवान, शास्त्रज्ञ और विद्वान् पुत्र सुन्दर के मिलन, प्रेम, व्याघात और विवाह की कथा सन्निहित है। विद्या और सुन्दर की प्रेम कहानी प्रत्येक स्त्री-पुरुष की कहानी है, क्योंकि प्रेम की पिपासा हर किसी को है। इसके अभाव में हर कोई टूट-हार जाता है। इस प्रकार प्रेम एक सार्वजनीन एवं सार्वकालिक मिथक-तत्त्व और मानवीय आवश्यकता है, जिसे

भारतेन्दु ने 'विद्यासुन्दर' में पुनर्प्रतिष्ठित् किया। यदि विद्या और सुन्दर की कथा को हम मिथकधर्मी न मानें तो भी विद्या के विवाह के लिए निर्धारित शर्त को भारतेन्दुजी सीता और द्रौपदी के विवाह के लिए निर्धारित शर्तों से जोड़ने के प्रसंग को मिथक-प्रयोग की दृष्टि से नजरअन्दाज नहीं कर सकते। विद्या का त्रिभुवनमोहिनी होना सौन्दर्य की वैश्विक प्रतिष्ठा को संकेतित करता है। सौन्दर्य सम्पूर्ण मानवता को आकृष्ट एवं सम्मोहित करता है, यह मनुष्य की मनस्तात्त्विक और मिथकीय एकता का प्रमाण है। साहित्य में मिथकप्रयोग की महत्ता तभी प्रमाणित होती है जब वह यथार्थ के प्रक्षेपण का भी एक प्रमुख माध्यम बनता है। यह यथार्थ-प्रक्षेपण भी दो तरह का होता है—एक, सार्वकालिक यथार्थ, जैसे—'विद्यासुन्दर' में किया गया प्रेम-चित्रण; और दूसरा, समकालीन यथार्थ, जैसे—'विद्यासुन्दर' में ही सुन्दर द्वारा विद्या के निवास स्थान में गुप्त रूप से प्रवेश करते समय चौकीदार द्वारा प्रकट की गयी घूस की इच्छा और सुन्दर द्वारा उसकी सम्पूर्ति।

आरम्भ में हिन्दी भाषा को नयी शक्ति प्रदान करने के उद्देश्य से भारतेन्दु ने जिन नाटकों का अनुवाद किया, उसमें सम्वत् 1925 की अधूरी रचना 'रत्नावली' नाटिका भी शामिल है। यह संस्कृत में श्रीहर्षदेव द्वारा इसी नाम से लिखे गये नाटक के केवल आरम्भिक अंश का अनुवाद है, जिसमें पहले शिव और फिर पार्वती की मिथकधर्मी आस्थाशीलता के साथ वन्दना की गयी है। इसके बाद यौगन्धरायण द्वारा केवल मिथकीय ताने-बाने से बुनी रत्नावली की लोकप्रसिद्ध कथा की आरम्भिक भूमिका ही प्रस्तुत की जा सकी है। भारतेन्दु की अगली अनूदित नाट्य-कृति 'पाखण्ड विडम्बन' में किया गया मिथक-प्रयोग कई दृष्टियों से उल्लेखनीय है। इसमें मिथक का प्रयोग सम्पूर्ण कथा-खंड में न होकर बीच-बीच में आनुषंगिक रूप में हुआ है। इसके उदाहरणस्वरूप भारत में बहुप्रचलित पाप-पुण्य, स्वर्ग-नरक और देह-आत्मा की मिथकीय अवधारणा का उल्लेख किया जा सकता है। इसके अतिरिक्त पात्रों का नामकरण भी मिथकीय शैली में किया गया है। मसलन—शान्ति, करुणा, श्रद्धा, भक्ति, महामोह, पाखण्ड आदि प्रमुख पात्रों की नियोजना के पीछे मिथक और मनस्तत्त्व का गहरा गँठजोड़ कार्य करता है। इन पात्रों के माध्यम से योग, बौद्ध, जैन, शैव तथा वैष्णव आदि विविध मत-मतान्तरों के गुणावगुणों का विवेचन करते हुए भारतेन्दु ने अपने वैष्णव स्वभावानुरूप निष्कर्ष निकाला है कि शान्ति की माँ सात्त्विकी श्रद्धा केवल श्रीकृष्ण की भक्ति महारानी के संग से ही मिलती है, शेष मार्ग मनुष्य को रजोगुणी श्रद्धा तक ही पहुँचाते हैं। इसी क्रम में कुछ वैदिक प्रसंगों और कापालिकों के देवता भैरवनाथ का भी उल्लेख है।

सम्वत् 1930 में लिखित 'वैदिकी हिंसा हिंसा न भवति' भारतेन्दु की पहली मौलिक नाट्य-कृति है। इसमें अहिंसा का महत्त्व प्रतिपादित करने के लिए पहले हिंसा की व्यंग्यपरक भूमिका दी गयी है और बाद में वेद, शास्त्र, पुराण तथा महाभारत

आदि को उद्धृत करते हुए मांस-भक्षण को उचित ठहराया गया है तथा वैष्णवों को इस बात के लिए कोसा गया है कि उनकी तरह शरीर को व्यर्थ क्लेश क्यों दिया जाए? ध्यान रहे कि भारतेन्दु स्वयं परम वैष्णव थे। वस्तुतः 'अहिंसा' आज के और आने वाले युग के लिए भी एक अपरिहार्य मिथक है, जिसकी इस रचना में भारतेन्दु द्वारा विविध रूपों में व्यापक प्रतिष्ठा की गयी है। भारतेन्दु ने इस नाटक में जहाँ एक ओर पौराणिक मिथकों का आश्रय ग्रहण किया है वहीं दूसरी ओर सामाजिक विसंगतियों और उनके निराकरण की ओर भी संकेत किया है। जहाँ एक ओर वे विधवा-विवाह तथा पुनर्विवाह का समर्थन करते हैं, वहीं दूसरी ओर नारियों की स्वच्छन्दता-उन्मुक्तता के सन्दर्भ में विधिनिषेधों (टैबूज) का स्मरण दिलाना भी नहीं भूलते। एक लाख बकरों और पक्षियों की बलि की बात आनुष्ठानिक और टोटेमिक कर्मकाण्ड की द्योतक है। नाटक के चतुर्थ अंक में पूरा का पूरा पुराकालीन मिथकीय ढाँचा अपना लिया गया है—जहाँ यमपुरी, यमराज तथा उनके मन्त्री चित्रगुप्त की सभा में अपने किए का फल भोगने के लिए लौकिक पात्र गण्डकीदास, राजा, पुरोहित और मन्त्री सभी उपस्थित होते हैं। गंडकीदास धूर्त्त शिरोमणि है जो राम और कृष्ण की मिथक-कथाओं की ओट में व्यभिचार करता है। पुरोहित भी कुछ कम धूर्त्त नहीं है, वह वेद-पुराण की दुहाई देकर अपने छल-प्रपंच को छिपाता है। मनुष्य को दुष्कर्मों से विरत रखने के लिए भारतीय जनमानस में विविध नरकों की मिथक-कथाएँ प्रचलित हैं। 'वैदिकी हिंसा हिंसा न भवति' में राजा, मन्त्री, पुरोहित तथा गण्डकीदास के लिए अन्धतामिस्र, सूचीमुख, कुम्भीपाक तथा रौरव आदि प्रमुख नरकों का विधान किया गया है। नाटक के अन्त में एक बार पुनः बलि की टोटेमिक घटना घटित होती है। इस कृति में भी अंग्रेजी राज के प्रति विरोध और स्वतन्त्रता की झलक विद्यमान है, जिससे प्रमाणित होता है कि भारतेन्दु अपने समय की माँग के प्रति भी सदा सचेत थे।

विराट के यहाँ अज्ञातवास करते समय गोरक्षा के लिए अर्जुन का कौरवों से युद्ध तथा उत्तरा और अभिमन्यु के विवाह की प्रसिद्ध मिथक-कथा पर आधारित 'धनंजय विजय' भी भारतेन्दु की एक अन्य अनूदित कृति है। इस कृति में मिथक का प्रयोग आद्यन्त एक इत्तिवृत्त के रूप में हुआ है और समकालीन जीवन में इस मिथक की प्रतीकात्मक अर्थवत्ता का कोई उपाय नहीं किया जा सका है। इस नाटक में अर्जुन, उत्तर कुमार, कृपाचार्य, दुःशासन, भीष्म पितामह, दुर्योधन, द्रौपदी, कुन्ती और देवाधिदेव इन्द्र आदि सभी प्रख्यात मिथकीय चरित्र महाभारतीय कथा के अनुरूप ही हैं। महाराज विराट की गायों की रक्षा के लिए अर्जुन कौरवों से अकेले ही—विभिन्न मिथकों में वर्णित वरुणास्त्र, गरुणास्त्र, भुजंगास्त्र, वैनायकशास्त्र, नरसिंहास्त्र तथा प्रस्वापनास्त्र आदि का प्रयोग करते हुए—घनघोर युद्ध करते हैं और गोमुक्ति के साथ-साथ भीष्म के अतिरिक्त सभी विरोधियों को नंगा करके द्रौपदी के अपमान

का बदला चुकाते हैं। अन्त में उत्तरा और अभिमन्यु के विवाह का प्रसंग भी आता है और नाटक समाप्त हो जाता है। बीच-बीच में प्रसंगानुसार कृष्ण की अकेले ही सब कुछ कर डालने की सामर्थ्य और अर्जुन के इन्द्र-पुत्र होने की मिथकीय सन्दर्भ भी नाटक में प्रयुक्त है। इस नाटक की उपलब्धि यहीं तक सीमित है कि मिथकीय चरित्रों के माध्यम से अन्त में सत्य, धर्म और निष्ठा की असत्य, अधर्म और दुर्भावना पर विजय के सामाजिक नियम की प्रतिष्ठा हुई है।

'मुद्राराक्षस' नामक अनूदित नाट्य-कृति इतिहास, संस्कृति, राजनीति और कूटनीति के साथ मिथक के गहरे मेल का उदाहरण है। यहाँ स्पष्ट होना चाहिए कि मिथकीय चेतना के आदर्शबोध का ऐतिहासिक, सांस्कृतिक और राजनीतिक चेतना से कोई विरोध नहीं होता। माइकेल जेरेफा के शब्दों में बहुत हद तक यही कहा जा सकता है कि मिथक इतिहास का विरोधी नहीं, वरन् इतिहास का प्रतिपक्ष (काउन्टर पाट) है। यही बात संस्कृति और राजनीति से मिथक के रिश्ते पर भी लागू की जा सकती है। इतिहास और 'वृहत्कथा' आदि में पुरुवंश, नन्दवंश, जरासन्ध, महानन्द, शकटार, राक्षस, चाणक्य, चन्द्रगुप्त सहित महानन्द के नौ पुत्रों आदि की जो लम्बी कथा मिलती है उससे जनमानस भली-भाँति परिचित है। जरासन्ध आदि के प्रसिद्ध पुरुवंश को विस्थापित करके महानन्द आदि प्रसिद्ध नन्दवंशी राजाओं ने 138 वर्ष तक राज्य किया। महानन्द के दो मन्त्री थे—शकटार (शूद्र) और राक्षस (ब्राह्मण)। मन्त्री पद से हटाए जाने के बाद अपमानित शकटार ने महानन्द से बदला लेने के लिए कुशा की जड़ में मट्ठा डालकर उसे समूल नष्ट करनेवाले दृढ़निश्चयी चाणक्य को सर्वाधिक उपयुक्त माध्यम समझकर, उन्हें बड़ी बुद्धिमत्ता से नन्दवंश के विनाश के लिए प्रेरित किया। कहना न होगा कि आज के भारतीय समाज में चाणक्य की प्रतिष्ठा एक मिथकीय नायक से कम नहीं है। चाणक्य ने महानन्द और महारानी से उत्पन्न उनके आठ पुत्रों का विनाश करने के बाद मुरा नामक नाइन से उत्पन्न महानन्द के नवें पुत्र चन्द्रगुप्त को राजपद पर प्रतिष्ठित किया और नन्दवंश के प्रति निष्ठावान मन्त्री राक्षस को चन्द्रगुप्त का मन्त्रित्व स्वीकार करने को बाध्य कर दिया। 'मुद्राराक्षस' में चाणक्य द्वारा सम्पादित इस पूरी प्रक्रिया के कारण ही विल्सन को इस निष्कर्ष पर पहुँचना पड़ा कि इस नाटक में राजनय और राजनीति के व्यवहार बिम्बित हुए हैं। यहाँ पाटलिपुत्र और मगध की स्थापना के सम्बन्ध में प्रचलित मिथक-कथाओं की ओर भी ध्यानाकृष्ट करना समीचीन होगा। यह मिथकीय भूगोल का एक सजीव प्रमाण है, जिसके अनुसार विभिन्न संस्कृतियाँ इन नगरों में फलीं-फूलीं और ऐतिहासिक घटनाओं की साक्षी बनीं।

'सत्य हरिश्चन्द्र' भारतेन्दु की प्रसिद्ध नाट्य-कृति है जिसमें त्रिशंकु के पुत्र हरिश्चन्द्र की सत्यनिष्ठा और दानशीलता की जगत्प्रसिद्ध मिथक-कथा का आधार मान लिया गया है। हरिश्चन्द्र उन त्रिशंकु के पुत्र थे जो एक मिथकीय मुहावरे के

रूप में आज भी जन-जन की जिह्वा पर विद्यमान हैं। हरिश्चन्द्र की प्रशस्ति दूर-दूर तक, यहाँ तक कि देवलोक तक पहुँचती है। नारद के माध्यम से यह जानकर इन्द्र को विद्वेष होता है। इन्द्र की यह ईर्ष्या सहज मानवीय स्वभाव का प्रकटीकरण है। नारद इन्द्र को इसका बड़ा सटीक उत्तर देते हैं, यह कहकर कि 'बड़ा वही है जिसका चित्त बड़ा है।' साथ ही, नारद यह भी कहते हैं कि भारत भूमि जब पराधीन होगी तब भी हरिश्चन्द्र जैसे लोगों से उसका सिर ऊँचा रहेगा। यह परोक्ष रूप से भारतेन्दु द्वारा स्वतन्त्रता-प्राप्ति के लिए लोगों का संघर्षरत होने का आह्वान भी है। एक दिन स्वप्न में हरिश्चन्द्र अपना सर्वस्व किसी अज्ञात नाम-गोत्र ब्राह्मण को दान दे देते हैं। यह स्वप्नदर्शन इन्द्र और विश्वामित्र ही ईर्ष्या तथा षड्यन्त्र का दुष्परिणाम था। सभी दुख-वियोग सहने के बाद भी हरिश्चन्द्र अपनी सत्यनिष्ठा एवं दानशीलता से पीछे नहीं हटते—पत्नी शैव्या और मृत युवा पुत्र रोहिताश्व की हृदयविदारक दशा देखकर भी वे अपने दृढ़ निश्चय और कर्त्तव्य पर अटल रहते हैं। समूचे नाटक का मूल उद्देश्य मानवता को सद्वृत्तियों से जोड़ना है। यह नाटक मिथक के माध्यम से इसी यथार्थ को अभिव्यक्ति देने का एक सफल उपक्रम है। मिथक किसी रचनाकार के लिए आत्माभिव्यक्ति का भी एक सशक्त माध्यम होता है। 'सत्य हरिश्चन्द्र' नाटक में राजा हरिश्चन्द्र पर घटित घटनाएँ स्वयं भारतेन्दु हरिश्चन्द्र पर घटित घटनाएँ भी हैं। भारतेन्दु ने भी अपने जीवन में वही सब कुछ भोगा था जो राजा हरिश्चन्द्र ने।

'प्रेमजोगिनी' नाटक में भारतेन्दु ने वर्तमान काशी के पाखण्डपूर्ण धार्मिक एवं सामाजिक जीवन का वर्णन करते हुए अनेक मिथकीय पत्रों का उल्लेख किया है। किसी भी मिथक से जुड़े पुनीत स्थान की अपनी एक विशिष्ट स्थिति होती है। उस स्थान में अवस्थित नदी-निर्झर, गाँव-घर आदि सभी मिथकीय भूगोल के पुनीत अंग बन जाते हैं। इस प्रकार वर्तमान में भी यथार्थ स्थान को अपने विशिष्ट मिथकीय प्रभामण्डल के कारण पुनीत स्थान ही कहा जाता है। काशी का मिथकीय भूगोल के नक्शे में काफी प्रमुख स्थान है। 'प्रेमजोगिनी' इसी काशी की वर्तमानकालिक एवं अतीतकालिक व्याख्या है, जहाँ भगवती जह्नुनन्दिनी उत्तरवाहिनी होकर धुनषाकार तीन ओर से ऐसी लिपटी हैं, मानो इसको शिव की प्यारी जानकर, गोद में लेकर आलिंगन करते हुए अपने पवित्र जल-कण के स्पर्श से तापत्रय दूर करती हुई मनुष्य मात्र को पवित्र कर रही हैं। काशी में सन्ध्या समय घाट पर स्त्री-पुरुषों का स्नानादि तथा ब्राह्मण लोगों की सन्ध्या और शास्त्रार्थ करने का दृश्य देखकर लगता है, मानो कुबेरपुरी की अलकनन्दा में किन्नरगण और ऋषिगण अवगाहन करते हैं। ऐसी पवित्र काशी में ब्रज-ललना, ललित चरण-युगल, पूर्ण परब्रह्म सच्चिदानन्द वासुदेव आप ही श्री गोपाल बाल रूप धारण कर प्रेमियों को अपने दर्शन से कृतकृत्य करते हैं। काशी के इस माहात्म्य-वर्णन के अतिरिक्त दो अन्य बातें भी इस नाटक में उल्लेखनीय हैं। एक तो काशी-माहात्म्य के साथ-साथ भारतेन्दु ने रामचन्द्र के रूप में अपनी स्थिति का

भी बयान किया है, और दूसरे यह कि देश की स्वतन्त्रता के लिए वे यहाँ भी चिन्तातुर हैं।

भारतेन्दु ने 'विषस्य विषमौषधम' की रचना देश के राजे-रजवाड़ों के आपसी षड्यन्त्रों और कुचक्रों के वर्णन के लिए की। इसमें बड़ौदा के गायकवाड़ और सयाजीराव के बीच घटित राजनीतिक घटनाएँ दिखाई गयी हैं। पूर्णतः राजनीतिक परिवेश का नाटक होते हुए भी यह नाटक मिथकीय परिवेश से सर्वथा अछूता नहीं है। इसका एक पात्र भण्डाचार्य अपनी तुलना रावण और कलंकी चन्द्रमा से करता है। नाटक में एक स्थान पर राजा को दैवी शक्ति सम्पन्न कहा गया है, अर्थात् राजा में देव का अंश होने के कारण राजा और देव समतुल्य हैं। यह मान्यता मिथक के प्रभाव के परिणामस्वरूप ही अस्तित्व में आई, जो न सिर्फ भारत में, वरन् सभी देशों में स्वीकार की जाती है। नाटक के मिथकीय परिवेश की दृष्टि से भण्डाचार्य के स्वगत कथन या एकालाप के दौरान आई यह व्यंग्योक्ति भी देखी जा सकती है–"हे ईश्वर, जब तक गंगा-यमुना में पानी है तब तक इनका राज स्थिर रहे। अहा! हमारी तो पुरोहिती फिर जगी। हमें मल्हार राव से क्या काम, हमें तो उस गद्दी से काम है, 'कोउ नृप होउ हमउ का हानी'। धन्य अँगरेज! राम और युधिष्ठिर का धर्मराज्य इस काल में प्रत्यक्ष कर दिखाया।"

राजशेखर-कृत 'कर्पूरमंजरी' का भी भारतेन्दु ने अनुवाद किया। इसमें राजा चन्द्रपाल और कर्पूरमंजरी के प्रेम और विवाह का चित्रण है। इस प्रेम कहानी के अतिरिक्त 'कर्पूरमंजरी' में योग के अलौकिक एवं चमत्कारिक प्रभाव की मिथकीय चर्चा भी की गयी है। भैरवानन्द जी योगबल के द्वारा कर्पूरमंजरी को दूर देश से बुलाकर क्षण भर में राजा चन्द्रपाल के समक्ष प्रस्तुत कर देते हैं। यह नाटक को मिथकीय संस्पर्श देने का एक प्रयास भर है, बाकी और कुछ नहीं।

'श्री चन्द्रावली' विशुद्ध रूप से कृष्ण और गोपिका चन्द्रावली की प्रेमकथा पर आधारित है। पूरे नाटक की कथा मिथकीय ताने-बाने से बुनी है। इसके लिए नाटक में नारद, शुकदेव, कृष्ण, चन्द्रावली, श्रीमती (राधिका) और गोपियों आदि का पात्रीय नियोजन बड़ी कुशलता से किया गया है। वृन्दावन की मिथकीय महिमा भी नाटक के मिथकीय परिवेश का एक अंग है। मिथक के साथ मनस्तत्त्व की एकतानता भी कुछ स्थलों पर स्वतः प्रकट होकर सामने आती है। कृष्ण-प्रेम में लवलीन चन्द्रावली के चेतन पर उसका अचेतन पूरी तरह हावी है। वह रात को दिन बतलाती है और सखी वनदेवी को कृष्ण समझकर, उससे प्रेमालाप करते हुए छुड़ाने पर भी उसको छोड़ती ही नहीं है। कृष्ण और गोपियों का प्रेम वस्तुतः मानव-मन की एक आदिम वृत्ति का द्योतक है जो चिरन्तन काल तक मानव के स्वभाव-संस्कार में बसा रहेगा। इस आदिम राग-भूमि पर ही मानवता अधिष्ठित है। यदि प्रेम-भाव में मनुष्य सच्ची निष्ठा रखे तो फिर विभिन्न मत-वाले मतवाले आपसे में लड़े ही क्यों? 'श्री चन्द्रावली'

के चौथे अंक में ललिता द्वारा पूछने पर जोगिन वेशधारी श्रीकृष्ण कहते भी हैं कि मेरा पन्थ केवल अनुराग है, और कुछ नहीं। आदिम काल में मिथक के साथ-साथ संगीत और नृत्य भी उद्भूत होते थे। इन दोनों में भी मिथक की ही तरह मनुष्य को तन्मय, अभिभूत और सम्मोहित कर देने की शक्ति निहित रहती है। 'श्री चन्द्रावली' में इस तथ्य की ओर भी इंगित है।

भारतेन्दु-कृत 'भारत-दुर्दशा' और 'भारत-जननी' नामक दोनों नाटक राष्ट्रीय चेतना से ओत-प्रोत, स्वतन्त्रता के लिए छटपटाहट से भरे हुए और अंग्रेजों के कुकृत्य को अभिव्यक्ति देनेवाले हैं। दोनों नाटकों में क्रमशः भारत, निर्लज्जता, आशा, भारत-दुर्दैव, सत्यानास, धर्म, सन्तोष, निरुद्यमता, धन, अपव्यय, अदालत, फैशन, सिफारिश, फूट, डाह, भय, उपेक्षा, स्वार्थपरता, विद्या, अनैक्य, मदिरा, डिसलायल्टी और भारत-भाग्य तथा भारत-जननी, भारत सन्तान, भारत सरस्वती, भारत दुर्गा, भारत लक्ष्मी, धैर्य और ऐक्य आदि पात्रों की मिथकीय कल्पना की गयी है। भारत-दुर्दशा के अनेक बिम्ब भारतीय जनता की चिति में बार-बार एक समान उभरते हैं। दुर्दैव और भाग्य पर भरोसा रखनेवाली भारतीय मानसिकता तरह-तरह से छली जाती है, किन्तु सब कुछ सहते हुए भी संघर्ष के लिए एकबारगी उठ खड़ी नहीं होती तो इसके पीछे दुर्दैव एवं भाग्य की यही विभ्रम पालनेवाली गलत मिथकीय अवधारणा है। इसका अच्छा चित्रण भारतेन्दु ने दोनों नाटकों में किया है। उन्होंने पामर जयचन्दों के छल को धिक्कारते हुए सामाजिक विघटन के विरुद्ध भारतवासियों को जागरूक किया और अन्धविश्वास एवं आलस्य तथा अकर्मण्यता की गलत हिन्दू मानसिकता पर करारी चोट की। सच्चे अर्थों में भारतेन्दु की आधुनिकता एवं मौलिकता इन्हीं नाटकों में उजागर हुई। इन नाटकों में उन्होंने मिथक और यथार्थ का मणि-कांचन संयोग कराया। उन्होंने स्वतन्त्रता-प्राप्ति के लिए अपनी चिन्ता जताई और इस ओर से विमुख तत्कालीन साहित्यकारों पर तरह-तरह से व्यंग्य-प्रहार करके उन्हें जागृत किया। 'भारत-दुर्दशा' में आज की मदिरा अपने को वैदिक मिथकों में प्राप्त सोम की कन्या और देवताओं की प्रिया सुरा कहती है। उसी के प्रचार के लिए श्रौत्रामणि यज्ञ की आनुष्ठानिक क्रिया हुई थी और यह तब से निरन्तर सभी पौराणिक ग्रन्थों और धर्मों में पवित्र स्थान पाती रही है। इसलिए कोई उसे अशुद्ध नहीं कह सकता, जो ऐसा करे वह पशु है। यह सब व्यंग्यात्मक दलीलें हैं मद्यप्रेमियों की, जो आज भी भारत-दुर्दशा के एक प्रमुख कारण बने हुए हैं।

नाटककार भारतभूमि पर अवस्थित उन सभी राजों-महाराजों, नदी-नालों, वनपर्वतों तथा तीर्थों को धिक्कारता है जो भारतीय अस्मिता की रक्षा नहीं कर सके। भारत-माहात्म्य का बखान करते हुए भारतेन्दु देश-प्रेम की सामूहिक भावना से अभिभूत हो जाते हैं और देशवासियों की तमाम दुष्प्रवृत्तियों पर प्रहार करते हुए उनका आह्वान इन शब्दों में करते हैं—"हाय! अब भी भारत की ये दुर्दशा! अरे अब क्या चिता पर

सम्हलेगा। भारत भाई! उठो, देखो, अब यह दुःख नहीं सहा जाता, अरे कब तक बेसुध रहोगे?...हाय मुझसे तो अब यह दशा नहीं देखी जाती। प्यारे जागो।" 'भारत-दुर्दशा' और 'भारत-जननी' दोनों नाटकों में ऐक्य नामक पात्र का प्रतिस्थापन आज के सन्दर्भ में भी उतना ही प्रासंगिक है जितना कि भारतेन्दु-युगीन परिस्थितियों में था। वस्तुतः साहित्य सत्ता से संघर्ष का एक बहुत बड़ा हथियार है। भारतेन्दु ने यथार्थ-चित्रण के लिए इसका अनूठा प्रयोग किया है। भाषा की व्यंग्यात्मक लाक्षणिकता ऐसी है कि ऊपर-ऊपर से देखने पर लगेगा मानो नाटककार अंग्रेजों का समर्थन कर रहा है, पर भीतर उतरने पर साफ हो जाएगा कि वास्तव में वह लोगों को विद्रोह के लिए प्रेरित कर रहा है। 'भारत-जननी' में ब्रिटिश महारानी विक्टोरिया के लिए लगाए गये लम्बे विशेषणों वाला अंश इसके श्रेष्ठ उदाहरण के रूप में रखा जा सकता है। इसकी भाषा फिरंगियों के फरिश्ते भी न समझ पाते होंगे। भारत-सन्तानों को प्रेरित करने के लिए भारत-जननी जाबालि जैमिनी, गर्ग, पतंजलि, शुकदेव, व्यास, कृष्ण, कपिल, दुर्वासा, मनु, भृगु, विक्रम, भोज, राम, बलि, कर्ण, युधिष्ठिर, चन्द्रगुप्त, चाणक्य, दुर्गा आदि अतीत के मिथकीय चरित्रों का स्मरण कराती हैं।

'नीलदेवी' ऐतिहासिक गीतिरूपक है जिसमें पंजाब के एक हिन्दू राजा सूर्यदेव पर मुसलमानों के आक्रमण, राजा की हत्या और रानी के शौर्य की गाथा कही गयी है। यह सारा वृत्तान्त ऐतिहासिक होते हुए भी देश-प्रेम की अभिनव भावना से भावित है, जिसकी भारतेन्दुकालीन परिस्थितियों के साथ-साथ आज की परिस्थितियों में भी विशेष महत्ता है। देश-प्रेम के पीछे समूचे देशवासियों की सामूहिक भावना कार्य करती है। इस नाटक में देश के गौरव और अभिमान की रक्षा के प्रति भारतेन्दु ने परतन्त्र भारतवासियों को सचेत करने की चेष्टा की है। देशभक्ति मानवीय चिति की एकता का प्रदर्शन करती है जो मिथक की भी मूलभूत विशेषता है। 'नीलदेवी' के ऐतिहासिक होते हुए भी इसमें इन्द्र, त्रैलोक्य, देवगण और यज्ञ की हवि आदि सभी कुछ हैं, जिससे भारतेन्दु की प्रबल मिथकीय चेतना का एहसास होता है। यज्ञ की हवि साफ-साफ कर्मकाण्डीय प्रभाव (रिचुअलिस्टिक इफेक्ट) है।

'दुर्लभ बन्धु' भारतेन्दु की अन्तिम अनूदित कृति है जिसमें शेक्सपियर के प्रसिद्ध नाटक 'मर्चेन्ट ऑफ वेनिस' को भारतीय परिवेश में एक नये रूप में प्रस्तुत किया गया है। इस नाटक की दो-तीन बातें विशेष रूप से उल्लेख योग्य हैं, जिन्हें हम मिथकीय यथार्थ कह सकते हैं। मनुष्य की तितिर्षा कभी शान्त नहीं होती। बहुत कुछ पाकर भी उसकी सब कुछ पा लेने की पिपासा निरन्तर बनी रहती है। इस सत्य को भारतेन्दु जी ने प्रमुखता से उभारा है। प्रथम अंक के दूसरे दृश्य में नरश्री पुरश्री से कहती है, "प्रायः ऐसा देखा है कि जो बहुत धनवान हैं वह भी संसार से वैसे ही घबड़ाए रहते हैं जैसे वह लोग जो भूखों मरते हैं।...लक्ष्मी बहुत शीघ्र श्वेत बाल करती है पर तृप्ति बहुत दिन तक जिलाती है।" यह एक कटु सामाजिक सत्य

है जिसे मानवता पीढ़ी-दर-पीढ़ी जीती चली आ रही है। घूस की समस्या से भारतेन्दु इस नाटक में भी जूझते हैं जो आज भी भारतीय समाज में विकराल रूप में मुँह बाए खड़ी है। जैसा कि हम पहले उल्लेख कर चुके हैं, मानवीय चिति (ह्यूमन साइके) की सार्वभौम एकता मिथक की मूलभूत विशेषताओं में एक है। इस नाट्य-कृति में भी तीसरे अंक में पहले दृश्य में सलारन नामक पात्र से शैलाक्ष नामक जैन व्यापारी के कथन में इस तथ्य को विस्तार से संकेतित किया गया है। सच भी है कि जाति-धर्म के बदल जाने से मनुष्य के अंगों की बनावट, उनकी सुधि, उनके सुख और दुःख प्रीति और क्रोध, हँसी और रुदन आदि मूलभूत बातें भी बदल नहीं जातीं। शास्त्रों से घायल होने पर जैनी के भी शरीर से वही लाल रुधिर बहता है जो आर्यों के शरीर से; गुदगुदाने से दोनों के मुँह से एक-सी हँसी फूटती है और विष देने से दोनों ही मौत की नींद सो जाते हैं। यह मिथकीय सत्य आदिम युग से अनागत युग तक एक ध्रुव सत्य बना रहेगा।

'अन्धेर नगरी' आधुनिक मिथक का एक अनूठा उदाहरण है। ध्यातव्य है कि मिथक में व्यंग्य का प्रयोग करके रचनाकार यथार्थ को बड़े मार्मिक ढंग से प्रस्तुत करने में समर्थ हो जाता है। वस्तुतः यथार्थ-चित्रण के लिए व्यंग्य मिथक-आधारित रचना में बहुत बड़ा माध्यम बनकर सामने आता है। 'अन्धेर नगरी' में भारतेन्दु ने किसी पौराणिक मिथक का आश्रय न लेकर, पूरी रचना को ही मिथकीय बनाकर, एक सर्वथा नवीन मिथक गढ़ डाला है, जिसकी अतिरंजनापूर्ण व्यंग्यात्मक कथाएँ परवर्ती समय में भी एक मिथक बनकर समूची भारतीय मनीषा पर छा गयीं। 'अन्धेर नगरी' के चौपट राजा का अर्थ अब किसी को बताने की जरूरत नहीं पड़ती। इसका प्रतीकार्थ एक पीढ़ी से दूसरी पीढ़ी को स्वतः स्थानान्तरित हो जाता है। इस नाटक का आरम्भ ही मिथकीय परिवेश में होता है। राम-भजन, नारायण का आसरा, ठाकुरजी और शालिग्रामजी का भोग मिथक के प्रति गहरी आस्थाशीलता के द्योतक हैं। शासक के निकम्मेपन एवं अकर्मण्यता का ही प्रतिफल है कि इस राज्य में सब चीजें टका सेर बिक रही हैं, यहाँ तक कि जाति (देश) भी। मतलब यह कि मूल्यवत्ता नाम की चीज ही खत्म हो गयी है, भले ही वह सामाजिक, आर्थिक, नैतिक या राजनीतिक किसी भी चीज की हो। मूल्यों के खोने का अर्थ है सब कुछ खो देना, यहाँ तक कि अपने वजूद को भी खो देना। 'अन्धेर नगरी' की व्यंग्योक्तियों का प्रतीकार्थ यही है। यह कटु सत्य जितना भारतेन्दु के समय में चरितार्थ होता है, उतना ही प्रकारान्तर से आज के समय में भी कहीं न कहीं चरितार्थ हो सकता है।

अनबूझ सम्बोधन वाला चौपट राजा शराबी, भीरु, अविवेकी, मूर्ख और मन्त्री पर आश्रित रहने वाला है और कल्लू बनिये की दीवार गिरने से दबकर मर गयी फरियादी की बकरी के प्रकरण में उसकी न्याय करने की प्रणाली शासन के समूचे खोखलेपन को खोलकर रख देती है। यहाँ यह भी विचारणीय है कि भारतीय संविधान

की न्याय-प्रणाली में पाई जाने वाली आज की तमाम खामियाँ क्या उक्त राजा की न्याय-प्रणाली से थोड़ी भी मेल नहीं खातीं? आज के परिवेश को ध्यान में रखते हुए कुछ और पंक्तियाँ भी गौरतलब हैं। प्यादों के हाथ पकड़े जाने पर बेकसूर गोबरधन जब भगवान के यहाँ जवाबदेही की बात करता है तब प्यादे का यह उत्तर ध्यान देने योग्य है कि 'भगवान को जवाब राजा देगा। हमको क्या मतलब। हम तो हुक्मी बन्दे हैं।' बैकुण्ठ की धर्मप्रधान मिथकीय धारणा कितनी प्रबल है कि नाटक के अन्त में राजा और उसके इर्द-गिर्द निर्मित मूर्खों का समूचा लोक, गोबरधन के गुरु महंत की चतुराई के कारण, फाँसी चढ़ने के लिए आपस में होड़ करने लगता है। अन्त में राजा अपने विशेषाधिकार का प्रयोग करते हुए स्वयं फाँसी पर चढ़ता है और गुरु कहता है–

''जहाँ न धर्म, न बुद्धि, नहिं नीति, न सुजान-समाज,
ते ऐसहि आपुहि नसैं, जैसे चौपट राज।''

'सती-प्रताप' भारतेन्दु जी का अन्तिम और अधूरा नाटक है जो पूर्णतः पौराणिक मिथक पर आधारित है। इस नाटक की रचना के लिए उन्होंने शाल्व देश के राजा द्युमत्सेन के पुत्र सत्यवान और मद्यदेश के जयन्तीनगर के राजा अश्वपति की पुत्री सावित्री के प्रेम, विवाह, सत्यवान की असमय मृत्यु और सावित्री द्वारा अपने प्रताप के कारण यमराज से सत्यवान का जीवन वापस पा लेने की मिथकीय कथा का आश्रय ग्रहण किया गया है। इतिवृत्तात्मकता से ऊपर उठकर इस नाटक की ओर कोई विशेष उल्लेखनीय उपलब्धि नहीं है जिसका पृथक रेखांकन किया जा सके।

भारतेन्दु द्वारा मौलिक रूप से लिखित और अनूदित उपर्युक्त नाटकों से गुजरने के बाद हम कह सकते हैं कि उनके नाटकों में इतिहास, भूगोल, राजनीति, कूटनीति, संस्कृति, प्रेम और भक्ति तथा यथार्थ के साथ मिथक की गहरी कान्तमैत्री देखने को मिलती है। भारतेन्दु के नाटकों में ये सभी परस्पर एकमेक होकर सामने आए हैं। वस्तुतः उनके नाटकों की सामग्री जीवन के बहुविध पक्षों से ली गयी है। उन्होंने नाटक के माध्यम से अपने सम्पूर्ण युग-जीवन को अभिव्यक्ति देने की कोशिश की है। प्रेम उनके नाटकों की मूल अन्तर्वर्ती धारा है, जिसका स्वरूप कहीं व्यक्ति और जाति-प्रेम के रूप में सामने आया है तो कहीं राष्ट्रीय और सांस्कृतिक प्रेम के रूप में। सभी नाटकों में भारतेन्दु की अपने आराध्य के प्रति गहरी आस्थाशीलता का प्रदर्शन मिथकीय शैली में ही हुआ है। कहना न होगा कि क्रान्तिद्रष्टा रचनाकार होने के कारण भारतेन्दु ने वर्तमान को जीते हुए व्यतीत और अनागत तक अपनी मानसिकता का विस्तार किया था।

भारत-दुर्दशा : नाटक का प्रस्थान-बिन्दु

❑ श्रीनारायण सिंह

नाटक एक ऐसी विधा है, जिसके द्वारा साहित्य का जनता से सीधा संवाद होता है। इसमें भोक्ता रंगकर्मी और दर्शक का सीधा आमना-सामना हुआ करता है। किसी बीच के माध्यम की आवश्यकता नहीं पड़ती। अस्तु नाटक का दर्शक पर जो असर पड़ता है वह हमेशा 'फर्स्ट हैंड' होता है। यही कारण है कि सामाजिक उन्नयन में महत्तम हिस्सेदारी निभाने की आतुर आकांक्षा वाला, प्रखर राजनीतिक चेतना सम्पन्न रचनाकार नाट्य विधा को ही अपनी अभिव्यक्ति का उपजीव्य बनाता है। इस दृष्टि से भारतेन्दु हरिश्चन्द्र ने अपने पूरे साहित्यिक जीवन में अगर नाट्य-लेखन को विशेष महत्त्व दिया अथवा उनकी नाट्य-रचनाएँ उन्हीं द्वारा रचित अन्य साहित्य-विधाओं (कविता, निबन्धादि) की तुलना में अत्यधिक ऊर्जस्वित हैं तो इसका श्रेय उनकी उस प्रखर क्रान्तिकारी चेतना को है जो सृजन जगत से बाहर भी राजनीतिक पर्चों के प्रकाशन तथा जनसभाओं के सम्बोधनों में जब-तब उजागर होती रही।

यहाँ भारतेन्दु की सजग रचनात्मकता का गहरा बोध निदर्शित करने वाली ऐतिहासिक कृति 'भारत-दुर्दशा' के बहाने हम नाट्य रचनात्मकता के सबक उद्‌घाटित करने का प्रयास करेंगे।

सामाजिक अवयव होने के नाते कोई भी सजग रचनाकार अपने समाज से विलग नहीं रह सकता, अपने समय की कटु सच्चाइयों से आँखें नहीं चुरा सकता। ऐसे रचनाकारों द्वारा रचा गया साहित्य सामाजिक संघर्ष का सूचक ही नहीं, उसे निश्चित परिणति तक ले जानेवाला नियामक भी होता है। अतएव जब तक समाज में शोषण, उत्पीड़न, तड़प, बेचैनी तथा विवशता है, दलित जनसमुदाय की आकांक्षाओं की सशक्त अभिव्यक्ति के सिवा साहित्य की कोई दूसरी नियति हो नहीं सकती। भारतेन्दु का रचनाकाल हिन्दी साहित्य के नवजागरण का वह प्रारम्भिक काल है, जब सामन्तवाद और साम्राज्यवाद की टकराहट में पूँजीवादी संस्कृति अँखुआ रही थी। संस्कृतियों की टकराहट से उस संक्रमण काल में हिन्दी-साहित्य ने मानवेतर

एवं सामन्ती मूल्यों से नाता तोड़कर धरती के जनसामान्य से अपना ऐतिहासिक रिश्ता पुख़्ता किया। तभी तो नवजागरण के उस काल में पुरातनता के प्रति जहाँ एक हद तक आसक्ति मिलती है, वहीं परिवर्तन की उद्दाम लालसा भी। तत्कालीन समाज में पुरातन एवं परिवर्तन में जारी कशमकश के व्यापक सामाजिक, आर्थिक एवं राजनीतिक कारण थे। यहाँ यह ध्यातव्य है कि वर्तमान की बुनियाद पर ही रचनाकार व्यतीत के स्तूप खड़ा करता है अथवा अनागत के सपने सँजोता है। भारतेन्दु देश और उत्पीड़ित जाति के उन्नयन से प्रतिबद्ध एक ऐसे ही रचनाकार थे, जिनकी रचनाओं में सन् 1857 के सिपाही-विद्रोह के आसपास का संक्रान्तिकालीन भारत अभिव्यक्त हुआ है। इसी चेतना से उद्वेलित होकर 'भारत-दुर्दशा' में उन्होंने आपसी कलह, द्वेष, वैमनस्य, फिरकापरस्ती आदि दुर्गुणों के पंक में धँसे देश की शोचनीय अवस्था का अत्यन्त मार्मिक एवं नाटकीय चित्रण प्रस्तुत किया तथा उसे उन्नयन के गौरव-शिखर तक ले जाने का सन्देश दिया।

कथ्य की दृष्टि से 'भारत-दुर्दशा' का सीधा सम्बन्ध देश की परतन्त्रता और आर्थिक शोषण से है। जैसा कि नाम से ही लगता है—इसमें नाटककार ने भारत की दुर्दशा का कारुणिक चित्र खींचा है। नाटककार की समझ के मुताबिक भारत वर्ष की इस दुर्दशा के लिए देश की राजनीतिक परतन्त्रता जितनी उत्तरदायी है। उससे जरा भी कम जवाबदेह यहाँ की आम जनता का वैयक्तिक चरित्र नहीं है। नाटककार ने इन दोनों ही कारणों को मद्दे नजर रखते हुए घटनाओं का तथ्यगत चित्रण किया है। प्रारम्भ में हम पाते हैं कि 'भारत-दुर्दशा' का योगी अंग्रेजों द्वारा राष्ट्रय सम्पत्ति को दोनों हाथों से लूटते देखता है, लेकिन उसे इन आपदाओं से उबरने का कोई उपाय नहीं सूझता। किंकर्तव्यविमूढ़ता की ऐसी हालत में योगी विलाप के लिए भारतवासियों का सामूहिक आह्वान अगर करता है—"रोअहु सब मिलि के आवहु भारत-भई, हा-हा! भारत दुर्दशा न देखी जाई", तो इसका कारण वह सामाजिक पृष्ठभूमि है, जिसमें अंग्रेज अपने अमानवीय दमन का नग्न नृत्य सरेआम प्रदर्शित करने लगे थे। प्रेस पर निरंकुश सत्ता के आतंक की पहरेदारी थी। 1857 के गदर के पश्चात् जालिम हुकूमत ने अपनी दमन-नीति और तेज कर दी थी। व्यापार के झाँसे में निश्छल जनता को गुलाम बनानेवाले अंग्रेज 1815 ई. तक भारत से 15 लाख रुपयों की लूट कर चुके थे। 1870 के भयंकर दुर्भिक्ष ने लाखों जानें ली थीं। ऐसी विषम परिस्थिति में भारतीय जनता की आर्थिक दुरवस्था त्रासद होती जा रही थी और जनमानस में बढ़ते असन्तोष पर काबू पाने के लिए दमन-चक्र निरन्तर सख़्त एवं अमानवीय तथा न्याय व्यवस्था लगातार कठोर होती जा रही थी। इस पृष्ठभूमि में 'भारत-दुर्दशा' का योगी निश्चय ही भारतवासियों का सामूहिक आह्वान रोने भर के लिए नहीं करता। क्योंकि रोने की यह तैयारी प्रचलित अर्थ में दिल को हल्का

करने का उपक्रम मात्र नहीं है, रोने के कारणों की वस्तुगत छानबीन भी है, ऐतिहासिक गौरव की पृष्ठभूमि पर देश की दयनीय दशा का मार्मिक चित्रण भी है। तभी इस रुदनाह्वान की स्वाभाविक परिणति–"पै धन बिदेस चलि जात इहै अति ख्वारी" में होती है।

दूसरे अंक में भारत आर्तनाद करता है–"मातः, राजराजेश्वरी वियजनी। मुझे बचाओ अपनाए, की लाज रखो" किन्तु कोई उसे बचाने नहीं आता। भारत पुनः कहता है–"हाय! मैंने जाना था कि अंग्रेजों के हाथ में आकर हम अपने दुःखी मन को पुस्तकों से बहलावेंगे और सुख मानकर जन्म बितावेंगे पर देव से वह भी न सहा गया। हाय! कोई बचाने वाला नहीं।"

अन्तिम अंक में भारत भाग्य का स्वगत कथन है–"हा भारत! तेरी क्या दशा हो गयी! हे करुणासागर भगवान, इधर भी दृष्टि कर! हे भगवती राजराजेश्वरी इसका हाथ पकड़ो" परन्तु अचेत भारत को सजग करने की भारत भाग्य की सारी चेष्टाएँ नाकामयाब साबित होती हैं। इधर भारत की त्रासदी बढ़ती जाती है। अब वह दुनियादारी की विडम्बनाओं को न समझ पाने के कारण अपने को अकेला और निस्सहाय मानने लगता है। फलतः दुनिया में रहकर दुनिया की वस्तुस्थितियों से टकराने के बदले वह जीवन से ही पलायन की बात सोच बैठता है और तत्क्षण अपनी छाती में कटार भोंककर खुदकुशी कर लेता है।

इतिहास-सिद्ध बात है कि सामन्तवाद की तुलना में पूँजवाद ज्यादा प्रगतिशील रहा है और अत्यधिक आकर्षक भी। इसमें शोषण के तन्त्र ही नहीं बदले, चीजों की परख के निकष भी बदल गये और मूल्यबोध भी परिवर्तित हुए। चूँकि, पूँजीवाद मनुष्य की समस्त क्षमता का इस्तेमाल अपने हित में करता है, अतः अनिवार्य तौर पर एक सीमा के बाद इससे लोगों का मोहभंग होने लगता है और एक खास स्थिति में लोग इससे विद्रोह कर बैठते हैं। 'भारत-दुर्दशा' में 'अभिनय की कटोरिया-सी विक्टोरिया' तथा 'राजराजेश्वरी' की बार-बार दुहाई पूँजीवादी सभ्यता के विकास का द्योतक है और इसके आकर्षण के इन्द्रजाल से मोहग्रस्त मन की अभिव्यक्ति भी। मगर सच तो यह है कि इस तरह के आकर्षण का जादू बहुत दिनों तक टिक नहीं पाता। वह शीघ्र ही कपूर की तरह काफूर हो जाता है और तब शेष रह जाता है छलावे के प्रति आक्रोश, जिसकी अभिव्यक्ति विद्रोह के रूप में होती है। 'भारत-दुर्दशा' भी टैक्स, महँगाई, शोषण दमन की राष्ट्रीय चिन्ता से शुरू होकर बेहोशी, नैराश्य तथा आत्महत्या की त्रासदी में समाप्त होनेवाला एक ऐसा ही नाटक है जो अंग्रेजी हुकूमत की कलई खोलकर रख देता है। साथ ही इस सत्य का भी साक्षात्कार करा देता है कि अधिकार प्राप्ति के लिए संघर्ष अनिवार्य शर्त है तथा परावलम्बी व भाग्यवादी लोगों की सिवा निराशा के कोई नियति नहीं है। यहाँ तक आते-आते भारतेन्दु को

इस कड़वी सच्चाई का बोध हो गया था कि अंग्रेजी राज में सुख से दिन बिताने के मंसूबे फालतू हैं। पुस्तकों से मन बहलाने की कल्पना निरर्थक है।

'भारत-दुर्दशा' के दूसरे अंक में–रचनाकार का यह यथार्थ-बोध भारत की इस स्पष्टोक्ति में देखा जा सकता है–"हाय! मैंने जाना था कि अंग्रेजों के हाथ में आकर हम दुःखी मन को पुस्तकों से बहलावेंगे और सुख मानकर जन्म बितावेंगे पर दैव से वह भी न सहा गया। हाय! कोई बचानेवाला नहीं।" 'भारत-दुर्दशा' तथाकथित लोक कल्याणकारी अंग्रेजी राज्य के कुकृत्यों का पर्दाफाश करने वाली ऐतिहासिक कृति तो है ही, इसमें आर्थिक, सामाजिक और धार्मिक मोर्चे पर विगलित जाति की पस्त मनीषा का भी सूक्ष्म एवं स्पष्ट चित्र खींचा गया है। तभी तो देश की दुर्दशा का चित्र उपस्थित करते हुए सत्यानाश फौजदार कहता है–"महाराज! धर्म ने सब के पहिले सेवा की–

रचि बहु बिधि के वाक्य पुरानन माँहि घुसाए!
शैव शाक्त वैष्णव अनेक मत प्रगटि चलाए॥
जाति अनेकन करी नीच अरू ऊँच बनायो।
खान-पान सम्बन्ध सबन सो बरजि छुड़ायो॥
जन्म पत्र विधि मिले ब्याह नहिं होन देत अब।
बालकपन में ब्याह प्रीति-बल नास कियो सब॥
करि कुलीन के बहुत ब्याह बल वीरज मार्‌यो।
विधवा-ब्याह निषेध कियो बिभिचार प्रचार्‌यो॥
रोकि विलायात-गमन कूप मण्डूक बनायो।
औरन को संसर्ग छुड़ाइ प्रचार घटाओ॥
बहु देवी देवता भूत प्रेतादि पुजाई।
ईश्वर सों सब विमुख किए हिन्दू घबराई॥

वेदान्त ने भी इस जाति के साथ कोई कम निर्ममता का सलूक नहीं किया। इसी के चलते सम्पूर्ण जाति टुकड़ों में विभक्त होकर कर्तव्य-भ्रष्ट, निरभिमानी निर्दय और निस्तेज हो गयी। भारतेन्दु ने ठीक ही लिखा है–

रचिकै मत वेदान्त को, सबको ब्रह्म बनाय।
हिन्दुन पुरुषोत्तम कियो, तोरि हाथ अरु पाय॥

स्पष्ट है कि धर्माडम्बर के भँवर जाल में फँसकर भारतवासी अपना पौरुष गवाँ बैठे और इसकी क्षतिपूर्ति मनोगत तौर पर सन्तोष की दिमागी उपलब्धि में हुई। फलतः व्यवसाय चौपट हो गया और जीवन का मूल मन्त्र 'सन्तोषं परमं सुखम्' बना। इतना ही नहीं, भारत की आर्थिक स्थिति को विरूपित करने में अपव्यय, अदालत,

फैशन, फूट, डाह, लोभ, भय, स्वार्थपरता, पक्षपातादि तत्त्वों की भी मुख्य उत्प्रेरक भूमिका रही। नाटक में भारत-दुर्दैव और सत्यानाश फौजदार के वार्त्तालाप में ये तथ्य पूरे विस्तार में उजागर हुए हैं। और यहाँ तक आते-आते नाटककार ने अंग्रेजों के उन सारे तिकड़मों का पर्दाफाश कर दिया है, जिनके चलते सम्पूर्ण भारतीय समाज दिन-प्रतिदिन दारिद्र्य, जातीय कलह और आपसी फूट की ज्वाला में झुलसता चला गया। अब उनके दिमाग में यह बात साफ हो चली थी कि ब्रिटिश उपनिवेशवाद की स्थापना का मूल कारण सामन्तों के छिटपुट विरोध के बावजूद सामन्तवाद की पहलकदमी ही रही है। तभी तो 'भारत दुर्दशा' से पहले की रचनाओं में जहाँ सामन्ती शोषण के औजारों के प्रति मात्र आक्रोश की कलात्मक अभिव्यक्ति मिलती है, वहाँ 'भारत-दुर्दशा' और बाद की रचनाओं में इनका विद्रूप चित्रणों द्वारा सख्ती से पर्दाफाश किया गया है। यहाँ तक आते-आते भारतेन्दु इस सच्चाई को तल्खी से महसूसने लगे थे कि भारतीय समाज में जब तक सामन्ती रूढ़ियाँ विद्यमान रहेंगी, जनजागरण का कोई भी प्रयास सफल नहीं हो पाएगा और न गोरे लुटेरों के विरुद्ध आम जनता को लामबन्द ही किया जा सकेगा। तद्युगीन भारत की आर्थिक दुरवस्था को इसी पृष्ठभूमि में समझा जा सकता है। और तभी हम आधुनिक हिन्दी साहित्य के मसीहा भारतेन्दु की संवेदनात्मक छटपटाहट से अपना सरोकार बैठा पायेंगे।

'भारत-दुर्दशा' में नाटककार ने न सिर्फ तात्कालिक सामाजिकार्थिक परिस्थितियों का सूक्ष्म रेखांकन प्रस्तुत किया है, बल्कि नागरिक जीवन में व्याप्त सांस्कृतिक गतिरोध के कारणों की तलाश भी की है और अपनी व्यंग्यात्मक शैली में सामाजिक उत्थान के मार्ग प्रशस्त करने से सम्बद्ध उपयुक्त मशविरा भी दिया है। तथ्य है कि आलस्य, अशिक्षा, व्यक्तिगत फिरकापरस्ती और यथास्थितिवादिता के प्रतिगामी दौर में जब चरित्र का संकट गहरा जाता है, लोगों के मन से देशोन्नयन की भावना जाती रहती है। उनमें ने विद्याभ्यास के प्रति कोई विशेष रुचि शेष रहती है और न बल, बुद्धि का तेज ही। 'भारत-दुर्दशा' के पाँचवें अंक में आयोजित सात सभ्यों की कमेटी एक तरह से इसी तथ्य को औचित्य प्रदान करती है। क्योंकि अगर ऐसी बात न होती तो देश की समस्या पर विचार कर रहे सभ्यों के बीच से यह आशंका—"इस कमेटी में आने से कमिश्नर हमारा नाम तो दरबार से खारिज न कर देंगे?" व्यक्त करने के आखिर मायने क्या हैं? डिसलॉयल्टी के आने पर कमेटी के सभापति को सफाई देने की जरूरत क्यों महसूस हुई और दूसरे देशी (सात सभ्यों में से एक) को टेबल के नीचे छिप जाने की आवश्यकता ही क्यों आ पड़ी? इसी प्रकार भारत-दुर्दैव को हटाने के लिए कवि, बंगाली, एडीटर आदि जो उपाय सुझाते हैं। वे उपाय आखिरकार अव्यावहारिक, हास्यास्पद और बुद्धिहीनता के सूचक ही तो हैं। यहाँ एक बात और ध्यान देने योग्य है कि सात सभ्यों की कमेटी में आए सदस्यगण भारत के विभिन्न तबकों का प्रतिनिधित्व करते हैं और नाटककार का उद्देश्य सभी तबकों के चरित्र

को 'एक्सपोज' करना है। वैसे नाटककार का स्वर प्रस्तुत स्थल की आयोजना में भी आद्योपान्त व्यंग्यात्मक है और यह व्यंग्य अपनी प्रभविष्णुता में मनोरंजक नहीं, बल्कि आँखों में मिर्च की बुकनी की तरह असरदार है जो समाज की समस्त विद्रूपताओं के शिकार भारतीयों के अकर्मण्य चरित्र को तार-तार करके रख देता है। डा॰ रामविलास शर्मा ने ठीक लिखा है—''इस दृश्य में जितनी गहरी भारतेन्दु की राजनीतिक सूझ-बूझ है, उतनी ही ऊँची उनकी प्रहसन-कला है। जनता से विच्छिन्न बुद्धिजीवियों की असहाय दशा का इससे अच्छा चित्रण हिन्दी में न मिलेगा। सबके चरित्र अलग-अलग, सबकी बोली-बानी अलग-अलग, 'भारत-दुर्दशा' के दुःस्वप्नों में मानो यथार्थ की एक सजीव झाँकी जड़ दी गयी हो। इसके साथ डिसलॉयल्टी की बातचीत से अंग्रेजों की आतंकवादी नीति पर अलग प्रकाश पड़ता है।'

1857 के राष्ट्रीय विद्रोह के समय की परिवर्तित भावना साहित्य के न केवल वस्तुजगत में अभिव्यक्त हुई, वरन् रूप के बदलाव में भी उजागर हुई। उस काल में जातीय संघर्ष का दबाव इतना प्रबल था कि अगर हम केवल नाटक की बात करें तो भारतेन्दु जिस कथ्य को लेकर नाटक रचना चाहते थे और नाट्य रचना की, 'भारतीय शैली' उसकी इजाजत नहीं देती थी और 'पारसी शैली व्यर्थ साबित हो रही थी। ऐसी स्थिति में जातीय जीवन के प्रति ईमानदार रहने के लिए उनके पास प्रयोग के अलावा दूसरा उपाय न था। भारतेन्दु की सजग रचनात्मकता को सम्पूर्णता में समझने के लिए 'भारत दुर्दशा' के रूपपक्ष पर भी विचार करना होगा।

'भारत-दुर्दशा' में न केवल विषय-वस्तु की दृष्टि से बल्कि रचना-तकनीक की दृष्टि से भी संक्रान्तिकालीन जाति के संघर्ष उजागर हुए है। चूँकि संक्रान्तिकाल में चीजों की पुरानी व्यवस्था से नयी आकांक्षाओं का सामंजस्य बैठ नहीं पाने के कारण परिवर्तन की भावना प्रबल रहती है। अतः ऐसे समय में बन रही व्यवस्था में ऊबड़-खाबड़पन का होना स्वाभाविक है। भारतेन्दु के नाटकों, खासकर 'भारत-दुर्दशा' की रचना-व्यवस्था में इस तरह का ऊबड़-खाबड़पन अगर मिलता है, तो इसका कारण कथ्य की अभिव्यक्ति के अनुरूप एक समर्थ नाट्य-शिल्प निर्मित करने की प्रयोग-भावना माननी चाहिए। क्योंकि हमें मालूम है कि भातेन्दु के समय 'हिन्दी रंगमंच' नाम की कोई चीज हवा में भी नहीं थी और 'पारसी थियेट्रिकल कम्पनियों' की प्रस्तुतियाँ अपनी फूहड़ता के चलते विज्ञ और सुधीजनों के लिए 'आउटडेटेड' हो गयी थी। ऐसी स्थिति में भारतेन्दु को स्वयं अपने नाटकों के प्रस्तुतीकरण का सारा बन्दोबस्त करना पड़ा। चूँकि उस वक्त पारसी रंगमंच से इतर रंगमंच का कोई प्रचलित स्वरूप उपलब्ध न था, अतः सुसंस्कृत लोगों की रुचि के अनुरूप पारसी रंगमंच को ही परिमार्जित कर पुनर्प्रस्तुत करना उस समय की उपलब्धि मानी जाएगी। कहने की आवश्यकता नहीं कि अपने नाटकों के अभिनय से सम्बद्ध व्याख्याओं एवं 'नाटक' आदि वैचारिक लेखों द्वारा भारतेन्दु ने यह ऐतिहासिक कार्य किया। वर्तमान समय

में जबकि हिन्दी रंगमंच अपनी शैली खुद निर्मित कर चुका है तथा इसी तकनीक अपेक्षाकृत अत्यधिक वैज्ञानिक हो गयी है, 'भारत-दुर्दशा' की नाट्यकला पर निश्चय ही उन्हीं कोणों से विचार किया जा सकता है जो नाटक की बुनियादी शर्तों के करीब पड़ते हैं।

'भारत-दुर्दशा' एक दुखान्त नाटक है। इसका अन्त हत्या, रक्तपात की त्रासदी में तो होता ही है, इसमें संघर्ष, सक्रियता और प्रभाव-समुच्चय की प्रवृत्ति भी आद्यन्त मिलती है। इस अर्थ में इसका रचना-तन्त्र पाश्चात्य-शैली से अनुप्रेरित है। पश्चिमी आचार्यों ने संघर्ष, सक्रियता और समष्टि प्रभाव को ही नाटक का सब कुछ माना है। 'भारत-दुर्दशा' में भी आद्यन्त संघर्षमयी स्थितियों की शृंखला, सक्रियता का वेग और समष्टि प्रभाव-स्थापना की प्रवृत्ति मिलती है। हम पाते हैं कि भारत की जहालत भरी स्थितियों से मुक्ति-प्रार्थना एवं अपने को बेहतर बनाने के थोड़े प्रयासों का आभास पाते ही प्रतिनायक भारत-दुर्दैव के कान खड़े हो जाते हैं। अब वह भारत को पहले से अधिक शिकस्त देने की तैयारियाँ शुरू कर देता है जो सत्यानाश फौजदार की सक्रियता से प्रारम्भ होकर संघर्ष, भोग, आलस्य, मदिरा, अन्धकारादि की सक्रियता में विकसित होती है। कथ्य-विस्तार की दृष्टि से सात सभ्यों की मीटिंग को नाटक के विकास की चरम सीमा कहा जा सकता है। क्योंकि भारत को शोषण-उत्पीड़न की जहालत से त्राण दिलाने का यह महत्तम प्रयास भी तब निष्फल सिद्ध हो जाता है जब सातों सभ्य गिरफ्तार कर लिये जाते हैं। नायक का पक्ष पहने ही बेजान था, इस हादसे को अब वह नहीं झेल पाता, अचेत हो जाता है। इसे संघर्ष का उतार या निगति कह सकते हैं। और नायक के प्रधान सहायक की आत्महत्या के साथ संघर्ष का अन्त होता है। संघर्ष की ऐसी आयोजना में भारोपीय शैली का अनुसरण किया है, पर इसमें नाटककार को वांछित सफलता नहीं प्राप्त हो सकी है। क्योंकि संघर्ष दुर्बल है तथा सर्वथा एकपक्षीय। सही मायने में इसे संघर्ष भी नहीं कहा जा सकता, कारण कि दूसरा पक्ष बिलकुल ही मरियल है। अब सवाल उठता है कि जो अपने ही अन्तर्विरोधों से मरणासन्न है, उसे मारना क्या? नायक तो शुरू से आखिर तक मूर्च्छा में ही पड़ा रहता है, फिर संघर्ष कहाँ? और किससे?

'भारत-दुर्दशा' को नाट्यरासक भी कहा जाता है। ऐसा कहनेवाले न सिर्फ नाट्यशास्त्र के पंडितगण हैं, बल्कि स्वयं भारतेन्दु ने भी इसे नाट्यरासक ही स्वीकारा है। इस स्वीकारोक्ति के पक्ष में जो कारण गिनाए जाते हैं, उनमें भारत को धीरोदात्त नायक कहा गया है और भारत भाग्य को पीठ मर्द। इसी के तहत 'भारत-दुर्दशा' में आयोजित नृत्य एवं गीत के बाहुल्य को भी रेखांकित किया गया है। वस्तुतः नृत्य एवं गीत के विचार से ही इसे 'नाट्यरासक' या 'लास्यरूपक' कहा जा सकता है। अन्यथा इसमें एक की जगह छह अंक हैं। नायिका न वासकसज्जा है, न अन्य किसी भेद के अनुरूप। शृंगार या हास्य की प्रधानता भी इसमें नहीं है। नृत्य, गीत का

आधिक्य भी कथानक और उद्देश्य के विचार से अनुपयुक्त ही लगता है। क्योंकि एक ऐसा दुखान्त नाटक जिसमें नायक आद्यन्त मूर्च्छित पड़ा हो, गीत और नृत्य की बहुलता एकदम ही अच्छी नहीं लगती। अतः विवेचकों का यह मन्तव्य कि "हर्षोत्सव की पृष्ठभूमि में विषाद का रंग गाढ़ा करने के विचार से नाटककार ने यह आयोजन किया है"–युक्तियुक्त नहीं लगता।

तथ्य है कि रचनाधर्मिता को ठीक से पहचाने बगैर जीवन और समय के यथार्थ-बोध की रचना सम्भव नहीं हो पाती है। रचनाधर्मिता की यह पहचान जिस रचनाकार में जितनी तीव्र होती है उतनी ही सशक्त एवं जीवन्त उसकी रचना होती है। सच तो यह है कि भारतेन्दु का युगबोध जैसा सशक्त था, रचनाधर्मिता के प्रति वैसी सजगता उनमें नहीं मिलती। यही कारण है कि 'भारत-दुर्दशा के कथा-निर्माण में हत्या, युद्ध, अन्धकारादि के दृश्य में और विषादमय अन्त में यूरोपीय पद्धति का कुछ अनुकरण अगर हुआ भी है तो पात्रों के चरित्र-चित्रण में उतना भी नहीं। इनमें न कहीं अन्तर्द्वन्द्व है, न ही सूक्ष्म अन्तर्वृत्तियों का विश्लेषण। पाश्चात्य नाटकों में पाई जाने वाली व्यक्ति-वैचित्र्य की आधारभूमि पर भी 'भारत-दुर्दशा' के पात्रों की रचना नहीं हुई है। दरअसल इसमें भारतीय शैली को ही आदर्श बनाया गया है। सभी पात्र एकांगी, स्थिर और वर्ग-प्रतिनिधियों से हैं। भारत और भारत-भाग्य में कोई अवगुण नहीं है तो सत्यानाश फौजदार और भारत-दुर्दैव में किसी अच्छाई या सद्गुण की झलक भी नहीं मिलती। इस तरह से इसके सभी पात्र एक ही आदर्श की ओर झुके हुए केवल तमोगुणी हैं। जाहिर है कि 'भारत-दुर्दशा' के चरित्र-चित्रण में नाटककार ने भारतीय साधारणीकरण वाली शैली को ही अपनाया है। अतः यह कहना ज्यादा समीचीन होगा कि 'भारत-दुर्दशा' मिश्र शैली में निर्मित एक ऐसा अप्रतिम नाटक है, जिसमें एक ओर अपने समय की उपलब्ध सारी नाट्य-प्रविधियों के साथ विधेयात्मक सलूक किया गया है तो दूसरी ओर अपनी परम्परा की रक्षा में पूर्ण चौकसी भी बरती गयी है एवं भारतीय नाट्यात्मा को अपेक्षाकृत अधिक जीवन्त बनाया गया है। यह भी उल्लेखनीय है कि इसमें कई स्थलों पर नाटककार के रुचि-स्वातन्त्र्य भी अपनी प्रभावी भूमिका में उजागर हुए हैं। वैसे, इस स्वातन्त्र्य के चलते 'भारत-दुर्दशा' में कुछ नाट्य-दोष निश्चय ही आ गये हैं। जैसे इसकी सम्पूर्ण बुनावट में नाटककार भारतीय पद्धति के मोह से न उबर सका है और न यूरोपीय पद्धति का सफल अनुकरण ही कर पाया है। हल्की-सी प्रस्तावना का मोह है। नाट्यरासक के लिए गीत और नृत्य का मोह है। संघर्ष भी है तो दुखान्त भी वर्जित दृश्य भी हैं और कुटिल, अत्याचारी तथा मद्यप पात्र भी। बावजूद इन सब कुछ के, 'भारत-दुर्दशा' की सफलता इसके रूप-विधान में न होकर लोगों की चेतना को उन्नत करने में और जनमानस को आन्दोलित कर देने में है, और यही नाटककार की कालजयी महत्ता है।

सन् 1876 के आसपास की आर्थिक, सामजिक और राजनीतिक परिस्थितियों का संक्षिप्त इतिवृत्त प्रस्तुत कर सोए भारतीय जनमानस में सांस्कृतिक गरिमा उद्वेलित कर देने में ही भारतेन्दु का गौरव आँका जा सकता है। इस सन्दर्भ में प्रसिद्ध अत्याधुनिक अमरीकी नाट्यालोचक बेकरमेन का यह कथन पूरी तरह सही प्रतीत होता है कि "नाटक को कथानक, चरित्र आदि के अलग-अलग रास्तों पर चलता हुआ न समझकर उसकी समग्रता की गति के रूप में देखना चाहिए। ऐसी स्थिति में विश्लेषण के तत्त्व कथानक और चरित्र नहीं, बल्कि समय की इकाइयाँ हैं।" यह कहने की आवश्यकता नहीं कि मंच के माध्यम से भारतेन्दु ने अपना ऐतिहासिक दायित्व पूरा किया। सनातन साहित्यकार बनने की महत्त्वाकांक्षा उनकी कतई न थी। अब हमें उन रूढ़ियों का, जिन पर प्रहार करना ही भारतेन्दु ने अपनी रचनात्मकता का प्रस्थान-बिन्दु बनाया, सफाया करके अपना दायित्व पूरा करना है। ये हजारों वर्षों से हमारे रक्त में घुलमिल कर हमारे बीच घालमेल पैदा करती आई हैं, हमें सामन्ती शोषण का शिकार बनाती आई हैं और आज भी हमारा मुख्य दुश्मन बनी हुई हैं। इन्हें खत्म किए बगैर भारत को सच्ची मुक्ति नहीं दिलाई जा सकती।

अन्धेर नगरी : लोभ और भोग का उद्घाटन

❑ अलख नारायण

भारतेन्दु आधुनिक हिन्दी साहित्य के लेखकों में अग्रणी हैं, जिन्होंने लेखकीय दायित्व या लेखक के सामाजिक सरोकार को बड़ी तीव्रता और तीक्ष्णता से महसूस किया था। उन्होंने लेखक के जन-संघर्ष की भूमिका में सक्रिय साझेदारी की वकालत की थी और अपनी रचनाओं के माध्यम से न केवल भारत में अंग्रेजी राज की, बल्कि भारतीय समाज की सबसे निकृष्ट व्यवस्था सामन्तवाद की भी खिलाफत की थी। भारतेन्दु का साहित्य, खास तौर से उनके नाटक, जन-शिक्षण की दृष्टि से बहुत शक्ति-सम्पन्न हैं। उनके नाटक सामाजिक विज्ञान के उपकरण हैं, सामाजिक परिवर्तन की प्रयोगशाला हैं अर्थात् सामाजिक जड़ता और सांस्कृतिक मूढ़ता के विरुद्ध संघर्ष का उनका ऐतिहासिक प्रयास अविस्मरणीय है।

भारतेन्दु के नाटक इस तथ्य के दृष्टान्त हैं कि प्रतिभा एक प्रखर बौद्धिक शक्ति है जो मौलिकता के सृजनात्मक तत्त्वों का संग्रह ही नहीं करती बल्कि उनके सामाजिक अभिप्राय को भी प्रतीकों-संकेतों के माध्यम से अभिव्यक्त करती है। 'अन्धेर नगरी' में भारतेन्दु ने जिस प्रतीकात्मकता का आश्रय लिया है, वह जितना सृजनात्मक है, उतना ही व्यंग्यवेष्टित भी।

1881 ई. में प्रकाशित 'अन्धेर नगरी : चौपट राजा, टके सेर भाजी, टके सेर खाजा' प्रहसन को भारतेन्दु ने सिर्फ एक दिन में लिखा। यह उनका सर्वाधिक लोकप्रिय कार्य-प्रधान प्रहसन है। इस प्रहसन का मूल प्रतिपाद्य 'लोभ' और 'भोग' से सम्बद्ध है किन्तु ठीक-ठीक देखने पर प्रमाणित यह होता है कि इसके मूल में अंग्रेजी राज और सामन्ती विचारधारा का प्रतिवाद है, इनके प्रति उदग्र आक्रोश है।

लोभ को त्यागने का उपदेश गुरु महन्त अपने शिष्यों नारायण दास और गोवर्धन दास को इस चेतावनी के साथ देते हैं कि लोभ पाप का मूल है, लोभ में सम्मान नष्ट होता है।

भारतेन्दु के नाटक सोद्देश्य-लेखन के ज्वलन्त दृष्टान्त हैं। इस सन्दर्भ में 'अन्धेर नगरी' के साथ ही 'भारत-दुर्दशा' तथा 'वैदिकी हिंसा हिंसा न भवति' रचनाओं की याद अनायास आ पड़ती है। 'अन्धेर नगरी' और 'भारत-दुर्दशा' की विषय-वस्तु में कई समानताएँ हैं। 'भारत-दुर्दशा' का एक पात्र मदिरापान भी है। अन्धेर नगरी के चौपट राजा के मदिरापान का विलक्षण प्रस्तुतीकरण भारतेन्दु ने किया है। राजसभा में भी वह शराब पीता है। मदिरापान के बाद ही कल्लू बनिये की कथा है जिसकी दीवार गिरने से बकरी दबकर मरती है। राजा के चरित्र को उजागर करती कुछ पंक्तियाँ इस तरह हैं–

राजा : (नौकर से) कल्लू बनिया की दीवार को अभी पकड़ लाओ।

मन्त्री : महाराज, दीवार नहीं लाई जा सकती।

राजा : अच्छा, उसका भाई, लड़का, दोस्त, आशना जो हो उसको पकड़ लाओ।

मन्त्री : महाराज, दीवार ईंट-चूने की होती है, उसको भाई-बेटा नहीं होता।

राजा : अच्छा, कल्लू बनिये को पकड़ लाओ।

(नौकर लोग दौड़कर बाहर से बनिये को पकड़ लाते हैं)

'क्यों ये बनिये, इसकी लरकी, नहीं बरकी क्यों दबकर मर गयी।' मन्त्री राजा को बताता है कि 'बरकी' नहीं बकरी दबकर मरी है। इस संशोधन की अवहेलना राजा इस तरह करता है जैसे 'बरकी' और बकरी में कोई अन्तर ही नहीं; हो भी कैसे, राजा इसी संवाद के दौरान बकरी को 'कुबरी' भी कहता है। सम्भवतः, भारतेन्दु ने मदिरापान की निकृष्टता की चरम परिणति राजा के इस कथन में दिखानी चाही है : "क्यों बे भिश्ती, गंगा-जमुना की किश्ती, इतना पानी क्यों दिया कि इसकी बकरी गिर पड़ी और दीवार दब गयी।" जो लोग इस तरह के संवादों में 'हास्यरस' की उपस्थिति भर मानकर हँस लेते हैं, वे भारी भूल करते हैं। दरअसल, ऐसे संवाद और राजा के ऐसे चरित्र के माध्यम से भारतेन्दु अंग्रेजी राज में फैले भ्रष्टाचार और उसके पोषक भारतीय सामन्तों की धज्जियाँ उड़ा रहे हैं। उपर्युक्त संवाद में मात्र हास्य नहीं, व्यंग्य, विद्रूप और कटाक्ष की भी मार्मिक व्यंजना हुई है।

'भारत-दुर्दशा' में प्रभावकारी भाषा-शैली का उपयोग है, यद्यपि वह पद्य में है। 'अन्धेर नगरी' की भाषा-शैली अपने चुटीले व्यंग्य के कारण अविस्मरणीय है, गोकि यह गद्य में है। फिर भी इसमें जहाँ-तहाँ पद्य का पुट भी है। कहना चाहिए, 'अन्धेर नगरी' का गद्य आनुप्रासिक गद्य है।

'वैदिकी हिंसा हिंसा न भवति' में मदिरापान-जनित पतन के प्रति व्यंग्य-विद्रूप की सृष्टि की गयी है, जिससे मूर्ख पंडितों और छद्‌म पुरोहितों की कलई भी खुलती है। 'अन्धेर नगरी' के राजा-मन्त्री की तरह ही इस संवाद-प्रधान प्रहसन का राजा भी मद्यप है। मन्त्री का राजा को परामर्श है : "महाराज, संसार के सार मदिरा और

मांस ही हैं। मकाराः पंच दुर्लभा। मदिरा-मस्त मन्त्री तीन नम्बर के ब्राह्मणों की महिमा इस तरह बखानता है–

(1) **ब्राह्मण सब छिपि-छिपि पियत, जामैं जानिन जाय**
पोथी के चोंगान भरि बोतल बगल छिपाय।
(2) **ब्राह्मण क्षत्री वैश्य अरु सैयद सेख पठान,**
दे वताइ मोहि कौन जो, करत न मदिरापान॥

कहना न होगा हमारे समकालीन समाज में तीन नम्बर के ऐसे ब्राह्मणों की संख्या में बहुत कम वृद्धि नहीं हुई है। इस राज में मदिरा का ऐसा माहात्म्य है कि मन्दिर का पुरोहित नशे में धुत्त सड़क पर नाचता हुआ गाता है–

कंठी तोड़ो, माला तोड़ो, गंगा देहु बहाई,
अरे मदिरा पियो खाई कै, मछरी बकरा जाहु चबाई।

ऐसे ही पतित और दलाल पंडितों के प्रति चित्रगुप्त का कटाक्षपूर्ण कथन है : "जो पक्ष राजा ने उठाए, उसका समर्थन करता रहा और टके-टके पर धर्म छोड़ कर इसने मनमानी व्यवस्था दी, दक्षिणा मात्र दे दीजिए फिर जो कहिए उसी में पंडितजी की सम्मति है' (भारतेन्दु ग्रन्थावली, भाग-1, 'वैदिक हिंसा हिंसा न भवति' अंक-4, पृ. 89-90)।

'अन्धेर नगरी' का जात बेचने वाला ब्राह्मण भी किसी अर्थ में उन्नीस नहीं, बीस ही है। उसकी स्पष्ट घोषणा है : "टके के वास्ते जैसी कहो वैसी व्यवस्था दें; टके के वास्ते झूठ को सच करें; टके के वास्ते धर्म और प्रतिष्ठा दोनो बेचें, टके के वास्ते झूठी गवाही दें, टके के वास्ते नीच को पितामह बनावें।"

'अन्धेर नगरी' में अंग्रेजी राज में सामन्ती नैतिकता के इस पतित पक्ष को यूँ तो कबाबवाला, नारंगीवाला, हलवाई, कुँजड़िन, मुगल, मछलीवाला के माध्यम से उजागर किया गया है किन्तु सर्वाधिक सबल और व्यंग्य-विद्रूपयुक्त परिचय घासीराम और पाचक वाला देता है, जिसमें अन्धेर नगरी के सामाजिक, राजनीतिक तथा नैतिक स्तर का मार्मिक उद्घाटन हुआ है, घासीराम कहता है : "चना हाकिम सब जो खाते सब पर दूना टिकस लगाते।" इससे प्रकट यह होता है कि अंग्रेजी राज ही 'अन्धेर नगरी' में तब्दील हो गया है जहाँ के नौकर-शाह जनता को दोनों हाथों लूट रहे हैं और यह लूट भारतीय सामन्तों के माध्यम से हो रही है। जाहिर है, भारतेन्दु की विचारधारा अंग्रेजी राज विरोधी ही नहीं, सामन्त विरोधी भी है। इसका सर्वोत्कृष्ट प्रमाण यह है कि वे सिर्फ राज्यव्यवस्था की कटु आलोचना ही नहीं करते, बल्कि जातिवाद, ऊँचे तबकों की निष्क्रियता और काहिली को भी आड़े हाथों लेते

हैं और उन पर सीधा प्रहार करते हैं। उदाहरण के लिए इन पंक्तियों पर गौर करें–

(1) **हिन्दू चूरन इसका नाम, बिलायत पूरन इसका नाम।**
चूरन जब से हिन्द है आया, इसका धन बल सभी घटाया।
(2) **चूरन चला दाल की मंडी, इसको खाएँगी सब रंडी,**
चूरन अमले सब जो खावें, दूनी रूशवत तुरन्त पचावें।
(3) **चूरन सभी महाजन खाते, जिससे जमा हजम कर जाते।**
(4) **चूरन साहेब लोग जो खाता, सारा हिन्द हजम कर जाता।**
चूरन पुलिस वाले खाते, सब कानून हजम कर जाते।

चूँकि भारतेन्दु हिन्दी नवजागरण के पुरोधाओं में से थे, इस कारण उनकी जिम्मेदारियाँ भी बहुत बड़ी थीं, कहना न होगा कि इन जिम्मेदारियों का निर्वाह उन्होंने जिस ओजपूर्ण वाणी, उत्कट उत्साह और जनवादी सोच के साथ किया वह लगभग बेमिसाल ही है।

'अन्धेर नगरी' में भारतेन्दु ने चैलेंज की मुद्रा अपनाई जाती है। स्पष्टवादिता की पराकाष्ठा पर पहुँची हुई उनकी निर्भीक वाणी के प्रमाण उपर्युक्त पंक्तियों में सहज उपलब्ध हैं जहाँ अंग्रेजी राज में व्याप्त अन्याय, अत्याचार, अमन, कानून और शोषण का भंडाफोड़ और भारतीय सामन्तों की काली करतूतों का बखान हैं, उनके प्रति व्यंग्य है जो आंग्ल महाप्रभुओं की स्वार्थ-पूर्ति में सहयोगी थे। 'इसको खाएँगी सब रंडी' में सामन्तों के नैतिक पतन एवं चरित्रहीनता की ओर संकेत है। 'अन्धाधुन्ध मच्चो सब देसा, मानहूँ राजा रहत विदेसा' में राज्य में व्याप्त पतनशील राजनीतिक स्थिति का उद्घाटन हैं, 'साँच कहैं तो पनही खावैं, झूठे बहुविधि पदवी पावैं' में जिस तथ्य की ओर संकेत है वह तथ्य और अधिक विकृत रूप में हमारे आज के समाज में व्याप्त है। 'छलियन के एका के आगे, लाख कहौ एकहुँ नहीं लागे' के बोध में जिस सामाजिक सच्चाई और वातावरण का उद्घाटन है उसका साक्षात्कार हमें आज कदम-कदम पर करना पड़ रहा है। इसे मैं हिन्दी नवजागरण के अग्रदूत भारतेन्दु की भविष्यवादी चैतन्यता का ज्वलन्त दृष्टान्त मानता हूँ। हिन्दी नवजागरण के एक अन्य पुरोधा प्रेमचन्द ने कहा था कि स्वाधीन भारत में साधारण जनगण का शोषण और अधिक नृशंस रूप में होगा। उनका यह कथन भविष्यवादी चैतन्यता के उसी आलोक में देखा जाना चाहिए जो भारतेन्दु का प्रस्थान-बिन्दु रहा है। भारतेन्दु का अनुभव था कि राजसभा में वही आदर-सम्मान पाता था जिसके बाह्य-अन्तर में बहुत बड़ी फाँक होती थी--बाहर से सभ्य और भीतर से कुटिल और कपटी। 1881 का उनका यह अनुभव आज 1985 में अपनी चरम परिणति को प्राप्त कर रहा है। घूसखोरी,

और खुशामदी का आज जैसा बोलबाला है, भारतेन्दु इसकी कल्पना भी कैसे कर सकते थे।

आज के प्रगतिशील और जनवादी लेखक जिस साम्राज्यवाद और सामन्तवाद के विरोध को अपना प्राथमिक कर्तव्य वा दायित्व घोषित कर रहे हैं उसकी बुनियाद भारतेन्दु जैसे दूरदर्शी–व्यक्तित्वों ने रखी थी। 'हजम कर जाने वाली' जिस संस्कृति और सभ्यता की कहानी भारतेन्दु ने इस प्रहसन में कही है, उमसें फूट और बैर को जातीय संहति में बाधक बताया गया है। फूट और बैर रूपी मेवा अंग्रेजी राज का स्वास्थ्यवर्धन कर रहा है, उस अंग्रेजी राज का जहाँ भडुए और पंडित का, काजी और पाजी का, वेश्या और पत्नी का फर्क खत्म हो चुका है। यही 'अन्धेर नगरी' है, अंग्रेजी राज है। वह अंग्रेजी राज जहाँ अन्धेरगर्दी इस सीमा तक पहुँच सकती है कि अपराध कोई करता है और दंडित और को किया जाता है।

बकरी के दबकर मरने का दोषी अन्ततः कोतवाल ठहरता है। किन्तु किसी तिकड़म से वह सिपाहियों को पटा लेता है और फाँसी के फन्दे का बड़ा होने का बहाना बन जाता है। फिर चूँकि राजा का हुक्म है, इसलिए किसी न किसी को फाँसी देनी ही होगी। 'नहीं तो न्याय न होगा।' राजा के इस फारिस्ट नजरिए के माध्यम से भारतेन्दु ने अंग्रेजी राज एवं सामन्ती सोच को बिलकुल नंगा कर दिया है।

लोभ और भोग से बुरी तरह ग्रस्त गोवर्धनदास फाँसी के फन्दे के लिए उपयुक्त समझकर पकड़ा जाता है क्योंकि उसकी गर्दन मोटी है। उसे फाँसी पर चढ़ाने की तैयारी हो चुकी है। ऐन मौके पर महन्त शिष्य नारायणदास के साथ बड़े नाटकीय ढंग से मंच पर अवतरित होते हैं अपनी कूट-बुद्धि से गोवर्धनदास की प्राण-रक्षा करते हैं। इस प्रसंग में भारतेन्दु ने दिखाया है कि लोभ और अन्धविश्वास के वशीभूत मनुष्य अपना सर्वनाश तक करवा लेता है। महन्त ने कहा है कि इस समय ऐसा साइत है कि जो मरेगा सीधा बैकुंठ जाएगा। सिपाही, कोतवाल, मन्त्री, राजा सभी लोभ के वशीभूत स्वर्ग जाने को लालायित हो उठते हैं, सभी फाँसी पर चढ़ने को उतावले हैं। भोगी राजा प्रबल लोभ और मूढ़ता के अधीन फाँसी चढ़ जाता है। भारतेन्दु का अभिप्राय यह है कि आज न कल अंग्रेजी राज और उसके पोषक सामन्तों का अन्त सुनिश्चित है क्योंकि भारतीय जनता इनसे मुक्ति चाह रही है।

लेख समाप्त करने के पूर्व चर्च्य प्रहसन के दो विशिष्ट प्रसंगों का उल्लेख अनिवार्य लग रहा है। पहला प्रसंग मुगल की इस कटूक्ति से सम्बद्ध है कि : "आमारा ऐसा मुलक जिसमें अंग्रेज का भी दाँत कट्टा ओ गेआ।...हिन्दोस्तान का आदमी लक लक हमारे यहाँ का आदमी बुंबक बुंबक।" इस कथन के माध्यम से भारतेन्दु जहाँ एक ओर पठानों द्वारा अंग्रेजों का वीरतापूर्वक मुकाबला करने का संकेत करते हैं वहीं दूसरी ओर आशा व्यक्त करते हैं कि भारतीय जनता भी उसी तरह अंग्रेजों

के दाँत के खट्टे करेंगी। दूसरा प्रसंग मछली वाले से सम्बद्ध है। उसकी इन पंक्तियों पर गौर फरमाइए : "मछरिया एक टके के बिकाय/लाख टका के बाला जोवन, गाहक सब ललचाय/नैन मछरिया रूपजाल में, देखत ही फँसि जाय।" बेचन शर्मा उग्र के उपन्यासों की आलोचना करते हुए पंडित नलिन विलोचन शर्मा ने कहा था कि इनमें (बुधुआ की बेटी तथा चाकलेट) अश्लीलता नहीं 'ग्राम्यत्व दोष' है। निश्चित रूप से वही ग्राम्यत्व दोष इन पंक्तियों में भी व्याप्त है।

कुल मिलाकर लोकनाट्य रूप से युक्त, प्रहसन कला की पराकाष्ठा पर पहुँचा हुआ 'अन्धेर नगरी चौपट राजा' साधारण जनगण में राजनीतिक चेतना फैलाने की दृष्टि से सदा याद किया जाता रहेगा, इसी कारण भारतेन्दु सदियों प्रासंगिक बने रहेंगे।

भारतेन्दु का आधुनिक व्यक्तित्व

❑ कल्याणमल लोढ़ा

भारतेन्दु के बाद हिन्दी कहाँ से कहाँ पहुँच गयी, पर इस विशाल वटवृक्ष का मूल बीज तो उन्होंने ही बोया था। उनके मंडल और युग ने ही इसे जीवन और समय के साथ जोड़ा एवं इसे नवीन गति और मति दी। कभी-कभी यह सोचकर आश्चर्य होता है कि 35 वर्षों की अल्प आयु में ही उन्होंने जो कार्य किया, जितना साहित्य रचा, जितनी विविध संस्थाएँ बनाईं, जितनी पत्रिकाएँ प्रकाशित कीं, अन्य व्यक्ति सौ वर्षों में भी नहीं कर पाता। उनकी 'कविवचन सुधा' भाषा, सामग्री, दृष्टिकोण और प्रयोजन की दृष्टि से सर्वोत्तम पत्रिका गिनी जाती थी। पंडित बाल शास्त्री द्वारा व्यंग्य रूप में ही दी गयी 'भारतेन्दु' की उपाधि आगे चलकर एक राष्ट्रीय प्रशस्ति बन गयी और उनके निधन पर सारा भारत शोक में डूब गया। सम्भवतः वह पहला अवसर था, जब सबने मिलकर 'शोकावली' प्रकाशित की। पंडित रामशंकर शर्मा व्यास ने अपना 'चन्द्रास्त' निःशुल्क वितरित किया।[1] पेशावर से कलकत्ता तक तथा बम्बई से नेपाल तक सैकड़ों शोक समाज हुए—काशी में गली-कूँचों में तो कुँजड़िनें और कहारिनें भी फूट-फूटकर रोई थीं। अंग्रेजी, उर्दू, बंगला, गुजराती, मराठी सभी भाषाओं में उन्हें शोकांजलि दी गयी। उनकी स्मृति में स्कूल और पुस्तकालय खोले गये, लखनऊ के श्री कौशल प्रसाद वर्मा ने 'श्री भारतेन्दु शताब्दी यन्त्री' बनाई । उनके नाम पर 'हरिश्चन्द्र संवत्' चला (शिवनन्दन सहाय ने अपने 'हरिश्चन्द्र' ग्रन्थ में इसी संवत् का प्रयोग किया है)। श्रीधर पाठक, बदरीनारायण चौधरी प्रेमघन बालमुकुन्द गुप्त, प्रतापनारायण मिश्र, ईश्वरचन्द्र विद्यासागर जैसे न जाने कितने साहित्य-महारथियों ने उन्हें श्रद्धांजलि दी। 'प्रेमघन' की ये पंक्तियाँ तो जैसे सबको कंठस्थ हो गयी थीं—

भारत को साँचो चन्द्र हरिचन्द सम,
साँचो चन्द सम, हरीचन्द सो अथय गयो।

आचार्य रामचन्द्र शुक्ल के कथनानुसार 'एक अपूर्व मधुर भावना' लिए ''बहुत

दिनों तक तो सत्य 'हरिश्चन्द्र नाटक' के नायक हरिश्चन्द्र और कवि हरिश्चन्द्र में मेरी बाल बुद्धि कोई भेद न कर पाती थी। दोनों की मिली-जुली अस्पष्ट भावना एक अद्भुत माधुर्य का संचार करती थी।" पर यह कैसा दुर्योग था कि उनकी 'कविवचन सुधा' ने ही उनकी मृत्यु पर एक कालम भी काला नहीं किया और 'भारत-मित्र' (13-7-1893) के सम्पादक बालमुकुन्द गुप्त को लिखना पड़ा कि "अपने लाख का घर खाक करने वाले भारतेन्दु यदि इंग्लैंड या अमेरिका में जन्म लेते तो लोग गर्व और अभिमान करते न अघाते।"

भारतेन्दु का जीवन और व्यक्तित्व एक विरोधाभास था। यह निर्विवाद है कि वे एक सीमा तक राजभक्त थे—तो दूसरी ओर उनका राष्ट्रप्रेम भी सर्वोपरि था। एक ओर क्रान्तदर्शी थे, तो दूसरी ओर गोरक्षा के लिए कई हजार हस्ताक्षर करके लार्ड लिटन को स्मारक पत्र भेजा। अपने ठगाने में वे आत्मसन्तोष का अनुभव करते थे और आर्थिक विपन्नता के कारण दूसरों की सहायता न कर सकने का उन्हें अतीव दुःख होता था। उनकी सत्यप्रियता, दृढ़ता, और परोपकार भावना अद्वितीय थी। विमाता के व्यवहार से उन्होंने ऋण लेना सीखा, तो पूर्वजों के आचरण से सारस्वत साधना और दानशीलता के साथ अभिजात संस्कार भी पाए। जैन मन्दिर में जाकर अरिहन्त को नमस्कार कर 'जैन कुतूहल' लिखा तो उधर मथुरा-वृन्दावन के पीठाधीशों को गालियाँ दीं। एक ओर "चाहिबे की चाह काहू की न परवाह, नेही नेह के दिवाने, सदा सूरति निवानी के" थे; आत्म-गौरव से पूर्ण तो दूसरी ओर वे "सरबस रसिक के सुदास दास प्रेमिन के—सखा प्यारे कृष्ण के गुलाम राधारानी के "। आत्मसम्मान ऐसा कि 'सितारे हिन्द' के प्रसंग को लेकर काशी नरेश के यहाँ जाना ही बन्द कर दिया। ऐसे निडर और निर्भीक कि उदयपुर के महाराणा के समक्ष ही उन्होंने स्पष्ट कह दिया—"होई लै रसाल तू भले हौं जगजीव काज, आसी न तिहारी ये निवासी कल्पतरु के"। दूसरी ओर, उनका दैन्य भी कम नहीं था। पद्माकर का यह कवित्त उन्हें अत्यन्त प्रिय था—

राम सो कहत पदमाकर पुकारि तुम
मेरे महापाप को पार हू न पाओगे
झूठी कलंक सुनि सीता ऐसी सति तजी
(नाथ) हौं तो साँचों हूँ कलंकी ताहि कैसे अपनाओगे!

यही नहीं अपनी अन्तिम कविता में यह दैन्य-बोध और भी घना हो उठा—

साँचे मीत पतित पावनहरि करत दीन पर दाया।
अरे मूढ़ हरिचन्द भागु चलु अब तो उनकी छाया॥

उन्होंने अपने को कहीं-कहीं धिक्कारा भी—"मिथ्या अभिमानी पतित झूठो कवि हरिचन्द।"

स्वदेश, स्वभाषा और स्वराज्य का ऐसा उद्‌बोधक उस युग में अन्य कोई व्यक्ति नहीं था। हिन्दी को पुरजोर समर्थन देकर 'उर्दू का स्यापा' लिखा तो उधर अंग्रेजी को 'भीतर तत्त्व ने झूठी तेजी' कहा। उनके व्यंग्यात्मक निबन्ध जितने तेज होते थे, उनके गद्य उतने ही गीतात्मक समर्पण, भावपूर्ण और मर्मस्पर्शी। वे सही अर्थ में प्रयोगधर्मी साहित्यकार थे। साहित्य की यह साधना वृत्ति उन्हें विरासत में मिली थी। उनके पिता बाबू गोपालचन्द्र स्वयं एक कवि थे, जिन्होंने 27 वर्ष की अल्पायु में ही चालीस ग्रन्थ रच डाले। गोपालचन्द्र ने खड़ी बोली में भी कविताएँ लिखीं। उनका एक पद तो अत्यन्त लोकप्रिय हुआ–

जाग गया अब सोना क्या रे।
जो नर तन देवन को दुर्लभ सो पाया अब रोना क्या रे।

उन्होंने ही प्रसिद्ध सरस्वती भवन में अमूल्य और दुर्लभ ग्रन्थों का संग्रह किया। उन्हें अपने पिता पर बड़ा गर्व था। भारतेन्दु ने 'नरतन' पाकर इसे कभी खोया नहीं–वे अजर-अमर हो गये।

उनकी साहित्य-साधना और सेवा पर विचार करना मुझे यहाँ अभीष्ट नहीं। भारतेन्दु के साहित्यिक जीवन की जिस विशेषता ने मुझे प्रभावित और प्रेरित किया, वह है उनका बंगभाषा, बंगप्रदेश और बंगसंस्कृति से घनिष्ठ और अपरिहार्य सम्बन्ध। नवजागरण के उस युग में भारतेन्दु का जीवन, व्यक्तित्व और चिन्तन इससे प्रेरणा पाता रहा। उनकी विभिन्न कलकत्ता यात्राओं और यहाँ के बन्धु-बान्धवों ने इसे और भी घनिष्ठ कर दिया। कलकत्ते के प्रसिद्ध पत्र 'भारत-मित्र' से उन्हें विशेष प्रेम था और अपनी खड़ी बोली (साधु भाषा) की कविता प्रकाशनार्थ भी उसे भेजी। उनके पूर्वज कलकत्ते में ही रहते थे। अमीचन्द के जीवन का उत्कर्ष और अपकर्ष यहीं हुआ था। उनका निवास कलकत्ते की 'सर्वोत्तम रमणीय राजगृह' था। ओर्मे के अनुसार उस परिवार के जमादार ने अंग्रेजों से रक्षा करने के लिए उनके परिवार की सभी महिलाओं का स्वयं अपने हाथों बध कर डाला। मैकाले ने अमीचन्द को बंगाली समझकर बंगाली जाति की निन्दा की। भारतेन्दु के चेतन और अचेतन मन में बंगाल के प्रति मोह और ममत्व हो गया। चौदह वर्ष की आयु में की गयी जगन्नाथ पुरी की यात्रा में 'विधवा विवाह' नाटक पढ़कर वे बंगाल और बंगला साहित्य से ही नहीं, उस युग के सामाजिक आन्दोलनों से भी परिचित हुए और उनके विद्रोही क्रान्तदर्शी व्यक्तित्व की नींव पड़ी। ईश्वरचन्द्र विद्यासागर, केशवचन्द्र सेन, भुवनमोहन सेन, राजेन्द्र लाल मित्र, सुरेशचन्द्र समाजपति, एशियाटिक सोसाइटी से तो उनका निकट सम्बन्ध था ही–पर इन सबसे परे उनके द्वारा 'धर्मपूर्वक अपनाई जाने वाली मल्लिका भी एक कुलीन भद्र बंगाली परिवार की महिला थी।

जहाँ भी प्रसंगवश सम्भव हुआ उन्होंने अपनी इस आन्तरिक घनिष्ठता का प्रमाण दिया। उनकी मान्यता थी कि "पूर्वकाल में बंगभाषा के कविगण की भाषा बिलकुल ब्रज थी–कंकण, चंडी, विद्यापति, गोविन्द दास भाषा ब्रज और मैथिली से बिलकुल मिली है।" उन्हें आश्चर्य होता था कि पाँच सौ वर्षों में बंगभाषा ने कितना रूपान्तर कर लिया और हिन्दी साहित्य उससे कितना पिछड़ गया।" हिन्दी भाषा के विभिन्न रूपों व प्रयोगों का उदाहरण देते हुए उन्होंने 'कलकत्ते की शोभा' का वर्णन किया है, जिसमें बंगालियों द्वारा प्रयुक्त हिन्दी के उदाहरण जितने सटीक और सजीव हैं, उतने ही प्रामाणिक और प्रभावी भी। उदाहरणार्थ, "बेशक, इसमें कुछ शक नहीं कैलकटा देखने का जगह है···आप वहाँ एक बार जाना माँगे, वहाँ जाकर थोड़ा सुबुर करो–देखो···बहुत लोग जाता तो आप घर में पड़ा-पड़ा क्यों सड़ता।" सन् 1873 के बंगाल के अकाल का कारण अंग्रेजी राज्य की शोषण-वृत्ति बताते हुए उन्होंने इसका अनेक बार उल्लेख किया है। इसे उन्होंने अंग्रेजों की अनीति का फल कहा। 'कविवचन सुधा' में लिखा कि अकाल के उपरान्त खिताब का भाव निःसन्देह सस्ता होएगा और ग्राहकों से इसके लिए प्रस्तुत रहने का समाचार दिया। 'वैदिकी हिंसा हिंसा न भवति' का वैष्णव बंगाली विधवा विवाह का समर्थन करता है तो यमराज के समक्ष राजपुरोहित मांस सेवन के पक्ष में एशियाटिक सोसाइटी के जर्नल में प्रकाशित डा. राजेन्द्रलाल मित्र के लेखों का प्रमाण देता है। उधर राजा ब्रांडी और ब्राह्म के पहले अक्षर को समान बताते हुए कहता है–

मदिरा के ही पान हित हिन्दू धर्म ही छोड़ि।
बहुत लोग ब्राह्मो बनत निज कुल सों मुख मोड़ि॥

जहाँ एक ओर ब्राह्म समाज को 'निज कुल सों मुख मोड़ि' बताया, वहाँ दूसरी ओर, केशवचन्द्र सेन के आग्रह पर ब्राह्म विवाह पद्धति के पक्ष में कई प्रमाण भी भेजे और सेन ने 'सत्य मार्ग पर चलने के लिए' उनका आभार माना। 'एक अद्‌भुत अपूर्व स्वप्न' में केशवचन्द्र सेन और स्वामी दयानन्द सरस्वती का संवाद-विवाद तो प्रसिद्ध है ही। माइकेल मधुसूदन दत्त की क्रान्तिकारी रचनात्मक दृष्टि से प्रभावित हो उनकी मृत्यु पर 'कविवचन सुधा' (16-7-73) में शोक-संवाद प्रकाशित किया एवं उन्हें सुशील, कुलीन, उद्यमी और रसिकों के चित्त को अपने सौन्दर्य से बहुत प्रसन्न करने वाला कवि कहा। उनकी रचनाओं में विद्या सुन्दर यतीन्द्रमोहन ठाकुर के बंगला नाटक का अनुवाद है। आचार्य रामचन्द्र शुक्ल 'सत्य हरिश्चन्द्र' को भी किसी पुराने बंगला नाटक का ही रूपान्तर समझते थे। विषस्य विषमौषधम् के भंडाचार्य कलकत्ते के राजा अपूर्व कृष्ण से कहलाता है कि 'वे शतरंज के राजा हैं, जहाँ चलाइए, वहाँ चलें।' भारतेन्दु ने उस युग के न जाने कितने लेखकों को बंगला से अनुवाद करने की प्रेरणा दी।

कलकत्ते की विभिन्न यात्राओं का उल्लेख करते हुए राय कृष्णदास ने अपने संस्मरणों में भारतेन्दु के एक मित्र और उसकी प्रेमिका का उल्लेख किया है, भारतेन्दु की ये पंक्तियाँ उद्धृत की हैं–

होय बिदा औ बिदा करै दोऊ
मिलि दोऊ बिदा को विदाकर दीनी।

पता नहीं, यह कथन मित्र के लिए था या उस प्रेमिका के लिए, यह मल्लिका तो नहीं थी? आचार्य क्षितिमोहन सेन के पिता भुवनमोहन सेन भारतेन्दु परिवार के घरेलू चिकित्सा (होमियोपैथ) थे। एक बार शिशु क्षितिमोहन सेन को सर्दी में ठिठुरता देखकर उन्होंने कीमती दुशाला ओढ़ा दिया और यह कहकर वापिस नहीं लिया कि 'क्या मैं गोपाल का वस्त्र हरण करूँगा?–वह तो अब गोपाल का आवरण है' (धर्मयुग, सितम्बर 1976)। 'वन्देमातरम' के उद्घोषक बंकिमचन्द्र ने तो अपने सारे ग्रन्थों के अनुवाद का अधिकार ही भारतेन्दु को दे दिया था।

इन सबमें भारतेन्दु का विशेष सम्बन्ध पंडित ईश्वरचन्द्र विद्यासागर, डा. राजेन्द्रलाल मित्र और केशवचन्द्र सेन से था। विद्यासागर ने सन् 1854 में कालिदास के 'अभिज्ञान शाकुन्तल' पर बंगला में एक उपाख्यान लिखकर विनीत भाव से इसे कालिदास की 'अवमानना' कहा था। मौनियर विलियम्स ने अपने लेखों से यह प्रमाणित कर दिया था कि 'अभिज्ञान शाकुन्तल' के गौड़ीय संस्करण और उत्तर भारत के संस्करणों में प्रचुर अन्तर है। विद्यासागर का बंगला उपाख्यान ही पाठ्य पुस्तक के रूप में सरकार द्वारा निर्धारित किया गया। विद्यासागर ने उस उपाख्यान के परवर्ती संस्करणों में अनेक संशोधन किए, जिसका कारण श्री ब्रजेन्द्रनाथ बन्धोपाध्याय ने उत्तर भारतीय संस्करण बतलाया। विद्यासागर ने लिखा कि "जो अभिज्ञान शाकुन्तल कलकत्ता विश्वविद्यालय द्वारा पाठ्य पुस्तक के लिए निर्धारित है, उसमें और उत्तर भारत के संस्करण में प्रचुर अन्तर है। विश्वविद्यालय के अधिकारी चाहते हैं कि उत्तर भारत में प्रचलित पाठ को ही प्रकाशित कर सुलभ किया जाय।" इसी से अभिप्रेरित होकर वे उत्तर भारत के संस्करण की खोज करते रहे, पर वह सफल नहीं हुई। ई. 1871 में उन्होंने काशी यात्रा की। सन् 1866 में विद्यासागर के पिता ठाकुरदास ने काशीवास किया था। वे दशाश्वमेध घाट पर एक किराए के मकान में रहते थे। 13 अप्रैल 1871 को उनकी माता भगवती देवी का काशी में देहान्त हुआ। विद्यासागर काशी गये हुए थे सम्भवतः उसी समय उन्होंने भारतेन्दु से 'अभिज्ञान शाकुन्तल' की तीन मूल प्रतियाँ, एक टीका और तीन प्रकृत विकृति प्राप्त कीं, जिसके कृतज्ञता प्रकाश करते हुए विद्यासागर ने भूमिका में लिखा, "इस समय उक्त नगरी के अधिवासी श्रीयुत बाबू हरिश्चन्द्र से 'आलाप' हुआ और 'उन महोदय' ने दया करके स्वीय पुस्तकालय से हमें उपुर्यक्त ग्रन्थ भेंट किए।" उन्होंने भारतेन्दु को सौम्य मूर्ति, अमायिक, निरहंकर विद्योत्साही

और देश हितैषी कहा। ब्रजरत्नदास ने लिखा है कि अपने इस ग्रन्थ का प्रथम संस्करण विद्यासागर ने भारतेन्दु को समर्पित किया था पर यह गलत है। इसी प्रकार अनेक लेखकों की (मदन गोपाल आदि) की यह धारणा भी सत्य नहीं है कि विद्यासागर ने अपनी विधवा माँ की देखभाल का दायित्व भारतेन्दु को दिया था। विद्यासागर की मातुश्री भगवती देवी का देहान्त तो अप्रैल 1871 में हो गया और उसके पश्चात् 1876 में उनके पिता ठाकुरदास स्वर्गवासी हुए। इस प्रकार भगवती देवी के विधवा होने का प्रश्न ही नहीं उठता। भगवती देवी ने पूर्णतः काशीवास भी नहीं किया था, वे वहाँ बहुधा आती-जाती थीं और भारतेन्दु से उनका सम्पर्क अवश्य होता था। ब्रजरत्नदास ने उनकी चाँदी की चूड़ियाँ वाली घटना का भी उल्लेख किया है, जिसका प्रामाणिक और पुष्ट उल्लेख नहीं मिलता, पर वह सत्य भी हो सकती है।

विद्यासागर, सुरेन्द्रनाथ बैनर्जी व भारतेन्दु सन् 1874 (फरवरी) में एशियाटिक सोसाइटी देखने गये थे। भारतेन्दु और सुरेन्द्रनाथ बैनर्जी अंग्रेजी जूते पहने थे और विद्यासागर अपनी 'देशी चट्टी' (जिसे पीछे विद्यासागरेर चट्टी ही कहा गया)। नियमानुसार भारतेन्दु और सुरेन्द्रनाथ बैनर्जी को तो दरबान ने ऊपर जाने दिया, पर देशी चट्टी के कारण विद्यासागर को रोक दिया। इसके क्षुब्ध होकर वे अपने कोच में बैठ गये। उत्तेजित होकर भारतेन्दु भी पुनः आ गये और उन्होंने सोसाइटी के तत्कालीन अधिकारी श्री प्रतापचन्द्र घोष से इस व्यवहार पर आपत्ति की। तत्पश्चात् सभी मिलकर सोसाइटी के मन्त्री मिस्टर ब्लेनफोर्ड के पास गये। पर उसने दरबान की आपत्ति को नियमानुसार और नियम को उचित बताया। इस घटना को लेकर 'हिन्दू पेट्रियट' में फिर कई लेख और प्रतिवाद छपे। अन्ततः यह नियम रद्द कर दिया गया। इस घटना का पूरा विवरण विद्यासागर के वंशज और विद्वान श्री सन्तोषकुमार अधिकारी ने दिया है।

भारतेन्दु से विद्यासागर का अत्यधिक लगाव था। उन्होंने कई बार भारतेन्दु से उनके 'असंयत जीवन' के लिए सचेत करते हुए कहा कि "तुम जो चाहो करो पर इतना विचार करो कि ईश्वर ने जो निधि तुम्हें वितरण के निमित्त दी है, उस निधि का वितरण करते जाओ।" रायकृष्ण दास ने बताया है कि भारतेन्दु ने इस आदेश का पूरी तरह पालन किया और अन्तिम समय में कहा कि "इस जहाज पर जो माल लादकर लाया था, सब उतार दिया, अब जब चाहे जहाज वापिस बुला लिया जाए।"

भारतेन्दु के निधन का दुःसंवाद सुनकर विद्यासागर ने उस दिन उपवास किया और कुछ नहीं लिखा। पूछने पर बताया कि 'मुझे आज पुत्र खोने जैसा दुःख है।' जिस प्रकार विद्यासागर भारतेन्दु को मानते थे उसी प्रकार भारतेन्दु भी उनसे अत्यधिक प्रभावित थे, उनकी प्रसिद्ध मुकरी है–

सुन्दर बानी कहि समुझावै
विधवागन सों नेह बढ़ावै

दयानिधान, परम गुनआगर,
सखि, सज्जन, नहिं विद्यासागर

भारतेन्दु ने एशियाटिक सोसाइटी को अनेक दुर्लभ ग्रन्थ भेंट किए, जिसका आभार सोसाइटी ने स्वीकार किया। डा. राजेन्द्रलाल मित्र को उन्होंने श्रीमद्भागवत की दुर्लभ प्रति भेंट की, जिसके आधार पर डा. मित्र ने उसके बापूदेव द्वारा लिखित होने के भ्रम का निवारण किया। डा. मित्र उन्हें 'राइटिंग मशीन' कहा करते थे। डा. मित्र से उनका घनिष्ठ सम्बन्ध रहा।

इन सबके अतिरिक्त मल्लिका को उन्होंने 'धर्मपूर्वक अपनाया' था और उदयपुर की यात्रा के दौरान अस्वस्थता में अपने अनुज गोकुल चन्द्र को अन्तिम पत्र में उसकी रक्षा की चिन्ता प्रकट करते हुए उस 'दीन हीन' का भार सौंपा था। रायकृष्णदास ने बताया कि मल्लिका और हरिश्चन्द्र 'अर्धनारीश्वर' के समान हो गये थे। पर 1812 की उदयपुर यात्रा में "बाँध पर पैदल किसी को याद करते हुए जाते थे।" सम्भवतः वह याद मल्लिका की ही थी, जिसके साथ वे बनारस में दुर्गाघाट पर रहते थे। अपने निबन्ध 'नाटक' के उपक्रम में भारतेन्दु ने लिखा है कि "इसके निर्माण में मुझको जिससे सहायता मिली है, उसको धन्यवाद देने की आवश्यकता नहीं क्योंकि दक्षिण हस्त के परिवर्तन में वाम हस्त जो कार्य करे, वह भी निज कृत ही है।" यह वामहस्त मल्लिका ही है। हरिश्चन्द्र और मल्लिका का वही सम्बन्ध था, जो शरत बाबू और हिरण्मयी देवी का। विद्वानों की सम्मति में हरिश्चन्द्र और मल्लिका का मिलन सम्भवतः सन् 1873 में हुआ था। (डा. प्रतापचन्द्र चन्दर, त्रिपर्णः अक्टूबर 1985)। वह संभ्रान्त कुलीन परिवार की महिला थी—यह ज्ञात नहीं कि वह विधवा थी या परित्यक्ता। 'गुलाब में काँटा' कहने वाले शिवनन्दन सहाय ने भी यह स्वीकार किया कि 'उसके सहवास में, स्वकार्य साधन में हरिश्चन्द्र को बहुत कुछ सहायता मिलती थी।' भारतेन्दु ने उसे 'दीनहीन' कहा है। उन्हें लिखे एक पत्र में मल्लिका ने भी अपने कष्टों का, अपनी आर्थिक कठिनाइयों का खुलकर उल्लेख किया है। उसने लिखा कि 'खर्च न आने पर उपवास करना पड़ेगा'। अपने 'कष्टमय जीवन' का वर्णन करते हुए उसने भारतेन्दु से अपराधों के लिए क्षमा माँगी थी। कला भवन, बनारस में वह पत्र और भारतेन्दु के साथ उसका एक चित्र सुरक्षित है। भारतेन्दु के अन्तिम समय में मल्लिका 'विकल भाव' से वहीं खड़ी थी। उसका वैधव्य गंगा वाले मकान में ही बीता। जैसा अनजाना उसका जन्म था, वैसा ही जीवन और मरण भी।

मल्लिका ने भारतेन्दु की सारस्वत साधना में बड़ी सहायता की। ऐसी मान्यता है कि हजरत मुहम्मद, इमाम हुसैन और कुरान शरीफ की भाषा में जो बंगलापन है, उससे स्पष्ट होता है कि इनकी रचना में उसका सहयोग रहा। 'भारत-जननी' (1877) के विषय में तो भारतेन्दु का ही कथन है कि "यह रूपक मेरा बनाया नहीं है। बंगभाषा में 'भारत माता' नामक जो रूपक है, वह उसी का अनुवाद है जो मेरे

एक मित्र ने किया है, जिन्होंने अपना नाम प्रकाश करने को मना किया है।'' यही सम्भावना है कि वह मित्र 'मल्लिका' ही थी। 'हरिश्चन्द्र मैगजीन' (1843) का आठ अंकों के पश्चात् नाम 'हरिश्चन्द्र चन्द्रिका' कर दिया गया, यद्यपि अन्तिम पृष्ठ पर 'हरिश्चन्द्र मैगजीन' ही छपता था। उन्होंने मल्लिकचन्द्र एंड कम्पनी की स्थापना की एवं उसमें ग्रन्थों का प्रकाशन किया। 1873 में ही हिन्दी नयी चाल में ढली। यहाँ ज्ञातव्य है कि मल्लिका 'चन्द्रिका' के उपनाम से ही कविता किया करती थी। 'प्रेमतरंग' की अनेक बंगला कविताएँ चन्द्रिका की लिखी हुई हैं। एक कविता भारतेन्दु की जन्मतिथि पर है–

कि आनन्देर दिन आज हेरिनु नयने
इहार समान दिन नाहीं ए भुवने
हरिश्चन्द्र प्रान पति आज तारे जन्म तिथि
विधि सुख दिलो अति आज चन्द्रिका।

वर्षारम्भ पर वह कहती है–

आजे आमार होलो सु प्रभात
नवीन वासरे पद दिलो प्रान नाथ

इस प्रकार मल्लिका का कवयित्री होना सिद्ध है और ये बंगला कविताएँ उसकी हैं, भारतेन्दु की नहीं। एक अन्य कविता है–

आमाय भालो वेशे आर तोमार काज नाई।
तुम अन्य प्रान जले आमाय भालो बासो बले॥
सदा भासि आँखि जले हृदे नाना दुख पाई
विदाय दाओ गुनमनी, सजल होबो संन्यासिनी॥
हरिश्चन्द्र प्रान धन चन्द्रिकार निवेदन
वासना एमन मन विदेशेले प्रान पाई।

इसी में ''निभृत निशीथ में बाँसुरी बजती है, जिसका स्वप्न वन प्रान्तर गगन-घन को चीर कर समीर के साथ मधुर हो उठता है'' और ''हरिश्चन्द्र श्याम वाँशी स्वर कामदेव फाँसी, कुलबधु सुनियाई आर्य पथ त्याजिला।'' इस कविता का विश्लेषण यह सिद्ध करता है कि मल्लिका कुलवधू थी–किसी श्याम (हरिश्चन्द्र) की वंशी ने उसे मुग्ध किया और उसने आर्य पथ का त्याग। चन्द्रिका अपने प्रानधन से निवेदन करती है, ''वह क्यों उनके अगाध प्रेम की अधिकारिणी है?''

इस प्रकार मल्लिका ही हरिश्चन्द्र की 'चन्द्रिका' थी—उस बंग विदुषी ने उनसे आजीवन अप्रतिम प्रेम पाया और उनकी प्रेम साधना एवं साहित्य सर्जना का उपक्रम बनी।

भारतेन्दु का बंग भूमि से कितना निकट सम्पर्क रहा—यही मैंने इस छोटे पत्र में उद्घाटित करने का प्रयास किया है। उनकी जीवन-दृष्टि जितनी उदार थी, उतनी ही व्यापक। वे बंगीय साहित्य, संस्कृति और विद्वत से प्रभावित हुए। सन् 1873 के दुर्भिक्ष ने उनकी समवेदना पाई। 1874 की बंग यात्रा ने उनकी विचारधारा को प्रभावित किया। 'कविवचन सुधा' के अंकों और सामग्री में इस समय जो परिवर्तन हुआ, वह इसका प्रमाण है। उनका यहाँ के साहित्यकारों से निकट सम्पर्क रहा। बंगीय लेखकों और चिन्तकों ने भी उनकी भूरि-भूरि प्रशंसा की। शुभकरण मुकर्जी उनकी जीवनी लिखना चाहते थे। 'इंडियन मिरर' ने उसे प्रकाशित भी किया। ईश्वरचन्द्र, हेमचन्द्र बैनर्जी, द्वारिकानाथ विद्याभूषण, बंकिमचन्द्र चट्टोपाध्याय का उनसे निरन्तर सम्पर्क रहा। केशवचन्द्र सेन ने उनकी ईश्वर भक्ति की सराहना और उनकी पुस्तकों को बंगला में अनुवाद करना चाहा। भारतेन्दु ने अपने युग में उस स्वस्थ परम्परा की नींव डाली, जिसमें भौगोलिक सीमा रेखाओं को निरस्त कर, समूचा भारतीय साहित्य और चिन्तन समरूप होता है। भारतेन्दु ने राष्ट्र के अगाध अन्तर्प्रवाह की जिस अजस्र पीयूष धारा में अवगाहन किया, वह उनकी, उनके मंडल और उनके युग की ऐतिहासिक और युग-प्रवर्तक देन है, जो आने वाली पीढ़ियों को सदियों तक प्रेरित करती रहेंगी। उनके साहित्यिक कर्तव्य का यह पक्ष भी कम महत्त्वपूर्ण नहीं।

सन्दर्भ

1. कुछ विद्वानों ने चन्द्रास्त को भारतेन्दु हरिश्चन्द्र की संक्षिप्त जीवनी समझ लिया है, वस्तुतः यह पं. रामशंकर व्यास शर्मा का शोकोद्गार है (भारतेन्दु की मृत्यु पर) व्यासजी ने संक्षिप्त जीवनी पीछे लिखी।

खंड-2

राष्ट्रीय जागरण और भारतेन्दु

□ शंभुनाथ

भारतेन्दु हरिश्चन्द्र का साहित्य मोटे तौर पर 1858-85 के बीच एक ऐसे ऐतिहासिक काल की उपज है, जिसके एक छोर पर भारतीय किसानों तथा सिपाहियों का राष्ट्रीय विद्रोह और दूसरे छोर पर ह्यूम के नेतृत्व में राष्ट्रीय कांग्रेस का जन्म है। भारतीय इतिहास की वस्तुनिष्ठ विवेचना करने पर हम देखेंगे कि राष्ट्रीय विद्रोह का स्तर क्रान्तिकारी है और कांग्रेस के जन्म तथा 1805 तक इससे लगी घटनाओं का स्तर सुधारवादी। इस परिप्रेक्ष्य में भारतेन्दु हरिश्चन्द्र के साहित्य का मूल्यांकन करते समय एक नया सवाल खड़ा होता है कि उनका साहित्य 1857 के उल्लेखनीय राष्ट्रीय विद्रोह की चेतना का विपर्यय है या विकास—क्या इसका स्तर 1885 की सुधारवादी कांग्रेस की साम्राज्यपरायणता और देशोन्नति की मिली-जुली चेतना के अधिक करीब है? भारतेन्दु हरिश्चन्द्र की लगभग 35 वर्ष की अल्पायु तथा उनके साहित्य के ऐतिहासिक-सामाजिक विकास को मुख्य मुद्दा बनाकर एक बार नये सिरे से विचार करना चाहिए कि भारतेन्दु 1857 तथा 1885 की परस्पर भिन्न विचारधाराओं की सन्धि पर खड़े थे—एक द्वैध में थे या हिन्दी प्रदेश की अनगिनत सामाजिक रुकावटों के बीच खोखले सुधारवाद की आलोचना करते हुए वस्तुतः बड़ी तेजी से उस 'समग्र राजनीतिक 'मुक्ति' की विचारधारा की ओर बढ़ रहे थे, जो 19वीं सदी के सांस्कृतिक-वैचारिक संघर्ष का एक श्रेष्ठ निष्कर्ष थी।

1857 और भारतेन्दु

1857 के राष्ट्रीय विद्रोह पर टिप्पणी करते हुए फ्लोरा एनी ने 'इंडिया थ्रू द एजेज' (1908) में लिखा है कि "यह बहुत कुछ कृषकों के शान्त एवं स्थिर जीवन में जागरण लाने की कोशिश थी। देशीय लोग तथा नये मालिक (अंग्रेज) के जीवन के बीच जहाँ भी टकराहट हुई, अशान्ति पैदा हुई। खैर, यह विद्रोह असफल हुआ।" मार्क्स ने 1857 के विद्रोह को राष्ट्रीय विद्रोह के रूप में देखा ही था, अंग्रेज होकर फ्लोरा

एनी ने भी इसे एक महान विद्रोह के रूप में याद किया। जबकि कई भारतीय इतिहासकारों की नजर में यह विद्रोह एक गद्दारी थी, जिसके सफल होने पर भारत पिछड़ जाता। उपर्युक्त अंग्रेज इतिहासकार ने अपनी सीमाओं में 1857 के महान विद्रोह को 'कृषकों के शान्त एवं स्थिर जीवन में जागरण लाने की कोशिश' और 'जीवन की दो परम्पराओं की टकराहट' के रूप में देखा।

भारतीय नवजागरण की एक धारा अगर भारतीय परम्परा पर साम्राज्यवादी परम्पराओं के प्रभुत्व की है तो दूसरी धारा भारतीय परम्परा की साम्राज्यवादी परम्पराओं से टकराहट की है। एक को हम एकांगी नवजागरण तथा दूसरे को समग्र नवजागरण कहेंगे। यह ध्यान में रखना चाहिए कि नवजागरण की दूसरी धारा अनिवार्यतः अतीतवादी या आधुनिकताविरोधी नहीं थी, सच्ची आधुनिकताओं को इसने अपनाया तथा रूढ़ अतीत को केंचुल की तरह उतार फेंकना शुरू किया।

प्रथम राष्ट्रीय विद्रोह की महान उपलब्धियों से जाहिर है कि साम्राज्यवाद तथा भारतीय परम्परा की टकराहट से फूटी समग्र नवजागरण की धारा में हिन्दू-मुसलमान तथा सिक्खों के बीच साम्प्रदायिक सौहार्द, उच्च-निम्न जातियों में मेल और आर्थिक-राजनीतिक मुक्ति के तत्त्व कितने प्रचुर परिमाण में थे। देश-भक्त किसानों तथा सिपाहियों ने भारी प्रतिकूलताओं के बीच भी राजनैतिक और सैनिक दृष्टि से एक अधिक चतुर जाति से जिस प्रकार मुठभेड़ किया और कुछ समय के लिए देश के कुछ हिस्सों से अंग्रेजी शासन को लगभग उखाड़ फेंका, यह देखकर लगता है कि उनका मूल लक्ष्य भारतीय जनता को जगाना तथा अंग्रेजों को दहलाना था, क्योंकि आजादी हासिल करने की क्षमता उनमें किसी प्रकार नहीं थी। वस्तुतः 1857 के विद्रोह ने नवजागरण को एक नया स्तर प्रदान कर भारतीय इतिहास में महत्त्वपूर्ण भूमिका निभाई, क्योंकि भारतीय सन्दर्भ में नवजागरण का अर्थ साम्राज्यवादी आधुनिकीकरण के प्रति सम्मोहन नहीं हो सकता था। राजा राममोहन राय के साम्राज्यवाद की तरफ झुके नवजागरण की वस्तुगत उपलब्धियों को नकारे बिना 1857 के विद्रोह से देखते ही देखते नवजागरण की एक दूसरी धारा फूटी, जिसका झुकाव साम्राज्यवाद-विरोध की ओर था। पहली धारा की भाँति इसके मूल सामाजिक आधार में विशिष्ट वर्ग के लोग नहीं, बल्कि साधारण मध्यवर्ग और किसान वर्ग के लोग थे। इस नयी धारा से जुड़ने के लिए भारतेन्दु ने अपने को वर्गच्युत किया, अपनी पैतृक सम्पत्ति क्रमशः फूँककर।

1885 की विचारधारा से जुड़े बुद्धिजीवियों ने 1857 के राष्ट्रीय विद्रोह को झुठलाने की कोशिश की, इसे राजद्रोहमूलक सिपाही विद्रोह माना। भारतेन्दु मंडल के ही एक प्रमुख साहित्यकार बदरीनारायण उपाध्याय प्रेमघन ने 'भारत सौभाग्य' (1889) में 1857 के विद्रोह को शासक वर्ग के नजरिए से देखा। जबकि भारतेन्दु ने अपने प्रहसनात्मक और फंतासीपरक नाटकों में ब्रिटिश साम्राज्यवादी व्यवस्था को

निर्ममता से उघाड़ा। उन्होंने भारत की असह्य पीड़ा की कहानी सुनाई। प्रेमघन ने अपने नाटक में ब्रिटिश राज्य को देश में शान्ति और सुव्यवस्था स्थापित करने वाले पात्र के रूप में प्रस्तुत करते हुए दिखाया कि सैकड़ों वर्षों के दमन के बाद देश ने अब कैसी राहत की साँस ली है। नाटक में बहादुरशाह तथा नाना साहब को अंग्रेजों द्वारा दंडित किए जाने का समर्थन है, बल्कि नाना साहब को तो आर्य जाति के उज्ज्वल इतिहास का कलंक कहा गया है। स्मरण रहे कि यह नाटक राष्ट्रीय कांग्रेस की इलाहाबाद में आयोजित चौथी महासभा (1889) में प्रतिनिधियों के समक्ष मंचित करने के लिए लिखा गया था और महासभा के अध्यक्ष को समर्पित था। इससे 1885 की विचारधारा के एक मुख्य रुझान का पत। चलता है और इसका भी कि यह 1857 की चेतना का किस हद तक विपर्यय है।

भारतेन्दु मंडल के जाने-माने साहित्यकार प्रेमघन जिस तरह साम्राज्यवादी सुधारवाद के असर से घिरे थे, भारतेन्दु हरिश्चन्द्र घिरे नहीं थे—एक राजभक्त परिवार से आए होने के बावजूद। इससे लगता है, भारतेन्दु को अपने ही संस्कारों से कितना तीव्र संघर्ष करना पड़ा होगा तथा कितने ही लोगों का कोपभाजन भी बनना पड़ा होगा। आमतौर पर 1857 के सवाल को भारतेन्दु ने अधिक नहीं छेड़ा। वह अपनी सच्ची राष्ट्रीय भावनाओं के कारण विद्रोह का विरोध नहीं कर सकते थे और खुलेआम समर्थन करना खतरे से खाली न था। 1857-58 ही क्यों, भावी किसी विद्रोह को कुचलने के लिए ब्रिटिश सरकार के पास भयंकर राजनीतिक-सैनिक क्षमता थी। ऊपरी उदारतापरक राजनीतिक व्यवहार के बावजूद इसने जो भारी दमन-तन्त्र स्थापित किया था और राष्ट्रीय विद्रोह के दौरान अंग्रेजों के जान-माल के नुकसान का जिस बड़े पैमाने पर नृशंसता से बदला लिया था, इससे समूची धरती काँप गयी थी। ब्रिटिश राज्य का विरोध राजद्रोह करार दिया गया था, जिसकी सजा फाँसी थी। फिर भी भारतेन्दु हरिश्चन्द्र ने साम्राज्यवाद को कभी समर्थन नहीं दिया। उन्होंने कभी नहीं सोचा कि जिसे जान ब्राल्ट ने 'ए हंड्रेड यीअर्स आव क्राइम' कहा था, उसका अब अन्त हो गया। अवश्य ही उन्होंने 'क्राइम' के आर्थिक रूपों को अधिक उघाड़ा, पर शान्ति एवं सुव्यवस्था का भी मजाक उड़ाया। देश के वीर ऐतिहासिक नायकों को धिक्कार देकर भारतेन्दु ने प्रेमघन की भाँति शासक वर्ग के लोगों को खुश करना नहीं चाहा। उन्होंने यह नहीं माना कि जो भारतवासी अपनी ढीली धोती नहीं सँभाल सकते वे राज्य क्या सँभालेंगे।

भारतेन्दु ने इसके विपरीत, एक गहरी आशा के साथ अपने आलसी, रूढ़िग्रस्त तथा फूट के शिकार सोए देशवासियों को जगाने का काम किया। भारतेन्दु मंडल के अनेक सदस्यों ने भारतेन्दु हरिश्चन्द्र की चेतना को आगे नहीं बढ़ाकर 1885 के बाद वस्तुतः सुधारवाद की छत्रछाया में उसका गला घोंट दिया और एकांगी सुधारवाद का मार्ग अपना लिया। इस परिप्रेक्ष्य में 'भारतेन्दु मंडल' एक भ्रामक शब्दावली है।

इसे 'एक चेतना' नहीं माना जा सकता, क्योंकि भारतेन्दु मंडल के अनेक साहित्यकारों ने राजा राममोहन राय के जमाने के एकांगी नवजागरण का ही पुनर्उन्मेष किया तथा भारतेन्दु हरिश्चन्द्र के समग्र नवजागरण की दृष्टि का विकास नहीं किया।

भारतेन्दु ने ही सर्वप्रथम समग्र नवजागरण की धारा का सूत्रपात किया था, उन्होंने सभी क्षेत्र में सुधार—वस्तुतः मुक्ति का सवाल उठाया था। 1857 की आग को उन्होंने दीर्घ समय तक अपने हृदय में छिपाकर रखा। पर जब भारतीय सिपाहियों ने मिस्र-विजय की, भारतेन्दु ने एक बहुचर्चित कविता लिखी—'विजयनी विजय-बैजयन्ती' (1882)। इस कविता का हवाला अक्सर उनकी राजभक्ति के सन्दर्भ में दिया जाता है। पर इसमें उन्होंने भारतीय सिपाहियों की क्षमता—अन्ततः भारतवासियों की क्षमता का गौरवशाली इतिहास प्रदर्शित किया है। भारतेन्दु ऐसे अवसर खोजते रहते थे, जब महारानी विक्टोरिया की उदारता और क्षमता की प्रशंसा की ओट में साथी भारतवासियों की वास्तविक हालत और ताकत का बखान करें। वह इनके वर्तमान दुखों, क्षमताओं तथा ऐतिहासिक गौरव-चिह्नों को भाव-विह्वल होकर गिनाने का कोई अवसर खोते नहीं थे। इसलिए उन्होंने तात्कालिक राजनीतिक घटनाओं को भी अपनी कविता का विषय बनाया। एक तरफ, भक्ति की मध्ययुगीन रंगढंग वाली कविताएँ। दूसरी तरफ, तात्कालिक राजनीतिक घटनाओं पर कविताएँ और मुकरियाँ—इतना विरोधाभास कहीं नहीं मिलेगा। पर दोनों में एक चीज समान ही थी, पीड़ा के बयान के साथ स्वच्छन्दता की अन्तर्निहित चाह।

'विजयनी विजय बैजयन्ती' में भारतेन्दु ने भारत की दुखभरी हालत का वर्णन किया—"जो भारत जग में रह्यो सब सों उत्तम देस। ताही भारत में रह्यो अब नहिं सुख को लेस।" अंग्रेजी राज में सुख, समृद्धि और स्वतन्त्रता लेशमात्र नहीं बची है, यह भारतेन्दु ने पहचाना। उन्होंने बार-बार कहा—"सोई भारत भूमि भई सब भाँति दुखारी।" कहाँ मिस्र-विजय का अभिनन्दन, कहाँ इसमें आ भिड़ा भारत का दुख। यह राजभक्ति है कि औपनिवेशिक अंग्रेजी राज का अनावरण? इसी कविता में भारतेन्दु ने पंचनद, पानीपत तथा चित्तौड़ का आह्वान करते हुए कहा है कि भारत आज मझधार में खड़ा है। रामचन्द्र शुक्ल ने इस अंश पर बहुत भावविभोर होकर लिखा है, क्योंकि तथाकथित राजभक्ति की इस रचना में भारत के वर्तमान दुखों के वर्णन के साथ ऐतिहासिक गौरव-चिह्नों की याद निरुद्देश्य नहीं है। निःसन्देह इस कविता का अन्त इस कथन से होता है—"ब्रिटिश डंके की धुन चारों ओर छा गयी, सबने 'राजराजेश्वरी विक्टोरिया की जय' का शोर किया।" यह रचना का बाह्य ढाँचा है, कथ्य नहीं। भारतेन्दु का कथ्य राष्ट्रीयतावादी है। अन्यथा अर्जुन, भीम, अभिमन्यु, हनुमान, पुरु, पृथ्वीराज आदि की वीरता का गुणगान करते-करते भारतेन्दु अंग्रेजों से शत्रुता रखने वाले पंजाब के रणजीत सिंह तक कैसे पहुँचते—"कित अन्तिम नरवीर रणजीत सिंह भूपाल।" भारतीय सिपाहियों की मिस्र-विजय की घटना के सन्दर्भ में भारत के

ऐतिहासिक वीरों की गौरवशाली गाथा सुनाते हुए भारतेन्दु 1857 के सिपाहियों की ऐतिहासिक भूमिका रेखांकित करना नहीं भूलते। इसी कविता में वह औपनिवेशिक आतंकवाद के नग्न रूप के बारे में कहते हैं–

कठिन सिपाही द्रोह-अनल जा जन-बल नासी।
जिन भय सिर न हिलाइ सकत कहुँ भारतवासी ॥

इन पंक्तियों को, लगता है, भारतेन्दु हरिश्चन्द्र ने अपने समय के औपनिवेशिक आतंकवाद को पूरी तरह जीकर लिखा है। उन्होंने सिपाही-द्रोह को गलत नहीं कहा, बल्कि बतलाया कि यह एक कितना कठिन काम था। इसका प्रतिशोध लेने के लिए अंग्रेजी सेना ने देश के जन-बल का इतनी निर्ममता से नाश किया कि अब भय से भारतवासी कहीं सिर नहीं उठा सकते। भारतेन्दु कार्ल मार्क्स के समकालीन थे। 1857 के प्रति उनका भी नजरिया क्रान्तिकारी था। मार्क्स ने इस विद्रोह को 'राष्ट्रीय' कहकर जो मर्यादा दी, भारतेन्दु ने 'कठिन' कहकर दी। अन्तर अलग परिस्थितियों के कारण कहने के ढंग में है। यह अन्तर स्वाभाविक है, क्योंकि मार्क्स पश्चिम की स्वतन्त्र स्थितियों में भारत की घटनाओं पर टिप्पणी कर रहे थे।

औपनिवेशिक सुधारवाद और राष्ट्रीय जागरण

1858 में 'महारानी विक्टोरिया का घोषणा-पत्र' प्रसारित होने के बाद भारत में अत्यन्त कड़ा 'आपातकाल' लागू हो गया था और आवाज उठाना मुश्किल था। विक्टोरिया ने घोषणा-पत्र अपनी व्यक्तिगत देख-रेख में काफी चालाकी से बनवाया था। इसमें देशी रजवाड़ों की वफादारी के बदले औपनिवेशिक सुरक्षा की गारंटी थी और आम जनता के लिए एक उदार शासन का सब्जबाग था। यह भी बतलाया गया था कि "अंग्रेजी सरकार ने देशी रियासत को उसकी प्रजा के जोर-जुल्म से बचाने का भार भी अपने ऊपर ले लिया है।" अर्थात् जनता के असन्तोष को कुचलने का भार। साधारण प्रजा का राजनीतिक-आर्थिक संघर्ष उनकी नजर में जोर-जुल्म था। 1857 के पहले विद्रोह (संन्यासी, संथाल, भील, पोलिगार, कोल तथा अन्य) और बाद के विद्रोह (नील, पाबना, दकन, बिरसा मुंडा आदि के विद्रोह) की तुलना से ज्ञात होता है कि पहले के विद्रोह तथा आन्दोलन में अंग्रेजी राज के खिलाफ लड़ाई प्रत्यक्ष थी, बाद में औपनिवेशिक आतंकवाद के कारण अप्रत्यक्ष हो गयी। इनका रुख जमींदारों एवं महाजनों के खिलाफ हो गया, क्योंकि जमींदार और महाजन तब तक ब्रिटिश राज्यों की मुख्य रक्षापंक्ति बन गये थे। अंग्रेजों ने जमींदार-महाजन वर्ग के हितों पर इसीलिए सबसे कम अंकुश लगाए, कठोरता का व्यवहार नहीं किया।

1857 के बाद अंग्रेजों की उदारता दिखाने भर के लिए थी, न दमन में ढिलाई थी न लूट में। हर वर्ष पहले की अपेक्षा अधिक धन, अनाज तथा कच्चा माल इंगलैंड

पहुँचता था, जिस पर भारतेन्दु ने गहन दुख प्रकट किया था। मृत्यु के कुछ दिन पहले यह दुख बलिया के भाषण (1884) के दौरान एक व्यापक आह्वान में बदल गया–"तुम आप ही कमर कसो, आलस छोड़ो। तुम्हारा रुपया तुम्हारे ही देश में रहे, वह करो। देखो, जैसे हजार धारा होकर गंगा समुद्र में मिली हैं, वैसे ही तुम्हारी लक्ष्मी हजार तरह से इंगलैंड, फरासीस, जर्मनी, अमेरिका को जाती हैं। भाइयो, अब तो नींद से चौंको, अपने देश की सब प्रकार उन्नति करो। जिसमें तुम्हारी भलाई हो, वैसी ही किताब पढ़ो, वैसे ही खेल खेलो, वैसी ही बातचीत करो। परदेशी वस्तु और परदेशी भाषा पर भरोसा मत करो।" सब प्रकार की उन्नति से तात्पर्य था उपनिवेशवाद-विरोध के लिए सामाजिक, सांस्कृतिक और धार्मिक गतिशीलता। उस जमाने में दूसरे किसी बुद्धिजीवी में इतना कहने का साहस न था–आज सवा सौ वर्ष बाद भी इस कथन की प्रासंगिकता बनी हुई है।

जिस तरह वर्तमान आधुनिक विकास और आर्थिक सुधारवाद मुट्ठी भर विशिष्टवर्गी लोगों के लिए है, भारतेन्दु के जमाने में भी अंग्रेजो की उदारता और सुधारवादी नीति केवल गिनेचुने भारतीय जमींदारों, नौकरशाहों तथा खिदमतगारों के विशिष्ट वर्ग के लिए थी। औपनिवेशिक सुधारवाद का जायजा इन्हीं लोगों ने लिया तथा ब्रिटिश राज्य के प्रति असन्तोष को मुलायम करने में महत्त्वपूर्ण भूमिका निभाई। प्रथम राष्ट्रीय विद्रोह के पहले और बाद की ब्रिटिश औपनिवेशिक नीति में यही फर्क था कि पहले अंग्रेज किसी भी भारतीय वर्ग को अपनी लूट में हिस्सा देना पसन्द नहीं करते थे–अमीचन्द जैसों को उन्होंने लंगी मारी, पर बाद में कुछ खास वर्गों को एक छोटा हिस्सा बाँटने के लिए वे सहमत हो गये थे। किसी उभरे या उभरते हुए सामाजिक वर्ग को टुकड़खोर बनाना सुधारवाद की आम शैली है, जिसके बल पर कोई भी दमनकारी शासन-व्यवस्था बड़े चमत्कारिक ढंग से अपनी कल्याणकारी छवि निर्मित कर लेती है और असन्तोषों को दबाती है।

अंग्रेजी राज के परिष्कृत दमन तथा छद्म सुधारवाद के कारण 1857 के बाद एक लम्बे काल तक ब्रिटिश राज्य को खुली चुनौती मुश्किल हो गयी, पर चुनौती देने की भावना खत्म नहीं हुई। नील आन्दोलन, पाबना तथा दकन-विद्रोह विद्रोहों का अप्रत्यक्ष सम्बन्ध उपनिवेशवाद विरोध से है। यह अलग बात है कि अंग्रेजी राज की राजनीतिक एवं कूटनीतिक ताकत इतनी बढ़ चुकी थी, अवसरवादियों की रक्षापंक्ति इतनी मजबूत हो चुकी थी कि इन आन्दोलनों, विद्रोहों या असन्तोषों से अंग्रेजी राज के हितों पर तत्काल कोई सीधा खतरा नहीं था। आखिरकार इन्हीं चेतनाओं का विकास आगे चलकर बीसवीं सदी के मुक्ति संघर्षों में हुआ।

एक तरफ, परिष्कृत औपनिवेशिक दमन तथा छद्म सुधारवाद, दूसरी तरफ भारतीय जनता की ठोस आकार ढूँढ़ती क्रान्तिकारी अकुलाहट–इन्हीं स्थितियों में भारतेन्दु हरिश्चन्द्र के कन्धों पर जनता को साहित्य तक और साहित्य को जनता

तक पहुँचाने का एक महान् ऐतिहासिक दायित्व आया। उनकी सुधार की चेतना वस्तुतः एक परिवर्तन ढूँढ़ती थी। इसी दबाव में उन्होंने अंग्रेजी राज के दमनचक्र को देखते हुए सहज मिथकीय संकेतों तथा प्रहसनात्मक फंतासियों का मार्ग अपनाया। औपनिवेशिक व्यवस्था को पूरी तरह उघाड़ने के उद्देश्य से ही उन्हें विक्टोरिया-प्रेम का कौशल अपनाना पड़ा।

अतः यह धारणा सही नहीं है कि 1857 की असफलता की निराशा में भारतीय जनता अंग्रेजों को खदेड़ने का प्रयास छोड़कर विक्टोरियाई सुधारों से तृप्त हो गयी। निःसन्देह भारतेन्दु की आरम्भिक टकराहट ब्रिटिश उपनिवेशवाद के साथ न होकर सिर्फ भारत की अंग्रेज नौकरशाही से है। भारतेन्दु द्वारा अनेक रचनाओं में महारानी विक्टोरिया और राजकुमार के अभिनन्दन के कारण कई जीवनीकारों तथा आलोचकों ने उनकी राष्ट्रभक्ति पर प्रश्न उठाते हुए उन्हें राजभक्त माना है। कुछ ने भारतेन्दु को राष्ट्रभक्त इस तरह कहा है, मानो उन्हें अपराधी बनाया जा रहा हो। ब्रजरत्न दास ने उनकी जीवनी में सफाई दी थी, "अंग्रेजी राज्य के दोषों का कथन, उनके निवारणार्थ प्रार्थना करना आदि राजद्रोह नहीं कहा जा सकता।" इसी भ्रम को व्यवस्थित रूप से गहराते हुए एक दूसरे जीवनीकार मदनगोपाल ने भी लिखा—"हरिश्चन्द्र वास्तव में पूरे राजभक्त थे—साम्राज्ञी विक्टोरिया तथा उसके द्वारा नियुक्त किये गये गवर्नर जनरल तथा वाइसराय के भक्त...हरिश्चन्द्र अपने आपको साम्राज्ञी विक्टोरिया और उनके परिवार के नजदीक समझते थे। उनके दुख में दुख और सुख में सुख। जब नवम्बर 1871 में युवराज (प्रिंस आफ वेल्स) टाइफाइडग्रस्त हुए, हरिश्चन्द्र ने इस अवसर पर एक कविता लिखी, जिसमें ईश्वर से प्रार्थना की गयी कि युवराज शीघ्र स्वस्थ हों। दो वर्ष बाद जब 'ड्यूक आफ एडिनबरा' का रूसी राजकुमारी से विवाह हुआ, तब हरिश्चन्द्र ने 'मुँह दिखावनी' नाम से एक कविता भी लिखी।"

हमें सोचना चाहिए कि प्रेस पर प्रतिबन्ध तथा ब्रिटिश सरकार की निरंकुश सत्ता के इतने कठोर रुख के बावजूद भारतेन्दु ने अपने देश की जनता के वास्तविक कष्टों को इतनी सफाई से कैसे व्यक्त किया तथा उपनिवेशवाद का इतना सधा अनावरण कैसे सम्भव हुआ।

भारतेन्दु ने ब्रिटिश साम्राज्यवादी शासन के दुखों को अपने रचनात्मक विकास के एक खास मोड़ पर खुलकर कहना शुरू कर दिया था तथा उन चाटुकारों का रास्ता नहीं अपनाया था जो कहते थे कि 'महारानी के राज में सब ठीक चल रहा है'। अपनी ग्यारह वर्ष की उम्र में, जब उन्होंने महारानी विक्टोरिया के पति की मृत्यु पर 'अन्तर्लापिका' (1861) लिखी, निःसन्देह वह पारिवारिक राजभक्ति के संस्कार से आक्रान्त थे। उन्होंने अपनी उन्नीस वर्ष की उम्र में ड्यूक आफ एडिनबरा के भारत आगमन पर 'श्री राजकुमार सुस्वागत पत्र' (1869) लिखा तथा इसके एक साल बाद उनके काशी आने पर 'सुमनोज्जलि' अर्पित की। इनमें भी उनके पुराने

संस्कार हावी थे। इनमें भारत के दुख की कोई खास चिन्ता नहीं है। भारत के दुख की पहली गम्भीर चिन्ता प्रकट हुई इक्कीस वर्ष की उम्र अर्थात् 1871 में, जब प्रिंस आफ वेल्स के टाइफाइड से पीड़ित होने की खबर मिली। इस समय तक बंगाल में भीषण अकाल पड़ चुका था और भारतीय दंड विधान में एक नया एक्ट (124-ए) जोड़कर अभिव्यक्ति की स्वतन्त्रता पर कठोर पाबन्दी लग चुकी थी (1870)। इसके पहले भारतेन्दु को भारतीय जनता आनन्दविभोर दिखाई देती थी, पर उपर्युक्त दो घटनाओं के सन्दर्भ में उनके परिप्रेक्ष्य में बदलाव आया। प्रिंस आफ वेल्स के टाइफाइड पीड़ित होने पर उन्होंने पहली बार व्यथित होकर लिखा–

हम हैं भारत की प्रजा, सब विधि हीन मलीन।
तुम सों यह बिनती करत, दया करहु लखि दीन ॥

प्रिंस आफ वेल्स जब 1875 में भारत आए, भारतेन्दु को लगा, 'दुष्ट राजाओं के सैनिकों द्वारा पददलित दीन भारतभूमि तुम्हारे चरण पड़ते ही आज आनन्दविभोर हो उठेगी।' भारतेन्दु को एक खास सन्दर्भ में ब्रिटिश लोग भारतीय जनता के मुक्तिदाता लगे थे। क्योंकि इन्होंने बादशाहों और राजाओं के अत्याचार से भारतीय जनता को मुक्त कराया ही था, आधुनिकीकरण से भी परिचित कराया था। उस जमाने में ब्रिटिश साम्राज्यवाद भारत के पढ़े-लिखे वर्ग को अपनी विकसित सभ्यता द्वारा दिग्भ्रमित करने में एक हद तक सफल था। इसलिए प्रिंस आफ वेल्स के भारत आने पर भारतेन्दु ने इस तरह की टिप्पणी की, "जिमि रघुवीर आए अवध।" बंगला के प्रसिद्ध कवि हेमचन्द बनर्जी की एक कविता के रूपान्तरण 'भारतभिक्षा' (1875) में भारत के राजाओं का मखौल है। प्रिंस के आने पर उनके स्वागत में ये किस तरह गले में गुलामी का तमगा (स्टार) लटकाए उनके पीछे-पीछे दौड़ रहे थे, इस कविता में उसका बड़ा मजेदार चित्र है। 'लेवी प्राण लेवी' (1970) तथा 'बादशाह दर्पण' (1877) की रपटों में भी इसी प्रकार राजा-महाराजाओं की जी-हजूरी तथा मूर्खता और अंग्रेजों के चतुर कौशलों का वर्णन है। भारतेन्दु भारतमाता से आग्रह करते हैं कि 'शत्रुओं के पैरों से जितने आघात लगे हैं, वेल्स के राजकुँवर से सब कह दो, अपने हृदय की वेदना प्रकट कर दो और शत्रुओं द्वारा सदा जो इतना अनादर सहना पड़ा उसके सभी घाव दिखाकर राजकुँवर से बात करो।' बादशाह, राजा-महाराजा और सामन्त भारत के आधुनिक विकास का रास्ता रोके हुए थे, नयी अन्तर्राष्ट्रीय अर्थव्यवस्था के सन्दर्भ में ये लोग अप्रासंगिक हो चुके हैं, भारतेन्दु की यह पहचान सही थी।

अपने नाटक 'विषस्य विषमौषधम' में ठीक एक साल बाद (1876) उन्होंने यही समस्या उठाई और सामन्तवाद के पतन की ऐतिहासिक अनिवार्यता की अधिक परिपक्व घोषणा करते हुए व्यंग्य भरे स्वर में लिखा–"सुख भी तो हिन्दुस्तान में तीन ही ने किया–एक मुहम्मदशाह ने, दूसरे वाजिदअली शाह ने, तीसरे हमारे महाराज

ने। मुहम्मदशाह के जमाने में नादिरशाही हुई, वाजिदअली शाह से लखनऊ ही छूटा, अब देखें इनकी कौन गति होती है।" बड़ौदा नरेश मल्हार राव जैसों की गति वस्तुतः पतनोन्मुख सामन्तवाद की गति थी। भारतीय सामन्तवाद यूरोपीय सामन्तवाद की तरह विकसित न हो सका था एवं पूँजीवादी आधुनिक विकास की परिस्थितियाँ पैदा न कर सका था। राजाओं-महाराजाओं की साधारण दशा मल्हार राव जैसी थी। इसीलिए अंग्रेजी साम्राज्यवाद को पनपने का अनुकूल अवसर मिला। भारतेन्दु का अन्वेषण यही है, "1599 में जो लोग सौदागरी करने आए थे, वे आज स्वतन्त्र राजाओं को यों दूध की मक्खी बना देते हैं।" भारतेन्दु ने पतनोन्मुख सामन्तवाद पर सौदागरी पूँजीवाद की प्रबलता को सही पहचाना और अंग्रेजी राज की वास्तविकता को ऐतिहासिक परिप्रेक्ष्य में देखा। उनके सामने अंग्रेजी राज एक ऐतिहासिक यथार्थ था।

भारतेन्दु के रचनात्मक जीवन में 1871-80 का काल घोर वैचारिक संक्रमण का काल है। इन दस वर्षों के दौरान इस बात पर वह धीरे-धीरे दृढ़ होते गये कि भारत के सभी दुख-कष्टों का कारण अंग्रेजी राज है। इस काल की अपनी अनेकों कविताओं, नाटकों तथा टिप्पणियों में उन्होंने इसके बारे में खुलकर कहा और औपनिवेशिक शोषण को बार-बार 'एक्सपोज' किया। उनका 'एक्सपोजर' काल-क्रम से लगातार तीखा होता गया। इसके साथ अंग्रेजी राज के प्रति उनकी घृणा भी तीखी होती गयी। पर अंग्रेजी राज का अपना एक आकर्षण भी था। आकर्षण का एक बिन्दु यह था कि अंग्रेजों ने राजा-महाराजाओं, सामन्तों को नियन्त्रित किया था। दूसरा बिन्दु यह था कि उन्होंने दुस्तर नदी-नालों पर पुल बनाए, पथिकों के बेधड़क चलने के लिए सड़कों का निर्माण कराया, गाँव-गाँव में मजबूत पहरेदार बैठा दिए, जिनके भय से चोर अब दूर-दूर रहने लगे, राजाओं के खानदान के हित में गोद-प्रथा को स्वीकृति दी, उनकी जमीन का लोभ नहीं किया, शिक्षा का प्रसार किया और नगरपालिकाएँ स्थापित कीं (भारत वीरत्व, 1878)। यह सब देखकर उनके मुँह से निकला—"अंग्रेज राज सुख साज सजे सब भारी" (भारत दुर्दशा)। पर दूसरी ही पंक्ति में उन्होंने औपनिवेशिक शोषण का उद्घाटन करते हुए तुरन्त कह दिया था—"पै धन विदेश चलि जात इहै अति ख्वारी।" भारत से धन और अनाज का भण्डार इंग्लैण्ड पहुँच रहा था। 1871 में भारत का 33,47,208 हंड्रेड वेट गेहूँ। इंग्लैण्ड पहुँचा, तब यहाँ भुखमरी थी। यह सब देखकर भारतेन्दु बेचैन रहते थे। संक्रमण काल में उनके मन में एक भारी जद्दोजेहद थी। अतः सामयिक रूप में अंग्रेजी राज के शिल्पोन्नति और सुख के प्रति प्रशंसात्मक भाव रखते हुए भी उन्होंने कभी नहीं चाहा कि साम्राज्यवादी ही भारत में आधुनिकीकरण के स्थायी वाहक बने रहें और बदले में देश का खूनी शोषण करते रहें। भारतेन्दु में तीखी बेचैनी थी कि देश के शिक्षित और कर्मठ लोग जल्दी जगें और आधुनिकीकरण का दायित्व खुद अपने हाथों में लें।

धीरे-धीरे भारतेन्दु के सामने से धुँधलका छँट रहा था। उनकी राष्ट्रीयता और सामाजिक चेतना परिपक्व हो रही थी। उनकी एक सीमा भी थी। उन्हें बनारस के जिस विशिष्टवर्गी हिन्दी समाज में अक्सर उठना-बैठना पड़ता था, वह न्यायिक अधिकारियों, पंडितों, प्रोफेसरों, नगरपालिका तथा जिला समिति के सदस्यों और विद्वानों का परम्पराओं-आधुनिकताओं से मिश्रित एक अति शिष्ट समाज था। इसके शिरमौर थे अंग्रेजों के खास विश्वासपात्र राजा शिवप्रसाद। भारतेन्दु न अपनी राष्ट्रीय-सामाजिक मुक्ति-चेतना छोड़ सकते थे न यह शिष्ट समाज, क्योंकि मुक्ति-चेतना से उनकी आत्मा को नयी शक्ति मिलती थी और शिष्ट समाज से आदर मिलता था। इसलिए उनके साहित्य का कथ्य राष्ट्रीय-सामाजिक मुक्ति का है, पर साहित्य के कई रूपों में एक रूप वह भी है जो उस जमाने के शिष्ट समाज में पहले से स्वीकृत था। यह रूप राजनीतिक वफादारी का था। दस वर्षों की जद्दोजेहद के दौरान उन्होंने किस तरह ब्रिटिश सरकार के प्रति अपने परिवार की वफादारी की परम्परा का लाभ उठाया और अपने विक्टोरिया-प्रेम को एक सचेत कौशल का रूप दिया, इसकी सम्पूर्ण ऐतिहासिक प्रक्रिया को समझे बिना भारतेन्दु के साहित्य का मूल्यांकन नहीं हो सकता।

रामविलास शर्मा ने यह कहकर भारतेन्दु की राजभक्ति को सन्देह से देखा था कि "जनता की नवचेतना फैलाने के लिए ही राजभक्ति की आड़ ली गयी।"

कई विचारकों ने भारतेन्दु के साहित्य को समग्र विकास में नहीं देखा, खासकर रिपन के सुधारवाद के बावजूद 1881 से भारतेन्दु में जो एक खास परिवर्तन आया और उनके साहित्य में जनता के व्यापक आन्तरिक असन्तोष के परिप्रेक्ष्य में जो नया मोड़ आया, उसे अनदेखा किया गया। शुरू से आखिर तक भारतेन्दु में एक ही स्तर नहीं था। यह अवश्य दुखद है कि नये विद्रोही झुकाव के केवल चार वर्षों बाद ही भारतेन्दु की मृत्यु हो गयी।

1881 में इकतीस वर्ष की उम्र में भारतेन्दु सामन्तवाद के साथ-साथ साम्राज्यवाद के भी विरोधी हो गये थे। उन्हें पूरी बात समझ में आ गयी थी। इसके पहले (1871-80) वे भारत के घरेलू शत्रुओं द्वारा पहुँचाए दुख-कष्ट को लेकर राजकुँवर से बात करने तथा अंग्रेजों के अत्याचार की खबर महारानी विक्टोरिया तक पहुँचाने का आह्वान करते रहे। उस दौरान इंगलैंड के समाज का ढाँचा भी तेजी से बदल रहा था। वहाँ की संसद में राबर्ट आसबर्न जैसे मानवतावादी बुद्धिजीवी अंग्रेज सरकार से आग्रह करते रहते थे कि भारत में ब्रिटिश सरकार ने औपनिवेशिक शासन का जो पुराना तरीका अपना रखा है, उसे खत्म किया जाए। सम्भवतः उसी असर में भारतेन्दु ने भारतीयों को एक समय तक वही रास्ता दिखाया। उन्होंने अपनी कुछ कविताओं में भारत माता से बार-बार आग्रह किया कि वह महारानी विक्टोरिया तथा राजकुँवर के सामने विनम्रतापूर्वक अपना दुखड़ा रोए। 'मानसोपायन' (1877) में उन्होंने युवराज को लिखे खत से वर्तमान राजनीतिक स्थिति स्पष्ट कर दी थी—"आपका प्रताप कहता

है कि खबरदार हद से आगे नहीं बढ़ना, जो कुछ विनती करना बड़ी नम्रता और प्रणाम के साथ।" साम्राज्यवादी आतंक के कारण यह स्थिति उत्पन्न हुई थी।

इंगलैंड के मानवतावादी अंग्रेज अखबार और संसद में भारत सम्बन्धी सवाल उठाते थे। लेकिन उनकी एक सीमा थी। वे एशिया में उपनिवेशवाद के तत्युगीन स्वरूप के औचित्य-अनौचित्य को लेकर खूब तेज बहस करते थे, पर निर्णय रूप में एशिया को पिछड़ा कहकर अन्ततः उपनिवेशवाद का ही औचित्य प्रमाणित किया जाता था। जिन वर्षों में फीरोजशाह मेहता, दादाभाई नौरोजी प्रभृति लोग उन मानवतावादी अंग्रेजों के घनिष्ठ सम्पर्क में आ रहे थे और भारत में अंग्रेजी राज से बढ़ते असन्तोष के बावजूद होमरूल तक की बात करने से डर रहे थे और बार-बार आश्वासन दे रहे थे कि भारत दूसरा 'आयरलैंड' नहीं बनेगा, उन्हीं वर्षों भारतेन्दु का औपनिवेशिक सुधारवाद से पूरी तरह मोह-भंग हो चुका था। उनके असन्तोष ने गहरे क्षोभ का रूप धारण कर लिया था।

भारतेन्दु की परवर्त्ती दो राजनीतिक कविताओं–'विजय-वल्लरी' (1881) तथा 'विजयिनी विजय बैजयन्ती' (1884) में भारत के दुख-कष्ट का खूब वर्णन है, लेकिन एक जगह भी भारतमाता या किसी से आग्रह नहीं है कि वह सुधार के लिए महारानी विक्टोरिया और राजकुँवर से बातचीत स्थापित करे, अपना दुखड़ा सुनाए। इसके स्थान पर भारत की ऐतिहासिक गौरवगाथाएँ हैं, जो स्पष्ट संकेत देती हैं कि भारत का इतिहास रोकर दुखड़ा सुनाने का नहीं, संघर्ष का है। 'विजय-बल्लरी' अफगान युद्ध समाप्त होने पर और विजयिनी विजय बैजयन्ती' मिस्त्र विजय के बाद लिखी गयी, लेकिन दोनों कविताओं का मूल लक्ष्य राजभक्ति-प्रदर्शन नहीं, बल्कि राजभक्ति को औजार बनाकर अंग्रेजों के शोषण-अत्याचार को उद्घाटित करना तथा वीरतापूर्ण भारतीय संघर्ष की ऐतिहासिक परम्परा को उजागर करते हुए 'अंडरग्राउंड' रूप से भारतवासियों को ललकारना है। ये दोनों वस्तुतः औपनिवेशिक सुधारवाद से मोहभंग की कविताएँ हैं।

अफगान युद्ध के समय भारतवासियों को लगा था कि इस युद्ध में भारतीय सैनिकों के वीरतापूर्ण प्रदर्शन के बाद देश में बहुत-से परिवर्तन आएँगे। इसलिए जब सेना जीतकर लौटी, जनता बहुत खुश हुई। भारतेन्दु ने इस कविता में यह पूछकर कि क्या जनता सैनिकों के जीतकर लौटने के कारण खुश हुई है, खुद ही उत्तर दिया, "नहीं-नहीं, यह कारण नहीं है। कुछ और ही बात है जो भारतवासी इतने प्रमुदित दिखाई पड़ रहे हैं। इन्हें काबुल से क्या मतलब! ये तो अपने लोगों के मरने तथा धननाश के कारण युद्ध से वस्तुतः उदासीन हैं।" भारतेन्दु ने जगह-जगह भारतीय सैनिकों की वीरता पर प्रसन्नता व्यक्त की, क्योंकि इससे साधारण जनता का मनोबल बढ़ता था। वह युद्धोन्मादी न थे। ऊपर की पंक्तियों से स्पष्ट है कि वह युद्ध नहीं

चाहते थे। भारतीय जनता भी युद्ध नहीं चाहती थी। आगे और भी स्पष्ट है कि अंग्रेज किसके स्वार्थ में और किस कीमत पर ऐसे युद्ध रचते थे–

ये तो समुझत व्यर्थ सब, यह रोटी उत्पात।
भारत-कोष विनास कों, हिय अति ही अकुलात॥
ईति भीति दुष्काल सों, पीड़ित कर को सोग।
ताहू पै धन-नास की, यह बिनु काज कुयोग॥
स्ट्रेची, डिजरैली, लिटन चितय नीति के जाल।
फँसि भारत जरजर भयो काबुल युद्ध अकाल॥
सुजस मिलै अँगरेज को, होय रूस की रोक।
बढ़ै बृटिश वाणिज्य पै, हमकों केवल सोक॥

सारा मजा अंग्रेज ले रहे थे और भारतवासियों के नसीब में केवल शोक था। यह रिपन का राज था, जिसकी प्रशंसा में भारतेन्दु ने 'रिपनाष्टक' भी लिखा था। वह महसूस कर रहे थे कि अभी भारत में किसी ऐसे संगठित वर्ग का उदय नहीं हुआ है, जो राष्ट्रीय भावना को खुलकर राजनीतिक अर्थ प्रदान करे। जनता के मन में कभी आशा पैदा होती थी कभी निराशा। 'विजय वल्लरी' में एक तरफ आशा है, 'इंगलैंड में जिस लिबरल दल की जीत हुई है, उसके लोग बहुत बुद्धिमान, शान्तिप्रिय तथा उदारचित्त हैं। वे पिछली भूलों को सुधारकर अब भारत का हित करेंगे।' दूसरी तरफ निराशा भी है कि 'भूमि कर कहाँ उठा, टैक्स कहाँ माफ हुआ, जनसाधारण का भय कहाँ दूर हुआ, नागरिकों के राजनीतिक जीवन का रास्ता कहाँ साफ हुआ?' रिपन ने 1880-84 के मध्य कुछ सुधारवादी कदम उठाए थे। मसलन, उसने कड़े विरोध के कारण 'प्रेस एक्ट' उठा लिया था। इससे जनतान्त्रिक संघर्ष को एक स्तर आगे ले जाने का सुयोग मिलता था। रिपन के सुधार भारतवासियों के दुख के सही निदान न थे, क्योंकि असल संकट राजनीतिक-आर्थिक था। नयी विश्व अर्थव्यवस्था में ब्रिटेन अन्य पश्चिमी देशों–अमेरिका, जर्मनी, फ्रांस से वैज्ञानिक औद्योगिक व्यापारिक उन्नति के क्षेत्र में जितना पिछड़ता जा रहा था, भारत पर उसका औपनिवेशिक दबाव उतना ही बढ़ता जा रहा था। तथाकथित उदारचित्त रिपन के काल में भी अंग्रेजी राज की आर्थिक लूट घटने के बजाय बढ़ी। यहाँ के व्यापार पर उसका शिकंजा ज्यादा कसा। 1882 में भारतीय वस्त्र उद्योग का गला घोंटने के लिए लंकाशायर के इशारे पर भारत में आने वाले अंग्रेजी सूती कपड़े पर से हर तरह की चुंगी हटा ली गयी। इससे भारतीय पूँजीपति वर्ग असंतुष्ट हुआ। 1883 में इलबर्ट बिल, जिसमें भारतीयों को कुछ अधिकार मिले थे, अंग्रेजों के विरोध के कारण ही रोक दिया गया–इससे भारत का शिक्षित वर्ग नाराज हुआ। अकाल पड़े, भूमिकर नहीं घटा, इससे किसान नाराज हुए।

जिन दिनों पूरा भारतवर्ष भीतर ही भीतर गुस्से से खौल रहा था, भले उसके गुस्से को सही आकार देने वाले क्रान्तिकारी नेतृत्व का अभाव था, भारतेन्दु के लेखन में एक नया उभार आया। उनके साहित्यिक विकास में 1881-84 के काल का विशेष महत्त्व इसलिए है कि इन्हीं वर्षों 1857 की भाँति पूरा देश भीतर ही भीतर पुनः सुलग रहा था। देश अकाल से त्रस्त था। बंगाल के सुरेन्द्रनाथ बनर्जी 'इंडियन एसोसिएशन' के मंच से किसानों तथा शिक्षित युवकों का एक्यबद्ध संघर्ष छेड़ चुके थे। बाद में सुरेन्द्रनाथ बनर्जी ने क्रान्तिकारी रास्ता छोड़ दिया, लेकिन आरम्भ में उन्होंने 1857 की भावना को ही बौद्धिक-राष्ट्रीय स्तर पर विकसित करना चाहा था। काशी में भारतेन्दु और सुरेन्द्रनाथ की आपस में मुलाकात भी हुई थी। 1885 के प्रथम कांग्रेस अधिवेशन (बम्बई) में अपने क्रान्तिकारी व्यक्तित्व के ही कारण सुरेन्द्रनाथ बनर्जी अनामन्त्रित थे। अंग्रेज नाराज न हो जाएँ, वस्तुतः इसीलिए इन्हें नहीं बुलाया गया था। देश में अंग्रेजी राज के खिलाफ फैल रही उत्तेजना के कारण अन्ततः एक 'सेफ्टी वाल्व' बनाने की योजना सफल हुई। पिछले दशक के दकन के किसान विद्रोह (1875), बंगाल के 'समदर्शी गुट' (1876) द्वारा 'स्वायत्त शासन' की माँग आदि की पृष्ठभूमि में ब्रिटिश सरकार का घबराकर सुरक्षा के उपाय सोचना स्वाभाविक था। उसी समय समानान्तर रूप से भारतेन्दु हरिश्चन्द्र, बंकिमचन्द्र चट्टोपाध्याय तथा विद्यासागर की राष्ट्रीय भावनाओं का स्वरूप क्रान्तिकारी था। बंकिमचन्द्र ने 1882 में 'वन्देमातरम' की रचना की। इसी साल भारतेन्दु एक बांग्ला कविता से प्रभाव ग्रहण करके बहुत तीखा प्रहसनात्मक व्यंग्य 'अंग्रेज स्तोत्रं' लिखा। इसमें 'प्रणाम' का अर्थ वस्तुतः 'अलविदा' है। इसका एक अंश इस प्रकार है–

"हे अंग्रेज, हम तुमको प्रणाम करते हैं। तुम नृसिंह हो, क्योंकि मनुष्य और सिंह दोनों पन तुममें हैं। टैक्स तुम्हारा क्रोध है और परम विचित्र हो–तुम वामन हो, क्योंकि तुम वामन कर्म में चतुर हो, तुम परशुराम हो, क्योंकि पृथ्वी निक्षत्री कर दी है। अतएव हे लीलाकारिन! हम तुमको नमस्कार करते हैं। कौंसिल तुम्हारा मुख है, मान तुम्हारी नाक है, देश पक्षपात तुम्हारी मोछ है, टैक्स तुम्हारे कराल द्रष्टा हैं। अतएव हे अंग्रेज, हम तुम को प्रणाम करते हैं, हमारी रक्षा करो। चुंगी और पुलिस तुम्हारी दोनों भुजाएँ हैं, अमले तुम्हारे नख हैं, 'अन्धेर तुम्हारा पृष्ट है और आमदनी तुम्हारा हृदय है। अतएव हे अंग्रेज! हम तुमको प्रणाम करते हैं। खजाना तुम्हारा पेट है, लालच तुम्हारी क्षुधा है, सेना तुम्हारा चरण है, खिताब तुम्हारा प्रसाद है। अतएव हे विराटरूप अंग्रेज! हम तुमको प्रणाम करते हैं।"

ऊपर के उद्धरण में कुछ आलोचनात्मक अनावरण इतने व्यापक हैं कि इनसे भारतेन्दु की एक नयी ऐतिहासिक समझ में उनकी बौद्धिक हिस्सेदारी और उन्नीसवीं सदी के वैचारिक संघर्ष में उनकी उपनिवेशवाद-विरोधी भूमिका का पता चलता है। जैसे, 'तुम वामन-कर्म में चतुर हो' में साम्राज्यवादी विस्तार का, 'कौंसिल तुम्हारा

मुख है' में रजवाड़े के लोगों, बड़े जमींदारों तथा व्यापारियों के जड़ प्रतिनिधियों को लेकर औपनिवेशिक निरंकुशता की छाया में बनी दिखावटी विधायिका सभा का, 'टैक्स तुम्हारे कराल द्रष्टा हैं, में किसानों के औपनिवेशिक शोषण का, 'चुंगी और पुलिस तुम्हारी दोनों भुजाएं हैं' में औपनिवेशिक आर्थिक लूट और भ्रष्टाचार का, 'सेना तुम्हारा चरण है' में जनता के असन्तोष के हिंसात्मक दमन का तथा 'खिताब तुम्हारा प्रसाद है' में औपनिवेशिक लूट में हिस्सा पाने वाले राजभक्त सुधारवादियों की लोलुपता का व्यापक 'एक्सपोजर' है। इससे पता चलता है कि उन्नीसवीं शताब्दी के उत्तरार्द्ध में औपनिवेशिक सुधारवाद के समानान्तर इस तरह की क्रान्तिकारी बौद्धिक दृष्टि भी सक्रिय थी।

1885 की विचारधारा में निष्णात नवशिक्षित बुद्धिजीवी ब्रिटिश सरकार की आलोचना करते हुए कानूनी सुधार से आगे नहीं बढ़ते थे। सामान्यतः वे अपने शिक्षित वर्ग की समस्याएँ उठाते थे। उनके दिमाग में कृषकों को कर आदि के असह्य बोझ से हल्का करने की बातें न थीं। उनके माँग-पत्र में भी ऐसी कोई बात नहीं होती थी, जबकि 1857 की विचारधारा में निष्णात भारतेन्दु हरिश्चन्द्र ने अपनी आलोचना साम्राज्यवाद-विरोध तक विस्तृत की। उसमें सत्ता एवं व्यवस्था दोनों में परिवर्तन की आकांक्षा झलकती है। भारतेन्दु ने अंग्रेजी राज के कर के नीचे दबे किसानों के औपनिवेशिक शोषण का बार-बार विरोध किया।

महारानी विक्टोरिया तथा राजकुमार की बीच-बीच में प्रशंसा करके अंग्रेज अधिकारियों के मध्य 'वफादार' की तस्वीर बनाये रखने के कारण ही यह संभव हुआ। उस जमाने में जिनका परिवार राजभक्त माना जाता था, उनकी तरफ से ब्रिटिश सरकार निश्चिन्त रहती थी। वह भारतेन्दु पर सन्देह नहीं कर सकती थी, क्योंकि "1857 ने विद्रोह में बनारस की रेसीडेंसी का बहुत-सा सामान उनके यहाँ रखा गया था।" इस स्थिति का भारतेन्दु ने पूरा फायदा उठाया। उस जमाने के कठोर प्रेस एक्ट से जकड़ी पत्रकारिता के सन्दर्भ में इतिहासकार विपिन चन्द्र ने माना है कि "भारतीय पत्रकारों ने बड़ी अक्लमन्दी से काम लेते हुए कई ऐसे तरीके खोज निकाले, जिससे उन्हें इन कानूनों की गिरफ्त में फँसाया न जा सके। मिसाल के तौर पर धारा 124-ए से बचने का उन्होंने अनोखा तरीका खोजा। चूँकि ब्रिटिश सरकार के प्रति जिन लोगों की निष्ठा सन्देह से परे होती थी, उन पर धारा 124-ए लागू नहीं होती थी, इसलिए भारतीय पत्रकार जब साम्राज्यवादी शोषण के खिलाफ अपने लेखों में आग उगलते थे तो उसके साथ ही महारानी और ब्रिटिश सरकार के प्रति निष्ठा जताने वाली बातें भी लिख देते थे।" भारतेन्दु के साहित्य में मिलने वाली महारानी और ब्रिटिश सरकार के प्रति निष्ठा की बातों को इसी परिप्रेक्ष्य में देखना चाहिए, अन्यथा उन्हें महारानी या ब्रिटिश सरकार से कोई वास्तविक प्रेम न था। वह सामन्ती संस्कारों से जितने मुक्त थे, राजनीतिक दासता के संस्कारों से भी उतने ही मुक्त

थे वे जितने गरीब होते जा रहे थे, स्वातन्त्र्यबोध भी व्यापक होता जा रहा था। औपनिवेशिक दासता के संस्कार अलबत उन पश्चिमी शिक्षाप्राप्त सुधारवादियों में जड़ जमाते जा रहे थे, जो निरन्तर अमीर होने के उपाय में लीन रहते थे।

सरकार की आलोचना के कारण भारतेन्दु की पत्रिका 'कविवचन सुधा' प्रेस एक्ट की चपेट में आ गयी। इससे वह इतने क्षुब्ध हुए कि रिपन (1880-84) ने जब दुष्ट लिटन द्वारा लागू 'वर्नाकुलर प्रेस एक्ट' व्यापक आन्दोलन के कारण 1882 में उठा लिया, खुश होकर भारतेन्दु ने उसकी प्रशंसा में एक कविता 'रिपनाष्टक' (1882) लिख मारी—"पै हम हिन्दुन के हीय की भक्ति न काहू संग गयी, सो केवल तुमरे संग रिपन, छाया-सी साथिन भई।" उन दिनों कोई ऐसा व्यापक राजनीतिक नेतृत्व न था, जो जनता के दुखों की सही सुध ले।

'भारत दुर्दशा' (1876) की रचना भारतेन्दु ने दुष्ट लिटन के काल में की थी इसमें, दिखलाया था कि भारत की दुर्दशाएँ क्या हैं। वर्ण वैषम्य, दरिद्रता, भूख, महामारी, महँगाई, फूट निरुद्यमता, सन्तोष, आलस्य, धार्मिक उन्माद, कायरता—'भारत दुर्दशा' इन्हीं सबका प्रतीक थी। भारत दुर्दशा का कथन है, "कुछ पढ़े-लिखे लोग देश सुधारा चाहते हैं। हहा-हहा! एक चने से भाड़ फोड़ेंगे। ऐसे लोगों को दमन करने को मैं जिले के हाकिमों को न हुक्म दूँगा कि इनको डिसलायल्टी में पकड़ो और ऐसे लोगों को हर तरह से खारिज करके जितना जो बड़ा मेरा मित्र हो उसको उतना बड़ा मेडल और खिताब दो। हैं! हमारी पालिसी के विरुद्ध उद्योग करते हैं, मूर्ख! यह क्यों? मैं अपनी फौज ही भेज के सब चौपट करता हूं।" ब्रिटिश सेना का इतना आतंक था कि सुधार की बात करने वाले इने-गिने थे, पर जो थे वे बड़े उत्साही थे।

राजभक्त परिवार का होने तथा बीच-बीच में 'जीवौ सदा विक्टोरिया रानी' जैसी बातें लिखने के कारण भारतेन्दु को भी 'आनरेरी मजिस्ट्रेट' का खिताब मिला, पर वह इसे उलटकर 'अँधरी मजिस्ट्रेट' कहते थे। एक चीज स्पष्ट है कि भारतेन्दु किसी लोभ या भय में साम्राज्यवाद के अनावरण से कभी पीछे न हटे। एक दिन पोल खुल गयी। क्योंकि अपने लोकोन्मुखी विचारों के कारण भारतेन्दु का सम्मान जितना बढ़ रहा था, सत्ता-उन्मुखी व्यक्तियों को उतनी ही जलन हो रही थी। ये जाकर अंग्रेज अधिकारियों के कान भरते थे, जिससे भारतेन्दु को कुछ हलकों में 'सन्देहास्पद वफादार' माना जा रहा था। पुराने कौशल के अनुरूप भारतेन्दु ने 1884 में विक्टोरिया के चतुर्थ पुत्र के मरने पर बनारस के टाउन हाल में एक शोकसभा का आयोजन किया। ब्रजरत्न दास के अनुसार, "राजा शिवप्रसाद सिंह सी. एस. आई. ने ही इस सभा को राजद्रोहात्मक बतलाकर रोकना चाहा।" महारानी विक्टोरिया के पुत्र की मृत्यु पर शोकसभा और 'राजद्रोहात्मक'! दाल में काला न होने पर राजा शिवप्रसाद इतना जोखिम न उठाते। वह डाल-डाल थे तो भारतेन्दु पात-पात। दोनों

गुरु-शिष्य थे, पर दो धाराओं के। जीत आखिरकार भारतेन्दु की हुई। उन्होंने अपना विद्रोही उद्देश्य जमकर पूरा किया और अंग्रेजों को इसका आभास न होने दिया।

कई बार सुधारवाद नयी शोषण मूलक व्यवस्था का अमोघ कवच होता है। लंम्बे काल के जन असन्तोष को शान्त करने के लिए 1858 में ब्रिटिश साम्राज्यवादी व्यवस्था ने फैसला लिया था कि कुछ सुधार करने होंगे। साम्राज्यवादी व्यवस्था की तरफ झुकाव रखने वाले देश के विशिष्ट वर्ग का खयाल था कि भारतीय समाज ब्रिटिश साम्राज्यवाद का तथा ब्रिटिश साम्राज्यवाद भारतीय समाज का पूरी तरह 'मजा' तब तक नहीं ले पाएगा, जब तक भारतीय समाज कठोर धार्मिक-परम्पराओं से जकड़ा हुआ है। राजा राममोहन राय ने 19वीं शताब्दी के आरम्भ में ही 'सुधारवाद' का रास्ता दिखाया था। सुधारवाद के बल पर सामाजिक गतिशीलता पैदा किए बिना राष्ट्रीय जागरण में व्यापकता नहीं आ पाती 1857 का नेतृत्व अनपढ़ किसानों और सिपाहियों ने किया था। इस प्रथम राष्ट्रीय विद्रोह का कोई सम्बन्ध उपर्युक्त सुधारवाद से न था, बल्कि इसकी छत्रछाया में काम करने वाले सर सैयद अहमद जैसे व्यक्तियों ने 1857 के विद्रोह का विरोध ही किया था। इस विद्रोह को कुचलने के बाद अंग्रेजी राज के पाँव जम गये, लेकिन सुधारों की जरूरत इसने तल्खी से महसूस कर ली। इस तरह विक्टोरियाई सुधारवाद, जो वस्तुतः औपनिवेशिक सुधारवाद का ही सरकारी रूप था, अस्तित्व में आया।

सुधारवाद का एक दूसरा रूपभेद है क्रान्तिकारी सुधारवाद। औपनिवेशिक सुधारवाद उपनिवेशवाद के हित में चलता है और क्रान्तिकारी सुधारवाद जनता के राष्ट्रीय संग्राम के हित में। औपनिवेशिक सुधारवाद अन्धा होता है, यह सारगर्भित राष्ट्रीय परम्पराओं को रौंदता चलता है और हमेशा विशिष्ट वर्ग को तुष्ट करता है। क्रान्तिकारी सुधारवाद दृष्टिसम्पन्न होता है, यह राष्ट्रीय परम्पराओं से विकासशील सम्बन्ध रखता है और हमेशा साधारण वर्गों के हित में काम करता है। औपनिवेशिक सुधारवाद लोगों को परजीवी बनाता है और एकांगी नवजागरण लाता है जबकि क्रान्तिकारी सुधारवाद लोगों को आत्मसचेत करता है और समग्र नवजागरण लाता है। भारतेन्दु ने 1857 के विद्रोह की असफलता तथा देश के शासन पर अंग्रेजों की मजबूत राजनीतिक सैनिक पकड़ का जब अच्छी तरह अहसास कर लिया, तब धारणा बनाई कि अंग्रेजी राज को सैनिक रास्ते से हटाना सम्भव नहीं है, क्योंकि अंग्रेजों की सेना बहुत विशाल और आधुनिक है। उनके सामने एक ही रास्ता था, व्यापक उपनिवेशवाद-विरोधी संग्राम के लिए क्रान्तिकारी सुधारों का प्रचार कर भारतीय समाज को गतिशील ढाँचा देने का और सुधार भी इस तरह करने का कि इसके बल पर भारतीय जनता अपना राष्ट्रीय स्वत्व अर्जित कर ले। भारतेन्दु के समग्र नवजागरण की यही मूल प्रेरणा थी।

देश, खासकर बंगाल में एक नया शिक्षित वर्ग पैदा हो चुका था, जो पश्चिमी राज को इस उम्मीद से देखता था कि उसके उदारवाद के सहारे देश तरक्की कर

लेगा। नयी शिक्षा की रोशनी में पले-बढ़े लोगों पर उपनिवेशवाद के जादू का असर भयंकर रूप में था। दूसरी ओर, कुछ ऐसे भी थे, जो संस्कृत के माध्यम से ज्ञान पा रहे थे और प्राचीनतावादी थे। भारतेन्दु हरिश्चन्द्र को दोनों के उपनिवेशवाद सम्बन्धी रुख में अद्‌भुत समानता नजर आई—"इधर नयी रोशनी के युवक कहते हैं—'दिल्लीश्वरो वा जगदीश्वरो'! सुनते-सुनते जी थक गया...। उधर प्राचीन लोग कहते हैं, हमारे यहाँ तो 'सर्व्वदेवमयो नृपः' लिखा ही है, जितना बन सकै इनका आदर करो" (मानसोपायन)। उस युग के आधुनिकतावादी और प्राचीनतावादी दोनों तरह के लोगों के पास उपनिवेशवाद के समर्थन का अपना-अपना तर्क था, जिससे तंग आकर भारतेन्दु ने निष्कर्ष निकाला कि भारतवासियों में सत्ता की खुशामद का संस्कार बहुत पुराना है। वे सामान्यतः सोचते हैं—'कोउ नृप होउ हमें का हानी'। राजा जो भी हो, ईश्वर का अंश है!

भारत दुर्दशा का प्रत्युत्तर

भारतेन्दु राजनीति को उपेक्षा से नहीं देखते थे। वे आधुनिक युग के आर्थिक-सांस्कृतिक विकास में राजनीति की भूमिका को पर्याप्त महत्त्व देते थे। उन्होंने साहित्य और राजनीति में सम्बन्ध माना। उनके साहित्य का तीन-चौथाई हिस्सा राजनीति आधारित है। उसमें साम्राज्यवाद-सामन्तवाद का मखौल है। इसलिए भारतेन्दु के सुधारवाद की सबसे बड़ी खूबी है कि उसके पीछे एक स्पष्ट राजनीतिक दृष्टिकोण है। वह नयी रोशनी के बौद्धिक गुलामों के स्वर में दिल्लीश्वर वायसराय को जगदीश्वर नहीं कह सकते थे, यह देखते हुए भी कि इस तरह के लोग धार्मिक अन्धविश्वास के विरुद्ध हैं तथा सामाजिक सुधार ला रहे हैं।

भारतेन्दु के सुधारवाद का ढंग कैसा है, यह 'भारत-दुर्दशा' में स्पष्ट हुआ है। पुस्तकालय की बैठक के एक दृश्य में देश का सुधार करने के लिए नयी रोशनी के लोग इकट्‌ठे हैं। वे बड़ी-बड़ी बातें करते हैं। एक देशी साहब कहते हैं—"क्यों भाई साहब, इस कमेटी में आने से कमिश्नर हमारा नाम तो दरबार से खारिज न कर देंगे!" बैठक में एक कवि भी हैं। भारत दुर्दैव के मुकाबले देशप्रेमियों की फौज भेजने के स्थान पर वह हाथ मटकाकर यह कहना चाहता है—"मुए, इधर न आइयो! इधर जनाने हैं।" एक पत्रिका का सम्पादक भी खूब फरमाता है—"एडूकेशन की सेना बनाई जाय। कमेटी की फौज। अखबारों के शस्त्र और स्पीचों के गोले मारे जाएँ।" भारतेन्दु ने एक देसी साहब से कहलवाया—"मगर जब तक कमेटी में हैं, तभी तक। बाहर निकले कि फिर कुछ नहीं।" उस समय के नवशिक्षित सुधारवादियों की साम्राज्यपरायणता, कायरता तथा बतोलाबाजी को उघाड़ कर भारतेन्दु ने वस्तुतः यही कहना चाहा है कि क्रान्तिकारी दृष्टि के बिना सच्चा सुधार सम्भव नहीं है।

उनका एक संकेत और है। देसी साहबों से उनका आशय हिन्दी क्षेत्र के काले अंग्रेजों से है। 'भारत-दुर्दशा' में एक सुधारवादी बंगाली तथा दूसरा महाराष्ट्री है।

इन सबके माध्यम से वह बंगाल-महाराष्ट्र की सामाजिक स्थिति तथा हिन्दी क्षेत्र की सामाजिक स्थिति का फर्क दिखाते हैं। 'भारत जननी' (1877) में यह फर्क एक पाद-टिप्पणी में अधिक स्पष्ट है—''बंगभाषा में एका और उत्साह का प्रवेश भी दिखाया गया है किन्तु देश (हिन्दी क्षेत्र) में अभी न एका है, न उत्साह। इस हेतु उनका स्वाँग यहाँ नहीं लाए।'' इन पंक्तियों में भारतेन्दु ने वस्तुतः हिन्दी क्षेत्र का अनुभव व्यक्त किया है, बंगाल की तरह यहाँ एका और उत्साह नहीं है। 'भारत-दुर्दशा' की भाँति 'भारत-जननी' का अन्त निराशावादी नहीं है, लेकिन इसे पढ़कर लगता है कि हिन्दी में नवजागरण के कार्य की दुष्करता का अन्दाजा भारतेन्दु को था। यहाँ के लोगों के बारे में भारतेन्दु ने लिखा है—''छोट चित्त अतिभीरु, बुद्धि-मन चंचल, विगत उछाह। उदरभरणरत, ईस बिमुख, सब भए प्रजा नर नाह।'' इन्हें अपव्यय, अदालत, फैशन और सिफारिश के नये रोग भी अब दबोच रहे थे। तभी ''भारतमाता अपने बेटों को उठाना चाहती है। पर एक को उठाती है तो दूसरा सोता है और दूसरे को उठाती है तो पहला सोता है। इसी भाँति सबको भारतमाता ने उठाया, किन्तु सब के सब पूर्ववत सो गये'' (भारत-जननी)। सामाजिक पिछड़ेपन और कूपमंडूकता के कारण हिन्दी नवजागरण का कार्य रेगिस्तान में नदी ले जाने की तरह था।

साम्राज्यवादी जनता को तबाह करने तथा उसकी संघर्ष शक्ति को छिन्न-भिन्न करने के लिए तरह-तरह से तत्पर थे। 'भारत-दुर्दशा' में भारतेन्दु ने इस पर भी गौर किया—''फूट, डाह, लोभ, भय, उपेक्षा, स्वार्थपरता, पक्षपात, हठ, शोक, अश्रुमार्जन और निर्बलता—इन एक दरजन दूती और दूतों का शत्रुओं की फौज में हिला-मिलाकर ऐसा पंचामृत बनाया कि सारे शत्रु बिना मारे घंटा पर के गरुड़ हो गये। फिर अन्त में भिन्नता गयी। इससे ऐसा सबको काई की तरह फाड़ा कि भाषा, धर्म, चाल, व्यवहार, खाना-पीना, सब एक-एक योजन पर अलग-अलग कर दिया। अब आवें बचा ऐक्य। देखें आ ही के क्या करते हैं।'' आज नये साम्राज्यवादी तरीकों के कारण दुनिया के समाज अन्तर्विभाजित हैं, श्रमजीवी वर्ग अन्तर्विभाजित है, देश, परिवार और लोग अन्तर्विभाजित हैं। 'भारत-दुर्दशा' की उपर्युक्त पंक्तियों को देखकर स्पष्ट लगता है कि भारतेन्दु को इन तरीकों की पहचान ब्रिटिश साम्राज्यवाद के अनुभव से हो चुकी थी। उन्होंने जनता को उसी समय सावधान कर दिया था।

भारतेन्दु ने अंग्रेजी राज का सिर्फ एक वरदान माना—शिक्षा। वह विलायत की प्रशंसा इसलिए करते थे कि वहाँ 'विद्या का प्राबल्य है', वहाँ के समाज में जनतन्त्र की समझ है। इसलिए वह अंग्रेजों में भी दो तरह के लोग देखते थे। इससे स्पष्ट हो जाता है कि उनमें पश्चिम के अन्तर्विरोध की समझ थी। वे वहाँ की मानवीय, वैज्ञानिक तथा जनतान्त्रिक उपलब्धियों का लाभ भारतीय जनता तक पहुँचाना चाहते थे—''विद्या का सूर्य पश्चिम से उदय हुआ चला आता है। अब सोने का समय नहीं है। अंग्रेज राज्य पाकर भी न जगे तो कब जगोगे।'' भारतेन्दु ने जन्मपत्री, भूत-प्रेत

और नशे का अपने समय में जमकर विरोध किया था। प्रचंड शासन के दिन अब गये, अब राजा ने प्रजा का स्वत्व पहचाना। विद्या की चर्चा फैली, सबको सब कुछ कहने-सुनने का अधिकार मिला, देश-विदेश से नयी-नयी विद्या और कारीगरी आई। तुमको उस पर भी वही सीधी बातें, भाँग के गोले, ग्राम गीत, वही बाल्य विवाह, भूत-प्रेत की पूजा, जन्मपत्री की विधि! जबकि भूत-प्रेत जन्मपत्री जैसी चीजों का प्रचार आज इलेक्ट्रानिक मीडिया के जरिये हो रहा है। शिक्षितों के मध्य भी भूत-प्रेत जिन की धारणा विद्यमान है। भारतेन्दु ने अपने जमाने में इन अन्धविश्वासों का जमकर विरोध किया था।

आधुनिक शिक्षा की वजह से ही यह चमत्कार हुआ। पर इसके दोषों को ऐसा नहीं है कि भारतेन्दु नहीं जानते थे। उन्होंने मुख्य दोष यही देखा कि अंग्रेजी राज ने शिक्षा का अर्थ संकुचित कर दिया है। इसका सीमित लक्ष्य है साम्राज्यवाद के चाकर तैयार करना। दूसरा दोष है वैचारिक परजीविता, जो व्यक्ति जितना अधिक शिक्षित है, वह बौद्धिक तौर पर उतना ही अधिक गुलाम है। नयी रोशनी के ऐसे लोग कायर और स्वार्थी हैं।

भारतेन्दु ने स्त्री-शिक्षा का प्रचार किया, लेकिन ऐसी स्त्री-शिक्षा का नहीं, जो स्त्री को निर्लज्ज बनाती है। 'नील देवी' की भूमिका में उन्होंने सिर्फ इन्हीं सन्दर्भों में भारतीय स्त्रियों को आगे आने का आह्वान किया–"और बातों में जिस भाँति अंग्रेजी स्त्रियाँ सावधान होती हैं, पढ़ी-लिखी होती हैं, घर का काम-काज सँभालती हैं, अपने सन्तानगण को शिक्षा देती हैं, अपना स्वत्व पहचानती हैं। अपनी जाति और देश की सम्पत्ति-विपत्ति को समझती हैं, उसमें सहायता देती हैं और इतने समुन्नत मनुष्य जीवन को गृहदासता और कलह ही में नहीं खोतीं..."। वे सोचते थे, भारतीय स्त्रियाँ ऐसी ही बनें। स्त्री को घर की दासता और कलह से आजाद कर राष्ट्रीय सामाजिक कर्मी बनाने की परिकल्पना 19वीं शताब्दी के नवजागरण का एक प्रमुख आयाम है।

भारतेन्दु को अपने जमाने में एक नयी चीज का ज्ञान हुआ था–'स्वत्व' का। 19वीं सदी के नवजागरण की एक मुख्य खोज 'स्वत्व' है। हम साफ देखते हैं कि भारतेन्दु आधुनिकीकरण के समर्थक थे, पर 'स्वत्व' की कीमत पर नहीं। वह उन सुधारवादियों की तरह नहीं थे, जिन्हें समाज सुधार की चकाचौंध में अपने 'स्वत्व' की जरा भी फिक्र नहीं थी। भारतेन्दु के नवजागरण का स्वप्न इंगलैंड के आधुनिक समाज के जनतान्त्रिक जागरण और भारत की गौरवशाली परम्पराओं के बीच रचनात्मक संवाद का नतीजा है।

ब्रिटेन की जनतान्त्रिक राजनीतिक व्यवस्था का कोई चिह्न भारत की औपनिवेशिक शासन-व्यवस्था में नहीं था। सभी सुधार छद्मवेशी थे। अंग्रेजों की शासन व्यवस्था जन-आन्दोलनों के दबाव से जब बहुत मजबूर हो जाती थी, तभी किसी सामाजिक

सुधार में हाथ डालती थी, अन्यथा कहीं से उसकी दिलचस्पी भारतीय सामाजिक ढाँचे को गतिशील बनाने एवं इसमें न्याय और आजादी की स्थापना करने में न थी।

भारतेन्दु ने 'विषस्य विषमौषधम' (1876) में दिखाया कि बड़ौदा नरेश मल्हार राव को हटाने के बाद जब सीधा अंग्रेजी राज स्थापित हुआ, तब भी पुरोहित भंडाचार्य खुश थे, क्योंकि विद्या, तर्कबुद्धि, विज्ञान के साधनों से लैस होने के बावजूद अंग्रेजी राज ने धार्मिक विशेषाधिकार प्राप्त समुदाय के शोषण पर कोई अंकुश नहीं लगाया था। उसने वस्तुतः भारत के सामाजिक पिछड़ेपन को दूर करने में कोई दिलचस्पी नहीं ली थी, जिस तरह आज के आधुनिक-तकनीकी विकासों का समाज से ऐसा कोई सम्बन्ध नहीं पैदा किया जाता, जिससे समाज रूढ़ियों, पाखंडों और आध्यात्मिक चमत्कारवाद की अवधारणाओं से मुक्त हो।

'विषस्य विषमौषधम' के भंडाचार्य वस्तुतः उन धार्मिक पाखंडियों के आचार्य हैं, जिनकी करतूतों के आगे भक्तहृदय भारतीय जनता निढाल थी। भंडाचार्य कहते हैं—"अंग्रेज! राम और युधिष्ठिर का राज्य इस काल में प्रत्यक्ष कर दिखाया, अहा हा! (ऊपर देखकर) क्या कहा? कहो और क्या चाहते हो! भला और क्या चाहिए हमारा भंडपना जारी ही रहा...।" ऐसे ही उद्धरणों के सन्दर्भ में लक्ष्मीसागर वार्ष्णेय जैसे आलोचकों ने कहा कि भारतेन्दु राजभक्त थे। इस उद्धरण का आशय सिर्फ यह है कि राजा मल्हार राव दूध की मक्खी की तरह निकाल फेंके गये और अंग्रेजों ने अपने हाथ में सत्ता ले ली, तब भी समाज में भंडाचार्य का धार्मिक पाखंड जारी था।

भारतेन्दु ने भारत की औपनिवेशिक-सामन्ती व्यवस्था का अनावरण एक राजनीतिज्ञ नहीं, साहित्यकार की हैसियत से किया था। एक सुधारवादी के रूप में उनके प्रयासों का स्वरूप भी व्यक्तिगत था, संगठित नहीं। इससे स्पष्ट हो जाता है कि असंगठित स्तर पर ही सही, हिन्दी क्षेत्र में नवजागरण की भावना न केवल प्रस्फुटित होने लगी थी, बल्कि अपने ढाँचे में यह भावना एकांगी न होकर समग्रतावादी थी। एक समग्र नवजागरण ही—बुद्धिवाद और राष्ट्रवाद से मिश्रित नवजागरण ही भारत दुर्दशा का जवाब बन सकता था।

भारतेन्दु का राष्ट्रीय परिप्रेक्ष्य

भारत में राष्ट्रीय चेतना के राजनीतिक निर्माण की परिस्थितियाँ पश्चिमी देश से भिन्न थीं। इसलिए यहाँ भारतीय जनता का साम्राज्यवाद-सामन्तवाद विरोधी संघर्ष ही जो शिक्षा, विकसित आर्थिक-सामाजिक विनिमय एवं आवागमन के नये साधनों के प्रसार के कारण व्यापक होता गया, 'राष्ट्रीय चेतना' के राजनीतिक निर्माण का मुख्य कारक बना। भारतेन्दु में देश की सांस्कृतिक एकता का बोध आरम्भ से था। जब उन्होंने अध्ययन और यात्राओं के जरिए नये अनुभव प्राप्त किए, उनके देश-प्रेम में राष्ट्रवाद भी हिलोर लेने लगा।

भारतेन्दु ने अपनी नगरी काशी का वर्णन करते हुए इसे जिस अनोखे राष्ट्रीय दृष्टिकोण से देखा, आज हम उस दृष्टिकोण से पूरे देश को देख सकते हैं—"वहाँ द्रविड़, मगध, कान्यकुब्ज, महाराष्ट्र, बंगाल, पंजाब, गुजरात इत्यादि अनेक देश के लोग परस्पर मिले हुए अपना-अपना काम करते दिखते हैं और वे एक-एक जाति के लोग जिन मुहल्लों में बसे हैं वहाँ जाने से ऐसा ज्ञात होता है मानो उसी देश में आए हैं, जैसे बंगाली टोले में ढाका का, लहौरी टोले में अमृतसर का और ब्रह्मा घाट में पूना का भ्रम होता है" (काशी के छायाचित्र, 1874)। राष्ट्रीय एकता तथा जातीय विशिष्टता की इतनी सुन्दर अवधारणात्मक उपस्थिति एक खास संकेत है कि कैसे भारतीय राष्ट्र का सपना देखा था भारतेन्दु ने। उसमें आज की भाँति अखंडता और विशिष्टता की टकराहट नहीं थी, क्योंकि साम्राज्यवाद के साथ सामन्तवाद विरोधी संघर्ष भी तब व्यापक रूप से सतह पर आने लगा था। केन्द्र और राज्य या राष्ट्रीय एकता और जातीय विशिष्टता में सम्बन्ध केवल तभी डगमगाता है, जब सामन्तवाद के खिलाफ जनसंघर्ष को साम्राज्यवाद के पोषक तत्त्वों द्वारा दबाने या तोड़ने का प्रयास होता है।

भारतेन्दु भारतवर्ष की उन्नति का अर्थ साधारण लोगों की उन्नति लगाते थे। इसलिए उनके सुधारवाद में गरीबों के जीवन में सुधार पर विशेष बल था। बंकिमचन्द्र ने 1879 में 'साम्य' शीर्षक एक लेख में कुछ ऐसा ही दृष्टिकोण व्यक्त किया था—"पददलित लोगों को इस पृथ्वी पर सुखी होने का उतना ही अधिकार है जितना तुम लोगों को है। उनका सुख छीनने की कोशिश मत करो। याद रखना कि वे तुम्हारे भाई हैं, तुम्हारे समान हैं।" ईश्वरचन्द्र विद्यासागर और विवेकानन्द का भी यही आह्वान था। हिन्दी क्षेत्र में भारतेन्दु के नवजागरण का लक्ष्य भी यही था, क्योंकि उनकी दृष्टि पश्चिम-भक्त सुधारवादियों की भाँति जिस प्रकार साम्राज्यपरायण और विशिष्ट वर्ग-केन्द्रित नहीं थी, उसी प्रकार अतीतपरायण और पुनरुत्थानवादी भी नहीं थी।

भारतेन्दु राजा राममोहन राय और दयानन्द सरस्वती की तरह कोई बड़ा सामाजिक आन्दोलन खड़ा नहीं कर पाए थे, पर उनका लेखन इसका प्रमाण है कि भारतीय समाज में एकांगी नवजागरण से समग्र नवजागरण की ओर बढ़ने की छटपटाहटें थीं। भारतीय नवजागरण को स्थिर रूप में न देखकर यदि विकासशील रूप में देखें तो इसकी विविध अन्तर्धाराओं को समबिन्दु प्रदान करने में भारतेन्दु की ऐतिहासिक भूमिका समझ में आ जाएगी। यह अलग बात है कि हिन्दी समाज भारतेन्दु के बौद्धिक स्तर तक पहुँचने के लिए तैयार न था।

भारतेन्दु हरिश्चन्द्र ने दयानन्द सरस्वती के मूर्तिपूजा-विरोधी रुख के कारण उनकी कठोर आलोचना की थी। काशी में दयानन्द ने जो शास्त्रार्थ किया, उसकी प्रतिक्रिया में वह तुरन्त लिखते हैं, "दयानन्द क्या जाने कौन जाति का किस आश्रम के कोई नग्न पुरुष सब देशों में भ्रमण करते हुए सनातन सधर्म्म रूपी सूर्य

को राहु की भाँति ग्रास करते हुए मूर्खों और आलस्य से भरे हुए जीवों (लोगों) के हृदय-वस्त्र को अपने रंग में रंगते हुए इसी बहाने अपना नाम लोगों में विदित करते हुए और अपना वाक्य बना के साधु लोगों का हृदय दहन करते हुए काशी में आए...उसने जो व्यर्थ उपद्रव किए, वह सब पर विदित है..." (भूमिका, दूषणमालिका, 1870)। दयानन्द ने काशी के पंडितों से चार प्रश्न किए थे। उसके जवाब में चौंसठ प्रश्नों की एक दूषणमालिका बनाकर भारतेन्दु ने उनका विरोध किया था। वह तब 20 साल के उत्साही युवक थे। इनकी ऊपर की बातों से ही पता चल जाता है कि दयानन्द के विचारों ने तब कैसा तहलका मचाया था। भक्ति के वैष्णव संस्कार वाले नवजागरण के इस युवा सहृदय रचनाकार का दिल छलनी हो जाना स्वाभाविक था!

दयानन्द सरस्वती ने वेद-उपनिषद् का जितना गहरा अध्ययन किया हो, वह जितने बड़े महर्षि हों, लेकिन कई मायनों में प्रगतिशील होते हुए भी, उन्होंने अपने देश की राष्ट्रीय परम्परा को अखंडता में नहीं देखा था। उनकी खंडनपरकता अतिवादी थी, इसने अच्छी परम्पराओं को भी निर्ममतापूर्वक उजाड़ दिया। वे जब त्यागने योग्य ग्रन्थकारों और ग्रन्थों की सूची पेश करते हैं तो उसमें माघ, कालिदास का रघुवंश, कबीर और तुलसी को भी ऐसे शामिल कर लेते हैं, जैसे वे भूसा हों। वह इन सबमें कुछ भी सकारात्मक नहीं पाते, जिस तरह वेदों में कुछ भी नकारात्मक नहीं देखते। वे मुसलमानों, ईसाइयों, ब्राह्मणों की हिंस्र आलोचना करते हैं एवं अपने को हिन्दू की जगह 'आर्य' कहते हैं। अतीत की प्राचीन विद्या का ऐसा गुण गाते हैं, मानो वह अटल सूर्य हो। वह युक्तिहीन दम्भ भी व्यक्त करते हैं—"जब तक आर्यावर्त देश से शिक्षा नहीं गयी थी, तब तक मिस्र, यूनान और यूरोप के देश आदि के मनुष्यों में कुछ भी विद्या नहीं हुई थी" (सप्तम समुल्लास)। उस युग के धार्मिक क्षय का जो शोक उनमें समाया हुआ था, उसकी क्षतिपूर्ति प्राचीन अतीत के पुनरुत्थानवादी दम्भ में हुई।

फिर भी दयानन्द का सामाजिक योगदान बहुत बड़ा था। हिन्दी क्षेत्र के धार्मिक पिछड़ेपन को देखते हुए उनके कार्यों का मूल्यांकन करना चाहिए और कुछ उग्र-पुनरुत्थानवादी तत्त्वों की वजह से उन्हें कट्टर हिन्दी साम्प्रदायिक विद्वेषियों की श्रेणी में नहीं फेंकना चाहिए। भारतेन्दु ने उनका महत्त्व तब जाना, जब वह खुद थोड़ा परिपक्व हुए। एक साजिश करके दयानन्द की हत्या कर दी गयी थी, वह एक निर्मम घटना थी। भारतेन्दु ने दयानन्द को मान्यता दी, हालाँकि उनका झुकाव दयानन्द सरस्वती की अपेक्षा केशवचन्द्र सेन की तरफ ज्यादा था। केशवचन्द्र सेन दयानन्द सरस्वती की मृत्यु के साल भर बाद मरे थे। उसी समय भारतेन्दु ने एक व्यंग्य रचना लिखी—'स्वर्ग में विचारसभा का अधिवेशन'। इसमें उन्होंने दयानन्द को संकीर्ण विचारधारावालों की श्रेणी में न रखकर, केशवचन्द्र सेन के साथ उदारवादी दल में रखा था।

भारतेन्दु हरिश्चन्द्र के सामने नवजागरण का मुख्य अन्तर्विरोध स्पष्ट था। उन्होंने उपर्युक्त व्यंग्य रचना की शुरुआत इस प्रकार की—"स्वामी दयानन्द सरस्वती और बाबू केशवचन्द्र सेन के स्वर्ग में जाने से वहाँ एक बेर बड़ा आन्दोलन हो गया। स्वर्गवासी लोगों में बहुतेरे तो इनसे घृणा करके धिक्कार करने लगे और बहुतेरे इनको अच्छा कहने लगे। स्वर्ग में भी 'कंसरवेटिव' और 'लिबरल' दो दल हैं।" भक्ति आन्दोलन और नवजागरण दोनों के महान उन्नायकों में प्रत्येक की अपनी अलग-अलग खूबियाँ हैं, किन्तु अपने समाज और संस्कृति को उत्थान की ओर ले जाने के कुछ महत्त्वपूर्ण लक्ष्यों में समानता भी है। इन उन्नायकों की एक दीर्घ गौरवशाली परम्परा है। इनके सांस्कृतिक संघर्ष में एक 'कांटिन्यूटी' है, इस पर सबसे पहले गौर किया था भारतेन्दु हरिश्चन्द्र ने। वह दयानन्द केशव के मुद्दे पर विभाजित विचारसभा के कंसरवेटिव और लिबरल दल के लोगों की जो तालिकाएँ प्रस्तुत करते हैं, उनसे भारतेन्दु की सूझबूझ का ही परिचय नहीं मिलता, उस युग की विकासशील चेतना का भी प्रतिबिम्ब झलकता है।

भारतेन्दु हरिश्चन्द्र लिखते हैं, "कंसरवेटिव पार्टी में देवताओं के अतिरिक्त बहुत लोग थे, जिनमें याज्ञवलक्य प्रभृति कुछ तो पुराने ऋषि थे और कुछ नारायण भट्ट, रघुनन्दन भट्टाचार्य, मंडन मिश्र प्रभृति स्मृति ग्रन्थकार थे। सुना है, उनमें विदेशी स्वर्ग के कुछ शिया (कट्टर मुसलमान) लोगों ने भी इनके साथ योग दिया है।" संकीर्णतावादी विचारधारा पर भारतेन्दु की पकड़ कितनी व्यापक और धर्मनिरपेक्ष है, यह देखिए ही, इस पर भी गौर कीजिए कि 'विदेशी स्वर्ग' कहकर वैष्णव भक्तिधारा का यह व्यक्ति इस्लामी बहिश्त ही नहीं, हिन्दू स्वर्ग की धारणा की भी कैसी खिल्ली उड़ाता है! उसकी भक्ति में बौद्धिक खुलापन है। भारतेन्दु लिबरल दयानन्द सरस्वती और केशवचन्द्र सेन की परम्परा दिखाते हुए एक दूसरी सूची जारी करते हैं, "लिबरल दल में चैतन्य प्रभृति आचार्य, दादू, नानक, कबीर प्रभृति भक्त और ज्ञानी लोग थे।" अपने युग के नवजागरण को भारतेन्दु हरिश्चन्द्र ने कबीर के अलावा गुरुनानक देव के उत्सर्ग को समेटते हुए पूरे भक्ति आन्दोलन की परम्परा में रख दिया। नवजागरण का एक महत्त्वपूर्ण चिह्न है देश की वैचारिक चिनगारियों को इकट्ठा करके राष्ट्रीय लपट में बदलना। इसी का नतीजा है भारतेन्दु हरिश्चन्द्र का राष्ट्रीय जागरण के लिए बलिया वाला ऐतिहासिक भाषण। इसमें वे आह्वान करते हैं, "बंगाली, मरट्ठा, पंजाबी, मदरासी, वैदिक, ब्राह्मण, मुसलमान सब एक हाथ एक पकड़ो।" राष्ट्रीय जागरण के इस आह्वान में मानव बन्धन (ह्यूमन चेन) का एक अद्‌भुत सन्देश था। यह नवजागरण के वैश्विक तत्त्व 'रैशनलिज्म' का 'नैशनलिज्म' से मिश्रण था। यहाँ दुविधा का कोई अँधेरा नहीं था। भारतेन्दु ने औपनिवेशिक बुद्धिवाद के एकांगी नवजागरण की जगह बुद्धिवाद और राष्ट्रवाद की संधि पर बन रहे समग्र नवजागरण का पक्ष चुना था।

भारतेन्दु विशिष्टवर्गी सुधार नहीं जमीनी सुधार चाहते थे। उन्होंने सुधार के विचारों को जातीय लोकगीत-संगीत के माध्यम से प्रचारित करने का प्रस्ताव उपस्थित करते हुए लिखा था–"जो बात साधारण लोगों में फैलेगी वह सार्वदेशिक होगी और यह भी विदित है कि जितना ग्रामगीत शीघ्र फैलते हैं और जितना काव्य को संगीत द्वारा सुनकर चित्त पर प्रभाव होता है, उतना साधारण शिक्षण से नहीं होता। इससे साधारण लोगों के चित्त पर भी इन बातों का अंकुर जमाने को, इस प्रकार जो संगीत फैलाया जाय तो बहुत कुछ संस्कार बदल जाने की आशा है" (जातीय संगीत)। गो कि भारतेन्दु ने नाटक का विकल्प चुना था। वे खुद जनता के बीच जाकर नाटक करते थे, किसी आभिजात्य का अनुभव किए बिना। उन्होंने आवश्यक संकेत दे दिया कि सुधारवाद की जरूरत मूलतः किस वर्ग के चित्त का संस्कार बदलने के लिए है और इस काम में लोककला के रूप कितने सहायक हैं। अपने नाटकों में खास उद्देश्यपरक ढंग से उन्होंने स्वाँग, नौटंकी, प्रहसन जैसे लोक-नाट्य रूपों का ही अधिक इस्तेमाल किया।

भारतेन्दु हरिश्चन्द्र ने 1857 की चेतना को सांस्कृतिक-वैचारिक नवजागरण का रूप दिया ही, उसके राजनीतिक सारतत्त्व को कुंठित किए बिना साहित्य एवं समाज को क्रान्तिकारी सुधारवाद का रास्ता भी दिखाया ताकि 'कविवचन सुधा' की उद्घोषणा के अनुसार 'स्वत्व निज भारत गहै'। हर तरह का जोखिम उठाकर उन्होंने 'कविवचन सुधा' में यह आशा भी व्यक्त की कि "जिस तरह अमेरिका उपनिवेशित होकर स्वाधीन हुआ, वैसे ही भारतवर्ष भी स्वाधीनता लाभ कर सकता है।" अमेरिका की उपनिवेशवाद-विरोधी स्वातन्त्र्य युद्ध में विजय (1783) तथा उसके एकता एवं पुनर्निर्माण के संघर्ष (1850-76) ने भारतेन्दु को उसी प्रकार अभिप्रेरित किया था, जिस प्रकार बीसवीं शताब्दी में रूस पर जापान की विजय (1905) तथा रूस की नवम्बर क्रान्ति (1917) ने व्यापक भारतीय स्वाधीनता संग्राम को अभिप्रेरित किया। भारतेन्दु अमेरिका की स्वतन्त्रता और राष्ट्रीय एकता से गद्गद थे। वे उपनिवेशित भारत में राष्ट्र का एक वैसा ही भविष्य देख रहे थे, भले परिस्थितियों के अभाव में खुद कुछ ज्यादा कर पाने में असमर्थ हों।

हम पाते हैं कि एक व्यापक ऐतिहासिक पृष्ठभूमि में भारतेन्दु ने भारतीय स्वत्व, आत्मपहचान तथा स्वतन्त्रता की जैसी खोज की, वह अपने में विशिष्ट है, क्योंकि समग्र नवजागरण और जमीनी सुधार का उनका सन्देश भारतीय जनता की व्यापक आकांक्षाओं का ही प्रतिबिम्ब था। वह जो कुछ सोच रहे थे, उसके पीछे एक दीर्घ ऐतिहासिक संघर्ष था। किन्तु देश के राजनीतिक-सांस्कृतिक जीवन में 1885 का वर्ष भारतेन्दु के संघर्ष की परम्परा के विकास का वर्ष न होकर विपर्यय का वर्ष था। धन्यवाद, यह दृश्य देखने के लिए भारतेन्दु जीवित न थे!

भारतेन्दु हरिश्चन्द्र : डेढ़ सौ साल बाद

□ शंभुनाथ

हमारे लिए भारतेन्दु हरिश्चन्द्र का समय (1850-85) फिर से महत्त्वपूर्ण हो उठा है। विश्व बैंक, बहुराष्ट्रीय कम्पनियों और भूमंडलीकरण को आज जितनी आशा-भरी नजरों से देखा जा रहा है, 19वीं सदी में भारतेन्दु जैसे नयी शिक्षा हासिल किए नौजवानों ने भी अंग्रेजी राज, रेल-तार का जाल बिछाने वाली विदेशी कम्पनियों और यूरोपीय नवजागरण को आशा-भरी नजरों से देखा था। अद्भुत आकर्षण और भय से भरी एक नयी दुनिया जैसे हमारे जीवनसंसार में घुसी चली आ रही है, भारतेन्दु युग में भी नयी दुनिया ने चढ़ाई की थी। दुविधा की जैसी घड़ी आज है, तब भी थी। आज भी कोई प्रभावशाली प्रतिरोध नहीं है, तब भी नहीं था—'बज्यो बृटिश डंका धुनि छाई चहुँ ओर!

भारतेन्दु के उस दौर में क्या हिन्दू कट्टरवादी, क्या नव-शिक्षित पश्चिमवादी, क्या राजा-महाराजा, क्या मध्यवर्ग सभी लोग राजराजेश्वरी विक्टोरिया की जय-जयकार में लगे थे। आज के गुणीजन भी 'हाथियों, ऊँट और सपेरों के विकासशील देश' में अपनी समानान्तर व्यवस्था के साथ आए बिल क्लिंटन-बिल गेट्स जैसी शख्सियतों के आगे उसी तरह लाल गलीचे की तरह बिछ जाते हैं। नौजवान पीढ़ी के लोग, चाहे वे हिन्दू राष्ट्रवादी हों या इंडीपॉप-छाप राष्ट्रवादी, वैश्वीकरण की आँधी में जिस तरह वस्तुतः तिनकों से उड़ रहे हैं, देश का नया भविष्य नजर आ सकता है।

जिन्दगी के कुल जमा चौंतीस साल पाए भारतेन्दु क्या ऐसे ही नौजवान थे, जैसे अमेरिकी संस्कृति के स्वागत में खड़े आज के स्वकेन्द्रित नौजवान हैं? भारतेन्दु के जन्म से इन डेढ़ सौ सालों के बीच काफी राजनीतिक उथल-पुथल हुई है, देश का चेहरा बदला है। इस ग्रीक कथन में सार है कि हम एक ही नदी में दो बार स्नान नहीं करते। निःसन्देह समय स्थिर नहीं है। फिर भी भारतेन्दु के जीवन-कर्म से हम औपनिवेशिक भारत के कुछ विराट अन्तर्द्वन्द्वों को समझ सकते हैं, उस समय के बौद्धिक असन्तोष, उलझन और पल रही विद्रोह-भावना को। उपनिवेशवाद आर्थिक

लूट के अलावा अपने बौद्धिक अभियान पर था। उसका लक्ष्य था भारतवासियों में 'राष्ट्र' की विकासशील भावधारा को रोककर उन्हें अपने औपनिवेशिक तन्त्र का उपयोगी हिस्सा बनाना। भारतेन्दु के जीवन-कर्म को देखकर समझ में आ सकता है कि औपनिवेशिक प्रभाव के बावजूद नव-शिक्षित मध्यवर्ग के कुछ गुणीजनों में स्वतन्त्रता के लिए कैसी छटपटाहट थी, उनके मन में लगातार गरीबी की मार झेल रहे देशवासियों के प्रति कितनी गहरी संवेदना थी।

भारतेन्दु के शरीर में कम स्फूर्ति नहीं थी, वे कम उमंग से भरे या कम जिन्दादिल नहीं थे। अंग्रेजी चाल में ढलने पर पैदा होने वाला गर्वबोध, विश्व-परिदृश्य में होने का सुख उस समय भी कम आकर्षक नहीं था। भारतेन्दु का क्वींस कॉलेज से सम्बद्ध अंग्रेजी माध्यम के एक बड़े स्कूल में शिक्षा दिलाई गयी थी। फिर भी वे दिन-भर बनारसी पान चबाते रहते थे। इसी माहौल में उन्होंने जाना था प्रेम का व्यापक अर्थ। प्रेम विस्तृत प्रकृति से, देश और देश के दुखी लोगों से। उनके दिल में वस्तुतः एक फक्कड़ आधुनिक का प्रेम भरा था, जहाँ क्रूर औपनिवेशिक तन्त्र पहुँच नहीं पा रहा था।

भारतेन्दु का आत्मचरित्र मानी जाने वाली एक अधूरी रचना में उनका व्यक्तित्व इस प्रकार झाँकता है–"मैं भी जवानी की उमंगों में चूर, जमाने के ऊँच-नीच से बेखबर, अपनी रसिकाई के नशे में मस्त, दुनिया के मुफ्तखोर सिफारशियों से घिरा हुआ अपनी तारीफ सुन रहा था, पर इस छोटी अवस्था में भी प्रेम को भली-भाँति पहचानता था।" (एक कहानी : कुछ आपबीती, कुछ जगबीती, 1876)। इस समय उनकी उम्र छब्बीस साल थी। झूठ और कृत्रिमताओं से भरे संसार में प्रेम की गहन अनुभूति को लोकेट करने की ताकत इस उम्र में कुछ ज्यादा होती है। भारतेन्दु के अनमोल प्रेम का ही उदाहरण है कि उन्होंने सर्दी से ठिठुरते फकीर को एक कीमती दुशाला दे दिया, मेरी कारपेंटर के स्त्री शिक्षा-सम्बन्धी काम में सहायता दी, कलकत्ता के बेथुन कॉलेज की प्रतिभाशाली छात्राओं को पुरस्कार स्वरूप देने के लिए बनारसी साड़ियाँ भेजीं, चौखम्भा स्कूल खोला, भारी घाटे में लघु पत्रिकाएँ निकालीं, गुणियों के आदर में काफी खर्च किए और अनगिनत सामाजिक कार्य किए।

भारतेन्दु ने मरने से पहले अपने मित्र रामशंकर शर्मा को चार अन्तिम इच्छाएँ बताई थीं, जिनमें तीन हैं–(1) इंगलैंड, फ्रांस और अमेरिका की यात्रा, (2) हिन्दी पट्टी में तकनीकी शिक्षा के लिए कॉलेज खोलना। और (3) एक हिन्दी विश्वविद्यालय की स्थापना करना। उनकी इच्छाएँ पैसे के अभाव में अधूरी रह गयीं। पर इन चीजों से उनके विश्व से प्रेम, विज्ञान से प्रेम और हिन्दी से प्रेम का पता चलता है। उनकी चौथी इच्छा थी, श्री ठाकुर जी के बगीचे में एक बड़ा धार्मिक उत्सव करना। उनकी भक्ति का लक्ष्य भी प्रेम का प्रसार ही था। वह प्रेम के बखान में ईश्वर के जगत को मिथ्या कहने से नहीं हिचके, 'प्रेम सत्य तुमरो जग मिथ्या या मैं कछु न सन्देह' (प्रेममालिका, 1871)। उनकी भौतिक जिन्दगी में पैसा घटता जा रहा था, पर हृदय

में प्रेम बढ़ता जा रहा था। भारतेन्दु के प्रेम के बहुत से विस्तार दरअसल भारत की गहराइयाँ हैं। वे अपने समय की पश्चिम-प्रेरित गतिशीलता से जुड़ना चाहते थे और भारतीय गहराइयों को खोना नहीं चाहते थे।

कहा जाता है कि एक बार भारतेन्दु शान्त भाव से मोमबत्ती में सौ का एक नोट जला रहे थे। नौकर ने चकित होकर पूछा, "बबुआ, यह क्या?" भारतेन्दु बोले, "मैं देख रहा हूँ कि लक्ष्मी में कितनी दुर्गन्ध है।" जिस जमाने में सभी डालर के पीछे दौड़ रहे हों, डालर के विराट खजाने के लालच में भारतीय से एनआरआई होते जा रहे हों, भारतेन्दु की बात मूर्खता प्रतीत होगी। फिर भी अंग्रेजों की उस जमाने की धूर्तता के विपरीत यह मूर्खता कितनी निश्छल थी।

औपनिवेशिक भारत : ऐसो न चाहिए आपुके राज

भारत में पश्चिमी साम्राज्यवाद के सैनिक, आर्थिक और राजनीतिक अनुप्रवेश से अधिक खतरनाक था बौद्धिक अनुप्रवेश। इसके लिए उन्होंने हथियार बनाया शिक्षा और परजीवी मध्य वर्ग को। बौद्धिक उपनिवेशन ही भारतीय गहराइयों को मिटाकर उथलापन ला सकता था, जहाँ न राष्ट्रीयता का बोध हो, न मानवतावाद हो और न सच्ची वैज्ञानिक अन्तर्दृष्टि हो। सुन्दरलाल ने अपने इतिहास 'भारत में अंग्रेजी राज' (1929) में भारतीय शिक्षा की दुर्दशा के बारे में लिखते हुए अंग्रेजों की औपनिवेशिक परियोजना का खुलासा किया है। आम तौर पर अंग्रेजीदाँ आधुनिक इतिहासकार सुन्दरलाल के इतिहास ग्रन्थ को, जिसे अंग्रेजों ने जब्त कर लिया था, ज्यादा महत्त्व नहीं देते, क्योंकि यह ग्रन्थ शिक्षा के नव-औपनिवेशिक भटकावों की भी पोल खोलता है। आज के भारत में राष्ट्रवाद इतना सिकुड़ा, मानवतावाद इतना पिलपिला और बुद्धिवादी-वैज्ञानिक अन्तर्दृष्टि एक सूखी नदी क्यों है, इसका ज्ञान सुन्दरलाल द्वारा शिक्षा की दूरदर्शी औपनिवेशिक परियोजना के उद्घाटन से होता है। पता चलता है कि नवजागरणकालीन भारतीय व्यक्तित्वों के औपनिवेशिक संस्कार कैसे बने और इस संस्कारों से लड़कर भी वे क्यों इनसे पूरी तरह मुक्त न हो सके।

ईस्ट इंडिया कम्पनी द्वारा भारतीय उद्योग-धन्धों के विनाश और आर्थिक लूट ने परम्परागत शिक्षा का नाश कर दिया था, दरिद्रता के साथ अशिक्षा भी बढ़ चली थी। अंग्रेज शासक शुरू में भारतवासियों की शिक्षा के प्रति उत्साहित नहीं थे। मेजर जनरल लिओनेल स्मिथ ने 1831 की जाँच कमीशन के सामने कहा था, "शिक्षा का नतीजा यह होगा कि वे सब साम्प्रदायिक और धार्मिक पक्षपात जिनके द्वारा हमने अभी तक मुल्क को वश में रखा है और हिन्दू-मुसलमानों को लड़ाए रखा है, दूर हो जाएँगे। शिक्षा का नतीजा होगा कि इन लोगों के दिमाग खुल जाएँगे।" (भारत में अंग्रेजी राज)। 19वीं सदी की भाषा, शिक्षा और संस्कृति सम्बन्धी परिघटनाओं को उपर्युक्त औपनिवेशिक ताने-बाने से बाहर निकालकर देखना उचित न होगा।

अंग्रेजी राज में सामाजिक प्रभेद और पश्चिमीकरण की दुहरी नीति थी। अंग्रेजों ने बाद में प्रशासनिक कर्मचारियों का अभाव पूरा करने तथा कुछ कूट उद्देश्यों से अंग्रेजी शिक्षा की व्यवस्था की। मैकाले ने रुचि, भाषा, भावों और विचारों की दृष्टि से काले अंग्रेज तैयार करने की योजना बनाई। उनके सामने रोमनों के उदाहरण थे। रोमन लोग जिस देश को जीतते थे, उस देश की भाषा, साहित्य और आचार-विचार को दबाकर वहाँ की उच्च श्रेणी में रोमन भाषा, साहित्य और आचार-विचार का प्रचार कर देते थे। अंग्रेज शासक इस पद्धति से सोचने लगे थे कि अशिक्षित भारतवासी शिक्षित भारतवासियों से ज्यादा खतरनाक होते हैं।

सुन्दरलाल ने अपने ग्रन्थ में 1853 की संसदीय कमेटी के सामने पेश किया गया सर चार्ल्स ट्रेवेलियन का एक वक्तव्य रखा है, जिसके इस हिस्से से हम अंग्रेजी माध्यम से शिक्षा पाने वाले आज के नौजवान की बदलती मनोदशा को भी आसानी से समझ सकते हैं : "अंग्रेजी साहित्य का प्रभाव अंग्रेजी राज के लिए हितकर हुए बिना नहीं रह सकता। जो भारतीय युवक हमारे साहित्य द्वारा हमसे भली-भाँति परिचित हो जाते हैं, वे हमें विदेशी समझना प्रायः बन्द कर देते हैं।...फिर वे हमें अपने देश से बाहर निकालने के प्रचंड उपाय सोचना बन्द कर देते हैं...भारतीय राष्ट्र के विचारों को दूसरी ओर मोड़ने का केवल एक ही उपाय है, उनके अन्दर पश्चिमी विचार पैदा किए जाएँ।...हम भारतवासियों को यूरोपियन ढंग की उन्नति में लगा दें।...(इससे) भारत पर अपना साम्राज्य कायम रखना बहुत काल के लिए असंदिग्ध हो जाएगा। शिक्षित भारतवासी...स्वभावतः हमसे चिपटे रहेंगे।...मैं कुछ साल बंगाल में रहा। वहाँ मैंने शिक्षित भारतवासियों में बिलकुल दूसरी तरह के विचार देखे। अंग्रेजों के गले काटने का विचार करने के स्थान पर वे लोग अंग्रेजों के साथ जूरी बनकर अदालतों में बैठने या बेंच मजिस्ट्रेट बनने की आकांक्षाएँ कर रहे थे।...पाश्चात्य शिक्षा पाए हुए युवक स्वाधीनता के प्रयत्न करना बन्द कर देते हैं।...भारतवासियों को शिक्षा देने का...अन्तिम परिणाम यह होगा कि भारत और इंग्लिस्तान का पृथक् हो सकना दीर्घ और अनिश्चित काल के लिए टल जाएगा।" इसी पृष्ठभूमि में 1857 में कलकत्ता, बम्बई और मद्रास में विश्वविद्यालय खुले।

कलकत्ता से प्रकाशित होने वाले एक पत्र 'सार सुधा निधि' ने 3 मार्च, 1879 के अंक में यह प्रश्न उठाया कि जो अंग्रेज अपने को सभ्यता का दूत कहते हैं, वे खुद कितने सभ्य हैं। सभ्यता और बर्बरता में क्या फर्क है, यह 21वीं सदी में भी बहस का मुद्दा है। उपर्युक्त पत्र में प्रकाशित लेख '19वीं शताब्दी और ये सभ्यता' से पंक्तियाँ हैं, 'विगत फरासीस और जर्मन का युद्ध रूस और टर्की का युद्ध, अफगान और ब्रिटिश का युद्ध, जूलू और अंग्रेजों का युद्ध, ये सब युद्धों से स्पष्ट प्रमाण होता है कि सभ्य-असभ्य, राजा और शेर इनमें कुछ भी फर्क नहीं है। क्योंकि असभ्य काल के लोग जिस प्रकार क्रोध, लोभ, हिंसा, बैर, निर्यातन और जिघांसा आदि पशु

धर्म के वशीभूत हो निरपराधियों के रुधिर से देश प्लावित करते थे, अब के सभ्य महापुरुष भी उसी प्रकार रुधिर की नदी बहाया करते हैं।"'प्राचीन काल को असभ्य कहते हैं, परन्तु अब के जिघांसु राजाओं का व्यवहार देखने से सन्देह होता है कि प्राचीन काल असभ्य था या अब का समय असभ्य है।'' सभ्यता की दिशा युद्ध, निर्यातन और लूट नहीं है, यह 19वीं सदी की हिन्दी चेतना का एक महत्त्वपूर्ण आयाम है।

19वीं सदी के नवजागरण की केन्द्रीय समस्या पश्चिम से भारत की पृथकता के दृढ़ अहसास की थी, जो उसके राष्ट्रवादी दृष्टिकोण ने सम्भव किया। अंग्रेजी शिक्षा की औपनिवेशिक परियोजना पूर्णतः सफल नहीं हुई, क्योंकि औपनिवेशिक शिक्षा के साथ-साथ उसी पश्चिम से ज्ञान की नयी आँधी आ रही थी और भारतीय परम्पराओं की अपनी प्रेरणा भी थी। फिर भी बौद्धिक उपनिवेश की तद्‌युगीन परियोजना अपने रक्तबीज छोड़ गयी, जिससे आज भी गुलामी की बौद्धिक जंजीरें टूट नहीं पा रही हैं। ये जंजीरें आश्चर्यजनक रूप से इतनी सुखदायक हैं कि स्वाधीनता की आकांक्षा ही धीरे-धीरे मिटती जा रही है। बंकिमचन्द्र ने थोड़ी अतिरंजना के साथ कभी कहा था, ''भारतवासी स्वभाव से ही स्वाधीनता की आकांक्षा से रहित होते हैं।'' यही वजह है कि स्वाधीनता से अधिक बड़ी चीज हो गयी सुख की गुलामी। गुलामी अब मसालेदार हो गयी।

नौजवान भारतेन्दु के राजभक्ति के प्रसंगों के बावजूद हम पाते हैं कि उन्हें अंग्रेजों की गुलामी का अहसास था, 'कब लौं दुख सहिहौ सबै रहिहौ बने गुलाम'। यह सही है कि उन्होंने 1857 के सिपाहियों और शिक्षित किसानों की तरह उनके खिलाफ तत्काल आजादी की जंग छेड़ने की बात कभी नहीं की। उन्होंने 1857 पर सिर्फ दो काव्यात्मक पंक्तियाँ लिखीं, जिनका अर्थ है, ''सिपाही विद्रोह की भयंकर आग बुझाने के लिए अंग्रेजों ने इतना भयंकर दमन किया कि उनके भय से भारतवासी फिर विद्रोह करने का साहस नहीं कर पाते।'' स्पष्ट है कि उन्होंने लाचारी बताई, बंगाल के डिरोजिया-पंथी बुद्धिजीवियों, ब्राह्मसमाजियों या अखबार 'हिन्दू पेट्रियाट' की तरह यह नहीं कहा कि यह विद्रोह सफल हो जाता तो भारत पिछड़ जाता। उन्होंने सिर्फ छाए भय की बात कही।

हिन्दी में उच्छेदवादी तथा महिमामंडनपरक विश्लेषणों ने वस्तुपरक आलोचना को काफी क्षति पहुँचाई है। भारतेन्दु पर राजभक्ति का आरोप लगाकर उन्हें ब्रिटिश उपनिवेशवाद का अंग घोषित करने की चेष्टा हुई है और हिन्दू पुनरुत्थानवादी ठहराने की भी। कई बुद्धिजीवी भारतीय नवजागरण में औपनिवेशिक और पुनरुत्थानवादी तत्त्व ढूँढ़कर वर्तमान विडम्बनाओं का दोष अपने ऊपर से उतार देते हैं। वे अपनी जवाबदेही से बचना चाहते हैं। दूसरी तरफ, भारतेन्दु की राजभक्ति को सिर्फ एक आड़ कहा जाता है जो नवजागरण को उसके विकास में देखना नहीं है। यदि आज अमेरिका और विदेशी पूँजी के प्रति भक्ति हो सकती है, तो उस समय ब्रिटिश राजभक्ति

कैसे असम्भव थी। यह समझ में आना चाहिए कि भारतेन्दु एक राजभक्त परिवार के सदस्य थे, हालाँकि उनके पिता ने राजभक्ति में कभी कुछ नहीं लिखा। प्राचीन भारतीय परम्परा से आए दयानन्द, रामकृष्ण परमहंस और विवेकानन्द ने राजभक्ति में कभी कुछ नहीं लिखा। यह भारतेन्दु की क्वींस कॉलेज में अंग्रेजी शिक्षा का असर है कि उन्होंने ग्यारह साल की अवस्था में ही राजभक्ति शुरू कर दी। यह उस समय कोई आड़ नहीं थी, अंग्रेजों की औपनिवेशिक शिक्षा नीति की सफलता थी। गौर करने की बात यह है कि भारतेन्दु के देशप्रेम ने उन्हें यहाँ के राजा-महराजाओं की तरह सिर्फ राजभक्ति तक सीमित नहीं रखा, वे देशोन्नति और राष्ट्रीय जागरण की मंजिलों तक आगे बढ़े।

नयी शिक्षा ने भारतेन्दु के मन में अंग्रेजी राज के प्रति मोह पैदा कर दिया था। लेकिन उनका मोहभंग भी हुआ, ''कुछ काल पहले अंग्रेज लोग जब हिन्दुस्तान के विषय में व्याख्यान देते थे तब यही प्रकट करते थे कि हम केवल इस देश के लाभ के अर्थ राज्य करते हैं कि हम सिर्फ हिन्दुस्तान की वृद्धि के निमित्त विचार करते हैं कि हम लोग इस देश की वृद्धि करेंगे और यहाँ के लोगों को विद्यामृत पिलाएँगे और राज्य का प्रबन्ध किस भाँति करना यह ज्ञान जब प्रजा को स्वतः हो जाएगा तब हम लोग हिन्दुस्तान का सब राज्य प्रबन्ध यहाँ के निवासियों के स्वाधीन कर देंगे और अन्त को सब राम-राम कहकर जहाज पर पैर रखकर स्वदेश गमन करेंगे।'' (कविवचन सुधा, 1874) यह एक भोला विश्वास था, जो टूटा। भारतेन्दु ने भारत में राज करने वाले अंग्रेजों पर विश्वास करना छोड़कर ब्रिटेन के राजपरिवार को अपने विश्वास का केन्द्र बनाया, राजकुमार तथा रानी से अपील शुरू की। उनके अंग्रेजी राज से बौद्धिक सम्पर्क को नवशिक्षित मध्यवर्ग की तद्‌युगीन दुविधा-भरी मनोदशा के परिप्रेक्ष्य में देखना चाहिए। उसे नयी शिक्षा का नतीजा समझना चाहिए।

भारतेन्दु ने ड्यूक ऑफ एडिनबरा के काशी आने पर 'श्री राजकुमार सुस्वागत पत्र' (1869) लिखा, 'प्रिंस ऑफ वेल्स' के भारत आने पर कहा, 'जिमि रघुबर आए अवध' (1876), राजा-राजेश्वरी की स्तुति की (1877) और ब्रिटिश राष्ट्रीय संगीत का अनुवाद (1882) भी किया। औपनिवेशिक शिक्षा ने सबको अपनी चपेट में लिया, भारतेन्दु को भी। दरअसल देश की अन्धेरगर्दी, कलहवाद और बौद्धिक दरिद्रता ने ही अंग्रेजी राज का न्यौता दिया था। फलतः उस जमाने में यूरोपीय नवजागरण से एशियाई सम्पर्क खासा कुतूहल और उम्मीद पैदा करने वाला था। भारतेन्दु हरिश्चन्द्र को भारत में अंग्रेजी राज यूरोपीय नवजागरण के ही विस्तार जैसा लगा था, आधुनिक जीवन की ओर उन्मुख कर किसी गहरी नींद से जगाने वाला। उन्हें अंग्रेजी राज से सबसे पहले निरंकुश भारतीय राजसत्ताओं से छुटकारे का भान हुआ। प्रिंस ऑफ वेल्स के आने पर उन्होंने कहा : ''दुष्ट राजाओं के सैनिकों द्वारा, पददलित दीन भारत भूमि तुम्हारे चरण पड़ते ही आज आनन्दविभोर हो उठेगी।'' दूसरे, उन्हें लगा

कि इंग्लैंड में" एक लक्ष बइलर हैं, भाप के यन्त्र हैं और एक-एक की शक्ति 40 घोड़ों की है।"'परदेशी की कला-कौशल ने इस देश पर चढ़ाई किया, ऐसा पहले कभी नहीं हुआ था।" (कविवचनसुधा, 1874) वे चाहते थे कि भारत के लोग भी अब कला-कौशल की ओर ध्यान दें, "अंग्रेजी वस्तुओं की रुचि लगी है तो अंग्रेजों के समान सब पदार्थों के कारखाने यहाँ नियत किए जाएँ।" (वही) वे नयी शिक्षा को अंग्रेजी राज का एक बड़ा वरदान मानते थे और विलायत की इसलिए प्रशंसा करते थे कि वहाँ 'विद्या का प्राबल्य है।' वे पश्चिम से तकनीकी या कारीगरी चाहते थे। पर अपनी विचारधारा खोना नहीं चाहते थे—राष्ट्रीय एकता और जागरण की विचारधारा।

19वीं सदी में भारतेन्दु से पहले राजा राममोहन राय यूरोपीय नवजागरण के प्रति अपनी दीवानगी व्यक्त कर चुके थे। राममोहन राय को लगता था कि यूरोप में स्वेच्छाचारिता के खिलाफ स्वतन्त्रता तथा अन्याय के खिलाफ न्याय का संघर्ष सफल हो जाए तो एशिया का कल्याण हो जाएगा। वे कहने लगे थे, "सम्पूर्ण मनुष्य जाति एक महापरिवार है, जिसकी शाखाएँ भर हैं विभिन्न राष्ट्र और पिछड़ी जातियाँ।" वे चाहते थे कि उत्थानशील यूरोपवासियों के साहचर्य और सहयोग से भारतवासियों की सर्वांगीण उन्नति हो। वे राजनीतिक चेतना ही नहीं, कला और विज्ञान के क्षेत्र में उन्नति के लिए भी यूरोपवासियों से लगातार अन्तःक्रिया जरूरी मानते थे। वे उन यूरोपीय देशों को, जो अपने राष्ट्र-राज्य को मजबूत कर रहे थे और भारत में राष्ट्र-राज्य की सम्भावनाओं को साम्राज्यवादी कुचक्र से लगातार मिटाने में लगे हुए थे, 'वसुधैवकुटुम्बकम्' की दुहाई देकर भारत के कल्याण का रास्ता निकालना चाहते थे।

19वीं सदी के भारतीय नवजागरणकर्मी सामान्यतः यह नहीं समझ पा रहे थे कि उपनिवेशीकरण का लगातार विस्तार भारत में नवजागरण की अन्तर्धाराओं को विकृत कर रहा है, इसके स्थानीय रूप-भेद को स्वस्थ ढंग से पनपने का अवसर नहीं दे रहा है। वे अनुभव नहीं कर पा रहे थे कि नवजागरण की सार्वभौम बुनियादी चेतना का स्थानीय प्रसार राष्ट्रीय चेतना से जुड़े बिना सिर्फ औपनिवेशिक हितों को तुष्ट करेगा। इसका अर्थ है कि 19वीं सदी के भारतीय नवजागरण को 'वसुधैवकुटुम्बकम्' से पहले राष्ट्रीय जागरण होना होगा। नवजागरण हो या भूमंडलीकरण, वह भारतीय राष्ट्रीय की अवधारणा के बिना बौद्धिक गुलामी, औपनिवेशिक शोषण एवं सांस्कृतिक विकृतिकरण ही लाएगा। भारत उपनिवेशवाद के विभिन्न बौद्धिक-आर्थिक संजालों से निकलकर क्या आज भी पूरी तरह भारतीय राष्ट्र का राज्य बन पाया है?

ऐसा नहीं है कि अंग्रेज ही भारतवासियों को पश्चिम के रंग में डुबोना चाहते थे। भारत के शिक्षित लोग बौद्धिक उपनिवेश के असर में खुद भी यूरोपीय जीवन शैली की तरफ बढ़ने को गौरव की बात समझने लगे थे। वे जब भारतीय रुचियाँ, आदतें और आत्मगौरव का बोध छोड़ते थे, यूरोपीय बहुत खुश होते थे। इन्हें पूर्व में सभ्यता के मिशन पर आना सार्थक लगता था। भारतेन्दु अंग्रेजी मेम से पढ़ी एक

ललाइन के उद्‌गार के माध्यम से भारतीय समाज के पश्चिमीकरण और बौद्धिक उपनिवेशन पर व्यंग्य करते हैं—

लिखाय नाहीं देत्यौ पढ़ाए नाहीं देत्यौ।
सैयाँ फिरंगिन बनाय नाहीं देत्यौ॥

भारत के परम्परागत जीवन में उपनिवेशवाद पहले भी पश्चिमी चीजों का एक नया संसार लेकर आया था। वे चीजें जिन्दगी की गतिशीलता, आराम और सुख के लिए जरूरी थीं। वे महज प्रतिष्ठा-चिह्न और दिखावा नहीं थीं। कौन कहेगा कि सरसों के उबटन की जगह साबुन, डोली-पालकी की जगह घोड़ागाड़ी, दीवारों पर गोबर की जगह चूना-कली, घर की जिस चारपाई पर जन्म लें, उसी पर दम तोड़ने की जगह विदेश यात्रा, आरामदायक कपड़े आदि खुद में महज औपनिवेशिक चिह्न थे।

आम भारतीय जनमानस में आधुनिकीकरण से पैदा हुई यह एक स्वाभाविक खलबली है—क्या अब हमारी परम्पराएँ, पारिवारिक रिश्ते-नातों की गरमाहट और अदब, पुराने रोजगार और शौक आधुनिकीकरण की प्रक्रिया में उजड़ जाएँगे? भारतीय जनमानस सामान्यतः उदार और सर्वसंग्रहशील है, लेकिन वह अपनी पुरानी चीजों के प्रति भी गहरा मोह रखता है और उन चीजों में बहुत ऐसी हैं, जो बहुमूल्य हैं।

भारतेन्दु आधुनिकीकरण के पक्ष में खड़े होते हुए भी अपनी जातीय-सांस्कृतिक विरासत और आत्मपहचान खोने के पक्ष में नहीं थे। वे नहीं मानते थे कि भारत को आधुनिकीकरण की राह पर ले जाने के लिए उपनिवेशवाद जरूरी है, बल्कि बार-बार 'कर दुःख बढ़ै', 'पै धन विदेश चलि जात यहै अति ख्वारी', 'भीतर-भीतर सब रस चूसै' बाहर से तनमन धन मूसै/जाहिर बातन में अति तेज, क्यों सखि सज्जन नहिं अँगरेज', 'जो भारत जग में रह्यो सबसे उत्तम देस/ताही भारत में रह्यो अब नहिं सुख को लेस' जैसे बातें कहकर व देश की आधुनिक उन्नति और जनता के सुख के मार्ग में अंग्रेजी राज को बाधक ही मानते थे। ऐसा वे महारानी विक्टोरिया की तारीफ करते हुए भी मानते थे। वे देख रहे थे कि बाजार अंग्रेजी मालों से पटा है, पर समाज बेरोजगारों से भरा है, 'तीन बुलावें तेरह आवें' की हालत है। वे ब्रिटिश राजकुमारों को भारत की दीन-हीन अवस्था के लिए खरी-खोटी सुनाते ही हैं, 'जीवौ सदा विक्टोरिया रानी' वाली समस्या-पूर्ति में भी काफी खुलकर कहते हैं—

दीन भये बलहीन भये धन छीन भये सब बुद्धि हिरानी।
ऐसो न चाहिए आपुके राज प्रजागन यौं मछरी बिन पानी॥

अंग्रेजी राज की इससे अधिक निर्मम आलोचना नहीं हो सकती। उपर्युक्त कथन पिछड़े डेढ़ सौ साल में उपनिवेशवाद पर किए गये सबसे तीव्र बौद्धिक प्रहारों में एक है।

1857 के विद्रोह से 1885 में कांग्रेस की स्थापना तक का समय साम्राज्यवादी

आतंक से भरा समय था, खासकर हिन्दी पट्टी में। इस दौर में जो व्यक्ति अंग्रेजी राज के चाकर नहीं थे, उन्हें भी सामाजिक रूप से सक्रिय रहने के लिए उसकी स्तुति करनी पड़ती थी। वह एक दुविधा का समय भी था, शिक्षित मानस से औपनिवेशिक प्रभाव कट नहीं पाया था। अंग्रेज सभ्यता के दूत लग रहे थे। आज वैश्वीकरण को लेकर एक दुविधा छाई है--उसका विरोध भी और सहारा भी। बहुराष्ट्रीय कम्पनियों को आमन्त्रण और उनसे घबराहट दोनों। वैश्वीकरण का विरोध और अपने बेटे को पढ़ने के लिए अमेरिका भेजने की तैयारी! फर्क सिर्फ इतना है कि वह एक अनोखे ढाँचे के भारतीय राष्ट्रवाद के निर्माण का दौर था, यह ह्रास और विखंडता का दौर है। आज की तरह वह भी एक बेहद उलझा समय था, पर वह संध्या नहीं सूर्योदय की वेला थी।

19वीं सदी के नवजागरण-चिन्तकों के सामने आधुनिकीकरण और स्वाधीनता में कोई एक विकल्प चुनने की समस्या थी। अंग्रेजी राज का कोई राष्ट्रीय-जनतान्त्रिक विकल्प सामने नहीं था। उन चिन्तकों ने अपनी स्वाधीनता-भावना को दबाकर आधुनिकीकरण चुना। देश में भारी पिछड़ापन, दारिद्र्य और अशिक्षा थी। सभी को पता था कि अंग्रेजी राज से देश के औद्योगिक-वैज्ञानिक विकास की उम्मीद झूठी है, क्योंकि शासन, व्यापार और लूट पर्यायवाची शब्द थे। फिर भी यूरोपीय विद्या और तकनीक की लालसा ने और कहा जा सकता है कि आम लोगों की राजनीतिक निस्पृहता ने नवजागरण-चिन्तकों की जुबान पर एक बड़ा अंकुश डाल रखा था।

भारतेन्दु के औपनिवेशिक सम्पर्कों को जाँचते समय उनके विद्रोही कथनों की उपेक्षा नहीं की जानी चाहिए। उनके नगर के कई नव्य-शिक्षित ऐसे ही कथनों को दिखाकर उन पर 'डिसलायल्टी' का आरोप लगाते थे, जबकि हितैषी उन्हें परम राजभक्त साबित करते रहते थे। हिन्दी बुद्धिजीवियों का उस जमाने का कलहवाद कम रोचक नहीं था। कठोर प्रेस कानून की छाया में भारतेन्दु के 'कविवचन सुधा' में प्रकाशित अनगिनत कथन कितने साहस-भरे थे, यह स्वतन्त्र भारत के आपातकाल में हिन्दी के बड़े-बड़े लेखकों की भूमिका को याद करते हुए सहज ही महसूस किया जा सकता है।

यूरोपीय नवजागरण कुछ उच्चतर गुणों के बावजूद अपना एक सर्वसत्तावाद विकसित कर चुका था। उसका एक तत्त्व यूरोपीय श्रेष्ठता का दम्भ था। इसने यूरोपीय साम्राज्यवाद को ताकत दी। 19वीं सदी में दुनिया के काफी बड़े हिस्से पर यूरोपीय कब्जा था। सबसे पहले अमेरिका पर कब्जा खत्म हुआ, हालाँकि वहाँ नये बसे हुए लोग यूरोप से ही गये थे। 'कविवचन सुधा' के 31 अगस्त, 1874 के अंक में एक टिप्पणी है, 'सच मत बोल'। इसमें भारतेन्दु ने लिखा, "बीस करोड़ के भारतवर्ष को पचास हजार अंग्रेज शासन करते हैं, ये लोग प्रायः शिक्षित और सभ्य हैं। परन्तु इन्हीं लोगों के अत्याचार से भारतवर्षीगण दुखी रहे हैं।" भारतेन्दु ने यूरोपीय शिक्षा और सभ्यता के असली रूपों को पहचाना। उनके कथन से जाहिर होता है कि

आधुनिकीकरण की भूलभुलैयाँ में स्वाधीनता की इच्छा मरी नहीं थी। भारतीय जातियाँ दुखी थीं, मृत नहीं।

ब्रिटिश साम्राज्यवाद की एक ही चिन्ता थी कि जिस तरह अमेरिका का स्वतन्त्रता और एकता का संघर्ष सफल हुआ, वहाँ अमेरिकी राष्ट्र का राज्य कायम हो गया, भारत में किसी प्रकार का न हो। यदि राष्ट्र-राज्य साम्राज्यवाद को अपना मुख्य शत्रु समझता है, साम्राज्यवाद भी राज्य-राष्ट्र को अपना मुख्य शत्रु मानता है। वह इसे विभिन्न उपाय कर रूढ़िवाद और कलहवाद से जर्जरित बना देने में ही अपना हित देखता है।

भारत में काम कर रहे यूरोपीय पुरातत्त्वविदों और प्राच्यविदों ने भारत के गौरव के उद्घाटन से अधिक यहाँ पृथकतावाद के बीज बोए। फूट डालो और राज करो की राजनीतिक शासन-पद्धति की तुलना में धर्म, संस्कृति और भाषा के स्तर पर उनका पृथकतावादी अभियान अधिक मारक था। यूरोपीय ज्ञान के एशियाई प्रयोग इतने विध्वंसमूलक थे कि आज तक विशाल भारत के कभी इस कोने तो कभी उस कोने में उसकी भारी छतों, छज्जों और दरवाजों के भरहराने की दर्दीली आवाजें सुनाई देती हैं।

फिर भी 19वीं सदी में एक बहुत क्षीण औद्योगिक पूँजीवादी आधार वाला देश भारत स्वतन्त्र राष्ट्र की आधुनिक आकांक्षा के साथ खड़ा होना शुरू कर चुका था। भौगोलिक-प्रशासनिक सूत्र से बँधे उपनिवेश को एक नयी सांस्कृतिक और राजनीतिक चेतना राष्ट्र में किस तरह बदल रही थी, भारतेन्दु के साहित्य और विचारों से जाना जा सकता है। पश्चिम के राष्ट्र-राज्य औद्योगिक पूँजीवाद के जोर से बने, लेकिन एशियाई राष्ट्रों के निर्माण के पीछे यह जोर नहीं था, यह भी भूलना नहीं होगा। कुछ पश्चिमी देश हमेशा अपने राष्ट्र-राज्यों को मजबूत बनाने और एशिया के राष्ट्र-राज्यों की मायावी तरीकों से तोड़फोड़ में लगे रहते हैं, यह भी कभी भूलना नहीं होगा। भारतीय राष्ट्र-राज्य निर्माण के लिए 19वीं सदी की नयी जातीय-सांस्कृतिक चेतना और राजनीतिक इच्छाशक्ति सक्रिय थी, इसे न केवल भूलना नहीं होगा, बल्कि बार-बार याद करना होगा।

भारतीय राष्ट्र, मुसलमान और भारतेन्दु हरिश्चन्द्र

भारत के जिन समाजों में प्राचीन और औपनिवेशिक प्रभेदों से ऊपर उठकर राष्ट्रवाद का विकास हुआ था, वे धार्मिक थे। हम यह माँग नहीं कर सकते कि 19वीं सदी में हिन्दुओं, मुसलमानों या सिखों में से किसी एक समुदाय को जरूर कम धार्मिक हो जाना चाहिए था। ये जब 21वीं सदी में नहीं हैं, उस समय क्या होते। हम मानकर चलें कि औपनिवेशिक दशाओं में अतीत का पिछड़ापन बुद्धिवाद, राष्ट्रवाद और जनतन्त्र की परियोजनाओं पर बार-बार चीता की तरह हमला करेगा। अतीत का जर्जरित और पराजित हिस्सा प्रेत बनकर मानव भविष्य पर सवार रहता है, वह सहज पीछा

नहीं छोड़ता। इसलिए 19वीं सदी के जातीय-सामाजिक उभार और राष्ट्रवादी परियोजना के साथ साम्प्रदायिक तत्त्व थे, इसमें आश्चर्यजनक कुछ भी नहीं है। आश्चर्य तब जरूर होता है जब 19वीं सदी के हिन्दी क्षेत्र के नवजागरण को समग्रता में देखने की जगह उसे महज साम्प्रदायिक उभार में रिड्यूस कर दिया जाता है और उसे हिन्दू नवजागरण कहकर कलंकित किया जाता है। इससे एक इतिहास ही नहीं, एक भविष्य भी हमारे हाथ से फिसल जाता है।

यह सही है कि हिन्दी नवजागरण के दौर में हिन्दी और उर्दू के बीच साम्प्रदायिक उत्तेजना से भरी बातें उठी थीं। हिन्दी को कहीं-कहीं हिन्दू और गोरक्षा के सवालों से जोड़ा गया था। हिन्दी को तत्सम शब्दों से लादकर इसके शुद्धिकरण की कोशिश भी हुई थी। लेकिन क्या ऐसी चीजों को हिन्दी क्षेत्र में व्यापक स्वीकृति मिली? हिन्दी के महत्त्वपूर्ण लेखकों और आमतौर पर व्यापक बुद्धिजीवी वर्ग ने ऐसा कुछ नहीं किया, जिससे यह धारणा बनाई जाए कि हिन्दी के विकास का सम्बन्ध हिन्दू धर्म से है। आत्मालोचना होनी चाहिए, पर इसे आत्मधिक्कार और शर्म की उस हद तक नहीं पहुँचा देना चाहिए कि अपनी जवाबदेही समझने से छुटकारा मिल जाए—साहब हिन्दी के लिए अभी शर्म में डूबे हैं!

हिन्दी नवजागरण की ढेर सारी चीजें तलछट की हैं। नदी के तल में गन्दलापन होता है। नीचे फिसलन भरी काई होती है। पारदर्शी जल वहाँ है, जहाँ इतिहास का प्रवाह है। 19वीं सदी के हिन्दुओं में धार्मिकता का होना काफी नहीं था, जातीय भाव की भी जरूरत थी। इस विषय पर वृन्दावन के राधाचरण गोस्वामी ने जब एक लेख लिखा था, उन्होंने धर्म और जातीयता को गड्डमड्ड कर दिया था, "एक हिन्दू दूसरे हिन्दू के लिए प्राण विसर्जन नहीं करता, जैसे एक अंग्रेज या मुसलमान अपनी जाति के लिए करते हैं।" 1857 में हिन्दुओं ने मुसलमानों के लिए भी प्राण विसर्जन किए थे। उनके सामने एक राष्ट्रीय लक्ष्य था। राधाचरण गोस्वामी या दूसरे ऐसे लेखकों की चेतना अभी विकासशील अवस्था में थी। 1857 तक ब्रिटिश साम्राज्यवाद दृश्य था, पर अब वह सभ्यता की नकाब में एक अदृश्य जाल भी था। उपनिवेशवाद के छिलके उतरे नहीं थे। उसके दबावों की वजह से उस युग की चेतना में धार्मिकता और जातीयता अलग नहीं हो पाई थी। वैकल्पिक विश्वास के अभाव में धर्म एक आखिरी आश्रय था। लोग धार्मिक थे। फिर भी भारतेन्दु हरिश्चन्द्र वैष्णव होने के बावजूद धार्मिक मतवाद से ऊपर उठ चुके थे।

भारतेन्दु के मन में मुस्लिम आक्रमणकारियों, सुल्तानों और बादशाहों द्वारा हिन्दुओं के ऊपर हुए अत्याचारों की सामाजिक स्मृति बरकरार थी। उनके जमाने में गार्सा-द-तासी जैसे यूरोपीय विद्वान 'हिन्दी में हिन्दू धर्म का आभास' और 'उर्दू में इस्लामी संस्कृति और आचार-व्यवहार का संचय' देखते थे। शिवप्रसाद सितारेहिन्द उर्दू का पक्ष लेते थे। ऐसी बातों का असर भारतेन्दु पर पड़ता था। उन्होंने 'उर्दू

का स्यापा' लिखा। यह भी सही है कि उन्होंने कई टिप्पणियाँ हिन्दुओं को सम्बोधित करके लिखीं। उन्होंने हिन्दुाओं की उन्नति की चिन्ता खासतौर पर की। फिर भी यह भारतेन्दु ही हैं, जिन्होंने कई जगह हिन्दुओं की जमकर आलोचना भी की, 'हिन्दू चूरन इसका नाम विलायत पूरन इसका काम'। हिन्दुत्ववाद और अमेरिकापरस्ती का गठजोड़ नया मामला नहीं है, यह नवजागरणकालीन विलायतपरस्ती की ही निरन्तरता है। भारतेन्दु अपने को हिन्दू समझते होंगे, पर उनमें धार्मिक विद्वेष न था। वे अपने साहित्य में आम मुसलमानों का विरोध कहीं नहीं करते, बल्कि हिन्दुओं और मुसलमानों के सम्बन्ध को राष्ट्रीय आकांक्षा की आधुनिक रोशनी में बड़े आत्मीय ढंग से रेखांकित करते हैं।

मुसलमानों और अंग्रेजों में फर्क करते हुए भारतेन्दु ने लिखा, "मुसलमानों के काल में शत सहस्र बड़े-बड़े दोष थे, किन्तु दो गुण थे। प्रथम तो उन सबों ने अपना घर यहीं बनाया था। इससे यहाँ की लक्ष्मी यहीं रहती थी···हिन्दुओं की वीरता का संस्कार शेष चला आता था। किसी ने सच कहा कि मुसलमानी राज हैजे का रोग है और अंग्रेजी क्षय का। इनकी (अंग्रेजी की) शासन प्रणाली में हम लोगों का धन और वीरता निःशेष होती जाती है।" (बादशाह दर्पण) भारतेन्दु का मुसलमानों के काल से आशय सुल्तानों और बादशाहों के शासनकाल से है। इसी कृति में उन्होंने यह भी दिखाया कि अकबर ने कश्मीर के एक हिन्दू मन्दिर का जीर्णोद्धार करा उस पर अपनी आज्ञा खुदवाई थी। अपनी 'इतिहास सम्बन्धी बात' में उन्होंने अकबर के बारे में लिखा : "अकबर ने उस बड़े राज्य को 52 बरस तक ऐसी सावधानी और उत्तमता से चलाया कि सब जाति के लोगों ने उससे सुख और आनन्द उठाया।" ये चीजें इतिहास लिखने की कोशिशें हैं। यह एक नयी प्रवृत्ति थी, भारतेन्दु मुसलमानों को भारतीय इतिहास के अभिन्न अंग के रूप में देख रहे थे।

इसमें सन्देह नहीं कि मुसलमानों के समाज में नवजागरण की प्रक्रिया ज्यादा धीमी थी। अंग्रेजी राज में भी वे अपने पुराने मिजाज में थे। इस पर भारतेन्दु ने टिप्पणी की, "मुसलमानों ने अभी तक अपनी दशा नहीं सुधारी।" वे रईस मुसलमानों से मुखातिब होकर कहते हैं, "अपने लड़कों को···अच्छी से अच्छी तालीम दो। पिनशिन और वजीफा या नौकरी का भरोसा छोड़ो। लड़कों को रोजगार सिखाओ। विलायत भेजो। छोटेपन से मिहनत करने की आदत दिलाओ। सौ-सौ महलों के लाड़-प्यार, दुनिया से बेखबर रहने की राह मत दिखाओ।" इसका अर्थ है कि उन्होंने हिन्दुओं के अलावा मुसलमानों को भी सम्बोधित किया, उनसे संवाद बनाया। उन्होंने मुसलमानों की तारीफ करते हुए लिखा, "जो बात हिन्दुओं को नहीं मयस्सर है, वह धर्म के प्रभाव से मुसलमानों को सहज प्राप्त है। उनमें जाति नहीं, खाने-पीने में चौका-चूल्हा का भेद नहीं, विलायत जाने में रोक-टोक नहीं।" वे मुसलमानों से भी देश की प्रगति में योगदान के लिए आह्वान करते हैं।

एक बार भोपाल की बेगम साहिबा ने अपनी कुछ कविताएँ भारतेन्दु के पास भेजीं। इन्होंने वे कविताएँ यह सवाल खड़ा करके 'भारतमित्र' के सम्पादक के पास छपने के लिए भेजीं, 'क्या हमारी लक्ष्मीगण भी कुछ बनावेंगी?'

भारतेन्दु ने 'कुरान शरीफ' के एक हिस्से के अनुवाद के अलावा 'पंच पवित्रात्मा' जीवनी लिखी। क्या आज का हिन्दू ऐसा करने की सोच पाएगा?

भारतेन्दु ने 'कविवचन सुधा' में उर्दू में निकाले जाने वाले साप्ताहिक पत्र 'कासिद' का विज्ञापन छापा था—''कासिद! सातएँ दिन आवेगा!! नये हितकारी और विचित्र समाचार कहेगा!!!'' इसमें उनका उर्दू प्रेम झलकता है। उन्होंने उर्दू गजलों का एक संग्रह प्रकाशित कराया था—''गुलजारे पुर बहार'। अपने 'उत्तरार्द्ध भक्तमाल में उन्होंने कबीर, रसखान आदि का नामोल्लेखत करते हुए लिखा, 'इन मुसलमान हरिजनन पै कोटिन हिन्दू वारियै।' ये सभी भारतेन्दु के व्यापक मन के चिह्न हैं। हिन्दी नवजागरण हिन्दू नवजागरण न था।

भारतेन्दु भाषा को मजहब से नहीं जोड़ते थे। वे हिन्दी कविता को उर्दू की खड़ी बोली परम्परा से समृद्ध और विकसित करना चाहते थे। वे खुद भी उर्दू में लिखते थे। ऐसा नहीं है कि जब भारतेन्दु की खड़ी बोली कविता पर चर्चा होती हो तो उर्दू के असर को सकारात्मक नजर से न देखा जाता हो। यह भारतेन्दु के संवादपरक और सामंजस्यवादी व्यक्तित्व का ही असर था कि उनके बृहत्तर समय में हिन्दी जिस 'नयी चाल' में ढल रही थी, वह न दरबारी मिजाज की थी और न कठमुल्ले मिजाज की।

भारतेन्दु में सूफी अन्दाज भी है, 'कोई मसजिद कोई बुतखाने में नित है जाता, पै हमने तो सीधा ताका उस साकी का मैखाना।' वे कहते हैं, 'झूठी है सब शायरी अगर कहीं दिल नहीं फिदा।' उनमें कई आयाम हैं।

भारतेन्दु युद्ध-विरोधी थे। अंग्रेजों की तरफ से अफगान युद्ध जीतकर जब भारतीय सैनिक स्वदेश पहुँचे, जनता उनका अभिनन्दन कर रही थी। भारतेन्दु ने अपनी कविता 'विजय वल्लरी' में पूछा कि ''क्या जनता सैनिकों के जीतकर लौटने की वजह से खुश है। खुद उत्तर दिया, ''नहीं-नहीं, यह कारण नहीं है। कुछ और ही बात है जो भारतवासी इतने प्रमुदित दिखाई देते हैं। इन्हें काबुल से क्या मतलब। ये तो अपने लोगों के मरने तथा धननाश की वजह से वस्तुतः युद्ध से उदासीन हैं।'' उन्होंने भारतीय सैनिकों की वीरता की प्रशंसा की, पर यह भी स्पष्ट किया, ''स्ट्रैची, डिजरैली, लिटन चितय नीति के जल। फंसि भारत जर्जर भयो काबुल युद्ध अकाल।'' औपनिवेशिक युद्ध अपने पीछे अकाल लाता है। भारतेन्दु ने अफगान युद्ध को हिन्दू और मुसलमान के सन्दर्भ में नहीं देखा। उन्होंने हिन्दू धर्माचार्यों को भंडाचार्य कहा, उनकी जगह-जगह खिल्ली उड़ाई। चारों तरफ धार्मिक पाखंड फैला देकर अपना दर्द व्यक्त किया—'देखी तुम काशी लोगो, देखी तुम काशी!'

बलिया के अपने ऐतिहासिक भाषण में भारतेन्दु अंग्रेजी राज को घर में आग लगने जैसा संकट मानते हैं। हिन्दू-मुसलमान के रिश्ते को जेठानी-देवरानी के रिश्ते की तरह देखते हुए कहते हैं, "घर में आग लगै तब जिठानी-द्यौरानी को आपस की डाह छोड़कर एक साथ वह आग बुझानी चाहिए।" 'उर्दू का स्यापा' लिखने के बावजूद भारतेन्दु पूरे मामले को 'आपस की डाह' से ज्यादा महत्त्व नहीं देते। 35 वर्ष की उम्र में ही उनकी दृष्टि में काफी विकास आ गया, वे हिन्दू-मुसलमान एकता की बात करने लगे। भारतेन्दु पर हिन्दुत्ववाद का आरोप लगाने वालों की नजर इस ओर जानी चाहिए।

1857 ने हिन्दी क्षेत्र में हिन्दू और मुसलमान समुदायों को जोड़ दिया था। गाँवों-कस्बों में न मजहब को लेकर झगड़ा था और न भाषा को लेकर। वहाँ सत्ता-भक्त एलीट वर्ग अभी नहीं घुसा था। भूदेव मुखोपाध्याय ने एक लेख में अपना संस्मरण लिखा है, "छपरा शहर के रहने वाले ब्राह्मणों ने वहाँ के एक नामी मौलवी के विषय में मुझसे कहा था, महाशय, मुसलमान होने से क्या होता है। मौलवी साहब का मन और आचार ऐसा पवित्र है कि हम ब्राह्मण लोग भी यदि उनका जूठा खा लें तो ऐसा सोच नहीं सकते कि हम अपवित्र हो गये।" (देश की बात, देउस्कर) हमारे देश के निचले वर्गों के हिन्दुओं और मुसलमानों के बीच अभी भी एक सांस्कृतिक अन्तःक्रिया है, वे लोग साम्प्रदायिक नहीं हैं।

भारतेन्दु की आँखों में भारतीय राष्ट्र का जो बिम्ब बन रहा था, उससे पता चल सकता है कि उनकी हिन्दी किस तरह प्रभेदों और संकीर्णताओं को तोड़ रही थी। भारतेन्दु ने काशी के विभिन्न मुहल्लों का वर्णन करते हुए इसे अनोखे राष्ट्रवादी दृष्टिकोण से देखा था, "वहाँ द्रविड़, मगध, कान्यकुब्ज, महाराष्ट्र, बंगाल, पंजाब, गुजरात इत्यादि अनेक देश के लोग परस्पर मिले हुए अपना-अपना काम करते दिखते हैं और वे एक-एक जाति के लोग जिन मुहल्लों में बसे हैं, वहाँ जाने से ऐसा ज्ञात होता है कि मानो उसी देश में आए हैं, जैसे बंगाली टोले में ढाका का, लहोरी टोले में अमृतसर का और ब्रह्मघाट में पूना का भ्रम होता है।" (काशी के छायाचित्र, 1874) भारतीय जातियों में मेल-मिलाप और अखंडता है, इसके साथ विशिष्ट पहचान भी सुरक्षित है। हिन्दी क्षेत्र में किसी को 'बाहर का आदमी' नहीं समझा जाता। भारतेन्दु ने 'एक-एक जाति के लोग' कहकर द्रविड़, महाराष्ट्र, बंगाल, पंजाब, गुजरात इत्यादि के लोगों को जातियों के रूप में पहचाना। भारतीय राष्ट्र की संकल्पना के बिना यह दृश्य दिखाई नहीं देता। प्राचीन धार्मिक नगरी काशी अनेक जातियों की मिलन-भूमि भी थी। बाजार और नगर बनने की प्रक्रिया में अन्ध-जातीय दीवारें टूटी थीं, अन्तर्जातीय मिश्रणशीलता बढ़ी थी। भारतेन्दु ने उपर्युक्त श्रेणी में कान्यकुब्ज घुसाकर 'नेशनलिटी' और 'कास्ट' को वैसा ही गड्डमड्ड कर दिया, जिस तरह राधाचरण गोस्वामी ने आगे

चलकर धर्म और जातीयता को गड्डमड्ड किया था। इस श्रेणी में 'मगध' को रखने का सम्बन्ध दूर के एक क्षेत्र से है, जाति से नहीं है। कहने का आशय है कि हिन्दी पट्टी में भारतीय राष्ट्र का परिप्रेक्ष्य बन रहा था, यह विकासशील अवस्था में था।

भारतेन्दु यदि 'काशी के छायाचित्र' में भारतीय राष्ट्र की आकांक्षाएँ लक्षित कर रहे थे तो 'भारत दुर्दशा' में साम्राज्यवाद की सत्यानाशी फौज की लीला भी देख रहे थे, "फूट, डाह, लोभ, भय, उपेक्षा, स्वार्थपरता, पक्षपात, हठ, शोक, अश्रुमार्जन और निर्बलता इन एक दर्जन दूती और दूतों को शत्रुओं की फौज में मिलाकर ऐसा पंचामृत बनाया कि सारे शत्रु बिना मारे घंटा पर के गरुड़ हो गये। फिर अन्त में भिन्नता गयी। इसने ऐसा सबको काई की तरह फाड़ा कि भाषा, धर्म, चाल, व्यवहार, खाना-पीना, सब एक योजन पर अलग-अलग कर दिया। अब आवैं बचा ऐक्य!" भारतीय नवजागरण का दौर हो या भूमंडलीकरण का, विकास और अखंडता का सम्बन्ध हमेशा लड़खड़ाया। हमेशा अलगाववाद को बढ़ावा मिला, ताकि मायावी साम्राज्यवादी शोषण को सबल चुनौती न मिले, गरीब लोग मेहनत करने के बावजूद लगातार गरीब होते जाएँ और सांस्कृतिक बुराइयों में फँसे रहें।

भारतेन्दु का बलिया भाषण 'भारतवर्ष की उन्नति कैसे हो सकती है' (1884) 19वीं सदी के भारत की राष्ट्रीय आकांक्षाओं का प्रतिबिम्ब है। उसमें महान भारतीय राष्ट्र के वैचारिक भ्रूण हैं। लगभग एक ही समय में भारतेन्दु का उपर्युक्त भाषण (1884) और ह्यूम के नेतृत्व में राष्ट्रीय कांग्रेस का जन्म (1885) मानो दो भिन्न मिजाज की घटनाएँ हैं। दूसरी घटना 19वीं सदी के भारतीय राष्ट्र-राज्य की सांस्कृतिक-राजनीतिक आकांक्षाओं पर लीपापोती है। भारतेन्दु लक्षित कर रहे थे कि अंग्रेजी राज भारतीय राष्ट्र-राज्य की तैयारी का सबसे उपयुक्त अवसर है। उनका राष्ट्रीय जागरण का आह्वान था, "बंगाली, मराठा, पंजाबी, मद्रासी, वैदिक, जैन, ब्राह्मो, मुसलमान सब एक का हाथ पकड़ो।" यह एक ऐसी विराट मानव-शृंखला बनाने का आह्वान है, जिसमें जातीय-धार्मिक बन्धन टूट जाते या ढीले पड़ जाते हैं। अपने कथन का विस्तार करते हुए और अंग्रेज कलक्टर के सामने ही राष्ट्र के लिए संग्राम की सांस्कृतिक, आर्थिक और जातीय बुनियाद रखते हुए वह आगे कहते हैं, "जिसमें तुम्हारी भलाई हो वैसी ही किताब पढ़ो, वैसे ही खेल खेलो, वैसी ही बातचीत करो। परदेसी वस्तु और परदेसी भाषा का भरोसा मत रखो। अपने देश में अपनी भाषा चलाओ।" स्त्री-शिक्षा, छुआछूत-विरोध, विदेशी मालों के बहिष्कार और जातीय भाषा के विकास की बात कहकर भारतेन्दु नवजागरण के बोध को बहु-विस्तारात्मक बना देते हैं।

राष्ट्रीय विखंडता और बढ़ते क्षेत्रीयतावाद के वर्तमान युग में भारतेन्दु हरिश्चन्द्र के व्यक्तित्व के नये आयामों की उपेक्षा करके उनमें हिन्दू राष्ट्रवाद ढूँढ़ना अपनी जड़ें काट डालना है, यह धर्मनिरपेक्षता की बुनियाद खोदना भी है।

भारतेन्दु हिन्दी लोगों की निरुद्विग्नता और मन्दअक्ली से बड़े चिन्तित थे। देश का धन लूटकर विदेश ले जाया जा रहा है, लोगों में कोई बेचैनी नहीं है, ये मशीन और तकनीकी उपकरण नहीं बना पाते, जबकि यह टेक्नोलॉजी का युग है, "धन विदेश चलि जात तउ जिय होत न चंचल। जड़ समान ह्वै रहत, अकिल हत रचि न सकत कल।" भारतेन्दु की दृष्टि हिन्दी क्षेत्र की प्रकृति के अनुरूप सिर्फ हिन्दी पट्टी पर नहीं थी। उन्होंने भारतीय नवजागरण का स्वप्न देखा था, "भारत भैया उठो! देखो विद्या का सूर्य पश्चिम से उदय हुआ चला आता है। अब सोने का समय नहीं है। अंग्रेज का राज्य पाकर भी न जगे तो कब जागोगे। मूर्खों के प्रचंड शासन के दिन गये, अब (यूरोपीय) राजा ने प्रजा का स्वत्व पहिचाना। विद्या की चर्चा फैली, सबको सब कुछ कहने-सुनने का अधिकार मिला, देश-विदेश से नयी विद्या और कारीगरी आई। तुमको उस पर भी वही सीधी बातें, भाँग के गोले, ग्राम गीत, वही बाल्य-विवाह, भूत-प्रेत की पूजा, जन्मपत्री की विधि। वही थोड़े में सन्तोष, गप हाँकने में प्रीति और सत्यानाशी चालें।" (भारत दुर्दशा, 1875) अब टीवी और सिनेमा ही भूत-प्रेत और जन्मपत्री का प्रचार कर रहे हैं। भारतेन्दु के उपर्युक्त आह्वान की अन्तर्वस्तु से समझ में आ सकता है कि वे किधर बढ़ने और क्या-क्या छोड़ने के लिए कहते हैं।

आज के बदलते हिन्दी समाज में भी भूत-प्रेत, जन्मपत्री, यहाँ तक कि कई जगहों पर बाल-विवाह की प्रथा वैसे ही है। भारतेन्दु की आँखों के सामने हिन्दी समाज की दशा भी थी—इसकी रूढ़ियाँ, कुरीतियाँ, अन्धविश्वास, इसके लोगों की बुरी आदतें, गप्पबाजी, एक-दूसरे को उजाड़ने के लिए चाल! भारतभाग्य की निराशा भारतेन्दु की अपनी निराशा है, अपनी बेचैनी। 'भारत जननी' (1877) नाटक में "भारतमाता अपने बेटों को उठाना चाहती है, पर एक को उठाती है तो दूसरा सोता है और दूसरे को उठाती तो पहला सोता है। इसी भाँति सबको भारतमाता ने उठाया, किन्तु सबके सब पूर्ववत् सो गये।" इस नाटक में वे भारतमाता के द्वारा सिर्फ बेटों को जगाने की बात करते हैं, पर अन्यत्र थोड़ा आगे बढ़ते हैं, 'नारि पढ़े बिन एक हू काज न चलत लखाइ।' वे जाति के सवाल पर भी स्पष्ट हैं, 'वैष्णव में हम जाति बुद्धि नहीं करेंगे।' वे वर्ण व्यवस्था के विरोधी थे। हिन्दी पट्टी के सभी लोग भारतमाता की सन्तान हैं, यह हिन्दी संस्कृति का चिरन्तन भारतीय परिप्रेक्ष्य है। भारतेन्दु भारतमाता का एक मिथकीय बिम्ब बनाते हैं। 'भारत जननी' जिस बांग्ला नाटक की छाया है, उसका हवाला देकर वे हिन्दी प्रदेश में राष्ट्रीय जागरण के स्तर की ओर इशारा करना नहीं भूलते, "बंग भाषा (के नाटक) में एक और उत्साह का प्रवेश दिखाया गया है, किन्तु इस देश में अभी न एका है, न उत्साह। इस हेतु उनका स्वाँग यहाँ नहीं लाए।" हिन्दी समाज में व्यापक जड़ता और कूपमंडूकता की वजह से नवजागरण का कार्य रेगिस्तान हो चुके इलाके में दुबारा नदी लाने जैसा था।

अपनी जिन्दगी के अन्तिम समय से कुछ पहले बलिया वाले भाषण में भारतेन्दु अंग्रेजी राज पर भरोसा छोड़ने, विदेशी और अंग्रेजी के बहिष्कार का आह्वान करने के बावजूद पश्चिम की उपलब्धियों, उसके ज्ञान-विज्ञान से फायदा उठाने की बात कहना नहीं भूलते। वे खुले मन पर दुख के साथ कहते हैं, "अंग्रेजों के राज्य में सब प्रकार का सामान पाकर अवसर पाकर भी हम लोग जो इस समय पर उन्नति न करें तो हमारा केवल अभाग्य और परमेश्वर का कोप ही है।...इंगलैंड में गाड़ी का कोचवान भी अखबार पढ़ता है। यहाँ कोचवान हुक्का पीयेगा या गप्प करेगा।" भारतेन्दु यह स्थिति बदलना चाहते थे।

भक्ति आन्दोलन के सभी कवि मानवतावादी चेतना की एक ही जमीन पर नहीं थे। नवजागरण में भी कई रंग हैं, कई शेड्स हैं, कई लहरें हैं। नवजागरण के सभी ख्यातिलब्ध व्यक्तित्व अपनी-अपनी खूबियाँ हैं, क्योंकि वे एक विविधताभरी भारतीय पृष्ठभूमि में सामने आए। वे अपनी-अपनी सीमाओं में सुधार का प्रयत्न करते हैं और राष्ट्रवाद की धारणा भी बनाते हैं। उनमें से कोई भी अपने जीवन के आरम्भ से अन्त तक चेतना के एक ही धरातल पर खड़ा नहीं है। कोई थोड़ा ही आधुनिक है, कोई यू-टर्न लेता है और कोई बिलकुल पीछे लौटना चाहता है। 19वीं सदी के मानस को समझने के लिए उसके द्वन्द्वों और उलझनों को नजर से ओझल कर देने से सही तस्वीर नहीं बनेगी।

हिन्दी नवजागरण का इतिहास बड़ा पेचीदा है। उसे सामन्तों एवं बड़े किसानों का जागरण या अग्रवालों, खत्रियों, कायस्थों और ब्राह्मणों का जागरण या हिन्दुओं का जागरण समझ लेने पर उल्टे-सीधे निष्कर्ष निकलेंगे। यह पश्चिमी अनुसंधानकर्त्ताओं का असर है। वे जब भारत के समाजशास्त्र का अध्ययन करने आते हैं तो सबसे पहले यहाँ साँप या मुर्गियाँ और गायें गिनते हैं। दरअसल नवजागरण प्रभेदों से मुक्ति या इनके अतिक्रमण की निशानी है। हम उसे वर्ग, जाति और धर्म में खंडित करके नहीं देख सकते। इसे वस्तुतः परम्पराओं और परिवर्तनों के बीच रखकर समग्रता में समझना होगा।

क्या भारतेन्दु कट्टर हिन्दू थे?

हिन्दी क्षेत्र के नवजागरण को साम्प्रदायिक ठहराने के लिए इधर गोरक्षा का मुद्दा भी उठाया गया है। हिन्दी नवजागरण बस गोरक्षा और नागरी आन्दोलन है। आमतौर पर सभी हिन्दू गोमांस-भक्षण के प्रति संवेदनशील हैं। इसे हिन्दी का मामला नहीं समझना चाहिए। गोरक्षा की आवाज सर्वप्रथम बंगाल में उठी थी। यह आर्य समाज का भी मुद्दा था, पर आर्य समाज का इससे भी बड़ा मुद्दा था मूर्तिपूजा-विरोध। गोरक्षा के मामले में भारतेन्दु की जो पन्ने-भर की अपील है उसमें स्वर साम्प्रदायिक टकराहट का नहीं है, "मुसलमानों के हाथ जोड़िए, समझाइए..."। सर्कार से भी चाहे सुने चाहे

न सुने, हल्ला करते जाइए'''कालनीति के प्रभाव भारतवर्ष के और विषयमात्र में आप लोगों का धमनी का रक्त शीतल और स्थगित है। केवल इसी नाम से कुछ उत्तप्त और प्रभावित होता है।'''कुछ नहीं हो सकता तो प्रकाश वध निवारण हो जाए, तो भी हम कृतार्थ होंगे। इति।'' भारतेन्दु के कथन में गोहत्या-विरोध के मुद्दे पर टकराहट का कोई आह्वान नहीं है, इसलिए यह अपील सम्प्रदायवादी नहीं है। इसमें जोर समझाने-बुझाने पर है।

भारतेन्दु बस इतने भर से मान जाने के लिए तैयार हैं कि प्रकाश रूप से खुल्लमखुल्ला गोहत्या न हो। इससे हमें दुख होता है। आड़ में कीजिए। एक वैष्णव और जीव-हत्या का विरोधी आदमी कितना लचीला है, उसके मन में कितनी जगह है, इस मुद्दे पर भी लक्षित किया जा सकता है। अब सार्वजनिक रूप से गाय की हत्या या किसी जीव की हत्या साम्प्रदायिक नहीं पर्यावरण और कानून का मसला है। क्या कबीर को इसलिए खारिज किया जा सकता है कि उन्होंने गोहत्या का विरोध किया था? उन्होंने कहा था, 'दिन को रोजा रहत हैं, राति हनत हैं गाय'। आधुनिक जमाने में जूते, बैग, पर्स, बेल्ट आदि सामान शेर के चमड़े से नहीं बनते। हिन्दू-मुसलमान सभी इन चीजों का इस्तेमाल करते हैं। गोरक्षा या हत्या कोई मुद्दा नहीं है। सिर्फ गोहत्या का विरोधी हो जाने से कोई साम्प्रदायिक नहीं हो जाता और उसके नवजागरण के कामों पर पानी नहीं फिर जाता। बुद्धिवादी और प्रगतिवादी दौर में कुछ हिन्दू सिर्फ गोमांस खा लेने को ही बुद्धिवाद और प्रगतिशीलता का चिह्न समझते थे!

भारतेन्दु की उपर्युक्त अपील में एक अन्य बात काफी महत्त्वपूर्ण है। भारतीय नवजागरण के बुनियादी मामलों में हिन्दी अवाम का खून ठंडा है। यह एक यथार्थ तस्वीर है। प्रथमतः हिन्दी क्षेत्र में नवजागरण की किरणें देर से फूटीं, यह एक विलम्बित नवजागरण था। दूसरे, औपनिवेशिक दमन से जर्जरित होने की वजह से हिन्दी समाज में बंगाल या बम्बई सी गतिशीलता नहीं थी। शिक्षित बाहर से आधुनिक थे, भीतर से दकियानूस। उनमें सामाजिकता की भी कमी थी। धार्मिक मुद्दे पर लोग तत्काल इकट्ठे हो जाते थे, पर कूपमंडूकता-विरोधी या राष्ट्रीय जागरण के मुद्दों पर लोगों को इकट्ठा करने में मुश्किल होती थी।

भारतेन्दु हरिश्चन्द्र सिर्फ गोहत्या के नहीं, जीवहत्या मात्र के विरोधी थे। वैष्णव होने की वजह से यह स्वाभाविक था। 'वैदिकी हिंसा हिंसा न भवति' का मुख्य विषय मांसाहार और नशे का विरोध है। इन मुद्दों को केन्द्र में रखकर नाटक में हिन्दू धर्म, हिन्दू पुरोहित वर्ग, नशे की पश्चिमी हवा और अंग्रेजी राज के भक्तों की जमकर जिस तरह आलोचना की गयी है, उससे नहीं लगता कि भारतेन्दु सिर्फ हिन्दू थे, हिन्दू परम्परा से ही अपनी सारी बौद्धिक खुराक ले रहे थे और पवित्र नगरी काशी के धार्मिक प्रवक्ता थे। भारतेन्दु के सामने एक बड़ा पाठक वर्ग था, जिसमें हिन्दू और मुसलमान दोनों थे। शिक्षा के प्रसार, सामाजिक संगठनों के अस्तित्व में आने

और खुली बहसों से हिन्दी की दुनिया विस्तृत हुई थी। इस दुनिया के प्रति भारतेन्दु एक जवाबदेही महसूस करते थे। उन्होंने अपने एक नाटक का शीर्षक 'हिन्दू दुर्दशा' न रखकर 'भारत दुर्दशा' रखा। 'भारत दुर्दशा' की तुलना में 'वैदिकी हिंसा हिंसा न भवति' एक साधारण नाटक है। फिर भी इससे स्पष्ट हो जाता है कि कोई विषय हो भारतेन्दु किस तरह हिन्दू धार्मिक पाखंड, पुरोहितवाद और उपनिवेशवाद की आलोचना का मौका नहीं गँवाते। भारतेन्दु ने धन और धर्म के बढ़ते सम्बन्ध को सबसे पहले पहचाना था। प्रेमचन्द ने इसे बाद में अधिक विस्तृत जमीन पर 'एक्सपोज' किया।

चित्रगुप्त अपने दरबार में पुरोहित, राजा, गंडकीचार्य सभी के कच्चे चिट्ठे खोलते हैं। पुरोहित के बारे में भारतेन्दु का नजरिया है, "टके-टके पर धर्म छोड़कर इसने मनमानी व्यवस्था दी, दक्षिणा मात्र दे दीजिए फिर जो कहिए उसी में पंडितजी की सम्मति है। केवल इधर-उधर कमंडलाचार करते इसका जन्म बीता।"'केवल दम्भार्थ इनका तिलक, मुद्रा और ठगने के अर्थ इनकी पूजा। कभी भक्ति से मूर्ति को दंडवत नहीं किया होगा, पर मन्दिर में जो स्त्रियाँ आईं उनको सदैव तकते रहे। इन्होंने अनेकों को कृतार्थ किया। और समय तो श्रीरामचन्द्रजी के, श्रीकृष्ण के दास हैं, पर जब स्त्री सामने आवे तो उससे कहेंगे—मैं राम तुम जानकी, मैं कृष्ण तुम गोपी।...." धर्म के एक अन्य ठेकेदार गंडकीचार्य का परिचय देते हुए भारतेन्दु कहते हैं, "यह आनन्द से संसार का सुख भोग करते हैं।" ये सुखवादी हैं। आज धर्माचार्यों और सुखवादियों का युग लौट आया है। भारतेन्दु ने जिस तरह राजा को सूली पर देखा था, धार्मिक पाखंडियों के अन्त की भी कल्पना की थी। गंडकीचार्य कहते हैं, "अरे कंठी-टीका कुछ काम नहीं आया। कोई नहीं है, जो इस समय बचावै।" धार्मिक कट्टरवाद, पाखंड और दूसरे सामन्ती तत्त्व तब तक बने रहेंगे, जब तक उपनिवेशवाद बचा रहेगा।

भारतेन्दु हरिश्चन्द्र के मदिरा और मांस-विरोधी मानस में एकांगी सज्जनता या कोई शुद्धिवादी भाव न था। वे खासकर इससे चिन्तित थे कि पश्चिमी नकल में भारत नशे की चपेट में न आ जाए, सुखवादी न हो जाए, "ब्रांडी को अरू ब्राह्म को पहिलो अक्षर एक"। उन्हें शक्ति की पूजा के नाम पर पशुओं की बलि और मांस-भक्षण बीभत्स लगता था। भारतेन्दु की सोच में काफी स्पेस था। वे कह सके, "मांस-मदिरा खाना-पीना है तो यों ही खाने से किसने रोका है। धर्म को बीच में क्यों डालता है?" हिन्दी नवजागरण आदमी की चेतना से धार्मिक पाखंड ही नहीं, एकरेखीयता भी मिटा रहा था।

अंग्रेजी राज में शिवप्रसाद सितारेहिन्द भीतर के आदमी थे। उस समय एक होड़ थी कि अंग्रेजी राज का अधिकाधिक कृपापात्र बनने के लिए उसकी नीतियों के अनुसार अपने को ढालो और प्रजा को समझाओ-बुझाओ। राजनीतिक रूप से अपरिपक्व समय में भारतेन्दु अंग्रेजी राज के खुले विरोधी नहीं हो सकते थे, पर वे इस होड़ में नहीं थे। उनका शासन-वर्ग से 'कोलेबोरेशन' का रिश्ता नहीं था।

उन्होंने औपनिवेशिक नीतियों से कभी समझौता नहीं किया। बलिया वाली सभा में कलेक्टर डी. टी. राबर्ट्र्स मौजूद थे, पर भारतेन्दु हरिश्चन्द्र ने निडर होकर अपना भाषण दिया। पशु मेला था तो सभा में रईस के साथ आम जन भी होंगे। भारतेन्दु ने कलेक्टर और रईसों की परवाह न करके जनता की बात जनता की जुबान में कही। शिवप्रसाद सितारेहिन्द से उनकी टकराहट औपनिवेशिक नीतियों के सन्दर्भ में थी। शिवप्रसाद को सरकारी कृपा का लोभ था। 'वैदिकी हिंसा हिंसा न भवति' में नाटक से सम्बन्धित मामला न होते हुए भी भारतेन्दु ने उन पर हमला कर दिया, ''अंग्रेज सरकार के राज्य में जो उन लोगों के चित्तानुसार उदारता करता है, उसको 'स्टार आफ इंडिया' की पदवी मिलती है।'' नाटक में अन्त में भारतेन्दु ने जो कामनाएँ व्यक्त कीं, उनमें ये भी हैं, 'छुटै राजकर मेघ समय पै जल बरसावै'। भारतेन्दु को भी बादलों की चिन्ता है, उन्हें किसानों की चिन्ता है।

देश को धर्म, जातिवाद, संस्कृति और भाषा के मुद्दे पर अतीत के प्रेतों के हवाले करने का साम्राज्यवादी खेल जारी था। फिर भी जनता की राष्ट्रीय आकांक्षाओं की अभिव्यक्ति धर्म की उदारवादी धारणा, जाति-शिथिलता, सांस्कृतिक अन्तर्मिश्रण और जातीय भाषाओं के उत्थान के सन्दर्भों में हो रही थी। नवजागरण धर्म को फिल्टर कर रहा था और संस्कृति को पुनर्गठित। वह समाज के कृत्रिम भेदों को मिटाकर, भारत के विच्छिन्न दृश्यों को जोड़कर 'भारत' का एक अनोखा बिम्ब रच रहा था।

भारतेन्दु की एक उल्लेखनीय आधुनिक परियोजना थी धर्म की रूढ़ियों पर चोट करना और लोगों को कलहवाद से सचेत करना। ऐसा करके निःसन्देह ये भारतीय राष्ट्र की भित्ति मजबूत करने में लगे थे। वे कबीर की तरह निर्गुण भक्त या दयानन्द की तरह मूर्तिपूजा-विरोधी न थे। वे हिन्दुओं की एक खास धार्मिक परम्परा से बड़ी निष्ठापूर्वक जुड़े थे। वे वैष्णव थे और जिन्दगी-भर थे। क्या भारतेन्दु में कट्टर वैष्णवता थी और हिन्दुत्ववादी शुद्धतावाद था? राधा-कृष्ण की युगल मूर्ति की उपासना करते हुए क्या कभी उन्होंने धन, मान और स्वर्ग की कामना की? क्या वे प्रचलित ढंग से हिन्दू थे? भारतीय नवजागरण का एक भी व्यक्तित्व नास्तिक नहीं था। यह भी नहीं था कि कोई अतीत का सिर्फ कचरा ढो रहा हो। भारतेन्दु के धार्मिक सम्पर्क का पुनरुत्थानवाद और साम्प्रदायिकता से परिभाषित नहीं किया जा सकता। उनकी वैष्णवता नवजागरण की ऊष्मा से भरी थी। उसमें प्रेममय विश्व की कोमल संकल्पना ही नहीं, धार्मिक रूढ़िवाद की ईंट-से-ईंट बजा देने की कठोर ताकत थी। धर्म ने भारत की कैसी दुर्दशा की, इस पर भारतेन्दु ने धर्म की नगरी काशी में ही खुलकर कहा–

रचि बहुविधि के वाक्य पुरानन मांहि घुसाये।
शैव शाक्त वैष्णव अनेक मत प्रगटि चलाये।।
जाति अनेकन करी नीच अरु ऊँच बनायो।
खान पान सम्बन्ध सबन सों बरजि छुड़ायो।।

भारतेन्दु तदीय नामांकित वैष्णव होते हुए भी 'जैन-कुतूहल' लिखते हैं। वे साफ कहते हैं, 'नहिं इन झगड़न में कछु सार'। 'लगाओ चसमा सबै सफेद/ तब सब ज्यों-का-त्यों सूझैगो जैसो जाको भेद'। 'पियारे पैये केवल प्रेम में, नाहिं ज्ञान में, नाहिं करम-कुल-नेम में'। एक रईसजादा होने के बावजूद भारतेन्दु ने रीतिकालीन शृंगारिक मानसिकता के सामन्ती-दरबारी तत्त्वों को जरा पास फटकने नहीं दिया, प्रेममय विश्व का भक्ति-गान किया और धार्मिक सहिष्णुता का परिचय दिया।

'भारत दुर्दशा' में धार्मिक कूपमंडूकता और भेदभाव का अनावरण है। धर्म ने कैसे विधवा-विवाह का निषेध कर दिया, विदेश यात्रा पर रोक लगा दी, बहुदेवोपासना और भूतप्रेत की पूजा का प्रचार किया, छूआछूत फैलाकर प्रेमपूर्वक एक साथ बैठकर भोजन करना तक निषिद्ध कर दिया, ये सभी बातें भारतेन्दु को तकलीफ देती थीं। उन्होंने 'वैष्णवता और भारतवर्ष' में लिखा, ''इस काल में तभी उन्नति होगी जब बाह्य (धार्मिक) व्यवहार और आडम्बर में न्यूनता होगी।'' वे धार्मिक मामलों को बुद्धिवाद की रोशनी में जाँचते हैं, ''दिवाली इसी हेतु है कि इसी बहाने साल-भर में एक बेर तो सफाई हो जाए। यही तिहवार ही तुम्हारी म्युनिसिपालिटी है।'' उनकी आस्था तर्क के विरोध में नहीं जाती। आज भौतिक विकास के चरम बिन्दु पर भी लक्षित किया जा सकता है कि आस्था बाह्याडम्बर से भरी और तर्क-विमुख है। धर्म 'रीजन' के मैदान से भाग एक राजनीतिक अनुचर बन गया है। वह आज एक अति संवेदनशील मुद्दा है। यह वह जमाना है, जिसमें बुद्ध जैसे व्यक्तित्व भी पोखरन और बामियान के तटों के बीच लहू की नदी बन चुका है। अद्‌भुत रूप से कहीं उसका नाम 'मुस्कुराहट' और कहीं 'फतह' है। ऐसे जमाने में यदि कोई डेढ़ सौ साल पहले के भारतेन्दु में पुनरुत्थानवादी तत्त्व ढूँढ़ता है तो यह बैठे-ठाले की आलोचना ही कही जाएगी।

भारतेन्दु हिन्दू शास्त्र की जगह हिन्दू लोकमानस के उदात्त गुणों का पक्ष लेते हैं। वे 'जातीय संगीत' पर टिप्पणी करते हुए लोक संस्कृति की ताकत का जिक्र करते हैं। वे शास्त्र पर व्यंग्य करते हुए कहते हैं, 'हिन्दुओं का शास्त्र पंसारी की दुकान है'। लोक संस्कृति एकता और आत्मपहचान का चिह्न है, जबकि शास्त्र भेद पैदा करता है। भारतेन्दु 'कविवचन सुधा' के सिद्धान्त-कथन में 'नारि-नर सम होहिं' कहकर स्त्री का पक्ष लेते हैं। अन्यत्र कहते हैं, 'नारी पढ़े बिन एक हू काम न चलत लखाइ'। 'तदीय समाज' के शपथ पत्र में जातिवाद का विरोध करते हैं, 'वैष्णव में हम जाति बुद्धि न करैंगे।'

हिन्दी पट्टी के नवजागरण में महाराष्ट्र, तमिलनाडु तथा केरल के नवजागरण की तरह दलित आयाम नहीं उभर सका। उसका भारतीय राष्ट्र की आकांक्षा का आयाम ही अधिक प्रभावशाली था। यह आयाम धार्मिक कट्टरता की तरह जातिवाद पर चोट किए बिना विकसित नहीं हो सकता था। एक सवाल पैदा होता है कि हिन्दी पट्टी में नवजागरण के दौर में भक्ति आन्दोलन की तरह दलित साहित्यकार क्यों

नहीं निकल सके। फिर भी भारतेन्दु इस हद तक बढ़े, "जाति में कोई चाहे ऊँचा हो चाहे नीचा हो, सबका आदर कीजिए। जो जिस योग्य हो उसको वैसा मानिए। छोटी जाति के लोगों को तिरस्कार करके उसका जी मत तोड़िए। सब लोग आपस में मिलिए।"

भारतेन्दु हिन्दू होते हुए भी अपने सड़े-गले संस्कारों से लगातार जूझकर आधुनिकता, बुद्धिवाद और प्रगतिशीलता की ओर बढ़ रहे थे। उनके भीतर स्वाभाविक वजहों से कई जड़, पुराने संस्कार बचे हो सकते हैं, किन्तु देखना यह चाहिए कि उन्होंने एक उल्लेखनीय सीमा तक उन संस्कारों का अतिक्रमण किया या नहीं। आज का हिन्दू क्यों नहीं कर पाता? भारतेन्दु ने बलिया वाले भाषण में ललकारा, "अपनी खराबियों के मूल कारणों को खोजो। कोई धर्म की आड़ में, कोई देश की चाल की आड़ में, कोई सुख की आड़ में छिपे हैं।"

भारतेन्दु युग में राष्ट्रीय-राज्य की मुखर आवाज नहीं थी। हिन्दू कट्टरवादी और नवशिक्षित पश्चिमवादी दोनों एक स्वर से राज-राजेश्वरी की जय-जयकार कर रहे थे। 'मानसोपायन' में भारतेन्दु हरिश्चन्द्र इस तथ्य को रेखांकित करते हैं, "उधर नयी रोशनी के युवक कहते हैं—'दिल्लीश्वरो वा जगदीशरो।' सुनते-सुनते जी थक गया। कोई मस्तिष्क की बात कहो। उधर प्राचीन लोग कहते हैं, हमारे यहाँ तो 'सर्व्वदेव मयो नृपः' लिखा ही है। जितना बन सके इनका आदर करो।" अंग्रेजी राज के आगे दोनों समूहों ने पूरी तरह आत्मसर्पण कर दिया था।

हिन्दी की उन्नति का अर्थ

भारतेन्दु अंग्रेजी त्यागने को नहीं कहते, क्योंकि दुनिया के देश और ज्ञान-विज्ञान अंग्रेजी के ही अधीन थे। भारत की औपनिवेशिक स्थितियों में अंग्रेजी का आकर्षण बढ़ता जा रहा था। ऐसा नहीं लगता था कि वह भारतीय भाषाओं के लिए उस तरह कभी स्थान छोड़ेगी, जिस तरह संस्कृत, अरबी-फारसी ने छोड़ दिया था। इसलिए भारतेन्दु ने 'हिन्दी की उन्नति पर व्याख्यान' (1877) शीर्षक लम्बी कविता लिखते हुए कहना चाहा, "अंग्रेजी पढ़ि के जदपि सब गुन होत प्रवीन। पै निज भाषा ज्ञान बिन रहत हीन के हीन।" उन्हें लगा कि अंग्रेजी पढ़कर ही बोध होता है, 'होय मनुष्यहि क्यों भये हम गुलाम यें भूप'। वे कविता में आगे कहते हैं, "शिक्षा के बिना अब कोई काम चलने वाला नहीं है। हम दिन-प्रतिदिन छीजते जा रहे हैं, हमारा दुख बढ़ रहा है। इंगलैंड से आए मारकीन-मलमल के बिना हमारा काम नहीं चलता, मानो हम विदेशी जुलाहों के गुलाम हो गये हैं। कपड़ा, काँच, कागज, कलम, चित्र, खिलौने सब विदेशों से जहाज पर लादकर हमारे देश आ रहा है। हम दिन-दिन निर्धन होते जा रहे हैं। इसलिए अपनी बुद्धि, बल और कान्ति बचा नहीं पा रहे हैं। अब हमें ऐसा करना चाहिए कि हम विविध कलाओं का ज्ञान हासिल करें। इसके लिंए अपनी

भाषा में ग्रन्थों का अनुवाद करें, धर्म और शिष्टाचार जानें, दूसरे के अधीन न रहें, विवेक हासिल करें, सभी इकट्ठा होकर अपनी भाषा का परिशोधन करें और इसकी उन्नति करें, कुछ पत्र छपवाएँ, इन्हें पढ़ें-पढ़वाएँ, आपसी वैर-विरोध छोड़ें। हम सभी भाई एक जीव हो जाएँ और किसी तरह अपने देश का उद्धार करें। आखिरकार अब और कब तक हम मूढ़ और गुलाम बने रहेंगे। तुम अब और मत सोओ। समय की गति देखो, दुनिया की सभी जातियाँ आगे बढ़ना चाहती हैं, तुम अभी अँधेरे में ही हो। मुझे नहीं पता, हम लोगों में ही इतनी फूट क्यों है। अब तक बैर-फूट से ही भारत का विनाश हुआ है। इसके बावजूद, पता नहीं हम किस मोह से उबर नहीं पा रहे हैं। दुख की रात बीत गयी है, देखो अब सुबह हो गयी है। हाथ-मुँह धोकर उठो। इस दुख से तो मरना ही भला है। धिक्कार है उस जिन्दगी को, जिसमें सम्मान न हो। अब जल्दी ज्ञान हासिल करो, कोरी लफ्फाजी से कुछ नहीं होगा। जल्दी आपस में प्रेम बढ़ाओ। पूरब में भारत का सूर्य उदय हो चुका है, उठो।" ये सारी बातें उसी लम्बी कविता की हैं, जिससे सिर्फ एक लाइन बार-बार उद्धृत की जाती है–'निज भाषा उन्नति अहै सब उन्नति को मूल'। भारतेन्दु की निज भाषा की उन्नति निज जाति की सर्वांगीण उन्नति और स्वाधीनता से अलग चीज नहीं है। इसके लिए अंग्रेजी सिर्फ साधन है, जबकि आगे चलकर वह साध्य ही नहीं, प्रगति और स्वाधीनता की पहचान भी बन गयी!

हिन्दी की उन्नति से भारतेन्दु का तात्पर्य केवल हिन्दी भाषा की उन्नति नहीं है, सिर्फ साहित्य की उन्नति भी नहीं है। इस कविता में उन्होंने हिन्दी समाज के लोगों को तकनीकी ज्ञान अर्जित करने का आह्वान किया है। रेल, तार, वस्त्र, तोप, कागज, बाँध आदि के सम्बन्ध में जानकारी होनी चाहिए। 'राजनीति समझैं सकल पावहिं तत्त्व विचार'–हिन्दी लोगों में राजनीतिक चेतना विकसित हो। वे निश्चय ही हिन्दी भाषा को परिमार्जित करने, समाचार-पत्रों की उन्नति करने और विविध विषयों की पुस्तकें छपवाने की बात भी करते हैं। वे 'वैर विरोधहि छोड़ कै' ज्ञान-विज्ञान में हिन्दी समाज की उन्नति की चर्चा करते हैं। वे एक जगह आकर यह भी स्पष्ट कर देते हैं कि हिन्दी बुद्धिजीवियों को अंग्रेजी परजीवी होकर नहीं रह जाना है। वे चेतावनी देते हैं, "परदेसी की बुद्धि अरु वस्तुन की करी आस, परबस ह्वै कब लौं कहो रहिहौ तुम ह्वै दास।" भारतेन्दु के हिन्दी चिन्तन के इन अप्रचारित आयामों को भी समझने की जरूरत है। उनकी नजर में हिन्दी नवजागरण, सिर्फ हिन्दी भाषा और साहित्य का नवजागरण नहीं है, यह हिन्दी समाज का नवजागरण है।

भारतेन्दु तहे-दिल से सिर्फ हिन्दी नहीं, पूरे हिन्दी समाज की उन्नति चाहते थे, क्योंकि इसके बिना हिन्दी की उन्नति भी नहीं हो सकती। हालाँकि उन्हें हिन्दी पट्टी के लोगों के कलहवाद और आलस्य का भान था, "कब इनको परमेश्वर वह सभ्यता देगा जो हिन्दुस्तान के और खंडवासियों ने पाई है।...सब संसार का आलस्य

पश्चिमोत्तर देशवासियों में घुसा है और अपने को भूल रहे हैं, क्षुद्रपना नहीं टूटता।'' भारतेन्दु हिन्दी समाज के जातीय उत्थान की चिन्ता से व्यथित थे। इसके बावजूद वह पूरे भारत की राष्ट्रीय चिन्ताओं से जुड़े थे। वे अन्ध-जातीयतावादी न थे, जो हिन्दी नवजागरण का एक विशिष्ट आयाम है।

नक्कारखाने में तूती बोली तो!

यह सही है कि भारतेन्दु की आँखों के स्वप्न यथार्थ में नहीं बदल सके। फिर भी भारतीय नवजागरण एक अधूरा घटा मामला भले हो, विफल परियोजना नहीं है। कुल चौंतीस साल की उम्र मिली थी इस नवजागरण-पुरुष को। भारतेन्दु इससे ज्यादा क्या दे सकते थे कि उन्होंने गुलाम भारतीय जनता की आँखों में मचल उठी राष्ट्र की आकांक्षा को अपने साहित्य में मूर्त किया। इसके लिए धर्म, जातीयता, संस्कृति और भाषा के बन्धनों को दूर या शिथिल करना चाहा। उन्होंने अपने बौद्धिक मानस पर पड़े औपनिवेशिक शिक्षा के प्रभावों को अन्ततः काट लिया। उन्हें दरअसल टुकड़ों में तोड़कर नहीं, उनके समग्र बौद्धिक-साहित्यिक विकास में देखना चाहिए। मनमाना टुकड़बन्द विश्लेषण मूल्यांकन को सही दिशा में नहीं ले जाता। भारतेन्दु के 'हिन्दी की उन्नति पर व्याख्यान', 'अन्धेर नगरी' और 'भारतवर्ष की उन्नति कैसे हो सकती है' (बलिया भाषण) उनके नवजागरण बोध के उत्कर्षक के चिह्न हैं। भारतीय नवजागरण के विकासशील परिप्रेक्ष्य में समाज सुधार, जातीय आत्मपहचान का संघर्ष और भारतीय राष्ट्रीयता तीनों तत्त्व महत्त्वपूर्ण हैं, यह भारतेन्दु के साहित्य से ज्ञात होता है। आगे चलकर समाज सुधार का काम ठहर गया। जातीय आत्मपहचान का संघर्ष क्षेत्रीयतावाद या भूमंडलीकरण में विसर्जित हो गया। राष्ट्रवाद हिन्दुत्ववाद में सिकुड़ गया। यह नवजागरण का विपर्यय है।

भारतेन्दु ने कुछ संगठनात्मक काम शुरू कर हिन्दी पट्टी में नवजागरण की व्यावहारिक सफलता के लिए कम प्रयास नहीं किए। फिर भी उनके विचार राजा राममोहन राय, ईश्वरचन्द्र विद्यासागर, फुले आदि की तरह जनाधार प्राप्त नहीं कर सके। मामला साहित्यिक होकर रह गया, यह सामाजिक विस्तार न पा सका। हिन्दी समाज में रूढ़िवाद और कलहवाद की सबसे ज्यादा गहरी जड़ें हैं। भारतेन्दु कहते हैं, ''यह उसी का विलक्षणपना है कि हम लोग समाचार-पत्र लिखते हैं और यह अभिमान करते हैं कि हमारे इन लेखों से हमारे भाइयों का कुछ उपकार हो, भला नक्कारखाने में तूती की आवाज कौन सुनता है।'' फिर भी हिन्दी के नक्कारखाने में तूती बोली तो! क्यों न बोले!

भारतेन्दु की तरह बुद्धिवाद साहित्यकर्मी उनके मंडल में दूसरा न हुआ। उनकी आँखों में उपनिवेशवाद के विरोध में भारतीय राष्ट्र का बिम्ब स्पष्ट हो चला था। उन्हें हिन्दी के जातीय विकास, स्त्री और जाति (कास्ट) के प्रश्न भी उद्वेलित कर

रहे थे। वे हिन्दू और मुसलमान के बीच एकता चाहते थे। वे घूम-घूमकर नाटक करते थे। भाषण देते थे और पत्र निकालकर नवजागरण का प्रचार करते थे। वे हिन्दी क्षेत्र की संस्कृति का पानी बदलना चाहते थे। क्या भारत में नवजागरण हिन्दुओं, मुसलमानों और सिखों को जगाए बिना आ जाता? 11 सितम्बर, 2001 को वर्ल्ड ट्रेड सेंटर पर हमले के बाद इतना विकसित और मॉड अमेरिका अचानक ईसाई हो उठा, चर्च में सरमन के लिए भीड़ें बढ़ गयीं। जिस दौर में 21वीं सदी के शंकराचार्य कोई नया धार्मिक चिन्तन देने की जगह काशी-मथुरा के प्रेत जगा रहे हैं, कोई यह माँग कैसे कर सकता है कि 19वीं सदी के पिछड़े और उत्पीड़ित हिन्दी समाज में नवजागरण सारी धार्मिक पहचानों को फेंककर क्यों नहीं आया। बंगाल और देश के दूसरे हिस्सों में भी सिर्फ यह घटित हुआ था कि पुरानी धार्मिक पहचानों के साथ-साथ कुछ नयी धार्मिक पहचानें भी अस्तित्व में आ गयी थीं। 19वीं सदी के विश्व में धर्म का मूलोच्छेद कहीं नहीं हो पाया था। राममोहन राय के नवजागरण को 'ब्राह्मो नवजागरण' नहीं कहा जाता, जबकि भारतेन्दु के काम को 'हिन्दू नवजागरण' कहकर ढकने की चेष्टा होती है।

हिन्दी क्षेत्र के हिन्दुओं को सामाजिक सुधार की दिशा में जगाने, उन्हें भौतिक दुनिया के महत्त्व, वैज्ञानिक चीजों, समाज सुधार, स्त्री-अधिकार, दलित के लिए सामाजिक सम्मान और नयी जीवन शैली की समझ देना हिन्दुत्ववादी काम नहीं है। हिन्दी चेतना में कहीं भी मुसलमानों से मुठभेड़ की परियोजना नहीं है। एक बृहद् समाज में यदि तीन-चार धर्मों के लोग हों, उनमें बौद्धिक झड़पें, प्रतीकों की लड़ाई और रस्साकशी तब तक चतली रहेगी, जब तक उस बृहद् समाज में उपनिवेशवाद और पूँजीवाद का अस्तित्व है। इसलिए भारतेन्दु युग या बाद के लोगों में यदि हिन्दू होने की चेतना बनी भी रह गयी हो, सामाजिक जाँच का विषय यह होना चाहिए कि वे बुद्धिवाद, राष्ट्रवाद, मानवतावाद और जनतन्त्र की आधुनिक परियोजनाओं को पूरा करने के मार्ग में कितना आगे बढ़े और कितना पीछे रह गये। वे अपने समाज को जनतान्त्रिक शक्ल देने के लिए अतीत की कूपमंडूकता से कितना बाहर निकले। हम यदि खुद 21वीं सदी में इन परियोजनाओं को पूरा करने के रास्ते पर आगे नहीं बढ़ पा रहे हैं तो इसका बदला इस तरह नहीं चुकाया जा सकता कि 19वीं सदी की सम्पूर्ण हिन्दी चेतना पर ही हिन्दू चेतना का लेबल लगा दिया जाए, उसके अन्तर्विरोधों के साथ उपलब्धियाँ न देखी जाएँ।

21वीं सदी में हिन्दू धर्माचार्य और हिन्दुत्ववादी भले काफी मुखर हैं और राजनीतिक महत्त्व पर रहे हैं, 19वीं सदी में वे किनारे होते जा रहे थे। हिन्दुओं का कोई धार्मिक केन्द्र बनना दूर की बात है, हिन्दू धर्माचार्यों की अपनी कोई आवाज ही नहीं थी। शिक्षित कूपमंडूकों का एक समुदाय जरूर उभर रहा था, पर वे प्रतिरक्षात्मक ही थे, आक्रामक नहीं। गौर करने की बात है कि सनातन धर्म की रक्षा के लिए

पहला संगठन हिन्दी क्षेत्र में नहीं, 'धर्म सभा' (1831) के नाम से कलकत्ते में बना था। उसकी स्थापना सती प्रथा बन्द होने की प्रतिक्रिया में हुई थी। महाराष्ट्र में हिन्दू धर्म की इकहरी तत्त्ववादी धारणाओं पर आधारित ग्रन्थ छपे। फुले के आन्दोलन की प्रतिक्रिया में वहाँ कठमुल्लों का एक समुदाय उठ खड़ा हुआ था। हिन्दी क्षेत्र में काशी के पंडितों पर दयानन्द सरस्वती (1824-1883) ने 1869 में साहसपूर्वक हमला बोल दिया था। इस मामले को कम महत्त्व देना उचित न होगा। आर्य समाज का मध्य वर्ग के एक सीमित हिस्से और कुछ ही क्षेत्रों में असर था। वह एक ऐसा आन्दोलन था, जिसमें पुनरुत्थानवाद और सुधारवाद दोनों तत्त्व थे। दयानन्द को पूरी तरह पुनरुत्थानवादी इसलिए कहना कठिन है कि वे आधुनिकीकरण के विरोध में नहीं थे और छुआछूत-विरोधी भी थे। वे परम्परावादी धर्म सभाओं और काशी के पंडितों से बेहतर थे। भारतेन्दु हरिश्चन्द्र और 19वीं सदी के अधिकांश हिन्दी लेखकों-पत्रकारों का आर्य समाज से कोई सम्बन्ध नहीं था। ऐसा सम्बन्ध हो नहीं सकता था, क्योंकि उन सभी की नजर में परम्परा उस तरह एक रेखीय नहीं हो सकती थी, जिस तरह दयानन्द देखते थे। यह सम्भव नहीं था कि 19वीं सदी की हिन्दी संस्कृति का अतीत से पूरी तरह सम्बन्ध-विच्छेद हो जाए। लेकिन इसका यह अर्थ निकालना कि पुनरुत्थानवाद उसका प्रधान अंग था, हमेशा गलत होगा। 19वीं सदी की हिन्दी संस्कृति का निर्माण मुख्यतः हिन्दू धर्म या आर्य समाज से न होकर भारतीय राष्ट्रवाद से हुआ।

आखिरकार 19वीं सदी के उस दौर को भारतेन्दु युग क्यों कहा जाता है, जबकि बालकृष्ण भट्ट (1844-1914) उनसे काफी बड़े थे, अधिक समय तक जिन्दा थे और जाति से ब्राह्मण थे। उसे सितारेहिन्द युग, प्रताप नारायण मिश्र युग, श्रद्धाराम फिल्लौरी युग भी नहीं कहा जाता। दरअसल किसी व्यक्तित्व की व्यापक जातीय स्वीकृति उसकी प्रवृत्तियों की तरफ जनता के व्यापक आकर्षण का नतीजा है। भारतेन्दु के जमाने में अभिव्यक्ति पराधीन थी, सामाजिक सीमाएँ भी थीं। राजा राममोहन राय भी अंग्रेजी राज के समर्थक थे। वे पश्चिम की तरफ बहुत अधिक आकर्षित थे, फिर भी जाति व्यवस्था का कभी विरोध न कर सके, क्योंकि इससे उनके समाज से विच्छिन्न हो जाने का खतरा था। अंग्रेजी राज और जाति व्यवस्था का विरोध न कर पाने के बावजूद जो लोग राममोहन राय को ऐतिहासिक महत्त्व देते हैं और उन पर गोली नहीं दागते, वे ठीक करते हैं।

इतिहास घटित का ही नहीं होता, जो घटित नहीं हो सका उसका भी होता है। भारतेन्दु की 35 साल की छोटी-सी जिन्दगी में जो कुछ घटा वह महान था और जो घटित न होकर दबा रह गया, वह भी हिन्दी समाज के महान उद्देश्य का हिस्सा था। क्या हम इतिहास से 19वीं सदी के महान उद्देश्यों को कभी बहिष्कृत कर सकेंगे?

नवजागरण का पुनर्पाठ

□ शंभुनाथ

हमारे समय की एक बड़ी विडम्बना है कि हम 19वीं सदी से बाहर नहीं निकल पा रहे हैं। यह हालत भारतीय जनमानस पर सांस्कृतिक राष्ट्रवाद के भारी हमलों की वजह से ही नहीं है, आधुनिकता के उस सार्वभौमिक पश्चिमी मॉडल की वजह से भी है जो भारत जैसे एक गैर-यूरोपीय देश में भिन्न राहों से विकसित हुई आधुनिकता पर सहानुभूतिपूर्वक विचार करने से रोकता है। आधुनिकता का पश्चिमी मॉडल 19वीं सदी के हिन्दी नवजागरण को समझने के मार्ग में एक बड़ा रोड़ा है। यही वजह है कि देश के नवजागरण की अन्तर्धाराओं को न सांस्कृतिक राष्ट्रवादी अच्छी निगाह से देख पा रहे हैं और न सार्वभौम आधुनिकतावादी। लक्षित किया जा सकता है कि अंग्रेजी और हिन्दी के प्रगतिशील समझे जाने वाले कई चिन्तक भी लम्बे समय से आधुनिकता की सार्वभौमवादी अवधारणाओं की कैद में हैं। वे अपने काम से इस देश में कट्टरवाद का मार्ग ही साफ कर रहे हैं।

इसमें सन्देह नहीं है कि हिन्दी नवजागरण को काफी बढ़ा-चढ़ाकर देखने की प्रवृत्ति रही है, लेकिन अधिक खतरनाक है उसे घटाकर देखना। बड़ी मुश्किल है कि सांस्कृतिक राष्ट्रवादियों और सार्वभौमवादी आधुनिक बुद्धिजीवियों दोनों को समान रूप से उसमें हिन्दुत्ववाद, उर्दू-विरोध, जैसी चीजें ही ज्यादा नजर आती हैं। दोनों कहते हैं, इतिहास दुबारा लिखो। जो कभी इतिहास बना नहीं सकते, वे ही कह सकते हैं इतिहास दुबारा लिखो। इसका मतलब है कि अब तक जो भी श्रेष्ठ और सुन्दर है उसे उजाड़ दो और वहाँ इन्हें बैठा दो। दरअसल इतिहास के पुनर्लेखन की हड़बड़ी इस भय से पैदा हुई है कि जब तक यह इतिहास रहेगा इसके आईने में वे सत्ता के शिखर पर भी खलनायक दिखाई देंगे।

कहने की जरूरत है कि जब भारत का राष्ट्रीय इतिहास लिखा जा रहा था, वह सत्ता विमर्श न होकर लोक विमर्श था। इतिहास बनाने वाले स्वातन्त्र्य-प्रेमी ही इतिहास लिख रहे थे, वे चीजों को जोड़ रहे थे। इतिहास जब लोक विमर्श से सत्ता

विमर्श में रूपान्तरित होगा, जोड़ी चीजों को अलग-अलग किया जाएगा। इतिहास इतना संकुचित हो जाएगा कि उसमें सिर्फ जंग के घोड़ों का अस्तबल ही बन पाएगा।

इतिहास दुबारा पढ़ो

अंग्रेजी राज में कुछ समय तक इतिहास लेखन एक सत्ता विमर्श था। इतिहास लेखन की आधुनिक पद्धति का उपयोग करते हुए भी ऐसे इतिहास में भारत को एक पिछड़ा और असभ्य देश कहा जाता था, खासकर मुस्लिम राज को 'अन्धकार और बर्बरता के युग' के नाम से पहचाना जाता था। पूरा मामला अन्ततः यहाँ लाकर खड़ा कर दिया जाता था कि अंग्रेजों ने भारत में न्याय और स्वतन्त्रता कायम की, उसे सभ्यता से परिचित कराया। शिवप्रसाद सितारेहिन्द (1824-1895) शिक्षा विभाग में अधिकारी थे। उनके तीन खंडों में छपे ग्रन्थ 'इतिहासतिमिरनाशक' में ऐसी ही स्थापनाएँ थीं। भारतेन्दु हरिश्चन्द्र (1850-1885) ने इस ग्रन्थ के तीसरे खंड (1873) की समीक्षा 'हरिश्चन्द्र मैगजीन' में लिखी थी। वीरभारत तलवार ने 'रस्साकशी' उनकी अंग्रेजी में लिखी समीक्षा से जो वक्तव्य उद्धृत किया है, उससे यही उजागर होता है कि भारतेन्दु किस तरह इतिहास को सत्ता विमर्श से लोक विमर्श में रूपान्तरित करना चाहते थे। उन्होंने मुस्लिम शासन के अन्याय और अत्याचार वाले पहलू को सही ठहराते हुए भी कहना चाहा, ''लेखक (शिवप्रसाद सितारेहिन्द) सिक्के का सिर्फ एक पहलू दिखाता है। दूसरे पहलू को छुपाकर ईमानदारी नहीं बरतता। उसने मुस्लिम शासन का वर्णन करते हुए अकबर, जहाँगीर और शाहजहाँ में सिर्फ बुराइयाँ ही दिखाईं, जबकि उन्होंने अपने समय में अच्छे काम भी किए थे। धार्मिक मामलों में उन्होंने सहिष्णुता का प्रचार किया था, जो उस समय तक सभ्य यूरोप में नहीं थी। लेखक ने मुसलमान शासकों के अत्याचारों का जो वर्णन किया है वह अच्छा है, फिर भी स्कूली पाठ्यक्रम की किताब में इसे नहीं रखना चाहिए था। इससे दो समुदायों के बीच नफरत बढ़ेगी, जबकि उपकारी ब्रिटिश शासन के तहत हम सबको मिलकर उन्नति करनी चाहिए।'' भारतेन्दु हरिश्चन्द्र की यह टिप्पणी लगता है मानो सिर्फ शिवप्रसाद पर नहीं इतिहास दुबारा लिखने वाले आज के अन्ध-राष्ट्रवादियों के इरादों और शिक्षा के भगवाकरण पर भी है, आज पर भी है। निःसन्देह इतिहास लिखा भले जाता हो अतीत के बारे में, पर वह होता भविष्य के लिए है। भारतेन्दु मुगल शासन के अत्याचारों के बावजूद कई अवसरों पर उसे सहिष्णुता के सन्दर्भ में तथाकथित सभ्य यूरोप से श्रेष्ठ बतलाते हैं। यह इतिहास दृष्टि के अन-उपनिवेशन का चिह्न है। यह यूरोप-केन्द्रिकता से प्रस्थान है, जो भले बीजावस्था में हो।

भारतेन्दु हरिश्चन्द्र अपनी उपर्युक्त समीक्षा में अंग्रेजी राज की भी आलोचना करते हैं, ''बाबू शिवप्रसाद ने सल्तन काल में लागू बाईस किस्म के टैक्सों की फेहरिस्त देकर मुसलमानों के दमन-शोषण का वर्णन किया है। लेखक भूल जाता है कि

मध्यकालीन दमन और शोषण की मिसाल लगने वाले वे टैक्स ब्रिटिश शासन में आज भी बदले हुए नामों से जारी हैं। ऊपर से कई ऐसे नये टैक्स भी लग गये, जिनकी पहले के अर्धसभ्य शासन कल्पना भी नहीं कर सकते थे।'' शिवप्रसाद और भारतेन्दु दोनों ने राजभक्ति प्रदर्शित की, 19वीं सदी की ऐतिहासिक स्थितियों में यह न केवल स्वाभाविक था, बल्कि सर्वव्यापक मामला था। फिर भी दोनों लेखकों के बीच एक बुनियादी फर्क है। शिवप्रसाद ने कभी भी भारत की औपनिवेशिक आर्थिक लूट, अंग्रेजी राज की स्वेच्छाचारिता और भ्रष्टाचार की आलोचना नहीं की, भारतेन्दु ने हमेशा की। यही वजह है कि शिवप्रसाद शासन द्वारा 'स्टार ऑफ इंडिया' के खिताब से नवाजे गये, जबकि जनता ने इसका जवाब हरिश्चन्द्र को भारतेन्दु कहकर दिया।

हिन्दू-मुस्लिम प्रश्न पर भारतेन्दु की सहिष्णुता और उनकी विकासशील धर्मनिरपेक्ष दृष्टि को समझने के लिए 'इतिहासतिमिरनाशक' की समीक्षा इकलौता मामला नहीं है। उन्होंने इस्लाम के पैगम्बर मुहम्मद, उनकी बेटी फातिमा, अली, हसन और हुसैन की जीवनी 'पंच पवित्रात्मा' (1884) शीर्षक से लिखी। इसकी शुरुआत उन्होंने इस प्रकार की, ''जिस समय अरब देश वाले बहुदेवोपासना के घोर अन्धकार में फँस रहे थे, उस समय महात्मा मुहम्मद ने जन्म लेकर उनको एकेश्वरवाद का सदुपदेश दिया। अरब के पश्चिमी ईसामसीह का भक्तिपथ प्रकाश पा चुका था, किन्तु वह मत अरब, फारस इत्यादि देशों में प्रबल नहीं था और न अरब ऐसे कट्टर देश में महात्मा मुहम्मद के अतिरिक्त और किसी का काम था कि वहां कोई नया मत प्रकाश करता।…इसी घोर समय में मुहम्मद चन्द्र-उदय हुआ और एक ईश्वर का पथ परिष्कार रूप से सबको दिखाई देने लगा।'' कहना न होगा कि राममोहन राय भी इस्लाम के गुणों की तरफ आकर्षित थे। भारतेन्दु ईसाइयत और इस्लाम के बारे में जैसी सोच बना रहे थे, शिवप्रसाद सितारेहिन्द में वह चीज नहीं थी। तुलसी, केशवदास या पद्माकर भी इस तरह नहीं सोच सकते थे। इसका अर्थ है कि 19वीं सदी में कुछ अभूतपूर्व घट रहा था, जिसके अंग भारतेन्दु थे।' 'पंच पवित्रात्मा' शीर्षक से भी राधाकृष्ण की युगल मूर्ति के उपासक भारतेन्दु के दूसरे धर्म के प्रति आदर-भाव का बोध होता है। इसकी भूमिका में उन्होंने लिखा, ''यह किताब…पढ़ने वालों के दिल पर उन लोगों की सच्ची बुजुर्गी का असर पैदा करने वाली है।'' जाहिर है, उन्होंने यह किताब हिन्दुओं के पढ़ने के लिए लिखी थी, ताकि वे इस्लाम को जानें और अन्य धर्मों को आदर दें। उन्होंने कुरान शरीफ का अनुवाद शुरू किया था। इस तथ्य की ओर भी ध्यान जाना चाहिए कि भारतेन्दु ने 15 फरवरी, 1874 की 'हरिश्चन्द्र मैगजीन' में 'अनेक कोटि देवी-देवताओं के माहात्म्य' 'छोटी-छोटी बात में ब्रह्महत्या के पाप', 'बड़े-बड़े यज्ञ' और मूल धर्म छोड़कर 'उपधर्मों' के आग्रह की आलोचना की थी। क्या किसी हिन्दुत्ववादी में यह साहस हो सकता है?

भारतेन्दु हरिश्चन्द्र वैष्णव भक्त थे। वे रोज गंगा नहाते होंगे, पलत्थी मारकर पूजा-उपासना करते होंगे। उन्होंने ब्राह्मण न होने पर भी धर्मानुष्ठानरपरक पुस्तक 'कार्तिक नैमित्तिक कृत्य' लिखी। इसकी भूमिका में कहा, "कई पंडित रुष्ट होंगे, पर यह तो समझें कि पंडितों के हेतु तो संस्कृत पुस्तकें बनी ही हैं। यह तो केवल उन्हीं के आनन्दार्थ हैं, जो श्रद्धावान् हैं पर संस्कृत ग्रन्थों को नहीं देखते।" यहाँ भी भारतेन्दु का जो एक खास उद्देश्य है, वह साफ है। भारतेन्दु भारत की करोड़ों धर्मप्राण हिन्दू जनता के ही अंग थे, यह मान लेने के बाद ही उनका यह महत्त्व समझ में आ सकता है कि उनकी धर्मप्राणता रत्ती-भर भी धर्मोन्माद नहीं थी। उनके धर्म में इतना 'स्पेस' था कि वे मुगल राज को एक अलग नजरिए से देख सकें, पैगम्बर मुहम्मद की जीवनी लिख सकें और कुरान शरीफ का अनुवाद करने के बारे में सोच सकें। भारतेन्दु की भक्ति रस की कविताओं को कोई परम्परावादी या प्रति-आधुनिक कहकर भले टाल दे, लेकिन यह देखना उचित होगा कि राधाकृष्ण का भक्त होकर भी कैसे उन्होंने 'जैन कुतूहल' में लिखा, "जय-जय जयति ऋषभ भगवान। हरीचन्द्र कोउ भेद न पायो कियो यथारुचि गान।" इसी में उन्होंने 'नाहिं ईश्वरता अंटकी वेद में' कहा। यह भी लिखा, "नहिं इन झगड़न में कछु सार। क्यों लरि लरि कै मरौ बावरे बादन फेरि कपार।" शिवप्रसाद सितारेहिन्द में इतने आयाम नहीं थे। इन्हीं आयामों की वजह से अपने बलिया वाले भाषण में भारतेन्दु ने हिन्दू और मुसलमान को 'जिठानी-द्यौरानी' कहते हुए ललकारा, 'हिन्दू-मुसलमान, जैन सब आपस में मिलिए।' भारतेन्दु कहते हैं, "जहाँ का धर्म परिष्कृत नहीं, वहाँ के समाज उन्नत नहीं।" 19वीं सदी के नवजागरण का यह मुख्य सन्दर्भ है। भारतेन्दु के धर्म में कट्टरता की जगह जो उदारता है और इतना स्पेस और आलोचनात्मकता है, वह सब आधुनिकता की देन है।

वीरभारत तलवार की पुस्तक 'रस्साकशी' (2002) में 19वीं सदी के हिन्दी नवजागरण का मूल्यांकन है। इसमें बड़ी मेहनत से इकट्ठा की गयी नयी सामग्री का भी इस्तेमाल है। इसमें सारी बातें एकतरफा ढंग से नहीं कही गयी हैं, लेकिन एक दूसरे कोण से इतिहास दुबारा लिखने की हड़बड़ी दिखाई देती है। इस पुस्तक का मुख्य लक्ष्य शिवप्रसाद सितारेहिन्द को नायक और भारतेन्दु को खलनायक बनाना है। भारतेन्दु पर अंग्रेजीदां बुद्धिजीवियों का कोप नया नहीं है, पर इस पुस्तक में नकारात्मक दृष्टिकोण काफी प्रबल और पूर्व-नियोजित है। वीरभारत तलवार ने धार्मिक सुधार के सन्दर्भ में भारतेन्दु की तुलना बंगाल के राधाकान्त देव से करते हुए लिखा, "राममोहन राय और विद्यासागर के सुधारों के खिलाफ आवाज उठाने वाले रूढ़िवादी बंगालियों के सबसे बड़े नेता राजा राधाकान्त देव (1784-1867) कलकत्ते के शोभा बाजार के राजा नवकृष्ण के वंशज थे, जिन्हें अपने ससुर गोपीकान्त सिन्हा से हिन्दू गोष्ठीपति का पद विरासत में मिला था। भारतेन्दु और राधाकान्त देव, दोनों

अपनी-अपनी बिरादरी के चौधरी और सनातन हिन्दू धर्म के रक्षक नेता थे।'' ऊपर 'इतिहासतिमिरनाशक' की समीक्षा से लेकर 'पंच पवित्रात्मा', 'कुरान' के अनुवाद, 'जैन कुतूहल' आदि की जो चर्चा हुई है, उससे साफ हो जाना चाहिए कि सनातन हिन्दू धर्म का कोई नेता यह सब नहीं लिख सकता था।

यदि भारतेन्दु कट्टरतावादी होते, ईश्वरचन्द्र विद्यासागर का उनसे इतना बन्धुत्व नहीं होता। उनसे विद्यासागर कालिदास की कृति 'अभिज्ञान शाकुन्तलम्' की एक प्राचीन प्रति सम्पादन के उद्देश्य से नहीं लेते और भारतेन्दु भी यह नहीं लिखते, ''सुन्दर बानी कहि समुझावै, विधवागन सों नेह बढ़ावै। दया निधान परम गुन-आगर, सखि सज्जन नहिं विद्यासागर।'' भारतेन्दु हरिश्चन्द्र के विद्यासागर ही नहीं, एशियाटिक सोसाइटी के राजेन्द्रलाल मित्र, 'इंडियन एसोसिएशन' के सुरेन्द्रनाथ बनर्जी तथा बांग्ला नवजागरण के अन्य महापुरुषों से घनिष्ठ सम्बन्ध को देखते हुए नहीं लगता कि वे हिन्दू धर्म के कोई वैसे कट्टर नेता थे, जैसा वीरभारत तलवार बतला रहे हैं। उन्हें ऐसा कहना खुद इन बांग्ला नवजागरण कर्मियों को सन्देह की नजर से देखना है।

राधाकान्त देव ने सती प्रथा के खिलाफ चलाए गये आन्दोलन का विरोध किया था। लेकिन उन्होंने स्त्री-शिक्षा पर पहली किताब 'स्त्री-शिक्षा विधायक' (1822) तैयार कराने और छपाने में एक बड़ी भूमिका अदा की थी। देखा जा सकता है कि एक मामले में जो व्यक्ति कूपमंडूक है, वही दूसरे मामले में प्रगतिशील है। संक्रमण के काल में ऐसा ही हो सकता है। नवजागरण का दौर वस्तुतः एक ऐतिहासिक संक्रमण का दौर था। इस दौर में अकस्मात सारी बुराइयाँ जा नहीं सकती थीं और सारी अच्छाइयाँ पैदा नहीं हो सकती थीं। इसलिए किसी भी नवजागरणकालीन व्यक्तित्व का मूल्यांकन सरल रेखा में नहीं हो सकता। हमें हर ऐसे व्यक्तित्व को उसके अन्तर्विरोधों और विकासों के साथ समझना होगा। देखना होगा कि उसने परम्परागत मानस का अपने देशकाल के सन्दर्भ में किस हद तक अतिक्रमण किया है और वह कितना अभी पुरानी जड़ता में फँसा हुआ है। राधाकान्त देव से भारतेन्दु की तुलना उस समय अपनी चरम विडम्बना पर पहुँच जाती है, जब वीरभारत तलवार स्त्री-शिक्षा में भारतेन्दु का कोई योगदान स्वीकार नहीं करते। यदि यह सही है, तब राधाकान्त देव से उनकी तुलना कैसे, राधाकान्त का तो स्त्री-शिक्षा में बड़ा योगदान है।

हिन्दी नवजागरण ही नहीं देश के सभी प्रान्तों में स्थानीय विशिष्टता के साथ घटित नवजागरण के अपने-अपने अन्तर्विरोध हैं, उनकी अपनी-अपनी कमियाँ और अपूर्णताएँ हैं। इन मामलों को औपनिवेशिक शासन के दमन, धर्म-प्रचार, चालाकियों और विकास-अवरोधन की नीतियों में खोजने की जरूरत है न कि व्यक्तियों में। हिन्दी नवजागरण का सम्बन्ध हिन्दी समाज में सांस्कृतिक आधुनिकता के प्रवेश और जातीय जागरण से है। देश के विभिन्न हिस्सों में जागरूकता के स्तर और आयामों में फर्क हो सकता है, लेकिन यह सम्भव नहीं है कि बंगाल, महाराष्ट्र, गुजरात में

नवजागरण आ रहा हो और डेढ़ सौ वर्षों तक हिन्दी क्षेत्र की खिड़कियाँ-दरवाजे बिलकुल बन्द हों।

यह सही है कि हिन्दी क्षेत्र में शिक्षा, धार्मिक सुधार और आधुनिकीकरण का काम ज्यादा आगे नहीं बढ़ा। लेकिन सिर्फ इसी आधार पर यह कहना कि हिन्दी नवजागरण जैसी चीज नहीं है या हिन्दी क्षेत्र ने किसी भी मामले में नवजागरण का अनुभव नहीं किया, यह 'मूँदें आँखि कतहुँ कोउ नाहीं' है। हिन्दी नवजागरण केवल हिन्दी भाषा की उन्नति नहीं है, यह एक राष्ट्रीय जागरण भी है। उसमें महाराष्ट्र की तरह स्त्री और दलित के मुद्दे न गरमाए हों या बंगाल की तरह बुद्धिजीवी जोश नहीं पैदा हुआ हो, लेकिन आधुनिकीकरण के प्रति आकर्षण, आत्मपहचान के लिए संघर्ष, स्वाधीनता संग्राम, साहित्यिक-शैक्षणिक विकास और धार्मिक सुधार के इतने चिह्न जरूर दिखाई देते हैं कि उसे कुछ अलग खूबियों वाला नवजागरण कहा जा सकता है। भारतीय नवजागरण के सामान्य उभारों में भी उसका साझा है, वह विशिष्ट होते हुए ऐसा अलग भी नहीं है। हिन्दी प्रेस का उदय और हिन्दी गद्य का विकास नवजागरण के साधारण चिह्न नहीं हैं। 1857 का स्वाधीनता संग्राम असफल होने पर भी वह हिन्दी क्षेत्र में नवजागरण का एक अनोखा उदाहरण है। वह हिन्दी क्षेत्र की बड़ी घटना है। उसने भारत और अंग्रेजी राज को देखने का नजरिया बदल दिया। उसके असर में हिन्दुओं और मुसलमानों के बीच व्यापक मैत्री स्थापित हुई, जिसकी प्रतिध्वनि पत्रकारिता में इस तरह हुई कि हिन्दू-मुसलमान दोनों ने कई द्विभाषी पत्र निकाले। ऐसे हिन्दी-उर्दू द्विभाषी पत्र आगरा, जयपुर, मिर्जापुर, मुरादाबाद, अमृतसर, काशी, मथुरा, लखनऊ आदि जगहों से निकले। हिन्दी के साहित्यिक पत्रों ने भी हिन्दी जागरण में योगदान दिया। हिन्दी क्षेत्र का नवजागरण विलम्बित और सीमित होते हुए भी अभिप्राय में व्यापक था।

यह एक अद्भुत कथन है कि देश के दूसरे हिस्सों में नवजागरण आया, पर हिन्दी क्षेत्र में नहीं आया अथवा दयानन्द सरस्वती, भारतेन्दु आदि की भूमिका पूरी तरह प्रतिगामी थी। यदि हिन्दी क्षेत्र में नवजागरण के तत्त्व पैदा नहीं होते, भारतीय स्वाधीनता संग्राम में गति नहीं आती, साम्राज्यवाद से निर्णायक लड़ाई नहीं हो पाती। शिक्षा, धार्मिक सुधार और उद्योग-धन्धों में जरूर ज्यादा प्रगति नहीं हुई। यहाँ बंगाल जैसा यूरोपीय रंग का नवजागरण नहीं आया। वह आता, यदि अंग्रेजों की राजधानी कलकत्ते की जगह बनारस या इलाहाबाद में होती, 1857 घटित नहीं होता और हिन्दी क्षेत्र छोटा होता। वीरभारत तलवार ने पूछा है, "धार्मिक-सामाजिक सुधार के किसी मुद्दे पर 19वीं सदी के हिन्दीभाषी समाज में इस तरह की कोई उथल-पुथल क्यों नहीं मिलती?" यही बताया है भारतेन्दु ने अपने नाटक 'भारत जननी' और 'भारत दुर्दशा' में। अंग्रेजों ने हिन्दी क्षेत्र को बौद्धिक रूप से पिछड़ा रखने, इसकी आर्थिक कमर तोड़ने और प्रभेद नीति के बल पर सामाजिक विखंडता के बीज बोने के लिए

कुछ भी उठा नहीं रखा था। इस तरह का कोई काम उन्होंने बंगाल में नहीं किया। इसलिए बंगाल टाइप का नवजागरण हिन्दी जनता की आकांक्षा होकर भी सामाजिक न्यूक्लियस के अभाव में व्यापक स्तर पर फैल नहीं सका, उसकी प्रतिच्छवियाँ सिर्फ साहित्य में दिखाई दीं। भारतेन्दु पत्र निकालते, नाटक खेलते, भाषण देते, लाइब्रेरी सभा या पेनी रीडिंग क्लब बनाते और स्वप्न देखते रह गये। इसका यह अर्थ नहीं है कि भारतेन्दु ने जो काम किए, उनकी अनुगूँज खो गयी।

हंटर कमीशन के सामने गवाही

वीरभारत तलवार अपनी पूरी ताकत भारतेन्दु को जातीय शिक्षा-विरोधी, स्त्री-शिक्षा विरोधी, हिन्दुत्ववादी और गोरक्षा आन्दोलन का नेता साबित करने में लगा देते हैं। हिन्दी नवजागरण में ही नहीं, सम्पूर्ण भारतीय नवजागरण में पुनरुत्थानवादी अन्तर्धाराएँ थीं। लेकिन उस जमाने का मूल्यप्रवण पुनरुत्थानवाद आज के भगवा-पुनरुत्थानवाद से भिन्न था। उसमें सुधारवाद की प्रवृत्ति और साम्राज्यवाद-विरोध की आग थी, जबकि वर्तमान पुनरुत्थानवाद में कठमुल्लापन और अमेरिकी साम्राज्यवाद से साँठगाँठ के तत्त्व हैं। आज के लेखक बहुत बड़े हो सकते हैं, उस जमाने के लेखक महान थे।

भारतेन्दु शिवप्रसाद सितारेहिन्द की तरह शिक्षाशास्त्री नहीं थे, साहित्यकार थे। यह अलग बात है कि उस जमाने के लोग विशेषज्ञता पर नहीं जाते थे, बहुज्ञ होते थे। लेखन के साथ सामाजिक कर्म उस जमाने की खूबी थी। भारतेन्दु ने रंगकर्म ज्यादा पसन्द किया। वे बड़े-बड़े स्कूल खुलवाने की स्थिति में नहीं थे। उनके पास ब्राह्म समाजियों और आर्य समाजियों की तरह व्यापक संगठन नहीं था। हिन्दी क्षेत्र में वैसे भी निर्धनता, आलस्य और फूट ज्यादा थी। भारतेन्दु का मूल्यांकन कभी इस आधार पर नहीं होना चाहिए कि वे क्या नहीं कर सके, बल्कि इस आधार पर होना चाहिए कि कठिन परिस्थितियों में उन्होंने क्या किया। हिन्दी नवजागरण या भारतेन्दु को समझने के लिए बांग्ला नवजागरण को मॉडल नहीं बनाया जा सकता, जिस तरह महाराष्ट्र के दलित जागरण और फुले को समझने के लिए हिन्दी, बांग्ला या यूरोपीय नवजागरण को मॉडल नहीं बनाया जा सकता। भारतीय नवजागरण अन्ततः राष्ट्रीय आधुनिकता और आधुनिक राष्ट्रीयता के अविरोधी युग्मों के रूप में अपने केन्द्रीय सार की तरफ बढ़ा। वह अपनी बुनियादी प्रकृति में बहुवचनात्मक था, उस पर किसी 'सार्वभौम' की छाया नहीं थी।

भारतेन्दु ने हंटर आयोग के समक्ष बयान में राममोहन राय की ही तरह, परम्परागत ढंग से स्कूल खोलने के प्रति कोई सहानुभूति नहीं दिखाई। यह सही है कि उन्होंने सरकार से शिक्षा की जिम्मेदारी लेने को कहा, स्कूल-कॉलेजों से सरकारी प्रबन्ध न उठाने पर जोर दिया। आज सरकार निजीकरण को बढ़ावा देते हुए शिक्षा से अपने हाथ खींच रही है, जिस पर हमें चिन्ता होती है। भारतेन्दु को हिन्दी क्षेत्र

में बंग प्रदेश जैसे उत्साह की कमी देखकर लगा था कि यदि सरकार शिक्षा से अपना हाथ खींचने में सफल हो गयी तो यह क्षेत्र नये ज्ञान-विज्ञान और कौशल में पिछड़ जाएगा। वैयक्तिक प्रयास, भद्रवर्ग के सहयोग और आर्य समाज की कोशिशों से जो स्कूल खुल रहे थे, वे हिन्दी क्षेत्र की विशाल आबादी को देखते हुए काफी नहीं थे। भारतेन्दु ने गवाही में कहा, "इस देश के निवासी लम्बे समय से हिन्दू राजाओं और मुस्लिम बादशाहों के निरंकुश शासन के अधीन रहे हैं। उन्हें दूसरे पर निर्भरता और गुलामी की आदत लग गयी है। यह आदत उनकी बुनियादी प्रकृति में शामिल हो गयी है। इस देश के लोगों को कोई चिन्ता नहीं है कि उनके गाँव में कोई स्कूल खुले या बन्द हो। उन्हें अपने कल्याण की चिन्ता नहीं है। अतः सिर्फ सरकारी हस्तक्षेप से ही यह देश तरक्की कर सकता है।" हिन्दी क्षेत्र में सरकार के द्वारा शिक्षा का व्यापक प्रबन्ध हो, भारतेन्दु यही चाहते थे। उनकी इस आकांक्षा को किसी दूसरे परिप्रेक्ष्य में नहीं देखना चाहिए। पश्चिमी ज्ञान-विज्ञान से परिचय के लिए ही नहीं, उपनिवेशवाद से राष्ट्रीय मुक्ति के लिए भी शिक्षा जरूरी थी, यह जैसे भी मिले।

सामान्यतः हिन्दी क्षेत्र की बौद्धिक दशा बहुत खराब थी। कार्ल मार्क्स ने एक समय एशियाई उत्पादन प्रणाली पर विचार करते हुए 'डिस्पाटिक रूल' की चर्चा की थी। मार्क्स से अनभिज्ञ रहते हुए भी भारतेन्दु ने आम जनता की बौद्धिक तबाही और जड़ता को 'डिस्पाटिक रूल ऑफ हिन्दू राजाज एंड मुस्लिम इम्परर्स' (हंटर कमीशन के समक्ष गवाही) का नतीजा कहा। उन्होंने आम जनता की तबाही और उस पर हुए अत्याचारों को धर्मनिरपेक्ष दृष्टि से देखा, इस ओर ध्यान जाना चाहिए।

यह कहना एक आलोचनात्मक अन्याय है कि "भारतेन्दु ने···औपनिवेशिक सरकार के अलावा भारतीयों के किसी भी तरह के शिक्षा सम्बन्धी निजी प्रयत्न का विरोध किया।" वीरभारत तलवार ने अपने इस आरोप के पक्ष में कोई प्रमाण नहीं दिया है। ऐसे वे दयानन्द सरस्वती के कटु आलोचक हैं, पर जब भारतेन्दु पर आक्रमण करने का सवाल हो, उनको भी हथियार बनाने से नहीं चूकते। भारतेन्दु ने हंटर आयोग के सामने हिन्दी क्षेत्र के लोगों का यह डर रखा था, "इस प्रान्त के लोग पिछले आठ-नौ सालों से इस सोच में हैं कि सरकार उनके लिए शिक्षा का दरवाजा बन्द करना चाहती है, क्योंकि वह सोचती है कि शिक्षा विभाग इस राज्य का एक फिजूल विभाग है, जो सिर्फ खर्चे दिखाता है, आय नहीं।" शिक्षा के नवजागरण की वर्तमान कोशिशों के सन्दर्भ में भारतेन्दु की बेचैनी को समझना चाहिए, उन पर अन्धा होकर विचार नहीं किया जाना चाहिए। इसके अलावा, भारतेन्दु ने निश्चय ही दलित विमर्श नहीं किया, पर अपनी गवाही में इतना जरूर कहा कि ऊँची जाति के हिन्दू जमींदार अपनी गरीब रैयत और शूद्र-अछूत जातियों के बच्चों को पढ़ने नहीं देते। उन्होंने ढोंगी ब्राह्मणों की भी आलोचना की।

'रस्साकशी' की भूमिका में वीरभारत तलवार ने अपनी वास्तविक स्थिति अति उत्साह में खोल दी, "हंटर कमीशन को दिया गया बयान मुझे क्या मिला, अन्धे के हाथ बटेर लग गयी।" बटेर हाथ लग जाना ही काफी नहीं है। खुली आँख यह समझना भी जरूरी है कि वह क्या चीज है, उसका किस तरह इस्तेमाल करना है। इसके लिए अन्धता नहीं दृष्टि जरूरी है।

भारतेन्दु स्त्री के प्रश्न पर बहुत आगे बढ़कर नहीं सोच पाते थे, हालाँकि उन्होंने 'कविवचन सुधा' में यह आदर्श सामने रखा था, 'नारि-नर सम होंहि'। हम भारतेन्दु के जमाने के समाज से यह माँग नहीं कर सकते कि उस समाज में स्त्री-सबलीकरण की आवाज क्यों नहीं उठी, जबकि खुद वर्तमान समाज के नियामक इस मामले में जुबानी जमाखर्च से आगे नहीं बढ़ पाते। स्त्रीवादी विमर्श के बावजूद समाज में आम स्त्री उत्पीड़ित है, उसकी प्रति दृष्टि में आज भी बुनियादी बदलाव नहीं आया है। भारतेन्दु ने स्त्री-शिक्षा के लिए ज्यादा कुछ नहीं किया, कुछ शुरुआती काम ही किए जो पर्याप्त नहीं थे। लेकिन वे चाहते थे, "ऐसी चाल से उनको शिक्षा दीजिए कि वे अपना देश और कुल धर्म सीखें।" उनकी चेतना में देश-धर्म कुल-धर्म के साथ शामिल हो रहा था। हिन्दी नवजागरण लोगों के जीवनसंसार में कोई बुनियादी परिवर्तन नहीं ला पा रहा हो—कठोर औपनिवेशिक वातावरण में वह, यूरोप या बंगाल के जैसा रिजल्ट दे भी नहीं सकता था, पर वह सोच में एक बदलाव जरूर ला रहा था। भारतेन्दु कम-से-कम सोच जरूर रहे थे कि स्त्रियाँ कुल-धर्म के साथ देश-धर्म भी सीखें। गाँधी के सामाजिक पदार्पण से पहले हिन्दी क्षेत्र में स्त्री और दलित की राजनीतिक भागीदरी जीरो थी। बंगाल और महाराष्ट्र में स्त्री-शिक्षा के लिए हुए प्रयत्नों से हिन्दी क्षेत्र के प्रयत्नों की तुलना बेमानी है। हिन्दी क्षेत्र में कई महान आन्दोलनों की भूमि होने के बावजूद अन्धकार भरा रहा है। इस हालत में भी भारतेन्दु ने हंटर आयोग की गवाही में कहीं स्त्रियों की आधुनिक शिक्षा का विरोध नहीं किया, बल्कि चिन्ता प्रकट करते हुए कहा, "लड़कियों को देशी शिक्षा देने वाले पब्लिक स्कूल बहुत कम हैं, मेरे जानते एक या दो ही हैं।" भारतेन्दु खूब चाहते थे कि लड़कियों को अंग्रेजी शिक्षा दी जाए। पर वे यह भी चाहते थे कि यह शिक्षा ईसाई मिशनरियों की महिलाओं द्वारा न दी जाकर नागरिक सेवा, सेना या शिक्षा विभाग की यूरोपीय महिलाओं द्वारा दी जाए, धर्मनिरपेक्ष ढंग से दी जाए और देशी उद्देश्य से दी जाए। उन्होंने शिक्षा के आधुनिकीकरण के साथ उसे राष्ट्रीय दिशा देने की जरूरत का अनुभव भी किया।

यह चिन्तनीय है कि भारतेन्दु के बारे में 'रस्साकशी' में व्यक्तिगत ढंग से आरोप बहुत ज्यादा हैं। कभी प्रेमचन्द पर भी इसी तरह के आरोप लगे थे। हिन्दी की साहित्यिक संस्कृति में इधर पंक स्नान का माहात्म्य बढ़ा है। इसका सबसे बड़ा हमाम दिल्ली में है। स्त्री-शिक्षा के प्रसंग में ही एक वक्तव्य इस प्रकार है, "उन्होंने ऐलान करके 'बालाबोधिनी' पत्रिका निकाली, तो चार साल तक छपे उसके किसी

भी अंक में शृंगार रस की दूर-दूर तक कोई गन्ध नहीं मिलती। (एक मार्क्सवादी लेखक की यह कितनी गहरी चिन्ता है!) क्या स्त्रियों के लिए शृंगारिक साहित्य नहीं हो सकता? जरूर हो सकता है, क्योंकि भारतेन्दु ने अपनी दोनों 'प्रेमिकाओं' के लिए कई शृंगारिक पद लिखे थे।'' वीरभारत यह मानने के लिए तैयार नहीं दिखते कि वेश्याएँ भी प्रेमिकाएँ हो सकती हैं। इसलिए प्रेमिकाओं को इन्वर्टेड कॉमा में रखकर वे स्त्री को अच्छा सम्मान देते हैं। एक ही प्रवृत्ति की तहत वसुधा डालमिया भारतेन्दु हरिश्चन्द्र पर केन्द्रित अपनी पुस्तक के कवर पर उनको एक बंगाली प्रेमिका को गोद में लेकर बैठा दिखाती हैं। आलोचना के कोण में ये परिवर्तन निरुद्देश्य नहीं हैं। भारतेन्दु ने बेथुन कॉलेज की प्रतिभाशाली छात्राओं के लिए साड़ियाँ भेजी थीं। इस पर वीरभारत ने लिखा, ''कलकत्ता के बेथुन कॉलेज में आधुनिक ज्ञान-विज्ञान की शिक्षा में पास करने वाली लड़कियों को लेडी वायसराय के जरिए इनाम के तौर पर उनकी साड़ियाँ भिजवाना ऐसा ही लगता है जैसा उस जमाने में अंग्रेजों के सम्पर्क में रहने वाले बहुत से रईस और प्रभावशाली लोग अपनी सार्वजनिक छवि चमकाने के लिए अक्सर किया करते हैं।'' 'रस्साकशी' में इसी तरह के मौलिक विचार कई जगहों पर हैं।

सितारेहिन्द और भारतेन्दु का फर्क

ऐसा नहीं है कि किसी समझदार आलोचक ने राजा शिवप्रसाद सितारेहिन्द को इतिहास का खलनायक माना है। रामचन्द्र शुक्ल ने उनकी तारीफ में लिखा था, ''राजा शिवप्रसाद शिक्षा विभाग में रहकर हिन्दी की किसी न किसी रूप में रक्षा कर रहे थे।'' लेकिन उन्होंने शिवप्रसाद सितारेहिन्द की सीमाओं को भी पहचाना, क्योंकि इनकी इतिहास और भाषा-दृष्टि सत्ता विमर्श का अंग थी। शिक्षा विभाग में रहते हुए इन्होंने हिन्दी क्षेत्र में शिक्षा के प्रसार के लिए जो कार्य किया, उससे कोई इनकार नहीं कर सकता। वीरभारत तलवार ने इनके महत्त्व को सही ही उजागर किया है। उन्होंने यह बात भी खोलकर कह दी है कि औपनिवेशिक सत्ता के गलियारों में और भद्रवर्गीय बुद्धिजीवियों की प्रतिनिधि संस्था 'बनारस इंस्टीच्यूट' में सर सैयद अहमद के शिवप्रसाद ही मुख्य प्रतिद्वन्द्वी थे, भारतेन्दु नहीं। इस स्थापना से यही अभिप्राय निकलता है कि सर सैयद जिस अन्दाज में मुस्लिम हित की चिन्ता करते थे, उस अन्दाज में शिवप्रसाद ही हिन्दू हित की चिन्ता करते थे, भारतेन्दु नहीं। वीरभारत तलवार अनजाने में खुद ही भारतेन्दु को हिन्दूगोष्ठी रक्षक राधाकान्त देव की कतार से बाहर कर देते हैं। साफ है कि अंग्रेजों की शिक्षानीति लागू करने का काम छोड़कर बाकी में शिवप्रसाद का दूर-दूर तक नवजागरण से कोई सम्बन्ध नहीं था, बल्कि सर सैयद अहमद पुराने इस्लामी रस्मोरिवाज के जितने विरोधी थे, शिवप्रसाद उतने विरोधी भी पुराने हिन्दू रस्मोरिवाज के नहीं थे। उर्दू शैली की तरफ झुकी हिन्दी का पक्षधर होने

के बावजूद शिवप्रसाद कट्टर मुस्लिम-विरोधी और हिन्दुत्ववादी थे, यह वीरभारत तलवार द्वारा प्रस्तुत ब्योरों से ही स्पष्ट है। उन्होंने औपनिवेशिक शासन की आर्थिक कोण से मामूली आलोचना भी नहीं की थी। इसके अलावा उनका साहित्य बहुत ही अल्प है। इस सन्दर्भ में भी भारतेन्दु से उनकी कोई तुलना नहीं है। इन सभी वजहों से हिन्दी जगत यदि सितारेहिन्द की जगह भारतेन्दु को ज्यादा आदर देता है, तो इसका यह अर्थ नहीं है कि वह सितारेहिन्द को 'इतिहास का खलनायक' मानता है।

'रस्साकशी' की मुख्य स्थापनाएँ ये ही हैं, हिन्दी नवजागरण नवजागरण न होकर सिर्फ शिवप्रसाद, सैयद अहमद और भारतेन्दु के व्यक्तिगत झगड़ों का मामला था। उनकी जिन्दगीं में सिर्फ पैंतरेबाजी थी। वे सभी लोग सत्ता के गलियारे में ऊपर चढ़ने और अंग्रेजी का अपेक्षाकृत अधिक कृपापात्र बनने की होड़ में थे। 19वीं सदी का इतना घटावपरक और नकारात्मक मूल्यांकन अब तक नहीं हुआ था। अतीत की समीक्षा खूब हो, पर इसका अर्थ अतीत-ध्वंस और आत्मऔचित्य की स्थापना नहीं होनी चाहिए। लगता है, वीरभारत तलवार हिन्दू-मुसलमान के बीच साम्प्रदायिक विभेद को ब्रिटिश साम्राज्यवाद की निर्मिति नहीं मानते, इसमें अंग्रेज शासन की कोई भूमिका नहीं देखते। वे लिपि-विवाद को ही साम्प्रदायिक विभेद की गंगोत्री के रूप में प्रतिष्ठित करते हैं। शिवप्रसाद ने अदालतों में फारसी के बदले नागरी लिपि लागू करने के लिए 1868 में युक्त प्रान्त की सरकार को एक मेमोरेंडम दिया था, इसी से साम्प्रदायिक विभेद बढ़ गया। वीरभारत का कहना है, "जिसे हिन्दी नवजागरण कहा जाता है, उसकी शुरुआत 1868 के इसी 'मेमोरेंडम' से हुई थी।" यह कथन कुछ वैसा ही है, जैसा भारतेन्दु ने कहा था, 'हिन्दी नयी चाल में ढली, 1873 ईसवी।' इसका विरोध भारतेन्दु के समर्थ आलोचक खुद रामविलास शर्मा ने किया था।

किसी शोधकर्ता को नयी सामग्री और तथ्य मिलते हैं, इसका यह अर्थ नहीं है कि वह पुराने तथ्यों की उपेक्षा करे और सभी तथ्यों को भेड़ बनाकर मनमानी दिशा में हाँक दे। हिन्दी एक जनभाषा है। हिन्दी शिवप्रसाद और भारतेन्दु से काफी पहले नयी चाल में ढल चुकी थी, यह नगरी लिपि में काफी पहले से लिखी जा रही थी। 'योगवाशिष्ठ', 'पद्मपुराण' आदि के अलावा कलकत्ता में फोर्ट विलियम कॉलेज में हुए काम, हिन्दी के पहले समाचार-पत्र 'उदन्त मार्तंड', 'बंगदूत', 'समाचार सुधावर्षण' की भाषा हिन्दी ही थी और लिपि भी नागरी थी। हिन्दी नवजागरण से कलकत्ते के सन्दर्भ को मिटाना गलत होगा। शिवप्रसाद के नहीं, जनता के दबाव से सरकार ने 1873 में अदालतों में फारसी की जगह अंग्रेजी और देशी भाषाओं को लागू करने का कानून बनाया। फारसी सत्ता की भाषा थी और उसका सम्बन्ध सिर्फ मुसलमानों से नहीं, हिन्दुओं से भी था। ऊपर नागरी लिपि में हिन्दी के जितने कामों का उल्लेख है, उनमें से किसी की भी भाषा वैसी नहीं थी, जैसी शिवप्रसाद की भाषा थी। "इबारत वही अच्छी कही जाएगी जो आम फहम और खास पसन्द

हो'', शिवप्रसाद के इस कथन के जवाब में भारतेन्दु ने कहा था, ''हुजूर क्या किया जाए, अरबी-फारसी के अलफाज से (बनी) 'उर्दू' और 'हिन्दी' में कोई मेल नहीं रह जाता।'' उर्दू और हिन्दी सहोदर बहनें हैं, पर ये दो भाषाएँ हैं। यह स्वीकार न करना कठमुल्लापन है। शिवप्रसाद यह स्वीकार नहीं करना चाहते थे। वे उर्दू को नागरी की छतरी के नीचे लाना चाहते थे। भारतेन्दु शुरू से उर्दू और हिन्दी को दो भाषाएँ मानते थे। भारतेन्दु की समय-समय पर उर्दू पर छींटाकशी (उर्दू का स्यापा) या सैयद अहमद की हिन्दी पर छींटाकशी (गँवारू बोली) दो सहोदर बहनों की आपसी नोकझोंक थी।

भारतेन्दु ने हंटर आयोग के समक्ष बयान की शुरुआत करते हुए जब कहा, 'मैं संस्कृत, हिन्दी और उर्दू कवि हूँ', तब यह सोचकर ही कहा कि हिन्दी और उर्दू दो भाषाएँ हैं। एक लेखक दो या चार भाषाओं में लिख सकता है। भारतेन्दु का अपने को उर्दू कवि भी कहना साबित करता है कि वे उर्दू से भी प्यार करते थे, पर हिन्दी को उर्दू में विसर्जित करने के पक्ष में न थे। शिवप्रसाद का नागरी लिपि के बावजूद उर्दू की तरफ झुकाव और उनका अन्ततः उर्दू में ही आत्मकथा 'सवानेह-उमरी' लिखना स्पष्ट कर देता है कि किस तरह उनका लेखन पूरी तरह सत्ता विमर्श का ही अंग था।

हिन्दी शिवप्रसाद और भारतेन्दु से काफी पहले अस्तित्व में आ चुकी थी। सवाल सिर्फ यह था कि भद्रवर्ग और ब्रिटिश शासन भी उसे स्वीकार कर ले। उसे बौद्धिक-प्रशासनिक स्वीकृति मिल जाए। नागरी लिपि का मुद्दा उठाकर उर्दू को स्वतन्त्र भाषा न मानना या हिन्दी को उर्दू में विसर्जित कर देना, दोनों ही कठमुल्लेपन के चिह्न हैं। यह सम्भव है कि भारतेन्दु की भाषा यदि राजा शिवप्रसाद और राजा लक्ष्मणसिंह की भाषा जैसे ही कृत्रिम होती तो वे 'अन्धेर नगरी' सहित कई श्रेष्ठ नाटक दे नहीं पाते। क्या शिवप्रसाद की भाषा में प्रसाद, निराला, मुक्तिबोध, अज्ञेय, नागार्जुन आदि कविता लिख पाते? हिन्दी खुद ही अपने विराट क्षेत्र की वजह से एक बहुरंगी और समावेशी भाषा है। अकेले भारतेन्दु में हिन्दी के कई रंग हैं। उनकी हिन्दी की पृष्ठभूमि में सिर्फ उर्दू ही नहीं थी, इनकी माँएँ अवधी, ब्रज, मैथिली, राजस्थानी, भोजपुरी जैसी भाषाएँ थीं और बांग्ला, मराठी जैसी चचेरी बहनें भी थीं। हिन्दी की एक ही शैली पर जोर सर्वसत्तावाद है।

शिवप्रसाद ने भद्रवर्ग के उस हिस्से का प्रतिनिधित्व किया, जो जनपक्षधर नहीं था और भारतेन्दु ने उस हिस्से का जो जनपक्षधर था। राजभक्त दोनों थे। लेकिन उनके दृष्टिकोण में फर्क था, जिसे व्यक्तिगत झगड़ा कहना विवाद को ऐतिहासिक परिप्रेक्ष्य में देखने से बचना है।

19वीं सदी के नवजागरण कर्मियों की राजभक्ति एक सर्वस्वीकृत तथ्य है। सवाल है कि उन्होंने राजभक्ति प्रदर्शन के अलावा कुछ किया या नहीं, वे औपनिवेशिक वातावरण में नवजागरण की दिशा में किस हद तक गये। वीरभारत तलवार एक

सेटेल्ड मामले को उठाकर भारतेन्दु पर जिस भाषा में टिप्पणी करते हैं, वह परिपक्व विमर्श का चिह्न न होकर किसी निराशा का विस्फोट लगता है। वे कहते हैं, "राजा शिवप्रसाद बहुत नग्न ढंग से भारतीयों की निन्दा और अंग्रेजों की तारीफ करते थे। लेकिन भाटों की परम्परा पर चलते हुए भारतेन्दु ने ड्यूक ऑफ एडिनबरा की नववधू की मुँह-दिखावनी लिखने से लेकर महारानी की जीवनरक्षा के लिए अपने स्कूल के बच्चों से गीत गवाने तक, अंग्रेजों की तारीफ में समय-समय पर जो गीत बनाए, आज की दृष्टि से वे भी उतने ही कुरुचिपूर्ण और भद्दे थे।" 19वीं सदी में राजनीतिक दृष्टिकोण रखने वाले सभी नवजागरण कर्मी अंग्रेजी राज के समर्थक थे। वे समर्थन के भीतर से अंग्रेजी राज की नीतियों की आलोचना भी करते थे। कोई दादा भाई नौरोजी के भाषण पढ़ ले तो उनकी राजभक्ति के सामने भारतेन्दु की राजभक्ति फीकी नजर आएगी। सवाल है कि 19वीं सदी में उपनिवेशवाद के व्यापक बौद्धिक असर के बीच उसके प्रति आलोचनात्मक दृष्टि बिलकुल नदारद थी, या वह एक आकार ले रही थी। मुश्किल यह है कि वीरभारत तलवार की दृष्टि बौद्धिक उपनिवेश की तरफ गयी, पर इससे मुक्ति की कहीं दबी और कहीं खुली आवाज की तरफ नहीं गयी। भारतेन्दु ने अपनी इस मुकरी में उपनिवेशवाद की खुलकर आलोचना की, "भीतर-भीतर सब रस चूसै। हँसि-हँसि के तन मन धन मूसै॥ जाहिर बातन में अति तेज। क्यों सखि सज्जन नहिं अँगरेज।" यह मुकरी आम जनता की जुबान पर चढ़ गयी। शिवप्रसाद सितारेहिन्द हिन्दी क्षेत्र में शिक्षा प्रसार के सन्दर्भ में नवजागरणकर्मी ही कहे जाएँगे, पर उनके पास उपनिवेशवाद की कोई समझ नहीं थी और न उन्होंने कभी अंग्रेजी राज की आलोचना की।

भारतेन्दु 1857 के स्वाधीनता संग्राम के कठोर दमन के बाद एक बहुत कठिन समय में साहित्य रच रहे थे। वे बनिया अमीचन्द के खानदान के थे, जिसकी वफादारी का बोझ उनके माथे पर कम नहीं रहा होगा। वे अंग्रेजी और फारसी की औपनिवेशिक सामन्ती संस्कृति में पले-बढ़े थे। उनकी राजभक्ति का मूल्यांकन इस पृष्ठभूमि से काटकर नहीं किया जा सकता। पिछले आपातकाल के साहित्यिक दृश्य या इधर के दशकों में आधुनिक लेखकों की राजभक्ति, प्रधानमन्त्रियों के काव्यपाठ के आनन्द-लाभ और हिन्दी लेखकों के अकसर सत्ता के आसपास मँडराने के दृश्यों को देखने के बाद नहीं लगता कि भारतेन्दु कुछ बहुत अस्वाभाविक कर रहे थे—खासकर उस जटिल ऐतिहासिक परिवेश में। बिल गेट्स के आने पर भारत के नेता अपनी पगड़ी हाथ में लेकर जिस तरह दौड़ लगाते हैं, भारतेन्दु की रचना 'दिल्ली दरबार दर्पण' की याद ताजा हो जाती है। इतिहास की 'कोई मूर्ति आसानी से तोड़ी जा सकती है और उसकी जगह दूसरी स्थापित की जा सकती है, लेकिन इतिहास का निर्माण मूर्तियाँ तोड़ने-लगाने से एक अलग किस्म का काम है।

आज ज्यादा जरूरत इस बात की है कि जब कट्टरवाद और बाजारवाद हमारी गौरवशाली परम्परा ही नहीं आधुनिकता के भी श्रेष्ठ आदर्शों को मिटाने पर लगे हैं, हम नवजागरण के पुनर्पाठ में अन्ध-विध्वंसात्मक रुख अपनाने की जगह अंग्रेजी शिक्षा, राजभक्ति या धर्म की परम्पराओं के बीच से आए नवजागरणकालीन व्यक्तित्वों की अन्दरूनी कशमकश को सहानुभूतिपूर्वक समझने का प्रयास करें। उनकी रस्साकशी को व्यक्तिगत झगड़े की जगह वैचारिक कोण से देखें। शिवप्रसाद सितारेहिन्द और भारतेन्दु के बीच कोई व्यक्तिगत झगड़ा न था। भारतेन्दु ने अपनी पुस्तक 'मुद्राराक्षस' सितारेहिन्द को समर्पित की थी। सितारेहिन्द ने भी भारतेन्दु के मरने पर कहा, 'हाय मेरा विरोध करने वाला भारतेन्दु अब नहीं रहा।' लड़ाई हिन्दी के स्वरूप को लेकर थी, अंग्रेजी राज की आलोचना को लेकर थी।

हिन्दी नवजागरण को बढ़ा-चढ़ाकर देखना जितना गलत है, उससे ज्यादा गलत है उसे नवजागरण के किसी खास सार्वभौम मॉडल के सन्दर्भ में तौलना या उसे सनातनी बुद्धिजीवियों का आन्दोलन घोषित कर देना। हिन्दी नवजागरण कभी सिर्फ हिन्दी भाषा या नागरी लिपि का आन्दोलन नहीं था, उसके सामाजिक और राजनीतिक अभिप्राय भी थे। भारतेन्दु अंग्रेजी राज ही नहीं, धर्म और सामाजिक व्यवस्था के प्रति भी क्रिटिकल थे। भारतेन्दु ने अपने धर्म की जो भी अवधारणा दी, वह एंटी-मॉडर्न नहीं है। उसमें आधुनिकता के लिए दरवाजे खुले हैं। उनका धर्म समावेशी है, ऐकान्तिक नहीं है। तभी वे कला-कौशल के विकास पर जोर देने के साथ दूसरे धर्मों को आदर देते हैं।

भारतेन्दु ने बांग्ला से हिन्दी में काफी अनुवाद और अनुसृजन किया। उन्होंने अनुवाद के महत्त्व को समझा और अनुवाद की संस्कृति की नींव डाली। अनुवाद करना एक तरह से अपने को बाहर की तरफ खोलना है। हमेशा ही अनुवाद कट्टरवाद को चुनौती है। यह अपनी संस्कृति के इकहरेपन और संकीर्णता से बाहर निकलना है। कट्टरवादी कभी अनुवाद नहीं पढ़ते, वे स्वमूलवादी होते हैं।

हिन्दी क्षेत्र अपनी सारी विडम्बनाओं के बीच भी आज धर्मनिरपेक्ष संस्कृति का दबाव बनाए हुए है, सामाजिक परिवर्तन की लड़ाई का अन्त नहीं हुआ है और प्रतिरोध बचा हुआ है, इतना सब हिन्दी नवजागरण के भले अधूरा ही सही घटित बिना सम्भव नहीं था।

अन्धेर नगरी : एक उत्तर-औपनिवेशिक विमर्श

□ शंभुनाथ

भारतेन्दु के प्रहसन 'अन्धेर नगरी' में औपनिवेशिक चिह्नों को पूरी तरह मिटाकर एक नयी दुनिया बनाने का स्वप्न है। इसमें परिवर्तन की छिपी एक ऐसी आवाज है, जो उत्तर-औपनिवेशिक विमर्श को एक ठोस जमीन देती है। पहली बार ऐसा होता है कि राजा सूली पर चढ़ता है और इसके साथ ही प्राचीन और औपनिवेशिक अन्याय के खात्मे का जन-स्वप्न तैयार हो जाता है। भक्ति आन्दोलन ने घोड़े को गाड़ी के सामने न बाँधकर पीछे बाँधा था। भारतेन्दु युग के नवजागरण ने घोड़े को गाड़ी के सामने बाँधा और विवेक का घोड़ा सरपट दौड़ने लगा। भक्त कवि भी वर्तमानचेतस थे, लेकिन संगठित होकर सामाजिक गतिशीलता लाने और परिवर्तन की कोशिशें वस्तुतः नवजागरण की देन हैं।

उत्तर-उपनिवेशवाद के 'उत्तर' का अर्थ है जीवन और सोच की एक नयी दिशा में जाना। उत्तर-उपनिवेशवाद राजनीतिक-आर्थिक अन-उपनिवेशन के अलावा बौद्धिक-सांस्कृतिक अन-उपनिवेशन की भी एक प्रक्रिया है। इसके लिए अकुलाहट नवजागरण युग से ही थी। भारतेन्दु ने 'अन्धेर नगरी' में स्पष्ट कर दिया कि भारत के उत्तर-औपनिवेशिक प्रस्थान बिन्दु क्या हैं, बदलाव के जातीय मुद्दे क्या हैं। यह विडम्बना ही है कि 1947 में स्वाधीनता के विजयोल्लास के बाद 'अन्धेर नगरी' प्रहसन हर रोज अधिक प्रासंगिक होता गया। कहाँ यह लगा था कि उपनिवेशवाद के मलबे से किसी जादू की तरह नयी दुनिया का ढाँचा खड़ा होगा, लम्बे समय तक देश की कुचली गयी आत्मा अब नये युग में कदम रखेगी। जबकि हुआ यह कि देश आधुनिक भविष्य के स्वप्न देखते हुए औपनिवेशिक अतीत की अधिकाधिक गिरफ्त में आता गया। वह अपने प्राचीन और औपनिवेशिक अतीत को लाँघ नहीं पाया। देश उपनिवेशवाद से अपना समूचा संघर्ष भूलता गया, यह एक त्रासद, स्मृति-लोप था। उत्तर-औपनिवेशिक विमर्श का एक प्रमुख मकसद अन-उपनिवेशन की दीर्घ ऐतिहासिक प्रक्रिया का उद्‌घाटन और उसके उच्चतर लक्ष्यों की समीक्षा है।

भारत में नवजागरण एक वैसे ही माहौल में आ रहा था, जो 'अन्धेर नगरी' में प्रतिबिम्बित है। भारतेन्दु ने अंग्रेजी राज को आर्थिक आक्रमण के साथ-साथ भारत को हजम करने के लिए आई एक विस्तृत पश्चिमी साम्राज्यवादी सभ्यता के रूप में भी देखा था। स्वाभाविक है कि राष्ट्रीय आत्मपहचान के लिए उनकी पहली मुठभेड़ उसी से हुई। नाटक की शुरुआत में 'समर्पण' और संस्कृत का एक पद है, जो नाटक के अंग न होते हुए भी नाटक को समझने का परिप्रेक्ष्य बनाते हैं। 'समर्पण' में स्पष्ट कहा गया है कि अब तक जो किया सो किया, 'पै अब जागिय'। यह राष्ट्रीय जागरण का आह्वान है। भारतेन्दु आगे यह भी कहते हैं कि 'भारत देश समुन्नति में नित लागिय।' इसके ठीक बाद वररुचि का एक संस्कृत श्लोक (पूर्णचन्द्र द्वारा उद्भट श्लोकमाला में संकलित एक श्लोक का रूपभेद) दिया गया है, जिसका उद्देश्य शिक्षित भारतीय बुद्धिजीवियों के सांस्कृतिक मतिध्वंस की ओर संकेत करना है। 'अन्धेर नगरी' में संस्कृत के इस पद का अर्थ है, "जो चन्दन, आम तथा चम्पा वन को काटकर कीकर के वृक्ष की रक्षा करता है, जो हंस और कोयल के प्रति हिंसक होकर काक-लीला में रुचि लेता है, जो हाथी के बदले गधा खरीदता है और कपूर एवं कपास को उनके श्वेत रंग के कारण एक जैसा समझता है—जहाँ के 'गुणी जन' ऐसी समझ रखते हों, उस देश को नमस्कार है!" क्या रक्षणीय है—क्या त्याज्य, क्या सुरुचि है—क्या कुरुचि और बाजार में क्या खोकर क्या हासिल हो रहा है, इन सबका विवेक अंग्रेजी राज के जिन शिक्षित बुद्धिजीवियों में न था, उनका सांकेतिक ढंग से भारतेन्दु मखौल उड़ाते हैं। हर उपनिवेशवाद अपना बाजारवाद और इसका सम्मोहन लेकर आता है। इस सम्मोहन में ज्यादा फँसे थे गुणी जन, अर्थात् शिक्षित बुद्धिजीवी। यही वजह है कि वे कपूर और कपास में फर्क नहीं कर पा रहे थे, उपनिवेशवाद से प्रभेद स्थापित करने की जगह उसमें लगातार अपने को विसर्जित किए जा रहे थे। खैर, 'तासों अब लौं करी, करी सों, पै अब जागिय'!

अन्धेर नगरी की प्रचलित लोककथा पर आधारित भारतेन्दु के इस नाटक में उत्तर-औपनिवेशिक चेतना की स्पष्ट झलक है। यह उपनिवेशवाद का प्रतिवाद है। 'अन्धेर नगरी चौपट राजा, टके सेर भाजी टके सेर खाजा' भारत की निरंकुश राज-सत्ताओं की बदहवासी के प्रति लोकचित्त में लहलहाए आक्रोश की ही व्यंग्यात्मक उक्ति थी। भारतेन्दु ने अन्धेर नगरी को पश्चिमी साम्राज्य का रूप दे दिया। ब्रजरत्न दास ने कह दिया था कि यह नाटक बिहार प्रान्त के किसी जमींदार को लक्ष्य करके उसे सुधारने के लिए लिखा गया था, बस लम्बे समय तक देसी राजा के राज्य के सन्दर्भ में ही अन्धेर नगरी का प्रतिकार्थ ढूँढ़ा गया। साठोत्तरी आधुनिकतावादी चेतना की रोशनी में उसे सार्वभौम मूल्यहीनता के परिदृश्य में रखकर देखा गया, जबकि यह राष्ट्रीय जागरण का नाटक है।

'अन्धेर नगरी' एक दिन में लिखा गया, लेकिन इसमें एक लम्बे काल से उपनिवेशितों के दिल में भरे हुए आक्रोश की आवाज है। रामविलास शर्मा ने संकेत दिया है, 'अन्धेर नगरी' अंग्रेजी राज्य की आलोचना ही नहीं, वह इस अन्धेरगर्दी को खत्म करने के लिए भारतीय जनता की प्रबल इच्छा भी प्रकट करता है।" खुद भारतेन्दु ने कई बार अंग्रेजी राज और उसकी सभ्यता के सन्दर्भ में अन्धेर नगरी का उल्लेख किया है। 'कविवचन सुधा' में छपे एक मर्सिया पर अंग्रेज अधिकारी क्षुब्ध थे। लोगों ने भारतेन्दु से पूछा, वह राजा कौन था जिस पर मर्सिया लिखा गया। भारतेन्दु ने 'क़विवचन सुधा' के 20 अप्रैल, 1874 के अंक में जवाब छापा, "हम उस राजा का अर्थ स्पष्ट करके सुनाते हैं। वह राजा अंगरेजी फैशन था, जो इस अपूर्ण शिक्षित मंडली रूप अन्धेर नगरी का राज करता था।" यह उन दिनों भारत में अंग्रेजी फैशन के बढ़ते आकर्षण की ओर संकेत था, जो अधपढ़ों को बौद्धिक उपनिवेशवाद की ओर ले जाता था। वे अंग्रेजी राज पाकर निहाल थे।

निःसन्देह भारतेन्दु ब्रिटेन की विद्या, ज्ञान-विज्ञान और उच्च तकनीक-उद्योग के स्वागत में खड़े थे, लेकिन वे पश्चिमी सभ्यता के पक्ष में नहीं थे। प्रभुत्ववाद और पराधीनता का सम्बन्ध भारत के नवजागरण को ही नहीं, तकनीकी-औद्योगिक विकास को भी प्रभावित कर रहा था। यहाँ नवजागरण पश्चिम की तरह स्वाधीन माहौल में नहीं, बल्कि औपनिवेशिक दशाओं में आ रहा था। सदियों से भौतिक विकास के प्रति उदासीन भारत की नयी आकांक्षा थी। तकनीकी-औद्योगिक प्रगति। इसलिए एक आशा में भारतेन्दु विद्यामृत, पश्चिमी तकनीक और उद्योग-व्यापार के लिए अंग्रेजी राज की प्रशंसा किया करते थे। यह विकास घटित नहीं हुआ, उल्टे अंग्रेजों ने इंगलैंड के मालों से भारत का बाजार पाट दिया। वे अपनी सभ्यता का जाल फैलाने लगे। यूरोप में 'बाजार समाज' के लिए उपनिवेशवाद जरूरी था। इसलिए हर माल के साथ एक विचार भी लिपटा चला आ रहा था। भारतेन्दु की चेतना में 'आकांक्षा' और 'शत्रुता' दोनों की एक साथ मौजूदगी को पहचानना मुश्किल नहीं है। उस जमाने में उपनिवेशकर्ता और उपनिवेशित के बीच एक द्वन्द्वात्मक सम्बन्ध था। भारतेन्दु की राजभक्ति को उपनिवेशकर्ता और उपनिवेशित के द्वन्द्वात्मक सम्बन्ध की रोशनी में देखना होगा।

फिर भी भारतेन्दु की आँखों के सामने से कोहरा काफी छँट चुका था। उन्हें अन्ततः अहसास हो गया कि अंग्रेजों ने भारत के तकनीकी-औद्योगिक विकास की जगह जो कुछ श्रेष्ठ पहले से था, उसका भी विनाश कर दिया है। वे 'कविवचन सुधा' में भारत की जनता की बात कहते हैं, "हिन्दुस्तानियों का कहना है कि उद्योग और व्यापार बाकी न रहा। रेल आदि से द्रव्य बढ़ने की आशा नहीं है। रेलवे कम्पनी वाले जो द्रव्य व्यय करते हैं, उसका ब्याज सरकार को देना पड़ता है और उसे लेने वाले विलायत के लोग हैं।" क्या 'सबाल्टर्न' बोल सकता है? 19वीं सदी में 'सबाल्टर्न'

बोला था। भारतेन्दु ने हिन्दुस्तानियों की चेतना को छूने की कोशिश की थी। वे देश के किसानों की दशा का वर्णन करते हैं, "खेती करनेवालों की यह दशा है कि लँगोटी लगाकर हाथ में तुम्बा लेकर भीख माँगते हैं और जो निरुपाय हैं, उनको तो अन्न की भ्रान्ति है।" वे 'अंग्रेज राज सुख साज सजे सब भारी' कहने के बाद चिन्ता व्यक्त करते हैं, 'पै धन विदेश चलि जात इहै अति ख्वारी'। उन्होंने सिर्फ कहा नहीं कि हिन्दुस्तानी हिन्दुस्तान की वस्तुएँ ही व्यवहार करें, खुद ऐसा संकल्प भी लिया।

भारतेन्दु युग के उपनिवेशीकरण के कई तत्त्व वर्तमान वैश्वीकरण में भी दिखाई दे रहे हैं। यह श्रम सघनता की जगह पूँजी सघनता ला रहा है। विकास की परिधि के बाहर फेंक दिए जाने वाले गरीबों की संख्या हर रोज बढ़ रही है। सांस्कृतिक आक्रमण ही तेज नहीं है, कहीं-कहीं भुखमरी की दशा है। कुछ ऐसी ही दशाओं में भारतेन्दु उत्तर-उपनिवेशवाद के लिए काम कर रहे थे। उन्होंने कहा, "देशवासियो, तुम निद्रा से चौंको, इन (अंग्रेजों) के न्याय के भरोसे मत फूले रहो।...अंग्रेजों ने हम लोगों को विद्यामृत पिलाया और उससे हमारे देश-बान्धवों को बहुत लाभ हुए, इससे हम लोग इनकार नहीं करते। परन्तु उन्हीं के कहने के अनुसार हिन्दुस्तान की वृद्धि का समय आनेवाला हो, सो तो एक तरफ रहा पर प्रतिदिन मूर्खता, दुर्भिक्षता और दैन्य प्राप्त होता जाता है।...रोग और दुष्काल इन दोनों के मूल कारण अंग्रेज ही हैं।...अखबार वाले इतना भूँकते हैं, कोई नहीं सुनता। अन्धेर नगरी है, व्यर्थ न्याय और आजादी देने का दावा है।" (कविवचन सुधा, 1874) क्या उपनिवेशवाद कभी सुनता है?

ऊपर की बातों से स्पष्ट है कि भारतेन्दु किसके राज्य को अन्धेर नगरी कह रहे हैं। उन्होंने 'अन्धेर' शब्द का अपने लेखन में बार-बार इस्तेमाल किया है। अपने समय की औपनिवेशिक बदहवासी पर उनकी स्पष्ट टिप्पणी है, "अन्धाधुन्ध मच्चौ सब देसा, मानहुँ राजा रहत विदेसा" (अन्धेर नगरी)। अंग्रेजी राज की औपनिवेशिक छाया में पूरा भारत ही अन्धेर नगरी बना हुआ था।

आधुनिकीकरण के समर्थन में खड़े होने के बावजूद भारतेन्दु को औपनिवेशिक लूट, भ्रष्टाचार और अन्याय से पीड़ा होती थी। वे आधुनिकीकरण और जातीय आत्मपहचान या 'स्वत्व निज भारत गहे' में कोई अन्तर्विरोध देखना नहीं चाहते थे। उन्हें पश्चिम के जनतान्त्रिक जागरण और भारत की गौरवशाली परम्परा के बीच एक सम्मानजनक संवाद की जरूरत महसूस होती थी। लेकिन बीच में अंग्रेजी राज एक जहरीले काँटे की तरह देश की राष्ट्रीय चेतना में धँसा था।

भारतेन्दु को सत्यवादी राजा हरिश्चन्द्र का मिथ इसलिए ज्यादा प्रिय था कि उनका राजपाट भी उसी प्रकार छल से लिया गया था, जिस तरह अंग्रेजों ने लिया था। उन्हें इसी प्रकार फटेहाल रास्ते पर खड़ा कर दिया गया था, जिस प्रकार अंग्रेजों ने भारतवासियों की सम्पदा लेकर इन्हें दुर्भिक्ष के हवाले कर दिया था। राजा हरिश्चन्द्र

की तरह भारतेन्दु भी सत्य और कर्तव्य पर अडिग थे, जबकि उस जमाने में कई शिक्षित बुद्धिजीवी जरा-जरा से स्वार्थ के लिए तुरन्त डिग जाते थे। भारतेन्दु का विश्वास था कि धर्म और सत्य पर अडिग रहने की साधना एक दिन रंग लाएगी, जनता के कष्ट दूर होंगे। राजा हरिश्चन्द्र के व्यक्तित्व ने भारतेन्दु के नैतिक पक्ष का निर्माण किया था, जिसके बल पर वे भंडाचार्य जैसे अपने समय के धार्मिक पाखंडियों से लोहा लेते थे। उन्होंने 'सत्य हरिश्चन्द्र' नाटक सिर्फ लिखा ही नहीं था, वे रंगमंच पर खुद बड़े शौक से राजा हरिश्चन्द्र का अभिनय करते थे और भीतर उनको महसूस भी करते थे।

भारतेन्दु को अपने विचारों की वजह से काशी की भद्र मंडली में तिरस्कार झेलना पड़ता था। उनके खिलाफ अंग्रेज अधिकारियों का कान भरा जाता था। उपनिवेशवाद उपनिवेशितों के बीच से कुछ लोगों को लोभ दिखाकर अपनी एक मजबूत सुरक्षा पंक्ति बना लेता है। इसलिए उत्तर-औपनिवेशिकता के लिए संघर्ष बाहर और भीतर दोनों स्तरों पर चलता है। इस लड़ाई में प्राक-औपनिवेशिक स्मृति के सकारात्मक हिस्सों की एक गुणात्मक भूमिका होती है, क्योंकि वे नैतिक शक्ति देते हैं, पश्चिम अपना इतिहास खोकर सब कुछ पा जाता है, पर भारत अपना इतिहास खोकर कुछ भी नहीं पा सकता। भारतेन्दु को पौराणिक राजा हरिश्चन्द्र इसलिए भी प्रिय थे कि वे आशा के स्रोत थे, उन्हें अन्ततः अपना राजपाट वापस मिल गया था। अपने नगर की बौद्धिक मंडली के कुछ व्यक्तियों का लगातार तिरस्कार झेलने के कारण भारतेन्दु ने एक बार दुख से भरकर कहा था, 'कहेंगे सब ही रैन नीर भरि-भरि, पाछे प्यारे हरिचन्द की कहानी रहि जाएगी'। भारतेन्दु का जीवन किसी कहानी से अधिक आश्चर्यचकित करता है।

भारत में उपनिवेशवाद सामाजिक, सांस्कृतिक और नैतिक स्तर पर विध्वंसात्मक भूमिका निभा रहा था। उसके दमन के औजार काफी विकसित थे। इसलिए जातीय पुनर्निर्माण के लिए स्वातन्त्र्यवादी पश्चिम से वैचारिक सम्पर्क के साथ-साथ उपनिवेशवादी पश्चिम से टकराहट और उसका एक्सपोजर जरूरी था। भारतेन्दु की उत्तर-औपनिवेशिकता या अन-उपनिवेशन के राष्ट्रीय अभियान ने ये दोनों कार्य किए। उन्होंने अंग्रेजी राज के अन्धभक्तों के एकांगी नवजागरण के समानान्तर समग्र नवजागरण का आह्वान किया, "सुधारना भी ऐसा होना चाहिए कि सब बात में उन्नति हो—धर्म में, घर के काम में, बाहर के काम में, रोजगार में, शिष्टाचार में, चाल-चलन में, शरीर के बल में, युवा में, वृद्धि में, स्त्री में, पुरुष में, अमीर में, गरीब में, भारतवर्ष की सब अवस्था, सब जाति, सब देश में उन्नति हो। सब ऐसी बातों को छोड़ो जो इस पथ के कंटक हों...जो लोग अपने को देशहितैषी लगाते हों वह अपने सुख का होम करके, अपने धन और मान का बलिदान करके कमर कस के उठो...। कोई धर्म की आड़ में छिपे हैं। इन चोरों को वहाँ-वहाँ से पकड़ कर लाओ...तुम्हारे यहाँ धर्म की आड़

में नाना प्रकार की नीति, समाज-गठन, वैद्यक आदि भरे हुए हैं। दो-एक मिसाल सुनो। यही तुम्हारा बलिया का मेला और स्नान क्यों बनाया गया है? जिसमें जो लोग कभी आपस में नहीं मिलते, दस-दस, पाँच-पाँच कोस से वे लोग साल में एक जगह एकत्र होकर आपस में मिलें। एक-दूसरे का दुख-सुख जानें।...दीवाली इसी हेतु है कि इसी बहाने साल भर में एक बार तो सफाई हो जाए। यही तिहवार ही तुम्हारी म्युनिसिपैलिटी है।...लड़कियों को भी पढ़ाइए।...हिन्दू, जैन, मुसलमान सब आपस में मिलिए।...जाति में कोई ऊँचा हो चाहे नीचा हो सबका आदर कीजिए। छोटी जाति के लोगों का तिरस्कार करके उनका जी मत तोड़िए।...कारीगरी जिसमें तुम्हारे यहाँ बढ़े, तुम्हारा रुपया तुम्हारे ही देश में रहै, वह करो।...तुम्हारी लक्ष्मी हजार धारा से इंग्लैंड, फरासीस, जर्मनी, अमेरिका जाती है। दियासलाई जैसी तुच्छ वस्तु भी वहीं से आती है।...भाइयो, अब तो नींद से चौंको, अपने देश की सब प्रकार उन्नति करो। जिसमें तुम्हारी भलाई हो वैसी ही किताब पढ़ो, वैसे ही खेल खेलो, वैसी ही बातचीत करो। परदेशी वस्तु और परदेशी भाषा का भरोसा मत रखो। अपने देश में अपनी भाषा में उन्नति करो।"

भारतेन्दु द्वारा 1884 में बलिया में दिए गये भाषण के उपर्युक्त विस्तृत उद्धरण सुधारवाद, बुद्धिवाद, धर्मनिरपेक्षता, मानवतावाद, तकनीकी-औद्योगिक विकास की चेतना, विदेशी वस्तुओं के बहिष्कार, मातृभाषा की उन्नति और राष्ट्रीय जागरण के अन्य कई महत्त्वपूर्ण सन्दर्भ उजागर होते हैं। इनके पीछे उच्च भारतीय परम्पराओं की प्रेरणा के अलावा निःसन्देह स्वातन्त्र्यवादी पश्चिम से वैचारिक सम्पर्कों की भी महत्त्वपूर्ण भूमिका थी। उत्तर-औपनिवेशिकता के कुछ स्रोत उस पश्चिम में तब काफी बचे थे, जहाँ उपनिवेशवाद की बड़ी परियोजनाएँ बन रही थीं। पश्चिम में कई पश्चिम थे, जिस तरह पूर्व में कई पूर्व। नवजागरण का कोई भी बड़ा चिन्तक न पश्चिम का अन्ध-विरोधी था, न अतीत का अन्ध-समर्थक।

पश्चिम का बीभत्स चेहरा था उपनिवेशवाद। हालाँकि उपनिवेशवाद पश्चिम के 'रिनेसां' और उपनिवेशित समाजों के भीतर पैदा हो चुकी बदलाव की बेचैनी के बीच कोई ऊँची दीवार खड़ी नहीं कर पाया, फिर भी आधुनिकीकरण के नाम पर उसे एक ऐसा प्रशासनिक ढाँचा खड़ा करने में सफलता मिल गयी जो सामन्ती तत्त्वों को उकसाकर सामाजिक भेदभाव बढ़ाने वाली और औपनिवेशिक लूट में मददगार थी। उसे एक ऐसी बाजार व्यवस्था निर्मित करने में भी सफलता मिल गयी, जो लोभ और भोगवाद पर आधारित मूल्यनिरपेक्ष संस्कृति की फैक्टरी थी। भारतेन्दु के मन में अंग्रेजी राज्य के अन्याय के अलावा प्रलोभनों का अदृश्य जाल रचने वाली औपनिवेशिक बाजार-व्यवस्था भी बेचैनी पैदा कर रही थी। इसी बेचैनी की सृजनात्मक परिणति है 'अन्धेर नगरी'। इस नाटक के रचना काल 1881 तक उनकी राजभक्ति का स्वर धीमा होने लगा था और साम्राज्यवाद-विरोध की आवाज बुलन्द होने लगी

थी, हालाँकि ऐसा नाटक लिखना 1857 के ब्रिटिश दमन को देखते हुए एक जोखिम उठाना कहा जाएगा।

उत्तर-औपनिवेशिक विमर्श दरअसल बुद्धिवाद, धर्मनिरपेक्षता, सांस्कृतिक बहुलतावाद, राष्ट्रीय अखंडता, स्वातन्त्र्य चेतना, उदात्त भावजगत और सामाजिक न्याय के परिप्रेक्ष्य में औपनिवेशिक अतीत की पुनर्यात्रा है, उससे जिरह है। इससे ऐतिहासिक स्मृतिलोप के वर्तमान युग में उन दिनों की यादें ताजा होती हैं, जब उपनिवेशवाद एक चुनौती के रूप में साफ-साफ दिखता था। आज के बाजारवाद ने औपनिवेशिक और उत्तर-औपनिवेशिक का फर्क मिटा दिया है। यदि भारतेन्दु की अन-उपनिवेशन की सोच से गुजरते हैं तो उस युग के औपनिवेशिक अन्यायों के अलावा प्रलोभन की ऐसी छवियों से भी रू-ब-रू होते हैं, जिन्हें भूलकर दरअसल हम आज बाजारवाद की एकदम मुट्ठी में हैं।

'अन्धेर नगरी' का पहला ही कथन है, ''बच्चा नारायणदास, यह नगर दूर से बड़ा सुन्दर दिखाई पड़ता है।'' भारतेन्दु दिखाना चाहते थे कि पश्चिमी साम्राज्यवादी सभ्यता दूर से इतनी सुन्दर दिखाई देती है, पर अन्दर से क्या है। वे एक सभ्यता पर टिप्पणी करना चाहते थे, सिर्फ अंग्रेजी राज पर नहीं। खाद्य पदार्थ स्वरूप कुछ भिक्षा लाने का आदेश देते हुए महन्त जब कहते हैं, 'बच्चा गोबरधनदास, तू पश्चिम की तरफ जा' तो कुछ भी अस्पष्ट नहीं रह जाता। वे सावधान भी करते हैं, 'बच्चा बहुत लोभ मत करना'। लोभ पतन का मूल है। लोभ विचारधारा में घुन है। उपनिवेशवाद विचारधारा को तरह-तरह के बहकावों से विघटित करता है। वह बाजार का सम्मोहन फैलाता है, जिसमें अमले, हाकिम, सिपाही, एडिटर, ब्राह्मण, महाजन सभी फँसे हुए हैं। भारतेन्दु ने एक अदृश्य जाल को दृश्य बनाने के लिए यह नाटक लिखा।

नवजागरण की पौ फटते ही भारतेन्दु का नाटक की ओर बढ़ना और शास्त्रीय परम्परा तथा पारसी थिएटर से भिन्न लोक संस्कृति की जमीन पर नाटक लिखना मामूली प्रस्थान नहीं है। वह एक तरफ कहते हैं, ''काव्य के सर्वगुण युक्त संयुक्त खेल को नाटक कहते हैं।'' उनकी नजर में नाटक एक साहित्यिक खेल है, कला है और ''कला वास्तविक उन्नति का आधार है''। दूसरी तरफ, नाटक उनके लिए एक जातीय उम्मीद है, ''यदि नाटक का अभिनय आरम्भ हो जाएगा तो सब कुचाल आप से छूट जाएँगे।'' भारतेन्दु अपने युग की ऐतिहासिक हद में अपना काम कर रहे थे। फिर भी कला और सांस्कृतिक सुधार के बीच अन्तःसम्बन्ध की खोज कला की स्वायत्तता ही नहीं, बाजार की औपनिवेशिकता और इसके बल पर वि-संस्कृतिकरण हो या स्वायत्तता, वह कला की स्वयात्तता को खा जाती है। इसलिए उस युग में कला को सांस्कृतिक सुधार या बृहत्तर अनुभव से जोड़कर ही सृजनात्मकता का संरक्षण सम्भव था।

'अन्धेर नगरी' नाटक की मुख्य धुरी औपनिवेशिक बाजारवाद और राज्य का अन्तःसम्बन्ध है। भारत में अंग्रेजी राज का एक हिस्सा बाजार में था, दूसरा हिस्सा राज्य के प्रशासन में। अंग्रेजों ने देश को 'बाजार राज्य' में बदल दिया था, मुक्त नहीं औपनिवेशिक 'बाजार राज्य' में। यूरोपवासी अपने हिसाब से इस देश में सभ्यता के मिशन पर थे और दावा करते थे कि इस देश की जनता को न्याय और आजादी का अहसास कराने के लिए आए हैं, जिससे वह अब तक वंचित थी। भारतेन्दु ने तय किया कि उनके इस गलत दावे का खंडन करना है। उन्होंने बड़ी लोकरंजक शैली में और जाहिर है साहस के साथ घासीराम, पाचकवाला और गोबरधनदास के माध्यम से औपनिवेशिक अन्याय, अत्याचार और शोषण का पर्दाफाश किया।

घासीराम : **चना हाकिम सब जो खाते। सब पर दूना टिकस लगाते॥**
पाचकवाला : **चूरन जब से हिन्द में आया। इसका धन बल सभी घटाया॥**
चूरन अमले सब जो खावैं। दूनी रिश्वत तुरत पचावैं॥
चूरन साहेब लोग जो खाता। सारा हिन्द हजम कर जाता॥
चूरन पुलिस वाले खाते। सब कानून हजम कर जाते॥

जिस सदी में कई भारतीय बुद्धिजीवियों को अंग्रेज लोग सभ्यता के दूत और लक्ष्मीबाई, नाना फड़नवीस आदि देशद्रोही लगते थे, अंग्रेजों के साथ रागरंग या टेबुल पर साथ खाना खाना गौरव की बात समझी जाती थी, उपर्युक्त ढंग के कथन औपनिवेशिक अन्याय, अत्याचार और शोषण के बड़े तीखे व्यंग्यात्मक अनावरण कहे जाएँगे। यह 'जीवौ सदा विक्टोरिया रानी' लिखने वाले लेखक की एक गहरी बौद्धिक छलाँग है। यह देश की आम जनता का अंग्रेजी राज से हो रहे मोहभंग का सबूत है। गौर करने की बात है कि अंग्रेजी राज के विरोध में ऐसे कथन चना-जोगरमवाले और पाचकवाले की जुबान से निकल रहे हैं, आम जनता के आक्रोश से भरे दिलों से निकल रहे हैं। भारतेन्दु की बेफिक्री, साहसिकता और वर्तमान पर पैनी नजर हमें विस्मित कर देती है। उन्होंने श्लेष में कहा, 'ले हिन्दुस्तान का मेवा फूट और बैर'। उस युग के किसी दूसरे नवजागरण चिन्तक में इतना आत्मविकास नहीं हुआ था। भारतेन्दु की तब उम्र थी महज 31 साल, एक दुर्द्धर्ष नौजवान!

यह देखकर अचरज हो सकता है कि 19वीं सदी में भी उपनिवेशवादियों और ऊँचे गले से धर्म-धर्म चिल्लाने वाले कूपमंडूक हिन्दुत्ववादियों के बीच गहरी साँठगाँठ थी। मानो अंग्रेजों की वजह से ही हिन्दुत्व बचा हुआ हो। हिन्दू कट्टरतावादी सुधार के विरोधी थे। कोई बड़ा जन-दबाव न हो तो अंग्रेज भी पुरानी कूपमंडूकता और भेदभावों को सींचते रहना चाहते थे। भारतेन्दु धार्मिक थे। वे राधाकृष्ण की युगल मूर्ति के उपासक थे। फिर भी उन्होंने बेखटके लिखा, 'हिन्दू चूरन इसका नाम, विलायत पूरन इसका काम।' उपनिवेशवादियों और धार्मिक कट्टरतावादियों की साँठगाँठ नवजागरण के राष्ट्रीय उभारों को कुचलने के लिए थी, जिस तरह वह आज भी

जनाकांक्षाओं को कुचलने के लिए है। भारतेन्दु ने पश्चिमी सभ्यता के रंग में रंगे राजभक्त बुद्धिजीवियों की जिस तरह खिल्ली उड़ाई (भारत दुर्दशा' में खास तौर पर), औपनिवेशिक सत्ता के समर्थक हिन्दुत्ववादियों की भी खबर ली।

भारतेन्दु की दूरदर्शिता सबसे अधिक प्रकट हुई बाजारवाद की शिनाख्त में। अंग्रेजों के बाजार राज्य में ही टका जीवन के लिए बहुत कुछ से सब कुछ बनता जा रहा था। कबीर के बाद भारतेन्दु जिस बाजार में खड़े थे, वह पहले से कई मामलों में भिन्न हो चुका था। यह अपना नहीं, औपनिवेशिक बाजार था, 19वीं सदी के हिन्दी पत्र 'उचितवक्ता' के 7 जुलाई, 1883 के अंक में एक टिप्पणी छपी है, 'हम भारतवासी क्या सदैव मुखापेक्षी ही रहेंगे?' इसमें कहा गया है, "आज हम लोगों को कोई देशी वस्तु देख ही नहीं पड़ती, सिर से पैर तक व्यवहार्थ वस्तु मात्र ही विदेशी देख पड़ती है।" कहने के लिए यह मुक्त बाजार था, पर असल में यूरोप का बाजार था और भारत की कोई अपनी अर्थव्यवस्था न थी। यह आर्थिक गतिरोध, अन-उद्योगीकरण, देश के उत्पादनों पर भारी कर, धन-हरण, दुर्भिक्ष और ब्रिटिश साम्राज्यवाद की अर्थव्यवस्था थी, जो आर्थिक ही नहीं नैतिक संकट भी पैदा कर रही थी। भारत की सत्ता इंग्लैंड के हाथ में थी। अतः औपनिवेशिक परिवेश में गरीबी जितनी बढ़ती जा रही थी, टके की ताकत और उसका आकर्षण भी बढ़ता जा रहा था।

'अन्धेर नगरी' नाटक औपनिवेशिक बाजारवाद के एक अभिलेख की तरह है। यह नाटक बाजारवाद का घोषणापत्र-सा लगता है, "टके के वास्ते जैसी कहो वैसी व्यवस्था दें। टके के वास्ते झूठ को सच करें।...टके के वास्ते धर्म और प्रतिष्ठा दोनों बेचें, टके के वास्ते झूठी गवाही दें। टके के वास्ते पाप को पुण्य मानें, टके के वास्ते नीच को पितामह बनावें। वेद धर्म्म, कुल-मरजादा सचाई-बड़ाई सब टके सेर। लुटाय दिया अनमोल माल। ले टके सेर।" इस कथन से बाजार के 'रेंज' का बोध होता है कि किस तरह न्याय, धर्म, बुद्धि, संघर्ष, प्रतिष्ठा अब हर चीज बिकाऊ माल है। बाजार समाज में अँगूठी के रत्न की तरह जड़ा हुआ नहीं था, उसमें जोंक की तरह घुसा हुआ था।

'सब टके सेर' से ध्वनित होता है कि बाजार इस सिरे से उस सिरे तक 'मोनोलिथिक' था और सभ्यता की ऐसी एकरूपता एकतरफा ढंग से थोप दी गयी थी। इस नीति के नतीजे थे जनता और राज्य के बीच सम्पर्कों का टूट जाना, बाजार द्वारा संचालित समाज में उच्चतर सामाजिक आदर्शों का पतन शुरू हो जाना, लोभ और भोगवाद की बढ़ती प्रवृत्ति, न्याय का प्रहसन में बदल जाना। बाजार के जो आर्थिक और सांस्कृतिक मॉडल आज समाज को चला रहे हैं, वे बीज रूप में लगभग दो सौ साल पहले अस्तित्व में आ चुके थे। भारत के लोग 'उनके' निशाने पर तभी से थे, पश्चिमीकरण की प्रक्रिया तभी से शुरू हो चुकी थी। गोबरधनदास जैसे व्यक्ति

जिन्दगी की मौज-मस्ती चाहने लगे थे, वे समाज को छोड़कर स्वतन्त्र स्ववर्धनशील द्वीप होने का स्वप्न देखने लगे थे। यह एक सभ्यता से दूसरी सभ्यता में घुसना था, मात्र अन्धेर नगरी में नहीं। सवाल है कि ऐसे दबावों के बीच समाज में राजनीतिक और सांस्कृतिक विकल्प चुनने की इच्छाशक्ति तब बची होती है या नहीं, ऐसी इच्छाशक्ति को अन्तिम रूप से मारना क्या सभ्यता के किसी भी मोड़ पर सम्भव है?

गुरु की बात न मानकर चेला गोबरधनदास लोभवश एक ऐसे ही बाजार में आया था, जहाँ 'वेश्या जोरू एक समाना' थी। बाजारवाद का प्रवेश 'नीच-ऊँच' सब में हो गया था। लोग भीतर से काले पर ऊपर से निर्मल दिखाई देते थे। इस सभ्यता में 'भीतर होई मलिन की कारो, चाहिए बाहर रंग चटकारो'। यहाँ हर चमकती हुई चीज सोना थी। यह एक कृत्रिम चीजों का कृत्रिम बाजार था। 'अन्धेर नगरी' में आदमी की तरक्की का दर्शन है, **'साँच कहैं ते पनही खावैं। झूठे बहुविधि पदवी पावैं।।'** पनही मतलब जूता। ऐसे बाजार में सच्चे के लिए जगह नहीं है। इसमें सबसे छली ही सबसे बली है। कलयुग के बाद यह छलयुग है, **'छलियन के एका के आगे। लाख कहौ एकहु नहिं लागे।।'** सभी छली लोगों के बीच गजब की एकता है। लाख आलोचना करो, उन्हें कोई चोट नहीं लगती। हर विरोध बाजार के तराजू पर फुस्स! ऐसा लगता है कि भारतेन्दु अपने समय के बाजार के बारे में नहीं, हमारे समय के बाजारवाद पर टिप्पणी कर रहे हों।

गोबरधनदास अंग्रेजों के 'बाजार राज्य' की सर्वप्रमुख खूबी बतलाता है, 'प्रगट सभ्य अन्तर छलधारी। सोई राजसभा बलभारी।' इस राज्य में सबसे अधिक शक्तिशाली वही है, जो ऊपर से सभ्य दिखे, पर भीतर से छली हो। बाजार का अपना आकर्षण होता है। क्रयशक्ति न होने पर भी विदेशी माल लोगों को प्रलुब्ध करता है, क्योंकि हर ऐसे माल के साथ कोई न कोई छलनामय बिम्ब जरूर होता है। जाहिर है, भारतेन्दु इस नाटक में किसी एक खास चौपट राजा की कथा नहीं कह रहे थे। वे उस नयी सभ्यता की 'क्रिटीक' प्रस्तुत करना चाहते थे, जो ब्रिटिश साम्राज्यवाद की छाया में इस देश के जीवन में प्रवेश करना शुरू कर चुकी थी। यह सभ्यता महन्त के कथन 'लोभ पाप का मूल है' जैसी कई पुरानी धारणाओं को उलटपुलट रही थी। गोबरधनदास जैसे व्यक्ति इसमें बहे जा रहे थे। उपनिवेशवाद की कोख से जन्मी सभ्यता की बुनियाद में ही विकृतियाँ भरी थीं, क्योंकि यह यूरोप के सबसे गन्दे आर्थिक नाले से निलककर आ रही थी।

भारतेन्दु के युग में और इसके बाद भी ऐसे चिन्तकों की कमी नहीं थी, जो भारत में अंग्रेजी राज या उपनिवेशवाद की प्रगतिशील भूमिका देखते थे। लेकिन उस जमाने का एक प्रमुख पत्र 'सारसुधानिधि' कहता है, ''ये एक भारतवर्ष है जहाँ के आदमी रेवड़ी के लिए मस्जिद गिराते हैं। एक जरा-सी लसी होनी चाहिए, बस चाहे कुल, मान, मर्यादा पर वज्र भी पड़े। कितने तो ऐसे होते हैं कि उनको जरा-सा लालच

दिखा के चाहे जैसा निन्दनीय का काम करा लो और यहाँ तक कि उनके अपने स्वार्थ के आगे धर्म्माधर्म्म का भी ज्ञान नहीं रहता'' (स्वाधीनता और तेजस्विता, 17 फरवरी, 1879)। स्वार्थपरता, लोभ और भोगवाद की संस्कृति का विरोध किए बिना स्वाधीनता बोध और मानवीय तेजस्विता को बचाया नहीं जा सकता, यह उस युग की लोकसमझ थी। भारतेन्दु ने पश्चिमी विद्यामृत, ज्ञान-विज्ञान और तकनीकी-औद्योगिक प्रगति के प्रति व्यापक आकर्षण के बावजूद, दो सभ्यताओं के वास्तविक द्वन्द्व को पहचाना था और अपनी विवेकवान प्रतिरोधी भूमिका विसर्जित नहीं की थी।

'अन्धेर नगरी' के गोबरधनदास को टके की सभ्यता ने उसके गुरु और साथियों से ही जुदा नहीं कर दिया था, जीवन के अर्थ और उद्देश्य से भी अलग कर दिया था। यह वह सभ्यता थी, जिसमें चीजों की सिर्फ सतह पर दृष्टि जाती थी, गहराई में नहीं। गोबरधनदास छल और झाँसे में इसलिए आया कि उसने बाजार की चीजों की सिर्फ सतह देखी। पश्चिम की सभ्यता छिछलेपन को ही विश्वदृष्टि का जामा पहना रही थी, ताकि आदमी में कोई अन्तःकरण—कल्पनाशीलता, सम्बन्धों की चेतना, सृजनात्मकता, करुणा और सौन्दर्यबोध न बचे। उसके पास सिर्फ उपभोक्ता सामान हों। उदाहरण के तौर पर टीवी हो, इन्टरनेट हो, वाशिंग मशीन हो, विदेशी कार हो, बँगला हो, क्रेडिट कार्ड हो और हाथ में समय-समय पर पेप्सी हो—वह खुद जो कुछ बने इन चीजों से बने। ऐसा आदमी अन्तःकरण से दरिद्र होता है। उसके पास बेशुमार प्रतिष्ठा चिह्न जरूर होते हैं, वह खुद कुछ नहीं होता।

हम लक्षित कर सकते हैं कि भारतेन्दु में एक गहरी आलोचनात्मक अन्तर्दृष्टि है, जिसके बल पर उन्होंने अपने युग की आक्रामक सभ्यता को पर्त-दर-पर्त उघाड़ा है। उन्होंने व्यावहारिक आधुनिकता को अपनाया, आधुनिकता के जातीय, मानवीय, वैज्ञानिक और सौन्दर्यबोधक तत्त्वों को भी पूरा महत्त्व दिया, लेकिन पश्चिमी सभ्यता के पतनशील भौतिकवादी तत्त्वों की निर्मम आलोचना की।

गोबरधनदास को इस अद्‌भुत नगर में काफी मजा आ रहा है। वह मस्ती में है। उसकी भूख का कोई अन्त नहीं है, उसकी अतृप्ति महासागर की तरह अनन्त है। हर माल टके सेर है, यह बार-बार उद्‌घोषित कर भारतेन्दु ने बाजार की वस्तुओं के प्रति बढ़ते आकर्षण को मूर्त करना चाहा है। उन्होंने यह भी कहना चाहा है कि नयी सभ्यता अच्छे-बुरे और जरूरी-गैरजरूरी के बीच फर्क करने की चेतना सुला रही है। आदमी सतह के चकाचौंध में ही इस तरह फँस जाता है कि उसके पास अन्दर के अँधेरे को जानने का अवकाश नहीं होता। गोबरधनदास पहले अपनी जबर्दस्त भुक्खड़ता या अतृप्ति का अहसास देता है, बाद में भीषण असुरक्षा का। आदमी की दृष्टि को छिछलेपन की ओर ठेलनेवाली भोगवादी सभ्यता अन्ततः भीषण अतृप्ति और असुरक्षा की ओर ले जाती है। भोगवाद जितना बढ़ेगा, असुरक्षा भी उतनी बढ़ेगी। गोबरधनदास अचानक सिपाहियों द्वारा गिरफ्तार कर लिया जाता है, क्योंकि बकरी

मारने के अपराध में निर्बुद्धिपरक राजा ने बिना पेशी के फाँसी की सजा दी थी। इस मुसीबत के बाद उसे बोध होता है कि लोभ और भोगवाद की नगरी में वह कितना असुरक्षित था।

ब्रिटिश सरकार बड़ी न्यायशीला मानी जाती थी। उसी समय दार्जिलिंग के कुलियों के सम्बन्ध में सरकार ने कोई अहितकर कानून बनाया था, जिस पर 'उचित वक्ता' ने टिप्पणी की थी–'इसे आइन कहें या स्वार्थसाधन?' 1857 के स्वाधीनता संग्राम को अंग्रेजों ने बुरी तरह कुचला था और हजारों बेकसूरों को पेड़ों पर फाँसी दे दी थी। अंग्रेजी राज का सभ्यता के मिशन पर आने की तरह ही न्याय और आजादी देने का दावा भी व्यर्थ था।

अंग्रेजी प्रशासन और न्याय व्यवस्था बहरी थी। 'अन्धेर नगरी' का राजा कुछ नहीं सुनता, वह 'पान खाइए' को 'सुपरनखा आई' सुनता है। राजा सुनता नहीं है। एक फरियादी न्याय माँगता है। राजा कहता है, 'चुप रहो। तुम्हारा न्याव यहाँ ऐसा होगा कि जैसा जम के यहाँ भी न होगा।' राजा तानाशाह है। फरियादी की बकरी दीवार गिरने से मरी थी। राजा हुक्म देता है, 'दीवार को अभी पकड़ लाओ।' राजा विवेकहीन है। वह तर्क को आदर नहीं देता। राजा पाखंडी है। गोबरधनदास पूछते हैं, 'क्या और कोई मोटा आदमी इस नगर भर में नहीं मिलता जो मुझ अनाथ फकीर को फाँसी देते हैं?' सिपाही कहता है, 'नगर भर में राजा के न्याव के डर से कोई मुटाता ही नहीं।' राजा अन्यायी है। यह जन आकांक्षा थी कि ऐसे अन्यायी राजा का अन्त होना चाहिए। गोबरधनदास जब फाँसी के तख्ते पर चीख-पुकार मचाता है और संकट में गुरु को पुकारता है, गुरु आते हैं। उन्होंने कहा न मानकर अन्धेर नगरी में जाते गोबरधनदास से कहा था, 'कभी संकट पड़े तो हमारा स्मरण करना'। गोबरधनदास को नयी सभ्यता की हकीकत का बोध हो चुका था कि यह एक छिछली सभ्यता है, जो आदमी को भीषण अतृप्ति और अन्ततः असुरक्षा की ओर ले जाती है। अन्धेर नगरी एक हृदयहीन नगरी है। हर हृदयहीन नगरी अन्धेर नगरी है। गुरु अपने चेला गोबरधनदास को बचाने के लिए उसके कान में कुछ कहता है और एक सिरे से गोबरधनदास, गुरु, मन्त्री, कोतवाल सभी कहने लगते हैं हम फाँसी चढ़ेंगे, हम फाँसी चढ़ेंगे। यह मुहूर्त्त मरने के बाद सीधे स्वर्ग जाने का था! राजा सूली पर चढ़ता है।

राजा को सूली पर चढ़ाना 19वीं सदी के भारत का एक महास्वप्न है। यह सिर्फ राजा को सूली पर चढ़ाना नहीं है, उत्तर-औपनिवेशिकता के लिए एक बृहत्तर संघर्ष का आह्वान करना है। राजा को सूली पर चढ़ते देखकर दर्शकों को अपनी प्राचीन और औपनिवेशिक जंजीरों के टूटने की आवाज सुनाई देती है।

□□□